本書獲國家古籍整理出版專項經費資助

主編　金瀅坤　副主編　盛會蓮

敦煌蒙書校釋與研究

語對卷

王三慶　著

文物出版社

圖書在版編目（CIP）數據

敦煌蒙書校釋與研究．語對卷 / 金滢坤主編；王三慶著．—北京：文物出版社，2022.6
ISBN 978-7-5010-7304-7

Ⅰ.①敦… Ⅱ.①金… ②王… Ⅲ.①蒙學—教材—研究—中國—古代 Ⅳ.① G629.299

中國版本圖書館 CIP 數據核字（2021）第 234720 號

敦煌蒙書校釋與研究·語對卷

主　　編：金滢坤
副 主 編：盛會蓮
著　　者：王三慶

責任編輯：劉永海
特約校對：屈軍生
封面設計：李曉蘭
責任印製：張道奇

出版發行：文物出版社
社　　址：北京市東城區東直門内北小街 2 號樓
郵　　編：100007
網　　址：http://www.wenwu.com
經　　銷：新華書店
印　　刷：宝蕾元仁浩（天津）印刷有限公司
開　　本：710mm × 1000mm　1/16
印　　張：27.25
版　　次：2022 年 6 月第 1 版
印　　次：2022 年 6 月第 1 次印刷
書　　號：ISBN 978-7-5010-7304-7
定　　價：128.00 圓

本叢書編纂委員會

目録

總　論

金瀅坤

隋唐大一統帝國建立後，爲了維護中央集權，限制地方士族的權利，廢除了九品中正制，用科舉制取代了察舉制，以改變貴族官僚政治。“以文取士”的科舉取士制度極大促進了學校教育的普及和童蒙教育的發展。然而，長期以來學界對隋唐童蒙教育的大發展没有給予足够重視。直到二十世紀敦煌文書的發現，大量蒙書和學郎題記面世，隨着相關研究逐漸深入，隋唐教育史研究才被重新重視，同時也促進了對童蒙文化、社會大衆文化以及敦煌學、中古史的深入研究。因此，我們有必要對這批敦煌蒙書進行校釋與研究，從中汲取中國優秀傳統文化并加以借鑒，改善當前適合少年兒童閲讀的優秀傳統蒙書不足的局面。

自二十世紀初以來，王國維、周一良、王重民、向達、潘重規、陳祚龍和入矢義高、小川貫弌、福井康順、那波利貞等國内外學者對敦煌蒙書的早期研究做出了重要貢獻。近年來，王三慶、鄭阿財、朱鳳玉、張涌泉、李正宇、姜伯勤、金瀅坤、周鳳五、伊藤美重子、張麗娜等學者在敦煌蒙書整理和研究方面取得很大成就〔一〕，推動了敦煌蒙書的研究；特别是鄭阿財、朱鳳玉《敦煌蒙書研究》一書，搭建了敦煌蒙書研究的理論框架與方法，爲進一步的

〔一〕 關於敦煌蒙書及童蒙文化的研究，鄭阿財、王金娥、林華秋等已經做了詳細概述，此處不再討論。詳見鄭阿財：《敦煌蒙書研究的回顧與前瞻》，《敦煌吐魯番研究》第七卷，中華書局，二〇〇四年，第二五四～二七五頁；王金娥：《敦煌訓蒙文獻研究述論》，《敦煌學輯刊》二〇一二年第二期，第一五三～一六四頁；林華秋：《敦煌吐魯番童蒙研究目録》，金瀅坤主編：《童蒙文化研究》第一卷，人民出版社，二〇一六年，第三三三～三五九頁。

研究工作打下了很好的基礎〔一〕；張涌泉主編《敦煌經部文獻合集·小學類字書之屬》一書已基本上對識字類、知識類蒙書完成了校釋〔二〕，爲敦煌蒙書校釋提供了很好的範例。兹就敦煌蒙書進行整理、校釋和研究所涉及的"蒙書"概念、學術和現實價值，以及研究的内容、方法等諸多相關問題進行全面的闡述和説明。

一　敦煌蒙書概念及其與家訓、類書的關係

關於敦煌蒙書的概念問題，學界争論較大，或稱"蒙書"，或"訓蒙書"，或童蒙讀物，或教材，或課本，主要原因是學者的學科視角、判定標準的不同。以下就敦煌"蒙書"的概念，以及"蒙書"的時代特點與演變展開討論。

（一）敦煌蒙書概念

以下將就學界對敦煌蒙書概念的認識和發展演變進行梳理，結合相關史實對"蒙書"概念的形成與演變進行探討，進而歸納"蒙書"的概念和歷史特點，并提出敦煌蒙書的評判標準，對敦煌文獻中的蒙書進行認定。

1."蒙書"概念争論

有關中國古代兒童啓蒙教育階段所使用的課本、讀物，無論在歷史上，還是當下學界研究，始終没有形成一個固定名詞，不同時代有不同稱法。民國學者喜用"兒童讀物"稱之。如一九三六年，翁衍楨發表的《古代兒童讀物概觀》一文，專門探討了"訓蒙課本"，認爲"漢代課蒙，除讀經書外，以識字爲重要之課程，漢代小學昌明，著作亦最多，以理測之，如《三蒼》《凡將》《訓纂》《元尚》等篇，皆爲當時之兒童讀物，傳至今者……其中，《千字文》《三字經》《百家姓》三書，雖至今日，僻處窮鄉之村塾中，猶用爲啓蒙之書者，亦可見其採用之廣，而傳習之久矣。經書本爲歷代學者，萃力肄習之書，不詳具論，今但就各種家訓、學規中有關討論兒童讀物之文字者引録

〔一〕 鄭阿財、朱鳳玉：《敦煌蒙書研究》，甘肅教育出版社，二〇〇二年。

〔二〕 張涌泉主編：《敦煌經部文獻合集》第八册《小學類字書之屬》，中華書局，二〇〇八年。

如次"[一]。從其羅列的"兒童讀物"來看，包括"十年誦讀書目"，大致分爲諸如《千字文》《三字經》等字書類，《顔氏家訓》《學範》等家訓、學規類，《童蒙訓》《論小學》等學習方法類，《小學》《四書》等經學類，《古文》《古詩》等範文類，《各家歌訣》類，雖然枚舉書目不多，但分類很廣，涵蓋了兒童誦讀的各類書目。是年，鄭振鐸《中國兒童讀物的分析》一文也使用了"兒童讀物"的概念[二]，大概分爲：《千字文》《三字經》等識字類，《小學》等學則、家訓類，《蒙求》《名物蒙求》《歷代蒙求》等蒙求類，《神童詩》《千家詩》等詩文類，《日記故事》等故事類，均爲歷代專門爲兒童所作之書籍，并未包含《孝經》《四書》等經學類。後來，瞿菊農亦沿用了"兒童讀物"的概念，他在《中國古代蒙學教材》一文中講到："所謂的蒙養教材，主要是在這類'蒙學'裏進行教學時使用的。私人設學和私家延師教學童蒙的，多採用這部分教材。亦有採用'經書'，如《孝經》和《論語》。"[三]

一九四〇年，常鏡海發表《中國私塾蒙童所用課本之研究（上、下篇）》，將古代私塾中教授兒童的書目分爲"通用之蒙童課本"和"選用之蒙童課本"兩類。"通用之蒙童課本"列舉了十六種書目，可分爲：其一《千字文》《百家姓》《三字經》《雜字》《字課圖説》《萬事不求人》等識字字書；其二《名賢集》《朱子治家格言》等德行類；其三《神童詩》《千家詩》《龍文鞭影》等詩文類；其四《孝經》、朱子《小學》等經書[四]。除《孝經》外，此類均是專爲兒童而作的所謂"課本"。"選用之蒙童課本"列舉了《教兒經》《女兒經》《小學韻語》《蒙求》等三十種古代兒童常用的所謂"課本"書目，其書目較"通用之蒙童課本"更爲少見，範圍更廣，但無本質差别，可以理解

〔一〕 翁衍楨：《古代兒童讀物概觀》，《圖書館學季刊》第十卷第一期，一九三六年，第九一頁。

〔二〕 鄭振鐸：《中國兒童讀物的分析》，《文學》第七卷第一號，一九三六年，第四八～六〇頁。

〔三〕 瞿菊農：《中國古代蒙學教材》，《北京師範大學學報（社會科學版）》一九六一年第四期，第四五～五六頁。

〔四〕 常鏡海：《中國私塾童蒙所用課本之研究（上、下篇）》，《新東方》一九四〇年第一卷第八、九期，第七四～八九、一〇三～一一四頁。

爲現代小學生的教輔資料，即擴展讀物。

民國時期，唯有胡懷琛在《蒙書考》一文中使用了“蒙書”概念〔一〕，將中國古代兒童所讀書籍分四卷進行叙録、考證，總共涉及蒙書達一百七十八種，作者分别對其收藏、著録和内容進行了叙録和考訂。可以看得出，胡懷琛對“蒙書”的收録甚爲廣泛，主要是對“三百千”及《急就篇》《蒙求》等古代流行甚廣蒙書的歷代注疏、改寫、改編、别體本進行重點叙録和介紹，同時也收録《干禄字書》《字學舉隅》《點勘記》等童蒙教育比較少用的書籍，還收録了《釋氏蒙求》《梵語千字文序》《鋟梵語千字文序》等佛家蒙書，并收録《植物學歌略》《動物學歌略》《中法三字經》《華英合編三字經》等新編新學及跨文化的蒙書。可見胡懷琛的“蒙書”概念十分廣泛，既包含了傳統意義的“三百千”類等專門爲兒童編撰的書籍，也包括《干禄字書》等非專門爲兒童編撰，但可以用於兒童教育的書籍，説明“蒙書”概念具有時代性、社會性，依據時代和文化的不同，在不斷變化中。新學中的“歌略體”，就是對古代蒙書改造和創新的一個體現。衹可惜由於時代動蕩，學者顧及“蒙書”研究者甚少。一九六二年，張志公出版了《傳統語文教育初探：附蒙學書目稿》一書，雖然没有明確討論“蒙書”的概念〔二〕，但該書後附録《蒙學書目稿》，就使用了“蒙書”概念，所收録的書，則被視爲“蒙書”。一九九二年修訂的《傳統語文教育教材論：暨蒙學書目和書影》〔三〕，將附録改爲《蒙學書目和書影》，二〇一三年又在中華書局修訂重印〔四〕。新近徐梓《傳統蒙學與傳統文化》中使用了“蒙學教材”的概念，認爲“蒙學以及作爲核心内容的蒙學教材，是傳統文化的重要組成部分”〔五〕。徐梓《傳統蒙學研究的歷史和現狀》

〔一〕 胡寄塵：《蒙書考》，《震旦雜志》一九四一年第一期，第三二～五八頁。

〔二〕 張志公：《傳統語文教育初探：附蒙學書目稿》，上海教育出版社，一九六二年。

〔三〕 張志公：《傳統語文教育教材論：暨蒙學書目和書影》，上海教育出版社，一九九二年。

〔四〕 張志公：《傳統語文教育教材論：暨蒙學書目和書影》，中華書局，二〇一三年，第九頁。

〔五〕 徐梓：《傳統蒙學與蒙書研究》，中國社會科學出版社，二〇一七年，第一頁。

又使用了“蒙學讀物”的概念〔一〕，“又稱爲蒙書、蒙養書、古代兒童讀物、蒙學教材、啓蒙教材、童蒙課本、語文教育教材等”〔二〕。不過，這兩篇文章後來都收入其《傳統蒙學與蒙書研究》，該書名使用了“蒙書”概念，反映了學界對“蒙書”概念不斷認知的過程。

探討“蒙書”之概念，須弄清“童蒙”的含義。《周易·蒙卦》云：“《蒙》：亨。匪我求童蒙，童蒙求我。初筮告，再三瀆，瀆則不告。利貞。”〔三〕《春秋左氏傳》卷一二“孔穎達正義”：“蒙謂闇昧也，幼童於事多闇昧，是以謂之童蒙焉。”〔四〕可見所謂“童蒙”，指對兒童啓蒙、發蒙、開蒙之義。“蒙書”取義“童蒙”之書，即兒童啓蒙教育所使用之書。周丕顯《敦煌“童蒙”“家訓”寫本之考察》云：“‘蒙書’，爲蒙學之書，爲我國古代識字啓蒙讀物。”〔五〕鄭阿財在《敦煌蒙書析論》一文中明確提出了“蒙書”的概念：

> 古人因取其意而稱小學教育階段爲蒙養階段，稱此階段所用之教材爲“蒙養書”，或“小兒書”。漢代啓蒙教育以識字爲主，其主要教材爲“字書”，因此有稱蒙書爲“字書”者。唐·李翰《蒙求》盛行，影響深遠，致有統稱童蒙用書爲“蒙求”者。唯以此類蒙養教材，主要爲蒙學教學所用之書，亦即爲啓蒙而輔之書，故一般多省稱作“蒙書”。〔六〕

此後，敦煌文獻中有關兒童讀物、教材等多被學者稱爲“蒙書”，可以説

〔一〕 徐梓：《傳統蒙學與蒙書研究》，第六頁。

〔二〕 徐梓：《中華蒙學讀物通論》，中華書局，二〇一四年，第二頁。

〔三〕（三國·魏）王弼、韓康伯注，（唐）孔穎達正義：《周易正義》，李學勤主編：《十三經注疏》，北京大學出版社，二〇〇〇年，第四〇八頁。

〔四〕（晋）杜預注，（唐）孔穎達等正義，十三經注疏委員會整理：《春秋左傳正義》，李學勤主編：《十三經注疏》，北京大學出版社，二〇〇〇年，第四〇八頁。

〔五〕 周丕顯：《敦煌“童蒙”“家訓”寫本之考察》，《敦煌學輯刊》一九九三年第一期，第一六頁。

〔六〕 鄭阿財：《敦煌蒙書析論》，漢學研究中心編：《第二屆敦煌學國際研討會論文集》，漢學研究中心，一九九一年，第二一二頁。

鄭氏著開啓了“敦煌蒙書”專題性研究的先例。其後，鄭阿財與朱鳳玉合著《敦煌蒙書研究》〔一〕，及朱鳳玉《蒙書的界定與〈三字經〉作者問題——兼論〈三字經〉在日本的發展》一文，基本上堅持了這一觀點〔二〕。

至於學者將李翰《蒙求》作爲“蒙書”起源的重要依據，蓋因童蒙教育重在啓蒙，有知識教育需求的緣故。李翰《蒙求》直接影響了“蒙求體”衆多蒙書的産生，諸如《十七史蒙求》《左氏蒙求》《本朝蒙求》《純正蒙求》等，但不足以涵蓋“蒙書”的概念。唐代馮伉《諭蒙書》中最早將“蒙書”二字連用。《新唐書·馮伉傳》載：貞元中馮伉爲醴泉令，“縣多嚚猾，數犯法，伉爲著《諭蒙書》十四篇，大抵勸之務農、進學而教以忠孝。鄉鄉授之，使轉相教督”〔三〕。按：“諭”在此作教導、教誨之義。《淮南子·修務訓》云：“此教訓之所諭也。”高誘注：“諭，導也。”〔四〕“諭蒙書”蓋爲“教誨啓蒙”“教誨發蒙”之書，這與兒童的“蒙書”之含義并無太大區别。馮伉《諭蒙書》的主要内容爲勸農、進學，“教以忠孝”，屬於針對社會大衆的教育，其中進學、忠孝與童蒙教育的内容一致，相對於傳統“蒙書”而言，其受衆面更大。考慮到該書衹有十四篇，篇幅短小也符合蒙書的特點，故曰“諭蒙書”。“諭蒙書”與“童蒙書”即“蒙書”含義已經很接近了。據此雖不好明確判定《諭蒙書》就是最早的“蒙書”概念的來源，但已包含“蒙書”之義。與此相類似的還有晋代束皙《發蒙記》，《隋書·經籍志二》將其歸入小學類字書，“載物産之異”，主要記載名物、奇異物産〔五〕。此“發蒙”，爲童蒙之義，“記”，爲叙事文體，顯然，《發蒙記》也是明言爲兒童啓蒙之書，與“蒙書”的概念已經很接近了。

直接將“蒙書”明確作爲書名者，是在宋代。宋太宗時，种（chóng 姓）

〔一〕鄭阿財、朱鳳玉：《敦煌蒙書研究》，第一頁。

〔二〕朱鳳玉：《蒙書的界定與〈三字經〉作者問題——兼論〈三字經〉在日本的發展》，金瀅坤主編：《童蒙文化研究》第五卷，人民出版社，二〇二〇年，第七五～九八頁。

〔三〕（宋）歐陽修等撰：《新唐書》卷一六一《馮伉傳》，中華書局，一九七五年，第四九八三頁。

〔四〕何寧撰：《淮南子集釋·修務訓》，中華書局，一九九八年，第一三三一頁。

〔五〕（唐）魏徵等撰：《隋書》卷三三《經籍志二》，中華書局，一九七三年，第九八三頁。

放與母隱於終南山豹林谷，“結茅爲廬，博通經史，士大夫多從之學，得束脩以養，著《蒙書》十卷，人多傳之”〔一〕。可見种放著《蒙書》十卷，是傳授門人的講稿，從其卷數來看，可能不是專爲童蒙而作，但將其視爲教育兒童的教材與讀物可能性很大。宋代“蒙書”指代“童蒙之書”的概念大概早已成爲時人的共識。《玉海·紹與御書孝經》中稱高宗《御書真草孝經》爲“童蒙書”“童蒙之書”〔二〕。此事，清代錢唐倪濤《六藝之一録》載：宋高宗以《御書真草孝經》賜秦檜，紹興九年（一一三九），秦檜請刻之金石。高宗曰：“世人以十八章‘童蒙書’，不知聖人精微之學，皆出乎此。”〔三〕顯然，宋人經常將《孝經》當作童蒙教材，故有“童蒙之書”之稱，以致忘記了《孝經》是儒家“精微之學”。顯然，“蒙書”“童蒙之書”不僅僅專指《孝經》，而是“童蒙”所讀、所學之書的統稱。唐代童蒙學習經學，就“先念《孝經》《論語》”〔四〕。又元代陸文圭《古今文孝經集注序》載：“君曰世以《孝經》爲‘童蒙小學之書’，不知其兼大人之學……余曰：《孝經》爲‘童蒙之書’未害也，張禹傳《論語》，杜欽明《五經》，童蒙之弗如。”〔五〕元人也是把《孝經》作爲“童蒙之書”，以此類推，宋元童蒙所讀之書，即可稱爲蒙書。

不過，很多時候冠以“童蒙”之名的書，未必是蒙書。如權德輿十五歲“爲文數百篇”，編爲《童蒙集》十卷，爲權德輿在童蒙時期所作之書，故名〔六〕，并非其所使用的蒙書。又宋代張載有《正蒙書》，宋代晁公武《郡齋讀

〔一〕（宋）曾鞏撰，王瑞來校證：《隆平集校證》卷一三《侍從·种放》，中華書局，二〇一二年，第三八四頁。

〔二〕（宋）王應麟撰：《玉海》卷四一《藝文》，江蘇古籍出版社、上海書店，一九八七年，第七八〇頁。

〔三〕（清）倪濤撰：《六藝之一録》卷三一三上《歷朝書譜三上·帝王后妃三·宋》，《影印文淵閣四庫全書》第八三六册，臺灣商務印書館，一九八六年影印本，第六〇三頁。

〔四〕 項楚：《敦煌變文選注·舜子變》，中華書局，二〇〇六年，第三三五頁。

〔五〕（元）陸文圭撰：《墻東類稿》卷五《序·古今文孝經集注序》，《影印文淵閣四庫全書》第一一九四册，第五七四頁。

〔六〕（後晋）劉昫等撰：《舊唐書》卷一四八《權德輿傳》，中華書局，一九七五年，第四〇〇二頁。

書志》卷十將其歸入“儒家類”，認爲是其弟子蘇昞整理先生張載解説有關“陰陽變化之端，仁義道德之理，死生性命之分，治亂國家之經”的十七篇文章而成，奠定了氣一元論哲學，頗爲深奥，故不能作爲兒童的啓蒙讀物〔一〕。《宋史・藝文志六》載：“鄒順《廣蒙書》十卷、劉漸《群書系蒙》三卷。”〔二〕歸入“事類”部，雖不能判定其爲蒙書，但有明顯開蒙、啓蒙之義，也説明“蒙書”之詞在宋代已經很常見。

宋代“童蒙之書”也可稱爲“小兒書”或“教子書”。宋代王暐《道山清話》云：“予頃時於陕府道間舍，於逆旅因步行田間，有村學究教授二三小兒，閒與之語言，皆無倫次。忽見案間，有小兒書卷，其背乃蔡襄寫《洛神賦》，已截爲兩段。”〔三〕顯然，這是以“小兒書卷”指代童蒙所讀之書。如宋韓駒《次韻蘇文饒待舟書事》云：“會有綾衾趨漢署，不須錦纜繫吴檣；青箱教子書千卷，白髮思親天一方。”〔四〕元代以後“小兒書”“教子書”更爲常見，元宰相耶律楚材《思親二首》云：“鬢邊尚結辟兵髮，篋内猶存教子書；幼稚已能學土梗，老兄猶未憶鱸魚。”〔五〕又明代夏原吉《題樂善堂二首》云：“甕裹况存招客酒，床頭仍貯教兒書；閒來持此消長日，何用區區較毁譽。”〔六〕可見宋元以後“小兒書”“教兒書”，均指代“童蒙之書”，即教兒童所讀之書，“教子書”中的主體亦爲小兒書，讀者以“小兒”“童蒙”爲主體，以其所讀之書爲“小兒書”“蒙書”，呈現類化概念，後來逐漸被學者所採納。

〔一〕（宋）晁公武撰，孫猛校證：《郡齋讀書志》卷十《儒家類》，上海古籍出版社，一九九〇年，第四五一頁。

〔二〕（元）脱脱等撰：《宋史》卷二〇七《藝文志六》，中華書局，一九七七年，第五二九四頁。

〔三〕（宋）王暐撰：《道山清話》，《影印文淵閣四庫全書》第一〇三七册，第六六〇頁。

〔四〕（宋）韓駒撰：《陵陽集》卷三《近體詩・次韻蘇文饒待舟書事》，《影印文淵閣四庫全書》第一一三三册，第七九一頁。

〔五〕（元）耶律楚材撰，謝方點校：《湛然居士集》卷六《思親二首》，中華書局，一九八六年，第一三二頁。

〔六〕（明）夏原吉撰：《忠靖集》卷五《七言律詩》，《影印文淵閣四庫全書》第一二四〇册，第五二五頁。

明確“蒙書”概念起源之後，必須對“蒙書”包含的内容，及其動態的歷史變化有所認識。中國古代“蒙書”的概念與童蒙教育發展演變有很大關係。民國時期余嘉錫在《内閣大庫本碎金跋》中認爲，魏晉南北朝以前學校教育不興，唐代從“小學”分化出了字書、蒙求、格言三類：字書類，以《千字文》爲代表；“蒙求”類，以《蒙求》爲代表，屬對類事爲特點；“格言”以《太公家教》爲源頭，包括《神童詩》《增廣賢文》等發展最爲廣泛；三者各有發展，分出旁支〔一〕。此説看似很有道理，但并不符合中國古代童蒙教育發展的實際情況，結論太過簡單，在一定程度上可以解釋黄正建提出的“蒙書”在正史和書目分類時，被歸入不同門類的問題〔二〕。

與余嘉錫看法相似的爲瞿菊農，其《中國古代蒙學教材》云：“就現有歷史資料和現存的蒙養教材看，傳統的蒙養教材的發展，可以分爲三個階段。從周秦到唐末是一個階段，從北宋到清中葉是第二個階段，從清中期以後到新學校和新教科書的出現是第三個階段。”〔三〕他認爲古代的蒙養教材“首先是宣揚灌輸封建的倫常道德，培養封建倫常的思想意識”。此外，還要求：“一是要能掌握一定的文字工具，這就是識字；其次是掌握一定的自然知識、生活知識和歷史知識；再次是作深造進修的準備或準備應考。這幾項要求在各種蒙養教材中都分别得到反映。實際上識字是學習基礎，一些教材主要是識字課本或字書。識字當然有内容，其内容仍是封建倫理道德和一般基礎知識。”〔四〕瞿菊農主張識字課本、知識字書與余氏所説的“字書”類、“蒙求”類，大致相同；認爲封建蒙養教材的第三個要求是“作深造進修的準備或準備應考”，已經注意到科舉考試對“蒙書”的影響。

〔一〕余嘉錫：《余嘉錫論學雜著》，中華書局，一九六三年，第六〇〇～六〇六頁。

〔二〕黄正建：《蒙書與童蒙書——敦煌寫本蒙書研究芻議》，《敦煌研究》二〇二〇年第一期，第九三～九四頁。

〔三〕瞿菊農：《中國古代蒙學教材》，《北京師範大學學報（社會科學版）》一九六一年第四期，第四五頁。

〔四〕瞿菊農：《中國古代蒙學教材》，《北京師範大學學報（社會科學版）》一九六一年第四期，第四五～四六頁。

隨後，張志公從教材角度審視了古代兒童教育所使用的教材。其新版《傳統語文教育教材論》認爲：先秦兩漢重視兒童識字教育、句讀訓練，主要有《弟子職》和《急就篇》。魏晋隋唐時期，主要集中在識字教育（《千字文》）、封建思想教育的蒙書（《太公家教》）、掌故故事蒙書（《兔園策》《蒙求》）。宋元蒙學體系，又促生了新的蒙書，衹是發展和補充較小，没有很大變化，并將其分爲：其一，識字教育方面，在《千字文》基礎上，形成了以"三百千"爲主的識字教材，與"雜字"教育并行。其二，封建思想教育方面，用《三字經》深入識字教育中，用理學思想編撰了《小學》等新的教材，用《弟子職》等作爲訓誡讀物。其三，在《蒙求》的基礎上擴展了一批歷史知識和各學科知識教育的教材。其四，重視初步閲讀教材——出現了《千家詩》《書言故事》等詩歌與散文讀本，已涉及情感之養成及美學之陶冶範疇。其五，在初步識字和初步閲讀教育之上，産生了一套讀寫訓練的方法和教材——屬對，程式化的作文訓練，專業初學教材用的文章選注和評點本〔一〕。雖然，張志公没有對"蒙書"概念進行闡釋，但從其對中國古代蒙書類型劃分及説明，表明他對蒙書已經有比較清晰的認識，爲我們探討"敦煌蒙書"的概念和分類提供了基本認識和啓發。由於張先生主要從事中小學教材編撰研究，對中國古代蒙書發展變化過程這一核心問題概括得十分到位，對我們進一步概括"蒙書"的概念十分有幫助。以下就張志公的觀點，結合余嘉錫、瞿菊農、鄭阿財和朱鳳玉諸位先生的主張，擬對"蒙書"的概念再做定義。

關於敦煌的"蒙書"概念，學界一直不是很明確。早在一九一三年，王國維在《唐寫本〈太公家教〉跋》《唐寫本〈兔園策府〉殘卷跋》中〔二〕，雖然没有提及"蒙書"的概念，但開啓了敦煌蒙書研究之先河。一九四二年日本學者那波利貞《唐鈔本雜抄考—唐代庶民教育史研究一》則爲對敦煌蒙書進

〔一〕 張志公：《傳統語文教育教材論：暨蒙學書目和書影》，第九頁。

〔二〕 王國維：《唐寫本〈太公家教〉跋》《唐寫本〈兔園策府〉殘卷跋》，王國維：《觀堂集林》，中華書局，一九五九年，第一〇一二～一〇一五頁。

行深入研究之始〔一〕。

隨着學界對敦煌蒙書整理、研究的不斷深入，需要進一步對敦煌蒙書加以鑒别、歸類，故對“蒙書”概念的探討就提上日程〔二〕。汪泛舟在一九八八年發表《敦煌的童蒙讀物》一文，使用了“童蒙讀物”的概念，依據敦煌文書的两百多件“兒童讀物”的内容和性質、重點，將其分爲：一識字類：《字書》《新集時用要字壹千三百言》等；二教育類：《太公家教》《百行章》等；三應用類：《吉凶書儀》等，共計三十六種。顯然，汪泛舟從“童蒙讀物”角度來分類有點寬泛，故將《姓望書》《郡望姓氏書》《吉凶書儀》《書儀鏡》《新定書儀鏡》《大唐新定吉凶書儀》《新集諸家九族尊卑書儀》《新集吉凶書儀二卷》《漢藏對譯〈佛學字書〉》《大寶積經難字》《大般若經難字》《涅槃經難字》《字寶》等不太適合兒童誦讀的書目也納入了“童蒙讀物”範圍之内〔三〕。

鄭阿財教授是最早對敦煌蒙書進行專題性、整體性研究的學者，在一九九一年發表的《敦煌蒙書析論》中，明確提出了“蒙書”的概念，分爲

〔一〕［日］那波利貞：《唐鈔本雜抄考—唐代庶民教育史研究一》，《支那學》第十期，一九四二年；［日］那波利貞：《唐代社會文化史研究》第二編，創文社，一九七四年，第一九七～二六七頁。

〔二〕“總論”中所涉及敦煌蒙書的編號及其内容衆多，主要見於近年來上海古籍出版社等出版社整理的各類大型敦煌文獻，若非特殊情況，爲節省篇幅，不再一一注明卷號。相關參引文獻均出自如下敦煌文獻：中國社會科學院歷史研究所、中國敦煌吐魯番學會敦煌古文獻編輯委員會、英國國家圖書館、倫敦大學亞非學院編：《英藏敦煌文獻》第一～一四卷，四川人民出版社，一九九〇～一九九五年；上海古籍出版社、法國國家圖書館編：《法藏敦煌西域文獻》第一～三四册，上海古籍出版社，一九九四～二〇〇五年；俄羅斯科學院東方研究所聖彼得堡分所、俄羅斯科學出版社東方文學部、上海古籍出版社編：《俄藏敦煌文獻》第一～一七册，上海古籍出版社、俄羅斯科學出版社東方文學部，一九九二～二〇〇一年；中國國家圖書館編：《國家圖書館藏敦煌遺書》第一～一四六册，北京圖書館出版社，二〇〇五～二〇一二年；武田科學振興財團杏雨書屋、［日］吉川忠夫編：《敦煌秘笈》第一～九册，はまや印刷株式會社，二〇〇九～二〇一三年，等等。

〔三〕汪泛舟：《敦煌的童蒙讀物》，《文史知識》一九八八年第八期，第一〇四～一〇七頁。

識字類、思想類與知識類三大類，其下又分若干小類，收録了二十六種敦煌蒙書，凡二百二十九件抄本〔一〕。次年，日本學者東野治之在《訓蒙書》中，以學仕郎、學生抄寫使用的讀物作爲認定“訓蒙書”的標準，認定《古文尚書》《毛詩》《孝經》《論語》《論語集解》《殘卜筮書》《秦婦吟》《詠孝經》《孔子項託》《鷰子賦》《子虛賦·滄浪賦》《貳師泉賦·漁父歌》《李陵與蘇武書》《王梵志詩集》《敦煌廿詠》《金剛般若波羅蜜經》等二十六種，共四十七件抄本。顯然，東野治之以學士郎即兒童身份作爲判定“訓蒙書”的標準，似乎很難準確定義“訓蒙書”的範圍和概念，將《鷰子賦》《子虛賦·滄浪賦》《貳師泉賦·漁父歌》《李陵與蘇武書》《敦煌廿詠》《金剛般若波羅蜜經》等都認定爲“訓蒙書”，似乎太過寬泛〔二〕。因此，鄭阿財教授認爲:“對蒙書的判定，似宜先採廣泛收録，再細定標準加以擇别區分。其主要依據應就寫本内容、性質與功能分析；再據寫卷原有序文，以窺知其編撰目標與動機；從寫本實際流傳與抄寫情況、抄者身份等，綜合推論較爲穩當。”〔三〕

基於上述原則，鄭阿財、朱鳳玉在《敦煌蒙書研究》一書中，分三大類敘録了敦煌蒙書二十五種，凡二百五十件抄本。其一識字類:《千字文》《新合六字千文》《開蒙要訓》《百家姓》《俗務要名林》《雜集時用要字》《碎金》《白家碎金》《上大夫》，凡九種；其二知識類:《雜抄》《孔子備問書》《古賢集》《蒙求》《兔園策府》《九九乘法歌》，凡六種；其三德行類:《新集文詞九經鈔》《文詞教林》《百行章》《太公家教》《武王家教》《辯才家教》《崔氏夫人訓女文》《新集嚴父教》《王梵志詩》一卷本，凡十種。自該書問世以來，備受學界關注，目前是學界公認的“敦煌蒙書”收録最全，認可度最高的觀點〔四〕。

“蒙書”是個動態和歷史性的概念，因時代的不同，研究者的視角和立場

〔一〕 鄭阿財:《敦煌蒙書析論》，《第二屆敦煌學國際研討會論文集》，第二一一二頁。

〔二〕［日］池田温編:《講座敦煌5·敦煌漢文文獻》，東大出版社，一九九二年，第四〇三～四〇七頁。

〔三〕 鄭阿財:《敦煌蒙書研究的回顧與前瞻》，《敦煌吐魯番研究》第七卷，中華書局，二〇〇四年，第二五四～二七五頁。

〔四〕 鄭阿財、朱鳳玉:《敦煌蒙書研究》，第二～八頁。

不同，容易出現盲人摸象的問題。因此，黃正建《蒙書與童蒙書——敦煌寫本蒙書研究芻議》一文，通過對東野治之《訓蒙書》、鄭阿財《敦煌蒙書研究》、張新朋《敦煌寫本〈開蒙要訓〉研究》、金瀅坤《唐代敦煌寺學與童蒙教育》等有關“蒙書”“童蒙的讀物”“童蒙的課本”的看法進行檢討，提出了一些質疑性看法〔一〕。這在很大程度上反映了學界和社會大衆對“蒙書”“兒童讀物”和“兒童課本”的困惑，有必要對此進行探討，以明確本套叢書選定敦煌“蒙書”的標準和依據，使得學界對“蒙書”概念更加明晰。

2.蒙書的定義

“蒙書”界定應該有狹義和廣義之分。狹義蒙書，主要指中國古代專門爲兒童啓蒙教育而編撰的教材和讀物。廣義蒙書，指古代公私之學用於啓蒙或開蒙教育的書，以“童蒙教育”爲中心，也包含對青少年、少數成人的開蒙教育所使用的教材和讀物。廣義的蒙書不僅包括狹義的蒙書，而且包括諸如《俗務要名林》《碎金》等字書、《武王家教》《辯才家教》等“家教”讀物。從作者編撰意圖來看，這些書并非專門爲童蒙教育而作，但因其内容適當、篇幅短小，比較適合童蒙教育，而常被世人作爲童蒙教育的教材使用，故將其視爲廣義蒙書。需要説明的是，字書、家教等之所以被稱爲“蒙書”，是因其常被作爲教育童蒙的教材，而《孝經》《論語》雖可作爲童蒙教材，但并非蒙書。即便是《孝經》有“童蒙小學之書”“童蒙之書”之名，也不是廣義“蒙書”。因爲《孝經》《論語》自成書以來就作爲儒家最核心的經典，也是隋唐以來科舉考試最基礎的内容，雖作爲童蒙教材使用，但并非專爲兒童而做，雖主要供少年、成人學習之用，也未改變其爲儒家經典的性質。

蒙書與童蒙教材、童蒙讀物的關係既有交互之處，又有差别。所謂童蒙教材，指兒童啓蒙教育中的教學用書，也稱課本，即指用作兒童啓蒙教育課本的字書、蒙書、家訓及儒家經典、史書、文集、類書等。所謂童蒙讀物，指童蒙教材之外，爲擴大知識量、提高寫作能力而供兒童閲讀的各種書

〔一〕 黃正建:《蒙書與童蒙書——敦煌寫本蒙書研究芻議》,《敦煌研究》二〇二〇年第一期，第九四頁。

籍，文體不限，原則上講童蒙教材是最基礎的學習和閱讀的内容，童蒙讀物是擴展内容。其實，《語對》《籯金》《兔園策府》和一卷本《王梵志詩》等蒙書，編撰的目的并非專門爲童蒙教育而做，但因其内容比較適合兒童閲讀，符合童蒙教育的需求，而被世人逐漸作爲常用童蒙讀物，或改編成適合兒童閲讀、學習、寫作詩文的讀物，也就變成了蒙書。最爲典型的《略出籯金》，就是在《籯金》基礎上删減而來，作爲兒童啓蒙教育讀物，也可視爲蒙書。

3.蒙書的特點

僅憑"蒙書"的概念從七萬餘件敦煌文獻中辨别"蒙書"是十分困難的事，我們必須充分考慮"蒙書"的特點，可以從其基礎性、啓蒙性、學科性、階段性、階層性和時代性入手。

其一，基礎性與學科性。蒙書的基礎性或稱開蒙性，主要是指教育的入門、啓蒙之特性，爲兒童的啓蒙、發蒙、開蒙、諭蒙服務。蒙書的基礎性因專業、學科内容不同而有很大差異，不同學科的蒙書存在着明顯的學科差異。隨着時代發展，不同歷史階段學科發展有很大差異，蒙書就出現了學科性。蒙書的基礎性是由其學科内容決定的，是指某個學科領域最爲基礎的知識、理論和學習方法等。比如字書類蒙書，史游《急就篇》最能體現基礎性特點，其内容一爲"人名"，介紹姓氏文化；二爲"名物"，枚舉衣食、器物、鳥獸、音樂、宫室、疾病等；三爲典章制度，介紹禮法、典故、職官等。雖然其内容涉及了不同學科，但對於兒童識字和增長知識來講，均爲最基礎的知識。《千字文》在《急就篇》基礎上有所發展，内容更爲豐富，增加了天文、人物、典章、制度、勸學、處世、道德方面的内容，對偶押韻，邏輯嚴密，説教明顯，但均爲相關學科的基礎性内容。在兒童接受識字教育的同時，會對其進行習字教育，敦煌文獻中發現的《上大夫》，僅有"上大夫，丘乙己，化三千，七十士，尔小生，八九子"等十八個字，筆畫簡單，比較適合初學者練習漢字的筆畫，掌握書法的基本技巧。隨着唐代科舉重詩賦的影響，童蒙教育對屬對、屬文教育加强，於是出現了《文場秀句》按事類對麗詞進行分類注解的蒙書，爲兒童學習屬對提供最基礎、最簡單詞彙，以及相關典故，用於訓練兒童屬對的基本知識和技巧、方法等。大概在十歲以後，童蒙屬對訓練之後〔一〕，就需要屬文訓練。於是就出現了敦煌本失名《策府》之類的屬文類蒙書，多在三百字左右，基本採用四六句駢文，前後對偶、押韻，并具備對策的基本結構，爲童蒙學習對策的範文。與《策府》相似的是杜嗣先《兔園策府》，爲其受蔣王惲之命，模仿科舉對策而編撰的範文，既然是範文，自然是爲子弟準備學習對策參考使用，在中晚唐五代被鄉校、俚儒作爲教兒童的蒙書，廣泛使用。《兔園策府》相對《千字文》而言，其内容雖然更爲廣泛，難度更大，用詞、用典更爲講究，且有明確的作文結構和技巧，針對的主要對象是十歲至十五歲的大齡兒童，且有一定的識字、屬對基礎。但就屬文即作文而言，仍爲初級階段，爲最基礎、基本的入門性質的，“鄉校俚儒教田夫牧子之所誦”的蒙書，而被世人嘲笑淺薄〔二〕。此外，敦煌文獻中發現的《九九乘法口訣》《立成算經》均爲中國古代算術學科領域的最基礎、入門階段蒙書。明清以後，更是向專科類發展，出現了《天文歌略》《地理歌略》《植物學歌略》以及《農用雜字》《士農工商買賣雜字》等專業性非常强的入門、開蒙類書籍，本質都可以視作蒙書。

其二，階段性。狹義的“蒙書”主要編撰對象爲兒童，在兒童不同年齡段的教育，所用的蒙書也有很大不同。若按照《禮記》的規定，兒童六歲始“教之數與方名”，十五歲成童〔三〕，此後歷代王朝太學、國子監、州縣學、府學等中央和地方官學的入學年齡基本上限定在十四歲以上，即以成童爲界限，所以筆者大致以此作爲兒童的劃分標準。六至十五歲，按照現在中國的學制，主要爲小學、初中階段，也包含了幼兒園大班，相當於今天的兒童和年齡較

〔一〕宋仁宗至和元年（一〇五四）制定《京兆府小學規》云：“第二等，每日念書約一百字，學書十行，吟詩一絶，對屬一聯，念賦二韻，記故事二件。”（見私人拓片）唐代雖然没有記載私學中進行對屬訓練的記載，但《文場秀句》《語對》等“屬對”類蒙書發現足以説明唐代童蒙屬對教育的問題。

〔二〕（宋）歐陽修撰：《新五代史》卷五五《劉岳傳》，中華書局，一九七四年，第六三二頁。又見（五代）孫光憲撰：《北夢瑣言》卷一九《詼諧所累》，中華書局，二〇〇二年，第三四九～三五〇頁。

〔三〕（唐）杜佑撰，王文錦等點校：《通典》卷五六《禮典十六·沿革十六》，中華書局，一九八八年，第一五七一頁。

小的少年，是一個人接受教育的最重要的時期。結合現代幼兒園、小學和初中教育的内容，這個時段的教材、讀物難易程度相差非常大，在中國古代也是一樣。考慮到隋唐以前的童蒙教育主要以識字教育和經學教育爲主，蒙書主要是字書，兒童教育層級性不是很明顯，本書不予討論。以唐代童蒙教育爲例，存在階段性，李恕《戒子拾遺》中製定了對子弟的培養方案，“男子六歲教之方名，七歲讀《論語》《孝經》，八歲誦《爾雅》《離騷》，十歲出就師傅，居宿於外，十一專習兩經”〔一〕。具體來講，幼兒在六歲便接受算數、時令、方位（空間）和名物等最基本的日常生活、生產知識的教育，主要學習《千字文》《開蒙要訓》《雜抄》《孔子備問書》等識字類和知識類蒙書，七歲讀《論語》《孝經》，八至九歲誦“兼通學藝”的《爾雅》《離騷》〔二〕，就開始經學啓蒙教育。同時，應該學習《太公家教》《武王家教》等家教和《百行章》等道德類蒙書，進行道德行爲規範教育，爲外出拜師求學打基礎、學規矩。十歲外出拜師學習《蒙求》等知識類蒙書，《語對》《文場秀句》等屬對類蒙書，《事林》等故事類蒙書，爲將來從事專經（明經），抑或屬文（進士）等舉業打基礎。至十一歲“專習兩經”，其實就是指爲參加明經科考試做準備。考慮到李恕撰寫此書在開元以前，進士科尚不興盛，故用“專習兩經”指代舉業。隨着開元以後，進士科與明經科代表的文學與經學逐漸分野，童蒙教育大概在十一二歲的時候也相應出現了專經和屬文的分化。於是在十一至十五歲階段的兒童主要閱讀《新集文詞九經抄》《文詞教林》《楊滿山詠孝經壹拾捌章》等經典摘編和歌詠類蒙書，既可以幫助專經者分類記憶、理解經書精粹，同時可以爲屬文者提供典故和寫作語料支持。而《事林》《事森》等故事類蒙書，可以豐富兒童的歷史知識，對明經科、進士科對策和屬文都有幫助。至於《策府》《兔園策府》和李嶠《雜詠》等均爲屬文類蒙書，應該爲意欲從事舉業的快要成童者提供屬文的範文。

〔一〕（宋）劉清之撰，吴敏霞等注譯：《戒子通録》卷三，三秦出版社，二〇〇六年，第五八六頁。

〔二〕 參見高明士：《隋唐貢舉制度》表四《唐代貢舉科目兼習學藝表》，文津出版社，一九九九年，第二八三頁。

其三，階層性。中國古代社會結構發生了很大變化，不同的社會階層對子弟教育所需蒙書有很大差别。以《千字文》爲例，由於南朝是士族社會，此書乃周興嗣受梁武帝之命編撰，周興嗣出身并不顯貴，善屬文，“其文甚美”。《千字文》格局高昂，雖然也涉及到天地、節令、農業生産、名物、典故、制度等字書常見内容，但其文詞典雅、引經據典、次韻嚴格，多涉禮法、人倫、道德、勸學、勵志、孝悌、睦鄰、修身、言行、舉止、處世、應對、選舉，以及賢良將相、豐功偉績等内容，旨在讓子弟在學習的過程中，不僅要識字、掌握各種知識，而且要立鴻鵠之志，見賢思齊，勵志報國，光大門庭。相對《千字文》是一部文辭華美、非常經典的字書而言，《俗務要名林》主要是爲庶民階層編撰的蒙書，其内容主要是有關生産生活中常用的名物以及倫理關係等，以備日常生産、生活中的實際之需，相對實用，但仍不失基礎、開蒙之性質。又《百行章》作者爲唐初宰相杜正倫，屬於高門士族，兄弟三人在隋朝秀才及第，衣冠天下。其兄正藏著《文章體式》，時人號爲“文軌”〔一〕。杜正倫“善屬文，深明釋典”，以“舉行能之人”見用〔二〕，曾以中書侍郎兼太子左庶子，以侍從贊相太子，蓋在此期間，有感而發做此書。從其《百行章·序》所言，杜正倫主要依據《論語》《孝經》的“忠孝”思想、倫理道德，及修身、齊家、治國的學術觀點，“録要真之言，合爲《百行章》一卷”，分八十六章對子弟的所謂“百行”進行分章規範、約束，不求高位虚名，旨在盡節立孝、廣學仕君、踐行經典，格局甚高，積極向上，頗有世家大族對社會、君王和家庭的擔當精神與責任。與《武王家教》《辯才家教》偏向庶族俗人，内容較爲現實、關注治家，且勸誡的多爲諸種不當、不雅行爲舉止，形成了鮮明差别。但《武王家教》《辯才家教》的出現比較符合中晚唐士族走向衰落，没落士族和庶族階層面對現實，積極編撰新時代的符合社會中下層民衆需要的家教類德行蒙書這一情況。此類情況不再枚舉。

其四，時代性。中國古代童蒙教育受國家、政體、家庭、地域、文化、

〔一〕《隋書》卷七六《杜正玄傳附正藏傳》，第一七四八頁。

〔二〕《舊唐書》卷七〇《杜正倫傳》，第二五四一頁。

政治、民族等諸多因素的影響，體現的是國家意志、統治階層的觀念，與學校教育制度、選舉制度、文化思想等變遷緊密相連，導致所謂的“小兒書”“蒙書”的内容、主旨和名目等都在不斷變化，具有明顯的時代性特點。因此，“蒙書”的概念，必須將中國童蒙教育與中國古代歷史發展變化相結合，分不同歷史時期具體概括其主要特徵，而不是以僵化的標準籠統套用。一九三七年，李廉方《中國古代的小學教育》一文高度概括了中國古代的小學教育史，將中國古代小學教育分爲三代以前、選舉時代、科舉時代三個階段，按時代特點對小學教育的教材種類進行過概括〔一〕。兹分先秦、秦漢南北朝、隋唐五代、宋元以後四個時段，進行概述。

一是，先秦時期，識字、書計之學。先秦時期是“分封建制”的時代，夏商周中央王朝和諸侯國建立了庠序等學校教育機構，諸王和公卿子弟可以接受官學教育，其中也包括了童蒙教育。春秋以來，“學在官府”的格局被打破，私人講學興起，但童蒙教育以識字、書記之學爲主，故保留下來的童蒙讀物《史籀》等也大體屬於識字類字書。由於先秦時期没有統一的文字、文化、制度，故很難出現流行的、統一的“蒙書”。

二是，秦漢南北朝時期，識字教育大發展。秦漢時期，中國建立大一統的中央王朝，秦實行統一文字、文化的政策，頒行《蒼頡》《爰歷》《博學》三部字書，可以説極大促進了童蒙識字教育的發展。該時期《急就篇》《千字文》代表了中國古代識字蒙書的最高水平，涌現了諸如《開蒙要訓》《小學篇》《始學》《啓蒙記》《篆書千字文》《演千字文》《要字苑》《正名》等衆多字書，出現了《女史篇》《勸學》《真言鑒誡》等勸誡類蒙書〔二〕。其原因是察舉制度的實行，選官主要憑藉的是門第，而不是才學，雖然當時官學和家學、個人講學等私學教育也較前朝有很大發展，但童蒙教育總體局限於士家大族子弟，在識字教育之外，童蒙教育的内容主要是《孝經》《論語》以及“五經”相關的經學教育，也是受察舉制度選舉重“明經”“德行”標準的影響。

〔一〕 收入郭戈編:《李廉方教育文存》，人民教育出版社，二〇〇六年，第四三二～四四九頁。

〔二〕 參見《隋書》卷三二《經籍志一》，第九四二～九四三頁。

三是，隋唐五代時期“蒙書”的多樣化發展。張志公將魏晋隋唐放在一起，認爲唐代蒙書的貢獻主要集中在封建思想教育的蒙書（《太公家教》）、掌故故事蒙書（《兔園策》《蒙求》）兩個方面〔一〕。顯然，魏晋與隋唐是常見的歷史分期法，但就童蒙教育而言，兩個時期存在很大差異。其主要因素，是隋唐帝國終結了魏晋南北朝時期的士族政治，兩個時代有質的差别，唐代科舉考試制度的盛行直接導致教育的下移，極大促進了唐代童蒙教育的發展，蒙書編撰得到了前所未有的發展。科舉制度改變了察舉時代以識字爲主的“字書”蒙書的編撰局面，增加了知識、道德、文學類蒙書。（一）拓展識字類蒙書，趨向專業化、多樣化。將《千字文》進行改編、注釋和翻譯，出現了《六字千字文》《千字文注》和翻譯類蒙書《蕃漢千字文》等。又發展出了《俗務要名林》《雜集時用要字》等雜字類字書，以及《碎金》《白家碎金》等俗字類字書。（二）開創知識類蒙書。雖然此前《開蒙要訓》等字書，也包含了豐富知識，但不是以普及知識爲主。唐代李翰《蒙求》開創了以典故、人物故事屬對類事，將勵志與歷史教育相結合的一種專門的綜合知識教育的“蒙書”，被後世不斷發揚，成爲“蒙求體”，在古代中國和東亞影響極大。余嘉錫、張志公和鄭阿財等先生均將其視作“知識”類蒙書之始〔二〕，此類蒙書在敦煌文獻中還有《古賢集》《雜抄》《孔子備問書》等等。知識類蒙書的産生與科舉考試詩賦、對策考試注重用典，以及大量設置歷史、博學等制舉和常舉科目有很大關係〔三〕。（三）開創了德行類蒙書。唐代受魏晋以來《顔氏家訓》等家訓、家教興盛的影響〔四〕，出現了針對兒童的《太公家教》《武王家教》《辯

〔一〕 參閲張志公：《傳統語文教育初探：附蒙學書目稿》，上海教育出版社，一九六二年，第五頁。

〔二〕 參閲余嘉錫：《余嘉錫論學雜著》，第六〇五～六〇六頁；張志公：《傳統語文教育初探：附蒙學書目稿》，第五二～五九頁；鄭阿財、朱鳳玉：《敦煌蒙書研究》，第二二七頁。

〔三〕 金瀅坤：《中國科舉制度通史・隋唐五代卷》，上海人民出版社，二〇一五年，第四六九～四七五頁。

〔四〕 金瀅坤：《唐代家訓、家法、家風與童蒙教育考察》，《浙江師範大學學報（社會科學版）》二〇二〇年第一期，第一四頁。

才家教》《新集嚴父教》和《崔氏訓女文》等家教類蒙書，同時出現了《百行章》《文詞教林》《新集文詞九經抄》等訓誡、格言類蒙書，以及《王梵志詩》等勸世詩類，也就是瞿菊農所説的"封建倫理道德"和張志公所言"封建思想教育"〔一〕。（四）開創文學類蒙書。瞿菊農〔二〕、張志公認爲的童蒙屬文教育是在宋代〔三〕，顯然不妥。文學是唐代選官、品評人物的重要標準，也是唐代"以文取士"的具體體現，本書借用"屬文"之詞，指代童蒙的"屬文""屬對"等進行作文訓練，稱之爲"文學"類蒙書。屬文類，主要指爲滿足童蒙學習屬文需求而編纂的供童蒙閱讀、習作的範文。詩賦讀本有《李嶠雜詠注》及《燕子賦》《楊滿山詠孝經壹拾捌章》，策文有《兔園策府》等，爲瞿菊農所説的"作深造進修的準備或準備應考"。還有《事森》《事林》等故事類蒙書，宋代發展爲散文體的故事書《書言故事》。唐代開創了童蒙"屬對"類蒙書的先例，敦煌文獻中發現的《文場秀句》《語對》《略出籯金》等屬對類蒙書，爲學界了解唐代訓練兒童學習詩賦之前的"屬對"情況提供了有力證據。（五）豐富了書算類蒙書。如唐代出現《上大夫》《牛羊千口》《上士由山水》等習字類蒙書，多内容簡短，筆畫簡單，方便幼童使用，極大豐富了兒童書法教育。

四是，宋元以後，隨着官學中小學、社學教育的普及以及家塾等日漸興盛，童蒙教育深入到了社會底層。蒙書較唐代有了更大發展，并日漸分化出新的門類。（一）識字字書類蒙書，逐漸形成了以"三、百、千"爲主的識字教材，出現了《三字經》《千字文》《百家姓》的各種注本和改寫本、别本，數量達數百種，并分化出了衆多農工商各類之"雜字"，社會化掃盲功能突出。（二）知識類蒙書更加細化，隨學科發展而不斷增加。在新增《十七史蒙求》《左氏蒙求》《本朝蒙求》等諸種"蒙求體"蒙書的基礎上，出現了《史學提要》《小四書》《史韻》《簡略四子書》等歷史知識和《名物蒙求》《植物

〔一〕 參閱張志公:《傳統語文教育初探：附蒙學書目稿》，第五頁。

〔二〕 瞿菊農:《中國古代蒙學教材》，《北京師範大學學報（社會科學版）》一九六一年第四期，第四五～四六頁。

〔三〕 參閱張志公:《傳統語文教育初探：附蒙學書目稿》，第一〇〇～一〇一頁。

學歌略》《動物學歌略》等各學科知識類蒙書。（三）德行類蒙書教育理學傾向明顯。隨着宋元理學、王陽明心學先後崛起，道德行爲教育也相應發生了變化。宋代以後新編的《三字經》《小學》《童蒙须知》等蒙書把理學思想灌輸到童蒙教材中，出現了《弟子職》等大量具有理學、心學内容的訓誡讀物。（四）文學類蒙書更爲豐富。出現了《千家詩》《神童詩》《唐詩三百首》《書言故事》等大量詩歌、散文與有關的屬文類蒙書。《對類》《聲律啓蒙》《笠翁對韻》等屬對類蒙書得到快速發展，供童蒙程式化作文訓練，或簡單習文之用，以備舉業。（五）書算類蒙書，向專業、專科蒙書發展。如《釋氏蒙求》《梵語千字文序》《鋟梵語千字文序》《五杉練若新學備用》等佛教蒙書，《新學三字經》《植物學歌略》《動物學歌略》《文字蒙求》《歷代名醫蒙求》《藥性蒙求》《風雅蒙求》等專科、專學蒙書。

4.敦煌蒙書的認定

敦煌蒙書的認定是個非常複雜的過程，需要考慮多種因素。本叢書對於敦煌蒙書的認定主要依據前文主張的廣義“蒙書”概念，充分考慮唐五代蒙書的基礎性、學科性、階段性、階級性和時代性等特點，并結合敦煌文獻的特殊性，對相關文書進行認定。針對敦煌文獻中的對象文書（相關文書），將從以下九點標準進行認定。

其一，對已有明確記載爲蒙書者，直接收入叢書名目。如《千字文》《開蒙要訓》《蒙求》《兔園策府》《李嶠雜詠注》《上大夫》等。相關敦煌文書的書名、序、跋和正文中，已經明確交待其爲教示童蒙而編撰，作爲課本、讀物使用的具有開蒙性質的基礎性書目，或可以推斷出爲蒙書者，即可視爲蒙書，如《太公家教》《新集嚴父教》《新集文詞九經抄》《文詞教林》等。對象文書雖無學郎題記，但唐宋以來世人明確將其作爲蒙書，或書志目録、志書、史籍記載其爲蒙書，并具備蒙書的基礎性和開蒙性質者，可認定爲蒙書，如《文場秀句》等。

其二，相關文書明確有學生、學郎抄寫題記，可證明其爲學郎書寫的作業、課本，且比較多見，即在敦煌文獻中保存，由不同學郎抄寫三件以上者，且具備蒙書基礎性的特點者，可視作蒙書，如《百行章》等。

其三，相關文書與若干文書同抄在一起，判定對象僅爲其中的一篇文書，而其他同抄文書中有明確爲蒙書，或有學郎題記者，且具備蒙書的基礎性等特點者，又時代大體相當者，可作爲認定標準之一。

其四，考察相關文書是否具備蒙書基礎性特點，即内容具備篇幅短小、淺顯易懂等基礎性、啓蒙性的特點，且字數在三千左右者，考慮到蒙書的階段性，接近成童的大齡童子學習能力較强，諸如《事林》《語對》等故事類、《語對》《略出籝金》等屬對類、《李嶠雜詠注》等屬文類蒙書，其字數可以放寬到五千字左右，可作爲參照條件之一。

其五，考察相關文書内容，是否有與已經明確的同類蒙書内容相近、編撰體例相似者，且具備基礎性等蒙書特點，可作爲參考條件之一。

其六，比照中古蒙書的編撰特點，以四言短句居多，具有押韻對偶、事類簡單等特點者，且具備相關不同學科性質蒙書特點，可以作爲參考條件之一。

其七，比照中古蒙書的編撰特點，多摘編經典、名言警句、俗語諺語等，具有事類編撰特點者，且具備相關不同學科性質蒙書特點，可以作爲參考條件之一。

其八，比照中古蒙書的編撰特點，以事類編排，以麗詞對偶，并摘編經典語句、名言對其解釋，明顯作爲兒童"屬辭比事"之用，進行詞語、典故屬對訓練，熟練掌握音韻押韻，爲作詩習文訓練做準備者，可以作爲參考條件之一。

其九，比照蒙書多具訓誡、説教、勸學的特點，即啓蒙教育特點明顯者，可以作爲參考條件之一。

基於敦煌蒙書的特殊性，很多蒙書没有明確記載其性質，且後世典籍中没有收録，故需要在廣義"蒙書"概念基礎上，充分考慮蒙書基礎性的特點，集合蒙書學科性、階段性、階層性和時代性等特點，依據上述第三至九條認定標準，逐一比對核實。若敦煌文書的判定對象符合其中三項者，即可認定爲蒙書。每部蒙書詳細認定情況請參見具體分卷蒙書的相關研究。當然，需要指出的是，敦煌蒙書并非特指敦煌地區的文人所做，而是指敦煌文獻中發現的蒙書。

（二）敦煌“家教”類蒙書與家訓、類書的關係

在界定敦煌“蒙書”之後，我們有必要討論一下敦煌文獻中的“家訓”“類書”與敦煌“蒙書”的關係，以便决定《敦煌蒙書校釋與研究》對“類書”“家訓”中的“蒙書”進行篩選。

1.敦煌“家教”類蒙書與家訓的關係

敦煌文獻中的《太公家教》《武王家教》《新集嚴父教》《辯才家教》，爲大家所公認的四部“家教”類蒙書〔一〕，兹就“家教”与“家訓”兩者之間的關係展開討論。余嘉錫在《内閣大庫本碎金跋》中將《太公家教》歸入“格言類”〔二〕，張志公《傳統語文教育教材論》受其影響，亦將《太公家教》歸入其“封建思想教育的蒙書”之“格言諺語”類〔三〕。改革開放以後，周丕顯《敦煌“童蒙”“家訓”寫本之考察》把《太公家教》歸入“家訓”，認爲是“‘家訓’‘家教’‘家箴’之類著作，是我國歷史上家長用於訓誡、教育子弟及後代的倫理、規勸文字”〔四〕。汪泛舟《敦煌的童蒙讀物》將敦煌“家教”歸入“童蒙讀物”之“教育類”〔五〕，鄭阿財《敦煌蒙書析論》將其歸入“思想類”之“家訓類”〔六〕。後來，鄭阿財、朱鳳玉合著的《敦煌蒙書研究》將其并入“德行類蒙書”之“家訓類蒙書”〔七〕。從學界對《太公家教》等“家教”的認識來看，

〔一〕 鄭志明：《敦煌寫本家教類的庶民教育》，《第二届敦煌學國際研討會論文集》，第一二五～一四四頁。

〔二〕 余嘉錫：《内閣大庫本碎金跋》，余嘉錫：《余嘉錫論學雜著》，中華書局，一九六三年，第六〇〇～六〇六頁。

〔三〕 張志公：《傳統語文教育教材論：暨蒙學書目和書影》，中華書局，二〇一三年，第四八～五一頁。

〔四〕 周丕顯：《敦煌“童蒙”“家訓”寫本之考察》，《敦煌學輯刊》一九九三年第一期，第二一～二三頁。

〔五〕 汪泛舟：《敦煌的童蒙讀物》，《文史知識》一九八八年第八期，第一〇四～一〇七頁。

〔六〕 鄭阿財：《敦煌蒙書析論》，收入《第二届敦煌學國際研討會論文集》，漢學研究中心，一九九一年，第二二六～二二七頁。

〔七〕 鄭阿財、朱鳳玉：《敦煌蒙書研究》，第二八七～四四五頁。

一種將其看作“家訓類”蒙書，一種是看作“格言類”“小學”類蒙書。雖然各自理由看似都很充足，但仍值得進一步探討。

有關家訓的研究，學界已有不少研究成果〔一〕，關於家訓和現代家庭教育、童蒙教育，以及傳統文化關係等方面的研究也很多〔二〕。筆者認爲“家訓是中國傳統文化的精髓和特質，通常由家族中學養和威信較高者，總結祖上成功經驗和教訓，汲取主流價值觀念，爲子弟制定的生活起居、爲人處事、入仕爲官等行爲準則、經驗教訓，以訓誡子弟”〔三〕。因此，家訓主要針對家庭、家族内部，具有一定的封閉性，與“家教”有所不同。徐少錦、陳延斌《中國家訓史》對兩者有個簡單區別：“家訓與在家教導門生與子弟的家教這兩個範疇之間既有聯繫又有區别，主要是指父祖對子孫、家長對家人、族長對族人的直接訓示、親自教誨，也包括兄長對弟妹的勸勉，夫妻之間的囑託。”〔四〕似乎對家訓和家教兩者之間的區别説得還不是很清晰。

“家教”一詞與現代教育學相對應的名詞應該就是“家庭教育”。根據王鴻俊《家庭教育》指出：“家庭教育，本有廣狹二意；狹義之家庭教育，係指子女入學以前之教育，又名之曰‘學前教育’，其意即謂子女入學以前時期之

〔一〕 如汪維玲、王定祥：《中國家訓智慧》，漢欣文化，一九九二年；徐梓：《中國文化通志·家範志》，上海人民出版社，一九九八年；王長金：《傳統家訓思想通論》，吉林人民出版社，二〇〇六年；朱明勳：《中國家訓史論稿》，巴蜀書社，二〇〇八年；林春梅：《宋代家禮家訓的研究》，花木蘭文化出版社，二〇一〇年；徐少錦、陳延斌：《中國家訓史》，人民出版社，二〇一一年；劉欣：《宋代家訓與社會整合研究》，雲南大學出版社，二〇一五年；等等。

〔二〕 如牛志平：《“家訓”與中國傳統家庭教育》，《海南師範大學學報（社會科學版）》二〇一二年第五期，第七九～八六頁；趙小華：《論唐代家訓文化及其文學意義——以初盛唐士大夫爲中心的考察》，《貴州社會科學》二〇一〇年第七期，第一〇七～一一三頁；劉劍康：《論中國家訓的起源——兼論儒學與傳統家訓的關係》，《求索》二〇〇〇年第二期，第一〇七～一一二頁；陳志勇：《唐宋家訓發展演變模式探析》，《福建師範大學學報（哲學社會科學版）》二〇〇七年第三期，第一五九～一六三頁；等等。

〔三〕 金瀅坤：《論古代家訓與中國人品格的養成》，《厦門大學學報（哲學社會科學版）》二〇一八年第二期，第二五～三三頁。

〔四〕 徐少錦、陳延斌：《中國家訓史》，人民出版社，二〇一一年，第一頁。

教育，應由家庭負責，子女既入學之後，似可將教育責任，完全委之於學校矣。廣義之家庭教育，係指家庭對於子女，一切直接或間接有意或無意之種種精神上身體上之教育也。”〔一〕“家庭教育”主要針對的是家庭中父母對子女的教育，以及言行和精神的影響。

結合古代“家訓”概念和現代“家庭教育”概念來看，“家訓”和“家教”主要有以下幾點區别：

第一，内涵不同。家訓，可以包括家範、家法、家訓、家教、家規、家書、家誡、箴言、族規、莊規、宗約、祠約等等，名目衆多，概念更爲廣泛。家教，嚴格地講，是家訓的一種，更注重家庭，弱化家族，屬於被包含的關係。

第二，内容不同。家訓往往着眼於宗族内部，偏重於處理宗族内部關係和自治，以及社會處世之道、禮儀應對。家教更偏重於子弟文化知識、德行和禮儀的教育，以及教育子弟的方法等等。

第三，範圍不同。家訓往往涉及整個家族上下幾代人，是適用於中國古代宗族社會的需求。家教相對而言，偏重於單個家庭内部對子弟的具體教育行爲。

第四，性質不同。家教更傾向於童蒙教育，重在關注子弟幼小時期的教育，而家訓傾向全時段的訓誡，是終生的，故以社會化教育爲主。家教往往可以作爲蒙書使用，家訓衹有少數篇幅短小且適合童蒙教育者，才可以作爲蒙書使用。

因此，敦煌文獻中《太公家教》等四部“家教”的發現，作爲現存中國歷史上最早的一批“家教”，對研究“家教”與“家訓”的關係非常有學術價值，特别是對區别“家訓”與“蒙書”的關係有着特殊意義。依據徐少錦、陳延斌的看法：“家訓屬於家庭或家族内部的教育，與社會教育、學校教育相比，雖然有許多共同性，但在教育的主體與客體、教育的内容與方法方面，

〔一〕 參閲王鴻俊：《家庭教育》，教育部社會教育司，一九四〇年，第一～二頁；趙忠心：《家庭教育學——教育子女的科學與藝術》，人民教育出版社，二〇〇〇年，第五頁。

則有不少特殊性。比如，家書、家規、遺訓等衹指向家庭或家族的成員，不同於一般的童蒙讀物之適用全社會兒童。”〔一〕依據“家訓”與“童蒙讀物”的重要區别，就是“適用全社會兒童”，那麽“家訓”重視家族、家庭内部，“蒙書”就是社會性更强，不局限於家庭、家族内部。其實，敦煌文獻中的四部家教就集中反映了這一特點。

唐代士族的形成与維繫，不僅僅是世代保持高官厚禄，“而實以家學及禮法等標異於其他諸姓”〔二〕，士家大族“既在其門風之優美，不同於凡庶，而優美之門風實基與學業之因襲”〔三〕。因此，唐代大士族之家普遍重視學業、品德、家學、家風〔四〕，用以教育子弟，確保門第不衰，重視家訓、家法和家風建設。

家訓的興盛是在隋唐之際，以隋開皇中顔之推所作《顔氏家訓》最具代表性。進入唐代之後，士家大族編撰家訓的風氣很盛，唐初王方慶爲書聖王羲之之後，曾爲武周宰相，作《王氏訓誡》《友悌録》以訓誡子弟。中唐皇甫七纂作《家範》數千言，被梁肅稱讚爲“名者公器”〔五〕。以家法嚴明著稱者，爲河東柳氏柳子温家族，其曾孫玭作《戒子孫》《家訓》最爲知名。還有針對女性的宋若莘等作《女論語》、敦煌文獻中的《崔氏夫人訓女文》等女訓。

隨着中晚唐士族的衰落，家訓的形式又有所轉變，出現了《太公家教》《武王家教》《辯才家教》《新集嚴父教》四部“家教”，借助古代先賢之名編撰家教，模糊姓氏，并不限於一家一姓，而是面向天下百姓。敦煌文書中發現的《辯才家教》《新集嚴父教》都屬於此類。這些家教的産生伴隨着唐五代士族的衰落、文化教育的下移，家訓也成爲尋常百姓家庭的需要，從而使《顔氏家訓》等某一姓氏的“家訓”，轉向《新集嚴父教》等迎合大衆百姓的

〔一〕徐少錦、陳延斌：《中國家訓史》，第一頁。

〔二〕陳寅恪：《唐代政治史述論稿》中篇《政治革命及黨派分野》，上海古籍出版社，一九九七年，第六九頁。

〔三〕陳寅恪：《唐代政治史述論稿》中篇《政治革命及黨派分野》，第七一頁。

〔四〕錢穆：《略論魏晋南北朝學術文化與當時門第之關係》，《新亞學報》第五卷第二期，一九六三年，第二三~七八頁。

〔五〕（唐）梁肅撰，胡大浚、張春雯校點整理：《梁肅文集》卷二《送皇甫七赴廣州序》，甘肅人民出版社，二〇〇〇年，第六四頁。

“家訓”〔一〕。

“家教”不冠姓氏，更突出童蒙教育的特點，最終走向社會；“家訓”多冠名姓氏，强調重家族内部的意義。因此，家訓重在家族内部關係的治理。如《顔氏家訓》中設立《教子》《兄弟》《後娶》三篇，對應父子、兄弟、夫婦三種關係。司馬光的《家範》詳細地討論了祖、父、母、子、女、孫、伯叔父、侄、兄、弟、姑姊妹、夫、妻、舅甥、舅姑、婦、妾、乳母等十八種家族成員的行爲規範〔二〕。“家教”趨向社會，故發展爲“格言類”蒙書，余嘉錫認爲“格言”類蒙書以《太公家教》爲源頭，後世有《童蒙須知》《格言聯璧》等蒙書。從這種意義講，家教與家訓存在一定的差别，兩者代表不同的發展方向。

唐代四部“家教”又有各自差異，可以反映唐代“家教”的多樣性。兹分别加以説明：

其一，《太公家教》。《太公家教》的編撰目的，在其序和跋中有所交待。《太公家教・序》明確講編書的目的是“助誘童兒，流傳萬代”，面向社會大衆，與“家訓”訓誡功能主要面向家族并冠以姓氏有很大差别，正好説明其“蒙書”的特徵。其跋云：“唯貪此書一卷，不用黄金千車，集之數韻，未辨疵瑕，本不呈於君子，意欲教於童兒。”明確交代編書的目的，并没有强調教示自家子弟。結合《太公家教》編撰體例，將前人格言警句、諺語俗語，改寫爲四言爲主，兼及五言、六言的句式，前後對偶、押韻，從孝悌、應對、師友、言行、勸學、處世等諸多層面進行勸教，主要是德行和勸學内容，開創了德行類，即格言類蒙書的先例。不過，該書多次提到“教子之法”“養子之法”“育女之法”等語，説明作者的着眼點是家長教育兒女，與現代家庭教育比較相近，此蓋題名“家教”的原因所在。該書在唐代流傳甚廣，宋元時期仍在作爲蒙書使用，并遠播日本。

〔一〕 詳見金瀅坤：《唐代家訓、家法、家風與童蒙教育考察》，《浙江師範大學學報（社會科學版）》二〇二〇年第一期，第一三～二一頁。

〔二〕 王美華：《中古家訓的社會價值分析》，《古籍整理研究學刊》二〇〇六年第一期，第六一頁。

其二，《武王家教》。《武王家教》常常抄寫在《太公家教》之後，甚至不署其名，以致被後人當作《太公家教》的一部分。但該書編撰體例和内容與《太公家教》差距甚大，爲後人仿效《太公家教》之作，係借名周武王，題爲《武王家教》的一部"家教"。《武王家教》以"武王問太公"的問答體體例，回答了十惡至十狂等十三類問題，主要用四言俗語，對答應該去除的七十一種不良、不雅行爲舉止，使用了"數字冠名事類"的分類編撰方式，這是唐代問答體兼"數字冠名"的典範〔一〕。考慮到《武王家教》最後兩問爲"欲成益己如之何""欲教子孫如之何"，即如何教示子孫，且是"益己"之教，對答内容多與《太公家教》有關，説明兩者性質很近。其最後一段有"男教學問，擬待明君；女教針縫，不犯七出"；"憐子始知父慈，身勞方知人苦"；末尾一句爲"此情可藏於金櫃也"，意爲可作爲教示子弟的典範。該書基本上以父教爲主，教示子弟莫爲諸種不當行爲舉止，多與對外應對、處世有關，雖冠名"家教"，但着眼於天下少年兒童。《武王家教》以"治家"爲主，大體講子弟應該杜絶的不當、不良行爲及家長應該注意的事項，雖"家訓"特點較强，但學郎仍多有抄寫、誦讀，説明其作爲蒙書使用較爲普遍。

其三，《辯才家教》。《辯才家教》是唐大曆間能覺大師辯才所作的問答體"家教"。《辯才家教》問答相對簡單，由學士問辯才＋辯才答曰構成，衹有一級問對。對答部分有三種情况：一是辯才答曰；二是辯才答曰＋《孝經》＋偈頌；三是辯才答曰＋偈頌。《辯才家教》有明確章目，爲：貞清門、省事門、善惡章等共十二章，前有序，後有跋。《辯才家教》的作者在序和跋的部分，就已經交代了編撰此書的目的是"教愚迷末，審事賢英；常用智慧，如燭照明"。其主旨是教化、勸導愚昧、迷惑、末流之輩審時度勢，處理家事和社會事務的"常用智慧"，最終達到"悉以廣法，普濟群生"，有弘法渡人的目的。《辯才家教》的家訓特點更爲明顯，勸教對象爲家族成員，包含了少年兒童、婦女老者，偏重佛理，内容多涉及家族内部翁婆、兄弟、妯娌等關

〔一〕 金瀅坤：《唐代問答體蒙書編撰考察——以〈武王家教〉爲中心》，《厦門大學學報（哲學社會科學版）》二〇二〇年第四期，第一四一～一五二頁。

係，“家訓”特徵明顯，流傳不廣，但敦煌仍有少量學郎抄本，説明有一定的兒童讀者。《辯才家教》偈文稱頌“家教看時真似淺”，内容較疏，其實“款曲尋思始知深”，“天生道理密”，説理性很强，有着深奥的文化内涵和歷史傳統。

其四，《新集嚴父教》。《新集嚴父教》是十世紀後期敦煌地區一部十分通俗的大衆讀物，篇幅簡短，每章五言六句，是韻語式的“家教”，針對男、女童分别訓示。該書共九章，每章首句先列舉日常生活的事目，然後告知“但依嚴父教”；第三四句爲針對首句的教示語（如“養子切須教，逢人先作笑”），第五句爲教示結果（如“禮則大須學”），最後以“尋思也大好”盛贊，作爲每章結束語。《新集嚴父教》爲教誡子弟日常生活行爲而編，偏重男兒，而《崔氏夫人訓女文》是針對臨嫁的女兒而撰的。《新集嚴父教》雖然冠名“父教”，但與前三部“家教”的最大不同是，啓蒙教育内容不足，而且是以“嚴父”口吻嚴令禁止諸種不良、不當的應對和處世行爲，與《辯才家教》的説理特點形成了鮮明對比。不過，仍有學郎抄寫，作爲蒙書使用。

此外，敦煌寫卷《崔氏夫人訓女文》爲現存最早訓示臨嫁女兒而撰作的篇卷〔一〕，通俗淺近，對後世女教影響深遠。與敦煌本以“父教”爲主導的四部“家教”最大不同是“母教”，勸誡對象也是將要出嫁的女兒。此篇與“家教”的另一個區别是日常生活的啓蒙教育内容較少，而是以出嫁前的女童爲訓誡對象，主要爲處理公婆、夫妻、妯娌等家庭内部關係，以及應對等處世原則的内容，集中在女德方面，故也常用作女德教育方面的蒙書使用。

綜上所論，依據對《太公家教》《武王家教》《辯才家教》和《新集嚴父教》的分析，結合古代“家訓”和現代“家庭教育”概念來看，“家訓”和“家教”的主要區别在於：家訓的概念更爲廣泛，家教包含在家訓之内；家訓偏重於宗族内部關係處理和自治，家教更偏重於天下子弟文化知識、德行和禮儀的教育；家訓往往涉及整個家族上下幾代人，家教偏重於單個家庭内部

〔一〕 參閲鄭阿財、朱鳳玉：《敦煌蒙書研究》，第四一六頁。

的子弟。

具體來講，《太公家教》主要是用四言韻文改寫古人格言諺語，對子弟進行德行和勸學教育；《武王家教》用問對體結合數字冠名事類，主要用四字俗語，以“治家”爲主，講子弟應該杜絶的行爲及家長應該注意的事項，雖具“家訓”特點，但仍不失蒙書性質；《辯才家教》的家訓特點更爲明顯，偏重佛理，重視家庭整體，内容多涉及家族内部翁婆、兄弟、妯娌等關係，“家訓”特徵明顯，流傳不廣；《新集嚴父教》雖然冠名“父教”，實爲“家教”，與前三部“家教”的最大不同是缺乏啓蒙教育内容。

2.蒙書與類書的關係

敦煌蒙書中《語對》《文場秀句》《略出籯金》《兔園策府》《事林》《事森》《古賢集》《雜抄》等，從編撰體例來講又屬於小類書，以致有學者和讀者對類書與蒙書的關係産生了困惑。因此，有必要對敦煌“蒙書”與“類書”的異同進行説明。

所謂類書，“是採輯或雜抄各種古籍中有關的資料，把它分門别類加以整理，編次排比於從屬類目之下，以供人們檢閲的工具書……類書并非任何個人專著，而是各種資料的彙編或雜抄”〔一〕。以“事類”作爲類書的基本特徵。《隋書·經籍志》將《皇覽》《雜書鈔》等“類書”歸入子部雜家。《舊唐書·經籍志》將“類書”從子部雜家中單獨分出“類事”類〔二〕。《四庫全書總目·子部》類書類小序載：“類事之書，兼收四部，而非經非史，非子非集。四部之内，乃無類可歸。”〔三〕可以大致反映出類書的基本特點是“類事”，但其内容比較混雜，多爲非經非史非子非集，四部分類往往不足以將其準確歸類，以致出現同一部類書，不同學者常將其歸入不同門類的情況。十九世紀三十年代，鄧嗣禹《燕京大學圖書館目録初稿》將類書部分爲：類事門、典故門、博物門、典制門、姓名門、稗編門、同異門、鑒戒門、蒙求門、常識門等十

〔一〕吴楓：《中國古典文獻學》，齊魯書社，二〇〇五年，第一一七～一一八頁。

〔二〕《舊唐書》卷四七《經籍志下》，第二〇四五～二〇四六頁。

〔三〕（清）永瑢等撰：《四庫全書總目》卷一三五《子部·類書類一》，中華書局，一九六五年，第一一四一頁。

門，他認爲類書“分類過多，即難於周密；取材太泛，則義界不明”，常有互牴之情況，很難分類，故主張分爲綜合性類書、專門性類書兩類〔一〕。鄧嗣禹還單獨設“蒙求門”，以收録蒙書，説明類書與蒙書存在很大交互性。周揚波在對宋代蒙書分類時，專列“第四類是類書類蒙書”〔二〕。

關於“蒙書”和“類書”的差異，王三慶指出：“類書的編纂，原供皇帝乙夜之覽，以利尋檢；其後，人臣對策、文士撰述，亦得參考方便。等到類書蔚爲大觀，得到大家充分的認識和廣泛的利用後，又成爲童蒙初學時，依類誦讀，助益記憶的教科書。”〔三〕説明類書既可以作爲士大夫的檢索工具書，也可以作爲童蒙誦讀内容。劉全波《論唐代類書與蒙書的交叉融合》一文認爲：“類書强調的是體例，是以類相從的方式、方法，是類事類書、類文類書、類句類書、類語類書、賦體類書、組合體類書之區别。蒙書强調的是功能，是蒙以養正，雖然有識字類，有品德類，蒙書體例靈活多樣，不拘一格，注重的是功能性。”〔四〕認爲敦煌類書和蒙書的區别是强調體例和功能不同。筆者認爲兩者主要是編撰方法和用途的不同，敦煌類書分類在於按類事、類文、類句、類語、賦體、綜合等體例編排，不辨讀者對象，講求“述而不作”；而敦煌蒙書按内容、性質和用途分爲識字、知識、德行、文學、書算等類，强調其爲童蒙教育服務的特點，且多爲基礎性知識、常識性内容。一般來講，“類書”的判定偏重編撰方式和内容，“蒙書”的判定重在童蒙的“用途”和相對淺顯的内容，兩者并不是相互矛盾的，會存在相互交融的情況。

至於敦煌“類書”能不能作爲“蒙書”，是由其内容、長短、難易、用途等因素决定的，“蒙書”是不是“類書”還由其編撰體例决定。

〔一〕 鄧嗣禹編：《燕京大學圖書館目録初稿·類書之部》，燕京大學圖書館，一九三五年，第一~二八頁。

〔二〕 周揚波：《知識社會史視野下的宋代蒙書》，《厦門大學學報（哲學社會科學版）》二〇一八年第二期，第三四~四五頁。

〔三〕 王三慶：《敦煌類書》，麗文文化事業股份有限公司，一九九三年，第一三二頁。

〔四〕 劉全波：《論唐代類書與蒙書的交叉融合》，《浙江師範大學學報（社會科學版）》二〇二〇年第四期，第一一二頁。

同一本書兼具類書與蒙書性質分類與用途總表

書目	類書〔一〕	蒙書	題記〔二〕	用途
語對	語詞類〔三〕	屬對類		屬對訓練、掌握典故
文場秀句	語詞類	屬對類		屬對訓練、掌握典故
略出籝金	語詞類	屬對類	尾題:“宗人張球寫,時年七十有五。”	屬對訓練、掌握典故
兔園策府	語詞類	屬對類	尾題:“巳年四月六日學生索廣翼寫了。”“高門出貴子,好木不良才,男兒不學問。”	掌握典故、習文訓練
事林	故事類	故事類	尾題:“君須早立身,莫共酒家親。”	掌握典故、知識,以備習文
事森	故事類	故事類	題記:“戊子年四月十日學郎負義寫書故記。”“長興伍年歲次癸巳八月五日敦煌郡净土寺學仕郎負義。”	掌握典故、知識,以備習文
新集文詞九經抄	類事類	格言類	尾題:“十五年間共學書。”背題:“中和參年四月十七日未時書了,陰賢君書。”	掌握典故、習文訓練
文詞教林	類事類	格言類		掌握典故、習文訓練
雜抄	問答體類	綜合知識類	首題:“辛巳年十一月十一日三界寺學士郎梁流慶書記之也。”題記:“丁巳年正月十八日净土寺學仕郎賀安住自手書寫讀誦過記耳。”	擴展知識

其一,語詞類類書兼具屬對蒙書情況。敦煌文獻中發現的《語對》《文場秀句》和《略出贏金》等書抄,從編撰體例來看屬於語詞類類書,但按其使用性質來分則是蒙書。如《語對》僅存諸王、公主、醜男、醜女、閨情等四十個事類,其下又分維城、磐石、瑶枝、瓊蕚等六百三十六條對語。顯然,《語對》是一部語詞類類書無疑,“而其功能旨在用於兒童學習造語作文

〔一〕 參考王三慶:《敦煌類書》,第一五~一二六頁;王三慶撰,[日]池田温譯:《類書・類語體・語對甲》,收入[日]池田温編:《講座敦煌5・敦煌漢文文獻》,第三七二、三七九頁;劉全波:《類書研究通論》,甘肅文化出版社,二〇一八年,第九三~一〇八頁。

〔二〕 同一蒙書題記,此表僅限收兩條。

〔三〕 語詞類,王三慶《敦煌辭典類書研究:從〈語對〉到〈文場秀句〉》作“辭典類”(《厦門大學學報(哲學社會科學版)》二〇二〇年第四期,第一六四~一七二頁)。

的初階啓蒙”〔一〕，其編纂目標“偏重教育學童在語詞上的初階學習和道德知識上的傳承，猶未進入利用事文詞彙正式聯屬作文的階段……編織成一篇錦繡文章”〔二〕。與其相近的敦煌本《文場秀句》僅存天地、日月、瑞、王等十二個“部類”，每個部類之下設數條小的條目，其下爲注解，共計一百九十三條。據日本《倭名類聚抄》《性靈集注》《言泉集》等文獻，在敦煌本《文場秀句》十二類外，又可增補兄弟、朋友、攻書等部類目，下設約十九條目（含儷語一條）〔三〕。從其分類和條目設置來看，《文場秀句》爲語詞類專門類類書，王三慶認爲其爲“類語體類書”〔四〕，李銘敬也認爲其兼具類書和啓蒙讀物的性質〔五〕。《日本國見在書目録》將《文場秀句》與《蒼頡篇》《急就篇》《千字文》等蒙書一同歸入“小學家”〔六〕，可見其具有蒙書之性質。現存敦煌本《籯金》爲武周時期李若立所作類書。九世紀末張球爲教授生徒的需要，改編《籯金》而成《略出籯金》（伯二五三七號），不僅僅是簡單的删節改編和壓縮篇目，而且是從格式到内容做了全面的修訂和改編，對有些部分進行了重新撰寫，將其改寫爲《略出籯金》，僅存帝德篇至父母篇，共三十篇〔七〕。顯然，《籯金》

〔一〕見王三慶《敦煌蒙書校釋與研究·語對卷》，文物出版社，二〇二二年，第三一九頁。

〔二〕王三慶：《敦煌蒙書校釋與研究·語對卷》，第三一三頁。

〔三〕［日］狩谷棭齋：《箋注倭名類聚抄》，日本明治十六年（一八八三）印刷局活版本（藏日本内閣文庫）；［日］阿部泰郎、［日］山崎誠編集：《性靈集注》，見國文學研究資料館編：《真福寺善本叢刊》第二期第十二卷（文筆部三），臨川書店，二〇〇七年；澄憲著，［日］畑中榮編：《言泉集：東大寺北林院本》，古典文庫，二〇〇〇年（藏日本國立國會圖書館），第三二三～三二六頁。

〔四〕王三慶：《〈文場秀句〉之發現、整理與研究》，王三慶、鄭阿財合編：《二〇一三年敦煌、吐魯番國際學術研討會論文集》，成功大學中國文學系，二〇一四年，第三頁。

〔五〕李銘敬：《日本及敦煌文獻中所見〈文場秀句〉一書的考察》，《文學遺産》二〇〇三年第二期，第六七～六八頁。

〔六〕［日］藤原佐世奉敕撰：《日本國見在書目録》，（日本）天保六年（一八三五）寫本（藏日本國立國會圖書館），寫本不注頁碼。

〔七〕鄭炳林、李强：《陰庭誡改編〈籯金〉及有關問題》，《敦煌學輯刊》二〇〇八年第四期，第一～二六頁；楊寶玉：《晚唐文士張球及其興學課徒活動》，金瀅坤主編：《童蒙文化研究》第二卷，人民出版社，二〇一七年，第三八～五四頁。

不僅是類語類類書，而且具有鮮明的蒙書特點。

其二，語詞類類書兼具屬文類蒙書情況。敦煌本《兔園策府》僅存第一卷，爲《辨天地》《正曆數》《議封禪》《征東夷》《均州壤》等五篇，爲鄉村學校教授兒童的蒙書。但《郡齋讀書志》將其列入“類書類”〔一〕,《遂初堂書目》也收在“類書類”下〔二〕,《秘書省續編到四庫闕書目》卷一別集類、卷二類書類均著録《兔園策府》十卷，强調《兔園策府》從“對策”文體角度則屬於别集，從編撰體例來看屬於類書，實際使用情况來看爲蒙書〔三〕。考慮到《兔園策府》是蔣王傅杜嗣先奉教參照科舉試策編撰的範文，以備習作和備考之用。又斯六一四號《兔園策府》末尾題記：“巳年四月六日學生索廣翼寫了。”其蒙書的性質應該很明確了。項楚先生認爲此條題記後所附“高門出貴子”一詩，乃西陲流行學郎詩，這也印證了《兔園策府》的蒙書性質〔四〕。由於唐初科舉試策，對策文體多爲“賦”，若結合《兔園策府》對策文體爲賦，以事類編目，將其歸爲“類事賦”〔五〕，應該問題不大。總之，隨着時代的變遷,《兔園策府》變成了《兔園册》，成爲教人屬文、典故和知識等方面的蒙書〔六〕。

其三，故事類類書與故事類蒙書情況。《事林》《事森》，白化文〔七〕、王三慶均將其歸爲類書〔八〕。僅存的伯四〇五二號《事林》篇首有學郎題記:“君須早

〔一〕（宋）晁公武撰，孫猛校證:《郡齋讀書志校證》，上海古籍出版社，一九九〇年，第六五〇页。

〔二〕（宋）尤袤撰:《遂初堂書目・類書類》,《叢書集成初編》第三二册，中華書局，一九八五年，第二四頁。

〔三〕（清）葉德輝考證:《秘書省續編到四庫闕書目》卷一《集類・别集》,《叢書集成續編》第三册，新文豐出版公司，一九九一年，第二五九頁；（清）葉德輝考證:《秘書省續編到四庫闕書目》卷二《子類・類書》,《叢書集成續編》第三册，第二九六頁。

〔四〕 項楚:《敦煌詩歌導論》，巴蜀書社，二〇〇一年，第二〇四頁。

〔五〕 王三慶:《敦煌類書》，第一一八頁。

〔六〕 參閲鄭阿財、朱鳳玉:《敦煌蒙書研究》，第二七八頁。

〔七〕 白化文:《敦煌遺書中的類書簡述》,《中國典籍與文化》一九九九年第四期，第五三頁。

〔八〕 王三慶:《敦煌類書》，第七〇页。

立身，莫共酒家親。”爲學郎讀後感，説明其爲蒙書無疑。王三慶認爲《事林》是學郎之習書，“始戲題爲《事林》一卷，謂事類如林也”〔一〕，很可能就是供童蒙學習用的改編本類書〔二〕。敦煌本《事森》有尾題：“戊子年四月十日學郎負義寫書故記。”背題：“長興伍年歲次癸巳八月五日敦煌郡净土寺學仕郎負義。”《事森》與《事林》均爲類書，説明兩者同時也是學郎喜愛的故事類蒙書。

其四，類事類類書兼具格言類蒙書情況。《新集文詞九經抄》《文詞教林》等類書，白化文〔三〕、王三慶均認定爲類書〔四〕，鄭阿財却將其歸爲蒙書類。其實，《新集文詞九經抄》從編撰角度爲一部類事類類書，以裒輯九經諸子之粹語與史書典籍之文詞嘉言成編，凡所援引的聖賢要言，均一一標舉書名或人名。審其内容與體制，是在唐代科舉制度的發展與私學教育促進下，所産生的具有家訓蒙書功用及書抄類書性質的特殊教材〔五〕。《文詞教林》也大致如此，不再贅述。

其五，問答體類書兼具綜合知識類蒙書情況。《雜抄》内容大體可歸納爲“論”“辨”以及類似家教性質的“勸世雜言”等三大類。除“訓誡類”外，涉及二十七個條目一百六十七個問答，條陳設問，逐一解答或釋義，内容龐雜。顯然，其編撰體例爲問答體類書，但從内容和學郎題記來看，無疑又是一部蒙書，在敦煌文獻中多達十一個寫卷，説明很受學郎歡迎。

分析上述敦煌類書可以作爲“蒙書”使用的情況，爲我們進一步討論“類書”與“蒙書”關係提供了範例。類書從編撰體來講應該具備以下三個特點：其一，類書之材料來自於“捃採群書”；其二，類書之編排一般是“以類相

〔一〕王三慶撰，林艷枝助理：《敦煌古類書研究之一：〈事林一卷〉（伯四〇五二號）研究》，《敦煌學》第十二輯，一九八七年，第九九～一〇八頁。

〔二〕王三慶：《〈敦煌變文集〉中的〈孝子傳〉新探》，《敦煌學》第十四輯，一九八九年，第一八九～二二〇頁。

〔三〕白化文：《敦煌遺書中的類書簡述》，《中國典籍與文化》一九九九年第四期，第五〇～五九頁。

〔四〕王三慶：《敦煌類書》，第八六、八九、一二一、一二三頁。

〔五〕鄭阿財、朱鳳玉：《敦煌蒙書研究》，第二八七頁。

從"[一]；其三，類書的編撰者對待材料的態度是"摘編改寫"。其編撰體例導致了類書内容多爲匯編的資料性質，屬於知識性、常識性的内容，方便世人檢索和快速掌握同類資料和知識，好比"知識寶典"，這一點與"蒙書"通俗性、知識性的特點十分相似。如果"類書"部頭較小，在三千字左右，就非常適合學習能力較弱、閱讀量較小的兒童使用。而"類書"包羅萬象的特點，門類繁多，編撰方式多樣，若是"類書"編撰内容較爲淺顯，體量較小，適合説教，就被世人作爲"蒙書"來使用的可能性比較大。當然，蒙書多在編撰之初，就以童蒙教育爲目的，以事類爲目，用類書編撰的方式，自然就兩者合體。其中，大家公認的唐代敦煌蒙書杜嗣先《兔園策府》、孟獻忠《文場秀句》及明代程登吉《幼學瓊林》等，都是按類書體例編撰，供蒙童使用之書。

二　敦煌蒙書編撰的繼承與創新

敦煌蒙書在我國蒙書編撰史上具有承上啓下的特殊意義。唐以前蒙書教材編撰已經取得了很大成就，其中的經典有司馬相如《凡將篇》、史游《急就篇》、周興嗣《千字文》等，基本上都是一些識字、名物介紹和典章概述等性質的蒙書，以《千字文》影響最大，但總體數量有限。隋唐科舉制度的創建與快速發展，直接推動了文化教育的發展和整體下移，極大刺激了童蒙教育的發展，蒙書的編撰也出現了前所未有的增長態勢。唐前期在官學教育與科舉考試標準相一致的情況下，直接影響了童蒙教學總體爲科舉服務的特點。唐代蒙書一個重要特點，就是打破《急就篇》《千字文》等綜合性識字蒙書獨大局面，出現了識字、德行、文學、書算等不同種類的蒙書。關於識字蒙書大家都很熟悉，不再多説。德行、文學是唐代科舉考試、吏部銓選和品評人物常用的、評價人才的大門類，唐人多以德行、文學和政事選拔人才[二]，故人才培養大體不出其右，蒙書編撰也受此影響；書算指有關習字與算術教育。唐五代蒙書編撰由綜合性，轉向分類專精發展，蒙書的内容和性質呈多樣性、

〔一〕 參閲高天霞：《敦煌寫本〈俗務要名林〉語言文字研究》，中西書局，二〇一八年，第三〇～三三頁。

〔二〕 參閲金瀅坤：《中國科舉制度通史・隋唐五代卷》，第四七〇頁。

多元化發展，在諸多方面都具有開創性，對後世影響深遠。兹據敦煌蒙書對唐五代蒙書編撰貢獻做分類説明。

（一）識字類蒙書向知識類蒙書的轉變與創新

一是，對前代識字蒙書的創新。唐代在《千字文》基礎上，將其改編爲《新合六字千文》，僅僅是在《千字文》“四字句”基礎上新增二字，在形式上由四字變成了六字而已，在内容上兩者變化不大，本質上講仍是《千字文》新版而已〔一〕。敦煌文獻中發現的唐代《千字文注》，是在上野本《千字文注》基礎上，注文進一步增補文獻、增加人物典故，叙事更爲詳細〔二〕，并使用了唐代俗語及敦煌當地流行變文《韓朋賦》中的内容，對兒童理解《千字文》十分有幫助。值得一提的是，吐蕃占領敦煌時期出現了多個版本的《漢藏千字文》，開創了《千字文》翻譯成少數民族童蒙讀物的先例，也是現存最早的雙語童蒙教育的教材。

二是，識字類蒙書趨於多樣性、專業性發展。唐代識字蒙書在專精方面得到了快速發展，在《急就篇》《千字文》《開蒙要訓》等綜合性識字類蒙書基礎上，出現了《碎金》《白家碎金》等俗字類蒙書，還出現了《俗務要名林》《雜集時用要字》等實用性便民雜字類蒙書，多以識字爲主，兼及相關名物、典章、歷史故事、天象、時令等常識性知識。

三是，識字類蒙書向知識類蒙書的轉化。唐代開元中李翰編撰的《蒙求》，以韻文形式，通過講述人物事蹟、歷史典故、格言要訓，教授兒童歷史知識以及忠孝仁愛、勤學廉潔等觀念，進行德行、勵志和勸學教育。余嘉錫在《内閣大庫本碎金跋》中解釋古代的“小學”編撰分“字書”“蒙求”“格言”三個門類的原因，認爲“蒙求”類，以《蒙求》爲代表屬對類事爲特點，其後有《三字經》及《幼學瓊林》《龍文鞭影》之類。瞿菊農也將蒙養教材分爲“字書”類與“蒙求”類相對。張志公也把《蒙求》作爲一個蒙書類别，認爲宋元以後，在《蒙求》的基礎上擴展了一批歷史知識和各學科知識教育的教材。顯然，《蒙

〔一〕參考鄭阿財、朱鳳玉：《敦煌蒙書研究》，第四〇～五一頁。

〔二〕鄭阿財、朱鳳玉：《敦煌蒙書研究》，第三〇頁。

求》開創了以典故、人物故事爲題材的，將勵志與歷史教育相結合的一種蒙書題材，被後世不斷發揚，成爲“蒙求體”，遠播海外，在日本影響極大。唐代與《蒙求》相似的蒙書還有《古賢集》。其他綜合知識類蒙書還有《雜抄》《孔子備問書》。《雜抄》分爲“論”“辨”及“勸世雜言”三類，以問答體形式，介紹天文、地理、時令、人物、名物、典章、典故、經史、職官、道德及勸世雜言等，内容包攬萬象，十分廣博。值得一提的是，《孔子項託相問書》前半部分爲問答，内容包括孔子過城、兩小兒辯日，以及有關牲畜、花鳥、樹木、孝道、倫理、天文等各種問題，屬於綜合類知識，與《孔子備問書》《雜抄》相似；後半部分爲七言古詩，也有學者稱爲故事賦〔一〕，用韻文賦叙事，與《古賢集》《蒙求》的韻文、對仗詩歌體特點基本一致。顯然，《孔子項託相問書》是參酌兩種蒙書體例而編撰的，充分體現了唐代蒙書編撰的多樣性和創新意識。

四是，故事類。唐代童蒙教育出現《事林》《事森》等故事類蒙書，宋代故事書《書言故事》就源於此，敦煌文獻中還有《類林》《琱玉集》等故事類典籍，但篇幅較大，適合作爲兒童拓展讀物，故未收入蒙書類。《事林》《事森》内容多源自歷代史傳，以勤學、勸學、志節等分篇目，以人物故事爲中心展開，强調的是人物故事的新奇，對兒童進行知識、道德教育，進而儲備屬文知識。

（二）德行類蒙書的開創與豐富

德行類蒙書的出現是唐代蒙書編撰的一個重要特點，通過彙集格言警句、人物故事和歷史典故，向兒童灌輸儒家修身、養性、齊家、治國、平天下的思想，從而達到規範兒童言行、志趣，達到使其學會爲人處事、侍奉尊長等效果。

一是，開創了“家教”類蒙書。魏晋以來士族政治得到了充分發展，士家大族重門風、家法、家學，在制定“家教”“家規”“家訓”方面取得了前所未有的成就，其内容無非多爲勸學、勸孝、戒鬥、戒淫等處世準則和規範。南

〔一〕 蹤凡：《兩漢故事賦探論：以〈神鳥賦〉爲中心》，項楚主編：《中國俗文化研究》第二輯，巴蜀書社，二〇〇四，第三一頁。

北朝時期以顔之推《顔氏家訓》堪稱最佳代表，唐代此類蒙書得到了較大發展。其後顔真卿曾作《家教》三卷，可惜已經失傳。慶幸的是敦煌文書中發現的《太公家教》《武王家教》《辯才家教》《新集嚴父教》《崔氏夫人訓女文》，爲學界了解唐代道德倫理類蒙書的發展提供了新資料，改變了學界對唐代此類蒙書的認識。《太公家教》爲現存最早"家教"類蒙書，從古代經史、詩文等典籍中擇取先賢名言、警句，并吸收民間諺語、俗語，多用四、六言韻語編輯成册，對蒙童進行忠孝、修身、禮節、勸學、處世等方面的勸教。與《太公家教》最爲密切的是《武王家教》，常抄寫在一起，採用周武王問太公的問答體，以數字事類冠名的形式，回答"十惡"至"十狂"等七十一種招人生厭的不良、不當行爲舉止，勸誡子弟必須戒之，其編撰方式非常獨特。此外，還有《辯才家教》《新集嚴父教》等，其編撰方式各有特色，充分體現了唐代蒙書編撰的多樣性。唐代"家教"類蒙書，打破了魏晋時代"家訓"以某姓某宗爲勸誡對象的局限，重在標榜自家門風，培養和規範本宗子弟的爲人處事、入仕爲宦的道德倫理觀念，已經突破姓氏界限，而是面向天下、四海、百姓之兒童。這反映了唐代士族衰落，小姓和寒素興起，天下百姓均有童蒙教育的需求〔一〕，一姓一宗的"家訓"已滿足不了時代的需求，因此，出現了《太公家教》《武王家教》《辯才家教》《新集嚴父教》等"家教"的作者不再冠以某姓某宗"家教"，而是藉名聖賢，放眼天下，教示百姓童蒙，以適應唐代的開放性和時代的步伐，唐代"家教"逐漸發展爲"家訓"類蒙書。此外，《崔氏夫人訓女文》屬於唐代對女童的"家教"，針對女子提出的倫理思想的通俗化闡釋，篇幅簡短，粗淺説明，大衆教化特點明顯。

二是，訓誡類蒙書。唐初宰相杜正倫編撰的《百行章》，爲唐代官方頒布的童蒙教材，是童蒙道德倫理教育方面的集大成者〔二〕，也是現存德行類蒙書

〔一〕 參閱金瀅坤：《唐五代科舉的世界》，復旦大學出版社，二〇一四年，第一二一～一三一頁；毛漢光：《中國中古社會史論》，上海書店出版社，二〇〇二年，第三三四頁。

〔二〕［日］福井康順：《百行章につこての諸問題》，《東方宗教》第一三、一四號，一九五八年，第一～二三頁；鄧文寬：《敦煌寫本〈百行章〉述略》，《文物》一九八四年第九期，第六五～六六、一〇三頁。

的開創者，全書以孝行章開始，訖自勸行章，共存八十四章，以忠孝節義統攝全書，摘録儒家經典中的警句、典故，開篇有“至如世之所重，唯學爲先，立身之道，莫過忠孝”，明確了作者編撰意圖。

三是，格言類蒙書。余嘉錫將“格言”類作爲中國古代小學的一個單獨門類，其實，“格言”多爲勸勉、訓誡内容，故歸在“德行”類蒙書之下。唐代科舉考試常科設秀才、進士、明經、道舉、三禮、三傳、三史、五經、九經、童子等科目，按照科目的不同，選取“九經”中不同的經書作爲選考内容，因此，“九經”便成了舉子學習必備教材。對童蒙來講，“九經”不僅艱澀難懂，而且浩如煙海，很難掌握其要領，不知如何入門，隨着科舉對士庶影響不斷加深，世人便從“九經”中選取精粹言論、典故和名篇，用通俗易懂的文字進行删繁節要，分門别類編撰，彙集成册，作爲蒙書使用。於是，出現了《新集文詞九經抄》《文詞教林》《勤讀書抄》《勵忠節抄》《應機抄》等摘要、略抄、摘抄“九經”等蒙書與通俗讀物。以《新集文詞九經抄》爲例，該書爲“訓俗安邦，號名家教”的一部通俗蒙書，内容具有“羅含内外”“通闡三史”的三教融合特點。該書“援今引古”，援引典籍非常豐富，共計八十九種之多〔一〕，主要以儒家《易》《詩》《書》等“九經”及《論語》《孝經》爲主，兼及道家《老子》《莊子》《列子》《文子》“四子”〔二〕，充分顯示了此類唐代蒙書編撰是爲科舉服務的特點。

四是，勸世詩蒙書。一卷本《王梵志詩》是敦煌地區頗爲流行的一部充滿了訓教、説理、勸學、揚善、處世格言等内容的詩篇集，文辭淺近，琅琅上口，通俗易懂，常被作爲蒙書使用〔三〕。一卷本《王梵志詩》是詩詞形式的童蒙讀物，充分反映了晚唐五代進士科考試重詩賦與蒙書編撰的密切聯繫，也代表了晚唐五代童蒙讀物發展的一個新趨勢。

〔一〕 參考鄭阿財、朱鳳玉：《敦煌蒙書研究》，第三〇三頁。

〔二〕 參考魏明孔：《唐代道舉初探》，《甘肅社會科學》一九九三年第六期，第一四二～一四三、一三二頁；林西朗：《唐代道舉制度述略》，《宗教學研究》二〇〇四年第三期，第一三四～一三八頁。

〔三〕 參考鄭阿財、朱鳳玉：《敦煌蒙書研究》，第四二四頁。

如上所述，唐代在識字蒙書基礎上，開創了德行類蒙書新類别，可大致分爲家教類、訓誡類、格言類、勸世詩等四類，其中《太公家教》《百行章》《新集文詞九經抄》《文詞教林》和一卷本《王梵志詩》爲其中的典型代表，開創了德育、勵志教育類蒙書的先河。當然，德行是文章的靈魂，格言警句、諺語俗語是文章的思想源泉，此類蒙書對童蒙屬文即作文亦有很大幫助。

（三）文學類蒙書的開創

以往學界不言唐代有“文學類”蒙書，學者認爲童蒙詩歌是宋以後童蒙讀物的特色，尤以《神童詩》《千家詩》《唐詩三百首》最爲著名〔一〕。實際上，受唐代科舉考試“以文取士”、崇文的影響，中晚唐以詩歌形式編寫的童蒙讀物已經有了很大發展，其内容往往將格言融入詩歌，訓誡兒童立身處世。童蒙教材不僅出現了屬文類蒙書，而且出現了專門訓練押韻、對偶的屬對類蒙書。瞿菊農則將宋代以後此類蒙書，視作屬文、閲讀教育的先河，“作深造進修的準備或準備應考”的讀物；張志公也認爲屬文教育是在宋代〔二〕。從兒童學習寫作來講，不僅要學習屬對類、屬文類蒙書掌握作詩賦等文章的技巧，而且要大量閲讀各體文章、範文等，大體屬於“文學”範疇，故用“文學”類蒙書概括。

一是，屬對類。敦煌文獻中發現的《詩格》一部，僅存四行，爲學郎抄寫、或默寫該書的寫本。其内容僅存名對、隔句對、雙擬對、聯綿對、互成對、異類對、賦體對等“七對”，與《文鏡秘府論》中前七對完全一致，這無疑是目前發現最早的、教授童蒙屬對的《詩格》實物。敦煌文獻中發現的《文場秀句》《語對》《籯金》等蒙書，爲學界了解唐代訓練兒童學習詩賦之前的“屬對”情況提供了有力證據。《文場秀句》爲高宗朝孟獻忠所作，現存天地等十二部類、一百九十三條事對，參照《編珠》體例，“事文兼採”，多採典故，相與對偶，以爲儷辭。如其《天地第一》云：“乾象：天文。坤元：地理。圓

〔一〕 參閲張志公：《傳統語文教育教材論：暨蒙學書目和書影》，第八一～八三頁；王炳照先生爲夏初、惠玲校釋《配圖蒙學十篇》所作“序”（北京師範大學出版社，一九九三年，第四頁）。

〔二〕 張志公：《傳統語文教育教材論：暨蒙學書目和書影》，第九頁。

清：天形圓，氣之清者上爲天也。方濁：地形方，氣之濁者下爲地也。”唐人常用《文場秀句》對兒童進行“屬對”訓練，幫助其熟練掌握語音、詞彙和語法，同時培養修辭和邏輯等方面的能力并靈活運用其中的典故等，爲作詩賦進行基礎性、針對性訓練。以致《文場秀句》在中晚唐常被作爲參加科舉考試的初級讀物，備受士人喜愛。《語對》《略出籝金》與《文場秀句》編撰方式較爲類似，部類有所不同，内容更爲豐富，但都以事對爲目，多採麗詞、典故，相與對偶，來訓練兒童屬對、押韻，爲學習韻文寫作打好基礎。

二是，屬文類。國圖藏《策府》出現在貞觀末〔一〕，就是因爲唐初諸科考試均試策，故首先出現了策文類“屬文類”蒙書。國圖藏《策府》僅存三十篇策，每篇分策題、策問、對策三部分，存斷貪濁、請雨等簡明策題二十六題，缺四個策題，對答多爲兩百餘字〔二〕。比照杜嗣先《兔園策府》多爲五百至七百字左右，國圖藏《策府》也應該是童蒙讀物。而《兔園策府》是唐太宗子蔣王李惲令僚佐杜嗣先“仿科目策”，以四六駢文，纂古今事，設問對策，分四十八門，共十卷，後來逐漸被鄉村教師作爲童蒙習文的範文，訓練學習對策之精要，成爲備科考的基本教材。現存敦煌文書中僅保存了《兔園策府》序和卷一，内容爲“辨天地”“正曆數”“議封禪”“征東夷”“均州壤”五個門類。考慮到《兔園策府》相對有一定難度，應該作爲年齡稍大的兒童閲讀本和模擬之範文使用，爲將來從事舉業打基礎。隨着永隆二年（六八一），進士科考試加試雜文兩篇，社會重文風氣日重。李嶠作《雜詠》一百二十題，又稱《百詠》，今作《李嶠雜詠注》，是五律詠物組詩，以事類爲詩題，分别從日、月至金、銀，共一百二十首，分屬乾象、坤儀、音樂、玉帛等十二類，每類十首。李嶠《雜詠》是唐初以來探究對偶、聲律之風的産物，後作爲唐人詩歌學習寫作的童蒙讀物。敦煌本李嶠《雜詠》之張庭芳注本殘卷的發現，反映了唐代西北邊陲兒童詩歌學習情況。《雜詠》在日本尤受歡迎，與白居易

〔一〕北敦一一四四九號+北敦一四六五〇號。

〔二〕參閲金瀅坤：《敦煌本“策府”與唐初社會——國圖藏敦煌本“策府”研究》，《文獻》二〇一三年第一期，第八五、九〇頁。

詩、李翰《蒙求》，被日本平安時代知識階層稱爲三大幼學蒙書〔一〕。

開元天寶以後進士科考試“每以詩賦爲先”的風氣形成〔二〕，進一步影響了童蒙教育重文風氣。大中年間的《楊滿山詠孝經壹拾捌章》借鑒了古代詠《孝經》先例，分章對其進行改編，以五言詩對《孝經》進行歌詠，言語樸實，可讀性强，易於接受，便於識記，將深奥經義與唐代流行的詩歌結合起來，將學習經義與習文結合起來，開創了詠經體蒙書的先例，也是唐代科舉試策、試詩賦常以《孝經》《論語》和“五經”爲内容在童蒙教育中的反映。

（四）書算類蒙書的拓展

“書算”又稱“書計”之學，自古以來就有之，主要爲書學和算學，包括習字和算術之類的基礎啓蒙之學。唐代國子監下設有書學、算學兩門專學，并在科舉常科考試中設立了明書、明算兩個科目，無形中也影響到了童蒙書算教育。唐代書算教育中使用的蒙書大致有以下幾種情況。

一是，習字類。從現有資料來看，唐以前主要用《蒼頡篇》《急就篇》《千字文》等識字字書的名人字帖進行習字教育，尚無發現專門的習字類蒙書。隨着唐代重視書法，及書學、明書科的設置〔三〕，推動了書法教育的進步，於是誕生了幾種專門爲初學者編撰的《上大夫》《牛羊千口》《上士由山水》等習字類蒙書，多内容簡短，筆畫簡單，方便幼童使用。《上大夫》是現今可知最早的習字類蒙書，三言六句，共十八字，筆畫十分簡單。

二是，名人書帖類。王羲之書法頗受唐代世俗推崇，其書帖在唐代童蒙習字教育中使用很廣泛。其《尚想黄綺帖》在武周以後成爲諸州學生的習字書帖〔四〕，和《蘭亭序》一起遠播于闐地區，并在九、十世紀的敦煌非常流行。敦煌文獻中

〔一〕［日］川口久雄：《平安朝日本漢文學史》第二十四章第六節“源光行の蒙求・百詠・樂府和歌”，明治書院，一九五九年，第九八五～九九四頁。

〔二〕參閱金瀅坤：《中國科舉制度通史・隋唐五代卷》，第九八頁。

〔三〕參閱金瀅坤：《中國科舉制度通史・隋唐五代卷》，第一七〇～一九三頁。

〔四〕榮新江：《〈蘭亭序〉與〈尚想黄綺帖〉在西域的流傳》，載故宫博物院編：《2011年蘭亭國際學術研討會論文集》，故宫出版社，二〇一四年，第三一頁。

二者計有四十一件，大部分爲學郎習字，可見被作爲習字的重要教材。

三是，習字書帖。中國古代優秀識字蒙書，常被善書者書寫，作爲兒童習字的字帖，就兼具習字功能。如周興嗣《千字文》編撰之初，就採用王羲之一千個字次韻而成，兼具識字與習字功能。王羲之七世孫智永禪師臨得《真草千字文》"八百本，散與人間，江南諸寺各留一本"〔一〕。敦煌文獻便保存了貞觀十五年（六四一）蔣善進臨智永《真草千字文》，敦煌《千字文》中反復習字寫卷約有三十六件。《千字文》寫卷的總數和習字寫卷的數量在各類習字寫卷中數量最多。此外，《開蒙要訓》也有被作爲識字與習字兼備情況。

四是，數術類。《九九乘法口訣》在秦漢時期就已流行，各地出土的秦漢簡牘中有不少記載。敦煌文獻中發現單獨的《九九乘法口訣》寫卷共計十二件，其中三件爲藏文寫卷，見證了漢藏算術交流。另外《立成算經》中也包含一篇《九九乘法口訣》、兩件《算經》寫卷中亦共記載有口訣三篇。《立成算經》是《孫子算經》的簡化本蒙書，内容簡單，故爲"立成"之義。《算經》的内容多見於《孫子算經》，包括度量衡、《九九乘法口訣》和"均田制第一"等。它們應該是鄉村俚儒所編的庶民教育所用算術書〔二〕。北朝時期的《算書》還在敦煌使用，内容僅存軍需民食計算、"營造部第七"等，形式與《算經》類似，是敦煌《算經》編撰體例的來源。

總之，唐代書算蒙書出現了專門習字的《上大夫》《牛羊千口》等習字蒙書，推崇王羲之《尚想黄綺帖》《蘭亭序》等名人字帖，并將《千字文》等識字蒙書與習字教育相結合，作爲習字字書；算術方面在《孫子算經》等基礎上，又編撰了《立成算經》《算經》等新的算術蒙書，更重視社會大衆的實用性。

三　敦煌蒙書的學術價值

唐代蒙書編撰拓展了知識類蒙書，拓展了德行類、文學類蒙書新領域，豐富

〔一〕（唐）李綽撰：《尚書故實》，《叢書集成初編》第二七三九册，中華書局，一九八五年，第一三頁。

〔二〕［日］那波利貞：《唐代の庶民教育に於ける算術科の内容とその布算の方法とに就きて》，《甲南大學文學會論集》（通號一），一九五四年，第一五頁。

了書算類蒙書，可以説在中國古代蒙書編撰方面發生了巨變。敦煌蒙書的發現，其巨大的體量及其保留的教育史料，無疑對研究唐五代童蒙教育、教育史彌足珍貴，足以改變學界對唐代童蒙教育歷史地位的認識，并對了解中古時期的社會大衆教育具有重要意義，對文獻學、歷史學等相關學科研究也有很大史料價值〔一〕。

（一）敦煌蒙書改寫唐代童蒙教育的歷史地位

敦煌蒙書是中國古代出土文獻中發現的最大一批“蒙書”，其數量和種類都十分可觀，具有無可替代的價值。本叢書基於鄭阿財、朱鳳玉先生《敦煌蒙書研究》所收敦煌蒙書二十五種，凡二百五十四件寫卷的基礎上〔二〕，增加十九種、四百四十九件，共得四十四種蒙書，七百零三件寫卷，綴合後爲五百四十七件寫卷，其中包括内容完整者六十九件，殘缺者二百二十一件，綴合六十六件，雜寫一百三十件，碎片六十一件。這也是目前發現的數量最多的一批中國古代蒙書，其中有八十一條題記〔三〕，極大豐富了唐代教育史料，在某種程度上不僅改寫了唐五代童蒙教育的歷史，也改寫了唐五代教育史在中國教育史中的地位。

1.敦煌蒙書的種類與數量考察

如此大量的敦煌蒙書爲我們研究唐五代童蒙教育所使用蒙書類型，以及不同類型蒙書使用情况展開整體分析和具體考察提供了豐富的史料。有基於此，依據前文我們對敦煌蒙書的分類和認定，對如下蒙書進行分類統計，主要按蒙書的完整、殘缺、綴合、雜寫、碎片等情况分爲五種情况表述寫卷狀况，分識字、知識、德行、文學、書算五類蒙書，五類之下再分爲十八門類，對四十四種蒙書進行分類、分門，對寫卷狀况、數量進行整體、綜合分析。

〔一〕 有關敦煌蒙書的學術價值，筆者已發表《論敦煌蒙書的教育與學術價值》一文（《浙江師範大學學報（社會科學版）》二〇二一年第三期，第一九～三一頁），相關統計數據因劃分標準有所變化，略有出入，以下不再詳細説明。

〔二〕 鄭阿財、朱鳳玉：《敦煌蒙書研究》，第四四五～四四六頁。

〔三〕 李正宇《敦煌學郎題記輯注》注計一四四則學郎題記（《敦煌學輯刊》一九八七年第一期，第二六～四〇頁）；日本伊藤美重子《敦煌文書にみる學校教育》注記學郎題記計有一百八十四條，其中，蒙書的學郎題記共計三十七條（第四一～六八頁）。

兹按照上述分類做“敦煌蒙書分類與保存狀況統計表”如下。

表一：敦煌蒙書分類與保存狀況統計表〔一〕

<table>
<tr><th>類型</th><th>門類</th><th>蒙書名</th><th>完整</th><th>殘缺</th><th>綴合</th><th>雜寫</th><th>碎片</th><th>蒙書小計</th><th>門類總計</th><th>類型總計</th></tr>
<tr><td rowspan="8">識字類</td><td rowspan="5">綜合類</td><td>千字文</td><td>五</td><td>四九</td><td>一七/六七〔二〕</td><td>三四</td><td>二二</td><td>一二六/一七六</td><td rowspan="5">二〇四/二八八</td><td rowspan="9">二一六/三〇〇</td></tr>
<tr><td>六合千字文</td><td></td><td>二</td><td>一/二</td><td></td><td></td><td>三/四</td></tr>
<tr><td>千字文注</td><td></td><td>二</td><td></td><td>一</td><td></td><td>三/三</td></tr>
<tr><td>開蒙要訓</td><td>四</td><td>二五</td><td>一一/四四</td><td>一一</td><td>六</td><td>五七/九〇</td></tr>
<tr><td>敦煌百家姓</td><td>二</td><td></td><td></td><td>一三</td><td></td><td>一五/一五</td></tr>
<tr><td rowspan="2">俗字類</td><td>碎金</td><td>二</td><td>四</td><td></td><td>一</td><td>二</td><td>九/九</td><td rowspan="2">一〇/一〇</td></tr>
<tr><td>白家碎金</td><td></td><td>一</td><td></td><td></td><td></td><td>一/一</td></tr>
<tr><td>雙語類</td><td>漢藏對音千字文</td><td></td><td>二</td><td></td><td></td><td></td><td>二/二</td><td>二/二</td></tr>
<tr><td colspan="3">小計</td><td>一三</td><td>八四</td><td>二九/一一三</td><td>六〇</td><td>三〇</td><td>二一六/三〇〇</td><td>二一六/三〇〇</td></tr>
<tr><td rowspan="10">知識類</td><td rowspan="2">蒙求類</td><td>蒙求</td><td></td><td>三</td><td></td><td></td><td></td><td>三/三</td><td rowspan="2">一二/一二</td><td rowspan="11">五八/七〇</td></tr>
<tr><td>古賢集</td><td>五</td><td>四</td><td></td><td></td><td></td><td>九/九</td></tr>
<tr><td rowspan="2">綜合類</td><td>雜抄</td><td>一</td><td>九</td><td>二/四</td><td></td><td></td><td>一二/一四</td><td rowspan="2">一五/一八</td></tr>
<tr><td>孔子備問書</td><td></td><td>一</td><td>一/二</td><td>一</td><td></td><td>三/四</td></tr>
<tr><td rowspan="2">雜字類</td><td>俗務要名林</td><td></td><td>一</td><td>一/三</td><td></td><td></td><td>二/四</td><td rowspan="2">一〇/一五</td></tr>
<tr><td>雜集時用要字</td><td>一</td><td>五</td><td>二/五</td><td></td><td></td><td>八/一一</td></tr>
<tr><td rowspan="2">故事類</td><td>事林</td><td></td><td>一</td><td></td><td></td><td></td><td>一/一</td><td rowspan="2">二/三</td></tr>
<tr><td>事森</td><td></td><td></td><td>一/二</td><td></td><td></td><td>一/二</td></tr>
<tr><td>復合類</td><td>孔子項託相問書</td><td>三</td><td>一二</td><td>一/三</td><td>二</td><td>一</td><td>二〇/二二</td><td>二〇/二二</td></tr>
<tr><td colspan="2">小計</td><td>一〇</td><td>三六</td><td>八/一九</td><td>三</td><td>一</td><td>五八/六九</td><td>五八/六九</td></tr>
</table>

〔一〕此表所依據每部蒙書的卷號，詳見本叢書鄭阿財《導論卷》附録：“敦煌蒙書分類與保存狀态表”，爲了節省筆墨，每件敦煌蒙書的卷號，亦在綜論中省去，只保留統計數字。

〔二〕此表“/”上爲綴合後的寫卷數目，其下爲綴合前的寫卷數目。

續表

<table>
<tr><th>類型</th><th>門類</th><th>蒙書名</th><th>完整</th><th>殘缺</th><th>綴合</th><th>雜寫</th><th>碎片</th><th>蒙書小計</th><th>門類總計</th><th>類型總計</th></tr>
<tr><td rowspan="9">德行類</td><td rowspan="5">家教類</td><td>太公家教</td><td>二</td><td>三四</td><td>六/一八</td><td>四</td><td>一二</td><td>五八/七〇</td><td rowspan="5">八〇/九五</td><td rowspan="10">一三四/一五八</td></tr>
<tr><td>武王家教</td><td>三</td><td>四</td><td>三/六</td><td>二</td><td></td><td>一二/一五</td></tr>
<tr><td>辯才家教</td><td>一</td><td>一</td><td></td><td></td><td></td><td>二/二</td></tr>
<tr><td>新集嚴父教</td><td>三</td><td>一</td><td>一</td><td></td><td></td><td>五/五</td></tr>
<tr><td>崔氏夫人訓女文</td><td>一</td><td>二</td><td></td><td></td><td></td><td>三/三</td></tr>
<tr><td>訓誡類</td><td>百行章</td><td>一</td><td>一二</td><td>一/三</td><td>三</td><td>二</td><td>一九/二一</td><td rowspan="3">三五/四二</td></tr>
<tr><td rowspan="2">格言類</td><td>新集文詞九經抄</td><td>一</td><td>一一</td><td>二/七</td><td>一</td><td></td><td>一五/二〇</td></tr>
<tr><td>文詞教林</td><td>一</td><td></td><td></td><td></td><td></td><td>一/一</td></tr>
<tr><td>勸世詩類</td><td>一卷本《王梵志詩》</td><td>六</td><td>八</td><td>一/三</td><td>一</td><td>三</td><td>一九/二一</td><td>一九/二一</td></tr>
<tr><td colspan="3">小計</td><td>一九</td><td>七三</td><td>一四/三八</td><td>一一</td><td>一七</td><td>一三四/一五八</td><td>一三四/一五八</td></tr>
<tr><td rowspan="7">文學類</td><td rowspan="3">屬對類</td><td>文場秀句</td><td></td><td>一</td><td>一/二</td><td></td><td></td><td>二/三</td><td rowspan="3">六/一〇</td><td rowspan="8">一八/二九</td></tr>
<tr><td>語對</td><td>一</td><td>一</td><td>一/四</td><td></td><td></td><td>三/六</td></tr>
<tr><td>略出籯金</td><td>一</td><td></td><td></td><td></td><td></td><td>一/一</td></tr>
<tr><td rowspan="4">屬文類</td><td>失名策府</td><td></td><td></td><td>一/二</td><td></td><td></td><td>一/二</td><td rowspan="4">一二/一九</td></tr>
<tr><td>兔園策府</td><td></td><td>二</td><td>一/二</td><td></td><td>一</td><td>四/五</td></tr>
<tr><td>李嶠雜詠</td><td></td><td>二</td><td>一/五</td><td></td><td>一</td><td>四/八</td></tr>
<tr><td>楊滿山詠孝經壹拾捌章</td><td></td><td>一</td><td>一/二</td><td>一</td><td></td><td>三/四</td></tr>
<tr><td colspan="3">小計</td><td>二</td><td>七</td><td>六/一七</td><td>一</td><td>二</td><td>一八/二九</td><td>一八/二九</td></tr>
<tr><td rowspan="5">書算類</td><td rowspan="3">習字類</td><td>上大夫</td><td>一二</td><td>六</td><td></td><td>一八</td><td></td><td>三六/三六</td><td rowspan="3">五八</td><td rowspan="5">一二一/一四六</td></tr>
<tr><td>牛羊千口</td><td>四</td><td>二</td><td></td><td>九</td><td></td><td>一五/一五</td></tr>
<tr><td>上士由山水</td><td>一</td><td>一</td><td></td><td>五</td><td></td><td>七/七</td></tr>
<tr><td rowspan="2">名人字帖類</td><td>尚想黃綺帖</td><td>三</td><td>二</td><td>二/一四</td><td>一四</td><td>五</td><td>二六/三七</td><td rowspan="2">四三/五九</td></tr>
<tr><td>蘭亭序</td><td>一</td><td>五</td><td>二/七</td><td>三</td><td>六</td><td>一七/二二</td></tr>
</table>

續表

類型	門類	蒙書名	完整	殘缺	綴合	雜寫	碎片	蒙書小計	門類總計	類型總計
書算類	習字書帖類	真草千字文			一/四			一/四	二/六	一二一/一四六
		篆楷千字文			一/二			一/二		
	算術類	九九乘法歌	三	四		五		一二/一二	一八/二三	
		立成算經	一		一/二	一		三/四		
		算經			二/六			二/六		
		算書		一				一/一		
小計			二五	二一	九/三五	五五	一一	一二一/一四六	一二一/一四六	
總計			六九	二二一	六六/二二二	一三〇	六一	五四七/七〇三	五四七/七〇三	五四七/七〇三
蒙書種類			四四							

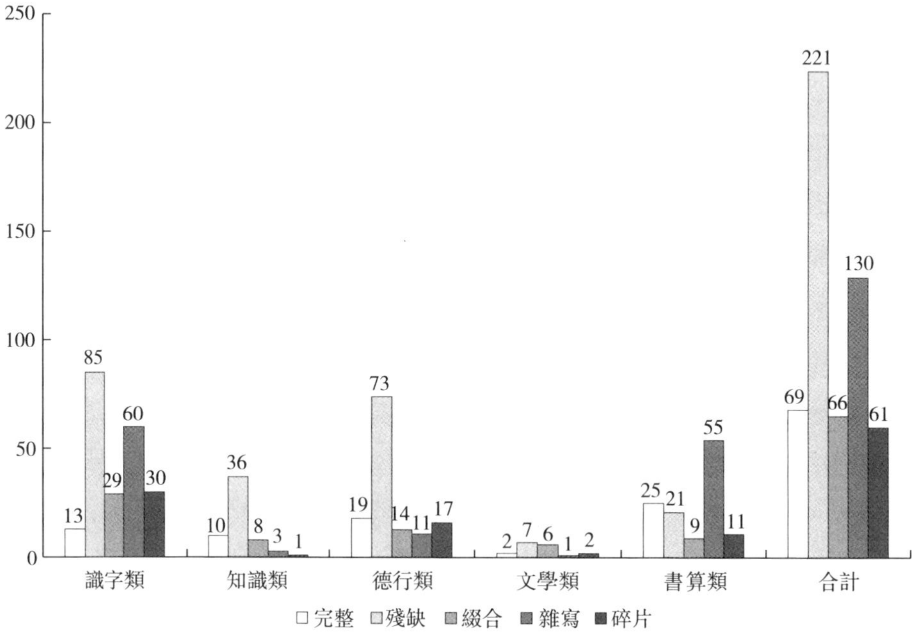

表二　敦煌蒙書分類與保存情況統計表

依據表一、表二，我們可以分析出敦煌蒙書在抄寫、使用中各類蒙書以及不同蒙書使用的大致比率和重視程度，以及唐五代敦煌地區童蒙教育的學科特點，大致可歸納爲以下幾點：

其一，蒙書類别差異與發展趨勢。從表一、表二來看，敦煌蒙書中識字蒙書類最多，有二百一十六件〔一〕；其次爲德行類，有一百三十四件；其三爲書算類，有一百二十件；其四爲知識類，有五十八件；最少者爲文學類，僅有十八件。五類蒙書之下，還可分爲十八個小目，若按照保存蒙書的統計數量來看：綜合類（識字）二百零四件、家教類八十件、習字類五十八件、名人字帖類四十三件、訓誡類二十件、勸世詩類十九件、復合類十九件、算術類十八件、格言類十五件、綜合類（知識）十五件、蒙求類和屬文類各十二件、雜字類和俗字類各十件、屬對類六件、故事類兩件、雙語類和習字書帖類各兩件，這在某種程度上體現了唐代童蒙教育的發展變化與蒙書編撰的新趨勢。

其二，敦煌蒙書的狀態分析。從表一來看，敦煌蒙書保存完整的衹有六十九件、殘缺二百二十一件、綴合六十六件、雜寫一百三十件、碎片六十一件，共有七百零三件，綴合後爲五百四十七件，其比例依次爲百分之十二、四十一、十二、二十四、十一。敦煌蒙書完整本很少，僅佔總數的百分之十二，殘缺本高達百分之四十一，若加上綴合本（綴合後，均殘缺不全），完整和殘缺者爲百分之六十五，其餘爲雜寫、碎片，佔百分之三十五。説明敦煌蒙書數量和質量都十分可觀。造成這一狀況的主要原因是這批蒙書是唐五代學郎在學習過程中自己抄寫、聽寫、默寫的，原本就不完整的抄本，是學郎多利用公私文書、經文的廢紙進行習字、塗鴉，初學者寫字本身多爲隻言片語、無章法可言，書寫訛誤、很少大段書寫文字；再加上很多蒙書抄寫的目的是反復使用的課本或讀物，也難免兒童故意損壞，以及流傳、保存過程中的自然損壞更是無法避免，故完整的保存少，殘缺多，正好反映了敦煌蒙書就是唐五代敦煌各類私學的學郎課本、讀物及作業本、練習本等，所幸被保留了下來，就是我們今天看見的樣子。

其三，蒙書數量與童蒙教育的關係。識字類蒙書數量最多，其中書寫較好的完整本、殘缺本和綴合本共有一百二十六件，書寫較差的雜寫和碎片有

〔一〕 以下數字爲綴合的數字。

九十件，佔比最高，比較真實地反映了童蒙教育以識字爲主的特點，學郎在這個階段以識字教育爲主。識字類蒙書中以綜合類知識字書佔比最多，達二百零四件，俗字類字書、雙語類字書僅見十二件，微不足道，也就是説童蒙以識字教育爲基礎，“學六甲五方書計之事”〔一〕，故以最爲基礎性的綜合類識字字書爲主，其中以《千字文》爲絶對優勢。僅次於綜合類蒙書的是德行類蒙書，達一百三十四件，且以家教類蒙書爲主，有八十件，佔比德行類蒙書的百分之六十，説明唐五代童蒙教育在識字教育之外，以德行教育爲首要任務，充分體現了童蒙教育“蒙以養正”的特點，對兒童的德行培養十分重視。德行類蒙書之外，爲書算類蒙書，達一百二十件，其中以習字、名人字帖、習字書帖類最多，共計一百零二件，這也是由童蒙教育主要以識字、習字教育爲主的特點决定的，很多時候識字與習字教育相結合，故很難分辨其具體功用，也是造成敦煌蒙書有好多《千字文》習字寫卷的原因。算術類蒙書有十八件，大體可以反映童蒙教育包含“書計之事”的特點。知識類蒙書在敦煌蒙書中保存了五十八件，僅佔了總數的一成多，唐代李翰《蒙求》僅三件，“蒙求”類蒙書才十二件，説明在唐代敦煌地區并不是很流行，反而是《雜抄》較爲流行，有十二件，説明唐代知識類蒙書尚處在拓展階段，還很有限。最少的就是文學類蒙書，衹有十八件，僅佔敦煌蒙書的百分之三，可以説微不足道。這與唐代科舉盛行，整個社會崇文的社會風氣不太相符，考慮到現存敦煌蒙書主要集中在張議潮收復河西隴右之後，敦煌與京畿地區的交流有限，與唐代其他地區存在一定差距，加之屬對、屬文教育相對而言層次比較高，主要針對年齡稍大的兒童，故現實需求相對較少，敦煌蒙書保存文學類蒙書較少也在情理之中。

其四，經典蒙書的使用情況。從敦煌文獻保存的蒙書來看，共有四十四種，但學仕郎使用不同蒙書的程度和頻率相差巨大，最多者《千字文》多達一百二十六件，而《白家碎金》《文詞教林》等各僅存一件。兹將五類蒙書中

〔一〕（漢）班固撰，（唐）顔師古注：《漢書》卷二四上《食貨志》，中華書局，一九六二年，第一一二二頁。

最具代表性的蒙書進行簡單説明。識字類蒙書，以《千字文》最多，除去碎片二十二件、雜寫三十四件，尚有七十件，佔敦煌蒙書總數的百分之十三。若加上《千字文注》《六合千字文》《真草千字文》《篆楷千字文》等，則比例更高。可以説《千字文》系字書，是唐五代童蒙教育影響最大，最爲普及的蒙書。其次，是家教類蒙書的《太公家教》，多達五十八件，其中有十二件碎片和四件雜寫，共佔德行類蒙書的百分之四十二，承擔了唐代德行教育的主要任務，也反映了唐代德行教育以家教、家訓爲主的特點。佔據第三位的《開蒙要訓》也多達五十七件，與《千字文》均爲前代綜合類識字蒙書，兩者合計一百八十三件，構成了敦煌蒙書的主體，二者可以視作唐五代敦煌童蒙教育最基礎的識字課本。排名第四者爲《上大夫》，有三十六件，説明在敦煌地區兒童習字教育主要使用《上大夫》。排名第五者爲《尚想黄綺帖》，有二十六件，反映了兒童習字教育對名人字帖的重視。值得思考的是文學類蒙書數量都在四件以下，多爲兩三件，説明童蒙教育屬對、屬文教育在鄉村和邊遠地區社會底層的開展尚不足，與士家大族和京畿地區尚有一定差距。

雖然敦煌蒙書數量很大，還有不少碎片、雜寫没在討論之内，但足以説明問題。總體而言，識字類蒙書以前朝《千字文》《開蒙要訓》主導識字教育的局面并未改變；唐代德行類蒙書，主要受家訓影響，如《太公家教》等家教類蒙書承擔了德行教育的主要任務，但訓誡類、格言類、勸世詩類蒙書比重比較平衡，體現了唐代德行類蒙書的多樣性。此前學界關注較少的書算類蒙書，在敦煌蒙書中佔較大比例，充分體現了啓蒙教育主要包括識字、辨名物、知書計之事的特點，書算蒙書就是所謂“知書計之事”。屬文類蒙書雖然數量較少，僅有十八件，但却有七種之多，足以説明在唐代整個社會崇文、“以文取士”的環境下，已在屬對、屬文類蒙書編撰方面取得了很大成就。

2.彌補敦煌學校教育機構認知的不足

在敦煌蒙書發現之前，研究唐五代童蒙教育受到極大限制，所據僅限於新舊《唐書》《全唐文》，以及筆記小説和墓志資料，内容十分有限，學界對唐五代的童蒙教育機構認識很有限。敦煌蒙書的發現極大改變了這一現狀，依據敦煌文獻中大量的學郎題記，證明唐代已經出現了寺學、義學、坊學、社學等新的童蒙教育機構，以及伎術學等專業學校〔一〕，從而可改變學界對唐代學校機構以及教育史的認知，同時也豐富了唐五代私塾的多樣性和具體形式。

首先，明確了唐代寺學的性質。敦煌蒙書保存了大量學郎題記，爲研究敦煌寺學教育提供了豐富的史料。那波利貞、小川貫弌、嚴耕望、李正宇、姜伯勤、伊藤美重子等中外知名學者〔二〕，對唐五代寺學進行了深入研究。通過敦煌蒙書學郎題記明確記載，最早的敦煌寺學學仕郎是景福二年（八九三）的蓮臺寺學士索威建。寺學是寺院專門面向兒童的世俗教育，教書先生理論上主要由寺院的僧人擔任，也有地方士人充任，主要教授識字、知識、德行、文學類蒙書及《孝經》《論語》等儒家經典，兼及佛教齋儀讀物。寺學教育主要集中在童蒙教育階段，屬於州縣學的學前教育，其品質低於州縣學，是唐後期五代敦煌地區童蒙教育的主要承擔者，而非所謂的士人"讀書山林"〔三〕。

其次，唐代義學性質的確定。如伯二六四三號《古文尚書》尾題："乾元二年（七五九）正月廿六日義學生王老子寫了，故記之。"從其抄寫《古文尚書》來看，此義學應該也是私塾。唐代義學的最早記載是在吐魯番文書中發

〔一〕 參閱［日］伊藤美重子：《唐宋時期敦煌地區的學校和學生——以學郎題記爲中心》，金瀅坤主編：《童蒙文化研究》第三卷，人民出版社，二〇一八年，第二四～五〇頁。

〔二〕［日］那波利貞：《唐鈔本雜鈔考——唐代敦煌庶民教育史研究資料》，《支那學》第十卷，一九四二年，第一～九一頁；［日］小川貫弌：《敦煌仏寺の學士郎》，《龍穀大學論集》第四〇〇－四〇一合并號，一九七三年，第四八八～五〇六頁；嚴耕望：《唐人習業山林寺院之風尚》，嚴耕望：《嚴耕望史學論文集》，上海古籍出版社，二〇〇九年，第八八六～九三一頁；李正宇：《唐宋時代的敦煌學校》，《敦煌研究》一九八六年第一期，第三九～四七頁；李正宇：《敦煌學郎題記輯注》，《敦煌學輯刊》一九八七年第一期，第二六～四〇頁；姜伯勤：《敦煌社會文書導論》，新文豐出版公司，一九九二年，第八七～九四頁；［日］伊藤美重子：《敦煌文書にみる學校教育》，汲古書院，二〇〇八年，第八三～九九頁；［日］伊藤美重子：《唐宋時期敦煌地區的學校和學生——以學郎題記爲中心》，金瀅坤主編：《童蒙文化研究》第三卷，二〇一八年，第二四～五〇頁。

〔三〕 金瀅坤：《唐五代敦煌寺學與童蒙教育》，金瀅坤主編：《童蒙文化研究》第一卷，第一〇四～一二八頁。

現的卜天壽抄《論語鄭氏注》殘卷，卷末題記："義學生卜天壽，年十二，狀□"“景龍四年（七一〇）三月一日私學生卜天壽。"〔一〕這兩件文書證實義學與寺院義學不同，教授對象爲兒童，教授的内容是《論語》，屬於童蒙教育内容。有關唐代義學的記載，僅見此兩例，彌足珍貴。

其三，證明唐代坊學和社學的存在。坊學史料罕見，僅見於斯四三〇七號《新集嚴父教》末題："丁亥年（九八七）三月九日定難坊學郎［崔定興］、李神奴自書手記。"定難坊學蓋爲定難坊的私塾，屬於私學。坊學與村學、里學對應，是城市最基層的私學。唐代社學僅有一例，彌足珍貴。伯二九〇四號《論語集解卷第二》末題："未年正月十九日社學寫記了。"結社辦學者，似以鄰里社、親情社的可能性較大〔二〕。

最後，豐富了私塾具體形式的認識。敦煌蒙書及相關敦煌文獻中記載的敦煌地区各種形式的私塾即個人講學，最常見的就是以私塾先生的姓氏、官名命名的私塾。如張球學、白侍郎學、安參謀學、郎義君學、氾孔目學等。還有以姓氏命名的家學，就家學、李家學〔三〕。如伯二八二五號背《太公家教》題記："大順元年（八九〇）十二月，李家學郎是大哥。"此類學郎題記，極大豐富了學界對唐五代私塾的認知。

3.彌補教師學生身份史料的不足

關於唐五代童蒙教育的教師、學生身份問題，傳統典籍中鮮見，敦煌蒙書及相關文書極大彌補了這一不足，可爲研究唐五代教師、學生問題提供難得史料。其中有關沙州州縣學博士的記載有：伯二九三七號《太公家教》末題："維大唐中和肆年（八八四）二月廿五日沙州燉煌郡學士郎兼充行軍除解▩（延）太學博士宋英達。"説明唐代沙州太學博士可由郡學優秀學士郎中選任。又散一七〇〇號《壽昌縣地境》末題："晋天福十年（九四五）乙巳歲六

〔一〕國家文物局古文獻研究室等編：《吐魯番出土文書》第七册，文物出版社，一九八六年，第五四八頁。

〔二〕李正宇：《唐宋時代的敦煌學校》，《敦煌研究》一九八六年第一期，第四四页。

〔三〕參閲李正宇：《敦煌史地新論》，新文豐出版公司，一九九六年，第一八七～一八八頁。

月九日州學博士翟寫，上壽昌縣令《地境》一本。”翟爲翟奉達，曾是沙州伎術院禮生，先後選任沙州經學博士〔一〕。

目前，可以考定的敦煌寺學的教書先生理論上多由寺院的僧人擔任。如伯三三八六號《楊滿山詠孝經壹拾捌章》尾題“戊辰年（九六八）十月卅日三界寺學士”等，及學郎詩一首：“計寫兩卷文書，心里些些不疑。自要心身懇切，更要師父闍黎。”又沙州歸義軍節度使掌書記張球晚年辭官，寓居沙州某寺學，教授生徒。那些“學郎題記”中所記載的氾孔目學、安參謀學、白侍郎學等私塾中個人講學的先生，應該就是沙州歸義軍政權退休或在職官員在閑暇之餘充任。

敦煌蒙書的學郎題記及相關史料，爲學界梳理唐五代州縣學、伎術院，以及私學有關學生稱號和人名、社會階層提供了第一手資料。目前，已經梳理出的唐代州縣學有經學、道學、醫學，其學生可稱爲學生、經學生、學士郎，極少情況稱爲學生童子（伯三七八〇號《秦婦吟》題記）；歸義軍時期出現了陰陽學，有陰陽生；伎術院有禮生、伎術生、上足弟子。寺學、家學、坊學、個人講學等私學的學生稱呼比較雜亂，一般都可以稱爲學士郎，或寫作學仕郎、學使郎、學事郎，皆爲同音借字，或簡稱學士、學郎，少數情況作學生，有一例稱“童子”者（伯二七一六號《論語》題記）、一例“學生判官”者（伯三四四一號《論語》題記），但義學的學生稱義學生〔二〕。從可以考定的敦煌學士郎身份來看，敦煌諸寺學衹有鑒惠、僧醜延、沙彌德榮、僧馬永隆、顯須、僧曹願長等六名學士郎爲僧人，僅佔可以確定的七十九名寺學學士郎姓名的百分之六，沙州歸義軍高官多將年幼的子弟先送到寺學進行童蒙教育〔三〕。

4. 極大豐富了童蒙教育活動的史料

敦煌蒙書是唐五代敦煌地區童蒙教育中所使用的教材和讀物，很多蒙書

〔一〕 參考姜伯勤：《敦煌社會文書導論》，第一〇三頁。

〔二〕 參閱［日］伊藤美重子：《唐宋時期敦煌地區的學校和學生——以學郎題記爲中心》，金瀅坤主編：《童蒙文化研究》第三卷，二〇一八年，第二四～五〇頁。

〔三〕 參閱金瀅坤：《唐五代敦煌寺學與童蒙教育》，《童蒙文化研究》第一卷，第一〇四～一二八頁。

上的兒童題記和雜寫，爲我們提供了彌足珍貴的、最原始的教育史料，記録課堂内外教師的授課和學生的學習活動。特别是敦煌蒙書中兒童聽寫、背誦和考試的真實記録，以及兒童的學郎詩，真實記録了兒童的學習場景、心情和感受等等，是正史、類書，以及其他資料無法代替的。

敦煌蒙書及其他敦煌兒童讀物保留了唐五代、宋初童蒙教育的史料和背後的歷史，真實記録了學郎學習進展和成長的心路。如北敦一四六三六號背《逆剌占》卷末題有天復二年（九〇二）敦煌州學上足子弟翟奉達述志詩三首，其前兩首爲：

> 三端俱全大丈夫，六藝堂堂世上無。男兒不學讀詩賦，恰似肥菜根盡枯。
> 軀體堂堂六尺餘，走筆横波紙上飛。執筆題篇須意用，後任將身選文知。

第一首言生爲大丈夫，如不讀書，實在是前途無望，以示自勵。第二首詩，言學業精進，志在以文參選。最後一首，蓋爲學業將成，對未來充滿惆悵。其詩云："哽噎卑末手，抑塞多不謬。嵯峨難遥望，恐怕年終朽。"最難得可貴的是，作者晚年，看到兒少之作，又作詩曰："今年邁見此詩，羞煞人，羞煞人。"可以説這件文書非常珍貴，充滿童趣，非常真實地記載了翟奉達少兒之時的志向、讀書態度和不同時期的心理成長情况。又伯三三〇五號《論語集解》學郎詩云："男兒屈滯不須論，今歲蹉跎虚度春。▩身强健不學問，滿行逐色陷没身。▩▩自身苦教懃，一朝得勝留後人。"言學郎自勵，感慨切勿蹉跎青春，要倍加努力，一朝得意，名留青史。

記録了學生之間你追我趕、相互攀比的學習場面和心理。斯七二八號《孝經》背有靈圖寺學士郎李再昌詩云："學郎大歌（哥）張富千,一下趁到孝經邊；太公家教多不殘，獀玀［□］兒實鄉偏（相騙）。"生動描述了學士郎李再昌被學郎大哥張富千戲弄，没有好好學習，反而怪罪對方没有共進取，欺騙他。

記録了學生努力學習，畏懼老師處罰的心理。如伯二七四六號《孝經》卷末有學郎"翟颯颯詩"云："讀誦須勤苦，成就如似虎。不詞（辭）杖捶體，願賜榮軀路。"詩中學郎自詡勤苦讀書，成就卓著，免受體罰，前途無量，也反映了古代懲戒教育的普遍。

記録了教學方式。伯二八二五號《太公家教》尾題："大中四年（八五〇）庚午正月十五日學生宋文顯讀，安文德寫。"記録了兩個學生之間，聽寫《太公家教》的過程。又伯三七八〇號《秦婦吟》卷尾題："顯德四年（九五七）……就家學士郎馬富德書記。手若（弱）筆惡，若有决錯，名書（師）見者，决丈五索。"反映了唐代懲戒式教學方法。

現存敦煌蒙書多爲學郎抄寫而成，以便自用，或他用。如伯二六二一號《事森》末題戊子年（九二八）學郎負義寫書之後，記云："寫書不飲酒，恒日筆頭乾；且作隨疑（宜）過，即與後人看。"表示自己認真抄寫，仔細核對，若是有錯，就會没人看，反映了蒙書的來源。

記録了教授學生屬文的情況。今人大都知道唐代詩歌興盛，但關於童蒙如何學詩知之甚少。有關唐代學郎誦詩、抄詩的記載，在傳統典籍中記載很少，敦煌蒙書中的題記彌補了這一不足。特别是有關教授童蒙學詩的《詩格》的發現，對研究唐代童蒙的詩賦教育具有重要意義。如斯三〇一一號正面爲《論語集解》卷六，背面有《詩格》一部殘片，僅存四行。其録文爲："《詩格》一部。第一的名對，第二隔句對，第三雙擬對，第四聯綿對，第五互成對，第六異類對，第七賦體。第一的名對。上句。（寫卷書寫止此）"又《詩格》下有一句詩："天青白雲外，山俊（峻）紫微中。鳥飛誰（隨）影去，花洛（落）逐遥□（摇紅）。"亦見《文鏡秘府論》異類對下[一]，説明此詩爲《詩格》"七對"之"異類對"範文。此卷《詩格》之下還有《千字文》《太公家教》等蒙書的相關學郎雜寫，真實記録學郎學習抄寫、默寫《詩格》的情況，此條史料彌足珍貴，足以證明《詩格》一部作爲蒙書使用，及唐代教授童蒙學習屬對、屬文的真實情況。

〔一〕［日］遍照金剛著，周維德校點：《文鏡秘府論》東卷《二十九種對》，人民文學出版社，一九八〇年，第一〇七頁。

（二）敦煌蒙書對大衆教育的價值

隨着唐代科舉考試深入人心，“朝爲田舍郎，暮登天子堂”成爲現實，學習不論出身貴賤意識的增强，促使整個社會教育的下移。敦煌蒙書集中反映了敦煌地區社會大衆教育觀念的轉變，爲相關問題的深入研究，提供了豐富的史料，兹從以下幾點進行説明。

1.蒙書編撰與大衆文化啓蒙教育相結合

伴隨着隋唐士家大族的衰落，庶族寒素階層地位有所上陞，對文化的需求大增，世人不再滿足於從事舉業的識字、文學和德行類蒙書，而是對社會大衆的識字、綜合知識、世俗倫理道德等類蒙書需求大爲增加。於是，出現了《俗務要名林》《雜集時用要字》《碎金》《武王家教》等識字、綜合知識和家教類蒙書。其中最爲典型的就是識字蒙書《俗務要名林》，共存親族、宅舍、男服、火、水、疾、手等三十八部，可補身體、國號、藥三部，共得四十一部〔一〕，汇集了民間日常生産生活所必須的最爲切要名物、詞語，分類編排，以便學習和查閲。所謂“俗務”，就是指各種世俗雜務；“要名”，則指重要常用的雜務名稱、名物〔二〕。因此，唐代《俗務要名林》編撰的目的主要是庶民階層教育子弟識字，掌握、熟悉生産生活中常用的名物以及倫理關係等，以備日常生産生活中的買賣、記賬、寫信等實際需求，故在敦煌等偏遠地區的鄉村童蒙教育中比較流行。

敦煌文獻中的《太公家教》《武王家教》《辯才家教》《新集嚴父教》四部“家教”，是在魏晋以來士家大族走向衰敗的過程中，伴隨着士族的“中央化”〔三〕，留居鄉里者在地方的影響力與魏晋不可同日而語。特别是經歷安史之

〔一〕 高天霞：《敦煌寫本〈俗務要名林〉語言文字研究》，中西書局，二〇一八年，第三頁。

〔二〕 鄭阿財、朱鳳玉：《敦煌蒙書研究》，第七九頁。

〔三〕 毛漢光：《從士族籍貫遷移看唐代士族之中央化》，毛漢光：《中國中古社會史論》，聯經出版事業公司，一九八八年，第二三五～三三八頁；韓昇：《科舉制與唐代社會階層的變遷》，《厦門大學學報（哲學社會科學版）》一九九九年第四期，第二四～二九頁。

亂的掃蕩之後，士族在鄉村的勢力大爲減弱，因此，代表士家大族的“家訓”編撰，不再像先前，主要强調孝道、應對、勸學和處世之道，而是增加了社會關懷成分，庶民色彩更濃。所以，不再用“姓氏題名”，而是藉助太公、周武王、嚴父、辯才等帶有兼濟天下含義的題名。

這四部“家訓”中《太公家教》主要是爲兒童編撰蒙書，雖然也涉及應對、處世等社會世俗内容，但其志向還算高遠，勸學向賢，大衆文化不是很濃厚。其他三部編撰目的明顯是爲社會大衆子弟啓蒙，兼濟普通士人的教示。特别是《武王家教》武王問太公問答語氣，分十惡至十狂等十三類問題，主要是針對百姓在生産生活中有關勞作、借貸、求財、掃灑、勤儉、師友、孝道、處世等諸多層面，容易犯不當、不雅，招人厭的行爲，多引用當時流行的俗語、諺語，反映了社會大衆治家、置業、處世的價值觀念。《辯才家教》則是利用淺近通俗的佛學常識與世俗倫理道德相結合，分章對貞節、經業和治家等内容進行説教和贊美，其中也包含了社會大衆教育的内容。《新集嚴父教》是針對若干種世人在生活中的應對、處世原則進行説教，屬於庶民階層的“家教”，對子弟要求很實際，但求平安，不求功業。

一卷本《王梵志詩集》是一部五言四句的勸世詩歌集，其格調不高，言語淺近，多爲鄙俚之言，格言與俗語相間，通俗易讀，以教訓、説理見長。其内容涉及生産、生活、理財、治家、孝道、貧富、應對、處世等，也充滿了鄉村色彩，超凡脱俗，輕視錢財，揚善抑惡，充滿佛教色彩，老莊思想濃厚，富於人生哲理，對敦樸民心十分有益，對大衆教化更爲實用，故常作爲鄉村兒童的童蒙教材。一卷本《王梵志詩》佛家勸世色彩更濃厚，爲研究社會的大衆教育提供了寶貴史料。

2.新編蒙書中的社會大衆教育内容增多

首先，生産知識增多。這是我國古代識字類蒙書的傳統，漢代《急就篇》就包括很多有關生産和生活的名物，《千字文》在一定程度上也保留了此傳統，但開啓了從天地、日月、四季到農業生産、人事等大致順序。此後，《開蒙要訓》《雜抄》《孔子備問書》等，都大致效仿其編撰順序、内容，以不同編撰方式增加大量有關生産、生活和應對的俗物知識。前文列舉《俗務要名林》

《雜集時用要字》中就分門别類地例舉了有關生產工具、技術、時令的名物知識，此處不再贅述。以《雜抄》爲例，共涉及二十七個條目，一百六十七個問答項，根據其内容性質大體將其歸納爲“論”“辨”以及類似家教性質的“訓誡”等三大類，其中的“論五穀、五果、五射、五德”；辨年節日、辨四時八節等條目，都是有關農業生産生活的知識。就連《武王家教》之“十惡”“三耗”“三衰”都是講農業生產生活知識。此外,《辯才家教·四字教章》也主要是用四言韻語講生産的民間智慧。

其次，居家生活知識增多。大致可分名物知識、掃灑、應對、處世、消費等諸多層面。如《開蒙要訓》《俗務要名林》《雜集時用要字》《雜抄》《孔子備問書》等識字、知識類蒙書都記載了很多居家生活名物知識。《雜抄》末尾部分還有摘引當時俗語，以數字冠名歸納爲：世上略有十種剳室之事、十無去就者、五不自思度者、言六癡者、言有八頑者，爲與人相處、應對、處世時容易犯的自以爲是、擅自做主、招人厭惡的諸種不當行爲，應當堅决去除，反映了庶民階層的價值觀念和民間處世哲學。《武王家教》“一錯”至“十狂”中很多内容都是有關居家掃灑、應對、處世、消費等方面應該注意的事項和生活常識。此外《百行章》、一卷本《王梵志詩》雖然編撰文體不同，但相關内容十分豐富。

其三，勸學内容增多。唐代崇重科舉制度，直接推動了社會勸學風氣，“五尺童子恥不言文墨”觀念盛行〔一〕,“官職比來從此出”的觀念已經根植於世人心目中，讀書不問貧富，在敦煌童蒙教育下移中得到很好的體現。特别值得關注的是，這些童蒙讀物還激勵家道貧寒者，莫辭家貧而不學詩書，比如“男兒不學讀詩書，恰似園中肥地草”，打破了當時的士庶觀念，無疑增强了家道貧寒者勤奮讀書，通過科舉考試獲取功名、官位的信心，亦見科舉制度對當時社會大衆的影響之廣泛、深遠〔二〕。如《太公家教》云：“明珠不瑩，焉

〔一〕《通典》卷一五《選舉典三》，第三五八頁；金瀅坤：《中國科舉制度通史·隋唐五代卷》，第一三九～一四二頁。

〔二〕 參閲韓昇：《南北朝隋唐士族向城市的遷徙與社會變遷》,《歷史研究》二〇〇三年第四期，第四九～六七頁。

發其光；人生不學，言不成章。”又《王梵志詩》云：“黄金未是寶，學問勝珠珍。丈夫無伎藝，虚霑一世人。”〔一〕這些童蒙讀物中明確將讀書與登科、仕宦聯繫在一起，敦勸兒童樹立“學問”“讀書”而登科、入仕清流的觀念，明確了讀書人的目的，突出反映了科舉對童蒙價值觀念的影響。《太公家教》《新集文詞九經抄》《文詞教林》《語對》《蒙求》中保留了豐富的各式“勸學”以及師友觀念，可以全面勾勒唐五代社會大衆對“勸學”的認知，及其背後科舉制度與銓選制度以及社會變遷對童蒙教育的影響。

其四，世俗道德教育。敦煌蒙書中有關世俗道德教育是德行類蒙書的主要内容，且不同蒙書的特點各異。《太公家教》明確爲教示兒童，對古代儒家經典中的名言警句、格言，改編爲韻文短句，兼採諺語、俗語，通俗易讀，内容多比較正面，以孝道、師友、勸學、應對、掃灑、謹言、慎行爲主。《武王家教》更注重“家教”特點，教育對象不局限於適齡兒童，更似子弟，故多用俚俗諺語、俗語，强調謹言、慎行、切莫多事、慎擇師友、擇鄰居等，多爲世俗人生哲理和生活智慧的内容。《辯才家教》的治家特點更爲明顯，勸教對象爲家族全體，辯才和尚藉助佛理知識，重在强調居家行孝、掃灑、應對、行善，如何處理家族内部翁婆、兄弟、妯娌等關係，將佛教經義與世俗智慧相結合，説理與讚頌相結合。又《新集文詞九經抄》《文詞教林》《孔子備問書》《雜抄》等蒙書中也摘引古代儒家、道家甚至是佛教中有關大衆教育的經典語句、格言和大量的諺語，都有明顯的世俗特點。

其五，佛道觀念增强。敦煌蒙書相當數量都是出自敦煌寺學學士郎之手，因此，敦煌蒙書中佛教色彩在所難免。其中，《辯才家教》爲唐代大曆間大和尚辯才所作，所以這部蒙書具有濃厚的佛教思想，體現了唐代僧人講經的特點，用大量淺顯易懂，内涵豐富的佛教思想宣傳勸善積德，對社會大衆教化有很大影響。此外，《武王家教》《孔子備問書》等蒙書中也吸收了不少佛教

〔一〕（唐）王梵志著，項楚校注：《王梵志詩校注》，上海古籍出版社，一九九一年，第四八三頁。

戒律、道教戒律的勸世内容，反映了唐代蒙書中的勸誡内容兼採了佛、道戒律及相關内容，最終上昇成一種社會大衆文化，進行社會教化，不局限於童蒙教育。

（三）敦煌蒙書的史料、文獻價值

敦煌蒙書主要從古代儒家經典、史籍、文集和佛道典籍以及名言警句、諺語和俗語中擇取各類相關内容，多用四、六言短句和韻文重新編撰成各種蒙書，其中很多典籍和諺語、俗語都已散逸，因此，有很高的史料和文獻學、音韻學、語言文學、社會學等領域的學術價值，兹擇取其中一二，簡單概述。

1.史料價值

敦煌蒙書對中古史研究具有很高史料價值。字書、知識類蒙書中記載很多名物、事類和典故，其中很多内容今天已經遺失、散逸。《俗務要名林》《雜集時用要字》《白家碎金》《碎金》等字書中很多名物記載，爲我們研究中古器物、名物提供了寶貴資料。如《俗務要名林・器物部》云："枽，枽（舉）飲食者。餘慮反。"《廣韻·御韻》："枽，舁食者。或作轝。羊洳切。"〔一〕顯然，"枽"指舉送飲食之器具，又稱"食輿"，又寫作"食轝"。《現代漢語大詞典》收有"食輿"一詞，曰："食輿：竹輿床，竹轎。"〔二〕顯然，該解釋不得要領，《俗務要名林》解釋得更爲準確。又《器物部》云："弗，策之别名。初産反。"唐代韓愈《贈張籍》詩："試將詩義授，如以肉貫弗。"《器物部》又云："界，鋸木。音介。""界"作爲名物工具"鋸木"，今人已經不知。又《俗務要名林》中的像器物、田農、養蠶及機杼等部中，記載了唐代農業、手工業生産中所使用的各種工具和名物，可以豐富唐五代手工業生産工具等研究。因此，《俗務要名林》"不僅對研究漢語詞彙發展的歷史有用，而

〔一〕（宋）陳彭年等編：《宋本廣韻》（第二版），江蘇教育出版社，二〇〇五年，第一〇四頁。

〔二〕 漢語大詞典編輯委員會編：《漢語大詞典》第一二册，上海辭書出版社，二〇二〇年，第四九〇頁。

且對於了解唐代社會的經濟、生活、風習等也大有幫助，這是一份很重要的資料”〔一〕。

敦煌蒙書及學郎題記可以補足史書記載的不足。如《隋書·職官志》記載“三川”爲何，不見相關史籍記載，史家認識差異很大。《雜抄》就有“三川”的記載：“秦川、洛川、蜀川”，非常明確。又中國古代有“在三之義”觀念，後來又發展爲君親師的“三備”觀念，其他史書不載。唯有《雜抄》云：“何名三備？君、父、師。”其“辯金藏論法”條云：“夫人有百行，唯孝爲本……人有三事：一事父，二事君，三事師；非父不生，非君不事，非師不教。”又伯二九三七號背《太公家教》尾題：“維大唐中和肆年（八八四）二月廿五日沙州燉煌郡學士郎兼充行軍除解■（延）太學博士宋英達。”彌補了晚唐地方割據節度使轄區内州學學仕郎學成之後，在地方節度使衙任職的實例，這條史料很有代表性。另外，如前文所論，唐代寺學、社學、坊學、寺學的發現，都得益於對敦煌蒙書和題記的深入研究。

2. 文獻價值

敦煌蒙書的文獻輯佚價值。由於敦煌蒙書編撰過程中摘録、抄録了很多古代經典和書籍的名言警句，其中的不少書已經失傳，故其對輯佚失傳書籍有一定的學術價值。如《新集文詞九經抄》援引典籍至爲豐富，其中頗有後世亡佚之作與散佚之文，如《真言要决》《賢士傳》《孝子傳》《列仙傳》《神仙傳》《潘安仁笙歌賦》《九諫書》等〔二〕。其中《新集文詞九經抄》摘引《真言要决》云：“事君事父者，唯以忠孝爲主，爲君爲父者，須以慈愛爲宗。”由於此書早已散佚，故這條記載就可補《真言要决》佚文。又《兔園策府》也摘引了《孝經三五圖》、《帝王世紀》、《尚書中侯》、《符瑞圖》、王嬰《古今通論》等很多古籍，多已佚，此類相關内容具有輯佚價值。如《兔園策府》注文摘引范曄《後漢書》曰：“光武初出（生）於濟陽，有鳳凰集。”原

〔一〕 周祖謨：《敦煌唐本字書叙録》，見中國敦煌吐魯番學會語言文學分會編纂：《敦煌語言文學研究》，一九八八年，第五〇頁。

〔二〕 鄭阿財：《敦煌寫卷新集文詞九經抄研究》，文史哲出版社，一九八九年，第一一三～一二四頁。

文已佚，故此條可補佚。以上枚舉敦煌蒙書與徵引的內容，相關傳世史籍今已散佚，實可資輯佚與考史，有一定的拾遺補缺價值。此類情況不再一一贅述。

敦煌蒙書的校勘價值。可依據敦煌蒙書考訂歷史之疑、版本之失。如《語對·送别》記載“胡越”條：“《古詩》曰：‘行行重行行，與君生别離。相去萬餘里，各在天一崖。’”其“崖”字，今諸本《文選》卷二九《詩己·古詩十九首》作“涯”，“崖”爲古正字，蓋不誤。可勘正史實。伯二五三七號《略出籯金·朋友篇》“雙鴻”條引《七賢傳》云：“阮藉（籍）以（與）嵇康爲交，時人號爲‘雙鴻’。”今傳世文獻屢見阮籍與嵇康爲友之記載，但未見有“雙鴻”之稱，可補傳世文獻之缺。又《千字文》版本衆多，但傳世典籍將“律吕調陽”，誤作“律召調陽”，幸賴敦煌本《千字文》發現〔一〕，糾正了這一數百年的訛誤。

（四）敦煌蒙書的語言文學價值

敦煌蒙書中的《俗務要名林》《雜集時用要字》《白家碎金》《碎金》等字書中的注音和異文，可爲研究當時的漢語語音，特别是西北方音的面貌提供史料。如羅常培、姜亮夫、周祖謨、潘重規等學術名師在音韻方面取得的成就，均與重視敦煌蒙書中的史料、語料有很大關係。蔡元培《敦煌掇瑣》序説：“又如《刊謬補缺切韻》《字寶碎金》《俗務要名林》等，多記當時俗語、俗字，亦可供語言學、文字學的參考。”〔二〕《語對》《略出籯金》《文場秀句》等蒙書更是研究俗文字、俗語言、詞彙學的寶貴材料〔三〕，可從其中的異文詞變化研究古代詞語的古今更替演變史，利用其中事對詞語注的意義補充現有辭

〔一〕 張涌泉主編：《敦煌文獻合集經部·序》，第二頁。

〔二〕 劉復：《敦煌掇瑣》，收入黄永武編：《敦煌叢刊初集》，新文豐出版股份有限公司，一九八五年，第五頁。

〔三〕 參閲鄭阿財：《敦煌蒙書研究的回顧與前瞻》，《敦煌吐魯番研究》第七卷，第二五四～二七五頁。

書的收詞和釋義〔一〕。

在漢語俗字研究領域,《千字文》《俗物要名林》《雜集時用要字》《白家碎金》《碎金》《語對》等敦煌蒙書爲漢語俗字的研究提供了豐富的材料。如張涌泉《漢語俗字研究》《敦煌俗字匯考》《漢語俗字叢考》、黄征的《敦煌俗字典》等成名著作,都利用了這些蒙書中的俗字材料。

在文詞、典故研究方面,敦煌蒙書提供了豐富語料。敦煌蒙書中的《文場秀句》《語對》《略出籯金》等文詞類蒙書,收集大量麗詞、對偶,并對其進行了解釋,以便對兒童進行詞語、典故屬對訓練,熟練掌握音韻押韻,即“屬辭比事”,爲作文訓練做準備。因此,《文場秀句》《語對》和《籯金》等文詞類蒙書中保留相當數量的事對,即麗詞、典故,爲研究中古時期的語言文字提供了豐富語料。

敦煌蒙書中還發現了蕃漢雙語《千字文》《太公家教》等蒙書,對少數民族進行雙語教育,爲了解和研究古代漢語翻譯提供彌足珍貴的史料。敦煌寫本伯三四一九號A《漢藏千字文》是漢藏對音本,該寫卷首尾俱缺,僅存五十四行漢字及對應吐蕃文對音。日本學者羽田亨《漢蕃対音千字文の斷簡》則釋讀、轉寫了漢藏對音,并確定了其與《千字文》的對音性質及與研究唐代西北方音的關係〔二〕。羅常培先生《唐五代西北方音》利用《漢藏對音千字文》研究了唐五代時期的西北方音〔三〕。高田時雄《敦煌資料による中國語史の研究——九·十世紀の河西方言》對羅氏《唐五代西北方音》中的漢藏對音材料進行補充和修訂,深入研究了其中的音韻和語法現象〔四〕。

〔一〕参閲高天霞:《敦煌寫本〈籯金〉系類書整理與研究》,復旦大學博士後研究工作報告,二〇一七年,第四〇頁。

〔二〕[日]羽田亨:《漢蕃対音千字文の斷簡》,《東洋學報》第一三卷第三號,一九二三年。

〔三〕羅常培:《唐五代西北方音》,商務印書館,二〇一二年。

〔四〕[日]高田時雄:《敦煌資料による中國語史の研究——九·十世紀の河西方言》,創文社(東洋學叢書),一九八八年。

（五）敦煌蒙書的書算教育價值

敦煌蒙書發現的唐代書算類蒙書，既有對前代的繼承和發展，也有不少新編之作，其種類、内容更爲豐富，不僅體現了唐代書算教育的快速發展，而且爲研究中國古代書算教育史留下了寶貴史料。兹從以下四個層面概述敦煌蒙書對書算教育研究的學術價值。

一是專門習字蒙書的出現。唐代誕生的專門習字蒙書有《上大夫》《牛羊千口》《上士由山水》，其中《上大夫》爲時代最早、影響最大的一本專門習字蒙書。敦煌本《上大夫》有三十一件，足見其被使用之普遍。其中伯四九〇〇號（二）《上大夫試文》爲習字寫卷，篇首有朱筆“試文”二字，每行行首由教書先生朱筆書寫範字，依次爲“上大夫”等，其下爲學生重復習字，每行約十三字，這種教學方式，是目前發現的《上大夫》“順朱”習字的最早寫卷〔一〕，可視爲後世《上大人》朱筆描紅習字本的最早原形，是研究唐代習字方法和習字教學十分珍貴的一手資料。《上大人》對後世影響很大，宋代以後將其作爲兒童習字的首選蒙書。敦煌本《牛羊千口》在傳世文獻中尚未發現它的蹤跡，故而可以豐富學界對研究唐代兒童習字情况的認識。《上士由山水》以筆畫簡單，作爲目前學界可知的唐代三種兒童習字蒙書之一，唯有伯三一四五號背保存了全文，使學界得以窺其全貌，宋代以後常用於習字教育。

二是保存了王羲之字帖在童蒙習字中大量使用的實例。武周時期《尚想黄綺帖》就已流傳龜兹、于闐等西域之地，作爲字帖，供兒童反復習字〔二〕。敦煌文獻中發現的《尚想黄綺帖》《蘭亭序》寫卷，共有四十一件，其中重復習字寫卷各有十件。不少寫卷中有教書先生書寫範字的痕跡，對研究唐代習字

〔一〕［日］海野洋平：《童蒙教材としての王羲之〈顴書論〉(〈尚想黄綺〉帖)—敦煌寫本・羽664ノ二Rに見るプレ〈千字文〉課本の順朱—》，武田科學振興財團杏雨書屋編：《杏雨》第二〇號，二〇一七年，第一三五～一三七頁。

〔二〕 榮新江：《〈蘭亭序〉與〈尚想黄綺帖〉在西域的流傳》，故宫博物院編：《2011年蘭亭國際學術研討會論文集》，第三一頁。

方法有重要價值。

三是記録了流行識字蒙書用於習字的實例。《千字文》《開蒙要訓》等流行識字蒙書在識字的同時，由教書先生、家長等書寫範字，供學郎習字，反復臨摹，這種方式在敦煌蒙書中比較常見。敦煌本《千字文》中有此類學郎習字寫本約三十六件，其中斯二七〇三號中有教書先生在行首書寫範字，學郎依次反復習字，并有教書先生評語〔一〕，是真實反映童蒙習字教育的第一手資料，非常有學術價值。

四是算術蒙書的推陳出新。敦煌算術蒙書可以説是我國現存紙質寫本算書之最早者〔二〕。敦煌本《九九乘法口訣》從“九九八十一”至“一一如一”，共四十五句，比秦漢時期多了“一九如九”至“一三如三”等七句，反映了魏晋隋唐以來對秦漢乘法口訣的發展，也表明唐代已經普遍採用這種四十五句的口訣。而且敦煌大寫漢字版乘法口訣的出現，也是記數方法的一大進步，史料價值彌足珍貴。《立成算經》《算經》簡明扼要，有利於初學者掌握。其中𝍰、𝍣、𝍥等記數符號的出現，對研究唐代記數法很有價值〔三〕。其中度量衡方面的記載，説明了王莽量制直到唐宋時期仍在使用〔四〕。《算經》中的田畝面積計算，伯二六六七號《算書》中的軍需民食、營造等方面的計算，能解决很多實際問題，體現了我國傳統算術教育重實用的特點，對研究唐五代童蒙和普通民衆學習算數的情况很有學術價值。

敦煌書算蒙書的發現，證明唐代在邊遠地方不僅有書學和算術，而且還形成了一套成熟的、實用的教學體系和教學方法。其中的《上大夫》《上士由山水》《千字文》《蘭亭序》《九九乘法口訣》更是流傳到近現代，對後世千餘年的書算教育産生了深遠影響。

〔一〕 李正宇：《一件唐代學童的習字作業》，《文物天地》一九八六年第六期，第一五頁。

〔二〕 李儼：《敦煌石室“算書”》，《中大季刊》第一卷第二期，一九二六年，第一頁。

〔三〕 季羡林主編：《敦煌學大辭典》，上海辭書出版社，一九九八年，第六〇三頁。

〔四〕 李并成：《從敦煌算經看我國唐宋時代的初級數學教育》，《數學教學研究》一九九一年第一期，第四〇頁。

結　語

以上主要對“蒙書”的概念、起源、發展和歷史特點進行了梳理，就“蒙書”與“家訓”“類書”的概念進行了梳理，并對“敦煌蒙書”進行分類和論證，爲敦煌蒙書的整理、校釋與研究做了初步準備工作。敦煌蒙書不僅對研究唐五代童蒙教育、教育史、大衆教育、書算教育以及史料學、文獻學、語言文字學等都有非常高的學術價值，也可以作爲當今少年兒童的啓蒙讀物，以便更好地學習中華優秀傳統文化。因此，本叢書在前人研究的基礎上，對唐代盛世蒙書進行全面、系統的整理、校釋和研究，不僅可以學習盛唐氣象，弘揚中華優秀傳統文化，爲當今中小學教育提供優秀的童蒙讀物，用盛唐蒙書以改善當今少年兒童教輔市場由明清蒙書佔據主導地位的局面。

本叢書重点對以往學界研究敦煌蒙書中存在的以下幾類問題進行全面解决。其一，針對敦煌蒙書研究多爲個人就某一部蒙書、具體問題的零星研究，缺乏全面、多學科的協同整體性、系統性研究的問題，本叢書爲筆者主持的國家古籍整理出版專項經費資助項目“敦煌蒙書校釋與研究”（2019–32），組織海峽兩岸長期從事敦煌蒙書研究最前沿、最高水平的學者王三慶、鄭阿財、朱鳳玉、金瀅坤、張新朋、劉全波等教授，楊寶玉、盛會蓮等研究員，趙宏勃副教授、常蓋心副研究員，任占鵬、焦天然、李殷等博士，以及高静雅、吴元元等博士研究生承擔撰寫任務，鄭亦寧、卜樂凡、王�等碩士研究生也參與了編撰工作，形成了老中青相結合的科研團隊。本叢書邀請樓宇烈、樊錦詩先生任顧問，王子今、柴劍虹、張涌泉、李正宇、李并成、韓昇、王三慶、朱鳳玉、杜成憲、金瀅坤、張希清、李世愉、劉海峰、施克燦、孫邦華、楊秀清、楊寶玉、盛會蓮等知名教授、編審和研究員作爲本叢書編撰委員會編委，對相關論著進行審閲和指導，以保證本叢書高質量地編撰和出版。

其二，針對敦煌蒙書校對多爲單本蒙書的分别校釋，缺乏整體分類校釋，很難産生規模效益，没能引起學界和社會各界對敦煌蒙書給予足够重視的問題，本叢書計劃設導論卷，多數蒙書將單獨成卷，書算類等少數蒙書將合并成習字卷、算術卷，每卷蒙書將邀請相關童蒙文化研究最佳人選，對相關蒙書進行單獨叙録、題解和校釋。叙録部分主要是對整理蒙書的校釋所使用的底本和参校寫卷的狀况以及綴合、前人整理情况等進行説明。叙録主要爲全面調查蒙書的相關寫卷、題記等情况，爲底本和參校本的選擇做好基礎性調查和考訂工作，争取在底卷綴合和題記考釋方面有所創新，在蒙書寫卷的佔有和學術史掌握方面做到窮盡。解題部分簡明扼要地説明所整理蒙書的簡介、價值和成書年代，并交代校釋所使用的底本和参校版本的基本信息以及前人的整理、研究成果，力求反映前人的研究基礎以及本團隊對研究蒙書的認識水平。校釋部分是整理的關鍵所在，主要分釋文和校釋兩部分進行。釋文主要是對所選底本進行逐字考辨，録定正文，斷句標點，分段録出，必要時保持原有格式。本叢書設計之初就定位學術性與應用性相結合，不僅爲學界提供一個高水平的校釋本，而且要爲廣大普通讀者提供可讀性强的讀本，故録文部分要盡量出正字，充分考慮可讀性，減少閱讀障礙。注釋部分主要對底本中訛誤字、俗字、異體字、通假字進行校正，并出校説明理由；若能確定蒙書中典故、諺語等最早出處或較早轉引及相近記載者，均須注釋。這部分力求做到校釋準確，引經據典，追根溯源，釋字可靠，釋義準確，經得起考驗。

其三，針對敦煌蒙書研究存在問題相對單一、結論相似、問題意識不足的問題，本叢書將從中國傳統文化的歷史淵源入手，以蒙書爲中心，以童蒙教育爲着眼點，考察中古時期儒釋道交融的歷史大背景下，童蒙文化如何受其影響，蒙書思想觀念有何反映；再從社會變遷視角考察中古朝代更替、士族興衰、察舉制向科舉制轉變、官學與私學發展變化、經學與文學之争、藩鎮割據、朋黨之争等時代産物對童蒙教育的影響，具體體現在唐代蒙書編撰的哪些方面，從而深化問題的研究。本叢書還重點探討每部蒙書的編撰、文體、語言的特點，以及編撰目的和影響。每部蒙書的研究將突出童蒙教育的功能，從蒙書内容、題記、編撰體例、文化淵源及唐代科舉考試、文化、思想等多角度進行深入探討，分析其對童蒙教育的功能、意義和影響等，進而從每本蒙書特點出發，探討其對社會大衆的社會教化與影響。通過如上多層面的研究，讓讀者明白每部蒙書的獨特性和不可替代性，用事實充分説明唐代蒙書在編撰方面的開創性、多樣性特點，從而向世人推介敦煌蒙書，以便爲今天的少年兒童提供更爲豐富的啓蒙讀物。

本叢書從立項到成書出版，應感謝前輩學者對敦煌蒙書研究所付出的努力，感謝樓宇烈、樊錦詩先生擔任我們的顧問，感謝韓國磐師、韓昇師、張涌泉師、李正宇師、李并成師、劉進寶師以極大耐心，賜教不才，也感謝王子今、張希清、王三慶、鄭阿財、朱鳳玉、毛佩琦、李華瑞、李世愉、劉海峰等先生多年來對我的無私幫助和指導，也特别感謝在我人生最低迷的時候張雪書記對我的幫助。本叢書稿在我和副主編盛會蓮研究員的組織下，由任占鵬博士、高静雅博士生具體負責，焦天然博士、常藎心副研究員協助，吴元元、藺媛、譚超、鮑有情、王珣、王璽、李路昊、李哲昊、賈藝帆等碩博研究生參與了校訂，在此表示感謝。

注記：筆者在寫“總論”過程中得到課題組全體成員的大力支持，就蒙書概念、蒙書劃分標準，以及蒙書與類書、家訓治家關係等問題與前輩學者王三慶、鄭阿財教授進行了反復商討，兩位先生都給予了建設性修改意見，并請柴劍虹先生審閱，提供了寶貴修改意見，在此向三位先生和所有課題組成員再次表示感謝。

緒 論

根據語言學家的調查，人類使用語言的語系族群凡有十來種，而比較重要的語言數目約有二千，使用達到一百萬人口以上者則有三千六百種以上〔一〕。其餘更不知凡幾，而每天都有好幾種語言消失凋零，主要原因不外族群的滅絶或再沒人使用它作爲溝通的工具，尤其是地球村的今天，全球化的趨勢使弱勢語言更容易消失不見。根據索緒爾（Ferdinand de Saussure）的研究，語言除了因人而分的族群語系之外，還有人類居住或使用的地理空間問題，更有隨着時間的歷程而有古今的問題。尤其如何記録語言，更是隨着族群的思想意識而有不同。

漢語原爲漢藏語系的一支，其走向使用方塊視覺文字來記録語言，時代甚早，若從今日發現的巖畫或早期簡單而有意義的綫條符號，至少也有六七千年的歷史；若從大量出土的甲骨實物，也有三千餘年。歷經青銅器上的金文、石鼓文字以至於大小篆，各部落族群與春秋戰國文字隨着人們的交流，既有同，也有異。直到秦始皇一統天下，推行“書同文、車同軌”的政策，中國文字始告統一。衹是隨着時間與地理以及人類使用的习慣問題，每個時代或每個文字的字形、讀音及意義都有不同程度的區别，而且隨着人類的物質文明和文化的演進，需要記録的字詞越來越多，爲了避免字詞的增加太快，便出現以已有的

〔一〕 參見R.R.K.哈特曼、F.C.斯托克著，黄長著、林書武、衛志强、周紹珩譯：《語言與語言學詞典》附録一，上海辭書出版社，一九八三年，第三九九～四一三頁。

字詞組合成復字語詞，一者更精確説明所要表述的意義，也含攝更廣的範疇。因此以下從語言到文字記號的問題來加以説明。

一 從語言到文字

語言是人類溝通的重要媒介工具，它所代表的意義不衹是個人意志的表達，也是群體的共同記憶和文化現象，更是大家藉以取得互相信任的工具，其功能有如銀行之間的匯兑交易，所謂人言爲信，正是這個意思。也因如此，隨着人類形成聚落之後，群體之間便出現了共同溝通的語言。人類在初始未有語言的時代，往往會以行動表示一己的内心意志，如今廣義的語言學已把所有的行爲動作列入語言學或符號學的範疇中，所謂"身勢語言"或"行爲語言"，都是在部落語言猶未創設的時代，以行爲表達意志的一種方式。有了語言之後，這種無聲的外在動作却也未必就此消失，它仍然具有輔助一般語言的功能和作用，所謂"聲嘶力竭""血脉賁張"或"面紅耳赤""怒髮衝冠"，多少都代表着人在話語之外行爲意志的存在。如今專門鑽研分析這門學術的學科，我們每每稱之爲"行爲科學"，而行爲之中有些是人類共同意志的表達，喜怒哀樂常常是人類情感的共同表現，除非一些例外及特殊的個别行爲，所謂"笑裏藏刀"或"口是心非"，那是形容人類動作與意志表裏不一的虚僞及矛盾。

然而用行爲表達意志的起源雖早，却非最好的方法，一旦視覺不佳，或在黑暗無光的時刻，用行爲表達個人意志便起不了作用或大打折扣。就以"名"之一字，从"夕"从"口"，原來造字的意義是指平常賦予每個人各有專屬記號，一旦黑夜來臨，視綫起不了作用之時，便能使用聲音的穿透力量，在群體之間將意志傳達給對方，用以交换個人意念，好讓兩者起到一定的綫路傳導作用。也因如此，必須將傳達對象給予具名化，賦予特定的專屬記號，傳達綫路纔能發揮一定的傳導功能。所以，語言絶對是人類群體交换意志最有效的工具，其取代身勢行爲的溝通方式也是必然的結果。再者，若從物理現象而言，語言之所以能够發生作用即是人類透過發音器官，由腹部横膈膜往上提昇，擠壓了肺部的空氣，經過氣管，震動了聲帶，再經口鼻腔的共鳴器和舌、牙、喉、齒、唇等諸部位器官所産生的各種阻隔作用，發出各式各類具有不同意義的聲音。一般而言，除了天賦異稟和少數聲樂家外，常人所能發出和聽聞的高低音頻，大致有其概數，太高或太低的物理音頻都非一般人所能出口與聽聞。隨着人類語言的發展，元音的高低洪細與輔音的組合，形成各式各類的音節。於是不同的聲音組合及不同的語序規律，也都代表不同的話語意義，人類各族群便出現千差萬别的種種語言。由於人類文明不斷的演化，表意也就愈趨複雜，然而在口腔發音器官及發音方法的限制下，用聲音區别意義也必然更加的困難，於是印歐語系便逐漸用字母走向拼音，又以音節的長短及不同的輕重規律作爲區别語言的意義。可是漢語的發展走向不同，它仍然保留最原始的單音節語式，以至於同音字特多，於是又不得不借用平、上、去、入四種聲調的輔助，再予以區分陰陽輕濁，幫忙詞義的辨别；更隨着社會文明的演進，發展爲復合詞組，終於殊途同歸，也走向復合音節的語言發展。

也因如此，從行爲動作到語言，可説是人類表意發展的必然過程，孩童還未認識文字之前，在媽媽的懷裏便有了感應，所以中國古代即有“胎教”之説。《韓詩外傳》卷九云：“吾懷妊是子，席不正不坐，割不正不食，胎教之也。”〔一〕其所指涉的意涵是從母親懷胎的一刻，即是幼兒生命的開始，便展開了學習之旅。媽媽的行立坐卧，一言一行，以及心境的變化，都需謹慎行事，以免影響胎中小孩心智的成長和未來發展。等到出生以後，與父母相處的時刻，透過視聽觸聞等各種感覺器官，從簡單的哭鬧與歡笑等行爲互動，逐漸學會了表意。到了牙牙學語時，更進入複雜的話語網絡，開始從事最基本的表意和溝通，也是進入社會之前，先從家族中學習團體的適應。所以在胎教及未識文字之前的母語學習，毫無疑問是刻繪孩童腦海皮灰質中最深層的記憶，也是整套文化系統基本價值開始輸入孩子的初步階段，其影響孩子的未來一生和行事準則乃是必然之事，重要性毋庸贅言。

〔一〕（漢）韓嬰著，周廷寀校注：《韓詩外傳·附補逸·校注拾遺二册》，王雲五主編：《叢書集成初編》卷九，中華書局，一九八五年，第一一三頁。又漢代賈誼撰《新書校注·胎教》所記雜事更多（閻振益、鍾夏校注，中華書局，二〇〇〇年，第三九〇～四〇八頁）。

二　文字是記録語言與傳播知識的重要符號

語言既是隨着聲波氣流向四周擴散的物理頻率，也必然隨時間或距離影響其效用，甚至消失於無聞。在録音攝像機器未曾發明之前，必須有可以記録表意的替代物，人類文明才能一代一代的傳承。否則，人類的歷史記憶便會中斷，落入永無休止的學習迴圈中，拖住了文明的進步。所以輔助人類記憶的方法是用結繩記事，而考古發現的岩壁圖畫或綫條等，可説都是當時人類所留下的記録遺迹。衹是結繩或非文字的簡單綫條，畢竟不是輔助記憶的最好良策，更無法滿足人類文明的進步和愈趨複雜的文化現象。於是一套具有記録語言的表意工具乃於焉産生，如印歐語系從圖像發展成字母後走向拼音，用以記録語言，於是就音而别義，隨着語言音節的長短不同，形成不同字母的拼音組合，既解决了語言的表述，也能全然達意及輔助記憶的問題。可是這在單音節的漢語便遇到了困難，因爲用方塊字體來表述語言，衹能一字一音，勿論從實體的簡單象形圖畫，或用虚擬的意化指事，以及兩組意符會合新意的造字，因受到人類發音器官的别異功能所限制，以至於同音字特多，自然弱化了語言的表述功能。何况最初草創的五百初文，實在不足以表述人類語言及複雜多元的意念，更無法解决造字上的種種困境，最後不得不用原創的初文，重組新字。這種重新組合的造字方式不再局限於耳朵的聽覺上，另以更快速判别的視覺作爲輔助方式，於是出現一半表意，一半記音的形聲字，用原有的字音記録語言，并加上意思相近的意符，兩相組合成字，成爲最有效及最簡便的造字方法，也是治理國家，輔佐政府宣教的最佳利器。所以許慎《説文解字・序》説：

> 黄帝之史倉頡，見鳥獸蹏迒之迹，知分理之可相别異也，初造書契，百工以乂，萬品以察，蓋取諸夬，夬揚於王庭，言文者宣教明化於王者朝廷，君子所以施禄及下，居德則忌也。〔一〕

〔一〕（漢）許慎撰，（清）段玉裁注：《説文解字注・序》，藝文印書館影經韻樓本，一九六六年，第七六一頁。

漢代劉安《淮南子·本經訓》也談到："昔者蒼頡作書，而天雨粟，鬼夜哭。"高誘注云：

蒼頡始視鳥迹之文造書契則詐僞萌生，詐僞萌生則去本趨末，棄耕作之業而務錐刀之利。天知其將餓，故爲雨粟；鬼恐爲書文所劾，故夜哭也。"鬼"或作"兔"，兔恐見取豪作筆，害及其軀，故夜哭。〔一〕

是知文字創作之初，天地萬物都有了感應。故殷商始祖因執刀筆而爲書契，以其能够傳承文明，并且深受部落族群的擁戴而爲王。漢代班固撰《漢書·藝文志》云：

古之王者，世有史官，君舉必書，所以慎言行，昭法式也。左史記言，右史記事，事爲《春秋》，言爲《尚書》，帝王靡不同之。周室既微，載籍殘缺，仲尼思存前聖之業，乃稱曰："夏禮吾能言之，杞不足徵也；殷禮吾能言之，宋不足徵也；文獻不足故也，足則吾能徵之矣。"〔二〕

就此來看，文字具有傳承文明的功能，其重要性不言而喻。是以歷代帝王每當一統天下之後，總是不忘從事《説文解字·序》中的提示："蓋文字者，經藝之本，王政之始，前人所以垂後，後人所以識古。故曰：'本立而道生'，'知天下之至嘖，而不可亂也。'"〔三〕可知統一文字與正朔曆法時間，兩者都是統治者必須推行的首要任務。因此，歷來傳言：

倉頡之初作書，蓋依類象形，故謂之文；其後形聲相益，即謂之字。字者言孳乳而浸多也，著於竹帛謂之書，書者如也。以迄五帝三王之世，

〔一〕何寧撰：《淮南子集釋》卷八《本經訓》，中華書局，一九九八年，第五七一頁。
〔二〕（漢）班固撰：《漢書》卷三〇《藝文志》，中華書局，一九六二年，第一七一五頁。
〔三〕（漢）許慎撰，（清）段玉裁注：《説文解字注·序》，第七七一頁。

改易殊體，封於泰山者七十有二代，靡有同焉。周禮八歲入小學，保氏教國子先以六書。〔一〕

這段文字説明蒼頡製作文字之後，便有人運用文字從事記録，因而積累成書，以至於歷經五帝三王，文獻史料逐漸遞增，文字的形體也隨着歷代帝王而有變異，留在泰山上的石刻史料凡有七十二代不同的記録。根據《周禮》的規定，兒童八歲進入小學，保氏教導他們認識六書，這是識字的基礎教育，也是孩童啓蒙教育的開端。

然而以當日的政治條件要做到這個地步頗爲不易，最多祇能局限於政治管理所及的中央或地方局部地區，對象或僅及貴族士大夫以上的子弟，一般地方的庶民百姓要接受這樣的教育仍然困難重重。訖今所知，傳説當時教育兒童識字所留下的文獻即是《史籀篇》，該篇是周時史官教導學童初始識字的書籍，其文字形體與後來孔氏壁中發現的古文不同。尤其進入了春秋、戰國時代，各國語言文字又隨着地理區域及風物的不同，而各有别異，以至於孔子私人興學，教育三千弟子讀經，則用自己所認爲的“雅言”諷誦，若依事實推論，不過是一種迫不得已的折衷作法。

三　語詞字書的編纂

隨着人類文明的繁興，需要用於記載的符號也逐漸增多，尤其秦始皇一統六國之後，來自四面八方、大同小異的各國文字，的確有礙於大家的溝通，以至於這位歷史上少有的梟雄不得不强力推行“書同文，車同軌”的政令，并且請臣下李斯作《蒼頡篇》七章、趙高作《爰歷篇》六章、胡毋敬作《博學篇》七章，多取史籀大篆或頗省改，是爲秦篆，成爲有秦一代文化系統的表述符號，并且也到各處刻石記功，推廣運用他們所整理的文字。直到後來各地叛亂蜂起，官府監獄的事務越來越加繁複，爲了書寫上的方便，省易頗多文字的筆畫，這種徒隸間施用的法書體裁，即所謂秦隸是也。故許慎《説

〔一〕（漢）許慎撰，（清）段玉裁注：《説文解字注・序》，第七六一～七六二頁。

文解字》有這麼一段話：

> 其後諸侯力政，不統於王，惡禮樂之害己，而皆去其典籍，分爲七國，田疇異畮，車涂異軌，律令異灋，衣冠異制，言語異聲，文字異形。秦始皇帝初兼天下，丞相李斯乃奏同之，罷其不與秦文合者，斯作《倉頡篇》，中車府令趙高作《爰歷篇》，太史令胡毋敬作《博學篇》，皆取史籀大篆或頗省改，所謂小篆者也。是時秦燒滅經書，滌除舊典，大發隸卒，興役戍，官獄職務繁，初有隸書，以趣約易，而古文由此絶矣。〔一〕

等到漢高祖初入關中，與民約法三章，以最簡便的口頭約束安定百姓，但是國家的治理千頭萬緒，豈是三章的臨時約定可以了得，所以頗具見識的蕭何收集了秦代的律典，便成爲漢朝行政法典的重要依據。其中對於學童的初階教育曾有如此的規定："漢初草律，明著厥法。太史學童，教試六體；又吏民上書，字謬輒劾。"〔二〕也因如此，教育學童識字成爲漢代律法中的重要條文，并且對六國文字體樣不斷的進行整理，根據《漢書・藝文志》所説的流程，初期先有閭里塾師把《蒼頡》《爰歷》《博學》三者合爲一篇，斷六十字爲一章，凡有五十五章，總共三千三百字，初始承襲《蒼頡篇》的原來題名，後來則改稱爲《三蒼》。

到了武帝時，則有司馬相如創作《凡將篇》，與原編的《蒼頡篇》文字全不重復。元帝時，黄門令史游作《急就篇》；成帝的將作大匠李長作《元尚篇》，但是都與《蒼頡篇》中的正字重復，没有多出《三蒼》的内容。可見西漢時期重在字書的編纂，針對由篆到隸體形符的書寫以及字義的詮釋或彙通進行辨異，如《爾雅》《釋名》《方言》《小爾雅》等書籍的編輯或整理工作，無疑都是對現有符號的統一與再詮釋。至於朝廷中央也特別規定，凡要擔任政府官員等職務，都必須經過誦讀九千字的考試，及格之後纔能獲得文書史

〔一〕（漢）許慎撰，（清）段玉裁注：《説文解字注・序》，第七六五頁。

〔二〕（梁）劉勰撰，王志彬譯注：《文心雕龍・練字第三十九》，中華書局，二〇一二年，第四四〇頁。

官的派任。這九千字數比秦時編纂的大篆《三蒼》多了近三倍，成爲許慎編纂《説文解字》一書的主要核心文字，更是西漢年間文化現象的基本符號。故《欽定四庫全書總目・經部四十・小學類一》云：

古小學所教，不過六書之類。故《漢志》以《弟子職》附《孝經》，而《史籀》等十家四十五篇列爲小學。《隋志》增以金石刻文，《唐志》增以書法書品，已非初旨。自朱子作小學，以配大學，趙希弁《讀書附志》遂以《弟子職》之類并入小學。又以《蒙求》之類相參并列，而小學益多歧矣。考訂源流，惟《漢志》根據經義，要爲近古。今以論幼儀者别入儒家，以論筆法者别入雜藝，以《蒙求》之屬隸故事，以便記誦者别入類書。惟以《爾雅》以下編爲訓詁，《説文》以下編爲字書，《廣韻》以下編爲韻書，庶體例謹嚴，不失古義。其有兼舉兩家者，則各以所重爲主，如李燾《説文五音韻譜》實字書，袁子讓《字學元元》實論等韻之類。悉條其得失，具於本篇。〔一〕

兩漢以來，小學教育課本除了在《孝經》中附屬之《弟子職》一篇外（見於《管子》第五九《雜篇十》），其餘小學教材全是漢人編寫的字書，如《史籀》等十家四十五篇，以至於《漢書・藝文志》曰：

《易》曰："上古結繩以治，後世聖人易之以書契，百工以治，萬品以察，蓋取諸夬。""夬，揚於王庭"，言其宣揚於王者朝廷，其用最大也。古者八歲入小學，故周官保氏掌養國子，教之六書：謂象形、象事、象意、象聲、轉注、假借，造字之本也。漢興，蕭何草律，亦著其法曰："太史試學童，能諷書九千字以上，乃得爲史。"又以六體試之，課最者以爲尚書御史、史書令史。吏民上書，字或不正輒舉劾。六體者，古文、

〔一〕（清）永瑢等編：《四庫全書總目》卷四〇《經部・小學類一》，中華書局，一九六五年，第三三八頁。

奇字、篆書、隸書、繆篆、蟲書，皆所以通知古今文字，摹印章，書幡信也。〔一〕

可見在諷誦九千字以外，還要試寫六種不同場合用途的字樣。至元始中（一～六），徵天下通小學者以百數，各令記字於王庭中，揚雄取其可用者作《訓纂篇》，接續《蒼頡篇》之後，又改易與《蒼頡篇》中相重復的文字，凡八十九章。班固自己也再續揚雄之作十三章。以上凡有一百零三章，文字全無重復，而六藝群書所記載的字樣符號因而大畧齊備。

由於《蒼頡篇》多是古字，俗師失其音讀，宣帝時，徵齊人能正讀者，張敞從受之，這是漢儒對文字進行正音的工作。後來傳至外孫之子杜林，并爲《蒼頡篇》作詁訓字義，也編入三家之中，總共有一百五十九篇，重出十一篇。以上就是漢人編輯小學字書的過程，也概括了兩漢文化系統的表述字樣，而用於組合形成的文學作品則是有漢一代文士人作的賦體文章。故《文心雕龍・練字篇》云：

漢初草律……是以馬字缺畫，而石建懼死，雖云性慎，亦時重文也。至孝武之世，則相如撰篇。及宣平二帝，徵集小學，張敞以正讀傳業，揚雄以奇字纂訓，并貫練《雅》《頌》，總閱音義。鴻筆之徒，莫不洞曉。且多賦京苑，假借形聲，是以前漢小學，率多瑋字，非獨制異，乃共曉難也。〔二〕

這段話正説明兩漢以來的文學家，都是身兼文字整理的專家學者，以至於每賦京苑，假借形聲，連類排比，且多特別奇美的文字。對於這批文學專家而言，顯然輕而易舉，但是對於當日以六書識字爲先的小學教育，學生學習則有困難，實際上也大可不必。畢竟兒童或啓蒙的初階教育不同於爲官作宰，不需要求他們也要認得九千文，這也是三國以後，至於南北朝期間，從

〔一〕《漢書》卷三〇《藝文志》，第一七二〇～一七二一頁。

〔二〕（南朝・梁）劉勰撰，王志彬譯注：《文心雕龍・練字第三十九》，第四四〇～四四一頁。

鍾繇、王羲之到周興嗣的《千字文》，不斷爲童蒙教育費心，編輯富於傳統智慧道德的知識内容，又押了韻脚，便於記誦的詞句。這一千字若以今日的視角檢核這批字詞使用的範圍，可説廣覆宇宙人間萬象，舉凡天文、地理、政治、經濟、社會、歷史、倫理等，幾盡具備，故歷來頗受歡迎，并非無因。其實我們今日漢字字樣號稱七萬有餘，很多都是已經不再援用的符號，成爲没人讀寫的已死文字或罕用字；有些則是特殊領域的次常用字，一般經常使用，以統計數據呈現較高頻率的字詞，不過五千而已[一]。也因如此，筆者受聘爲小學國語文教科書審查小組成員時，除了依據審查標準原則規定外，也請書商編輯國語文課本時，需要力求富有教育意義及具趣味化的内容，使用文字則盡量根據《常用國字標準字體表》中使用數據頻率高，又可構成無數復合詞的詞樣，從簡單的字詞學習入手，隨年級而逐漸遞深；换句話説，希望學生學到既容易又常用的字詞，然後能够重新組合，發揮構造無限的短語或復合字詞，這是從古訖今，由中到外，學習語言及作文的不易之道。

四 《語對》的編纂背景

東漢以後，隨着文明的進化，以及書寫材料的改進，著書爲文的風氣大盛。尤其“蓋文章，經國之大業，不朽之盛事”，作家地位提陞，幾與治國人材等量齊觀，成爲選人的參考條件。故劉師培《論文雜記》曾云：

> 由漢至魏，文章變遷，計有四端。西漢之時，箴銘賦頌，源出於文；論辯書疏，源出於語；觀鄒鄒陽枚枚乘、枚皋楊子雲馬司馬相如之流，咸工作賦，沈思翰藻，不歌而誦，旁及箴銘騷七，咸屬有韵之文。若賈生作論，《過秦論》之類是，史遷報書，劉向、匡衡之獻疏，雖記事記言，昭書簡册，不欲操觚率爾，或加潤飾之功，然大抵皆單行之語，不雜駢驪之辭。或出語雄奇，如史遷、賈生之文是出於《韓非子》者也。或行文平實，如晁錯、劉向之文是出於《吕氏春秋》者也。咸能抑揚頓挫，以期語意之簡明。東京以降，論辯諸作，往往

〔一〕一九八二年九月一日，公告的《常用國字標準字體表》收録四八〇八個常用字。

以單行之語，運排偶之詞，載於《後漢書》之文，莫不如是；即專家之文集，亦莫不然。而奇偶相生，致文體迥殊於西漢。東漢之儒，凡能自成一家言者，如《論衡》《潛夫論》《申鑒》《中論》之類，亦能取法於諸子，不雜排偶之詞。《論衡》語意尤淺，其文在兩漢中，殆别成一體者也。建安之世，七子繼興，偶有撰著，悉以排偶易單行，如加魏公《九錫文》之類，其最著者也。即非有韵之文，如書啓之類是也。亦用偶文之體，而華靡之作，遂開四六之先，而文體復殊於東漢，其遷變者一也。西漢之書，言詞簡直，故句法貴短，或二字成一言，如《史記》各列傳中是也。而形容事物，不爽錙銖。且能用俗語方言，以形容其實事。東漢之文，句法較長，即研鍊之詞，亦以四字成一語。未有用兩字即成一句者。魏代之文，則合二語成一意。或上句用四字，下句用六字；或上句用六字，下句用四字；或上句下句皆用四字，而上聯咸與下聯成對偶；誠以非此不能盡其意也，已開四六之體。由簡趨繁，此文章進化之公例也。昭然不爽，其變遷者二也。西漢之時，雖屬韻文，如騷賦之類。而對偶之法未嚴；西漢之文或此段與彼段互爲對偶之詞，以成排比之體；或一字（句）之中，以上半句對下半句，皆得謂之偶文，非拘於用同一之句法也，亦非拘於用一定之聲律也。東漢之文，漸尚對偶。所謂字句之間互相對偶也。若魏代之文，則又以聲色相矜，以藻繪相飾，靡曼纖冶，致失本真。魏晋之文，雖多華靡，然尚有清氣；至六朝以降，則又偏重詞華矣。其遷變者三也。西漢文人，若楊馬之流，咸能洞明字學，相故如（三字當作“故相如”）作《凡將篇》，而子雲亦作《方言》。故選詞遣字，亦能古訓是式，所用古文奇字甚多，非明六書假借之用者，不能通其詞也。非淺學所能窺。故必待後儒之訓釋也。東漢文人，既與儒林分列，《文苑》《儒林》范書已分二傳。故文詞古奥，遠遜西京。此由學士未必工作文，而文人亦非真識字。魏代之文，則又語意易明，無俟後儒之解釋，此由文章之中，奇字古文用者甚少。其遷變者四也。要而論之，文雖小道，實與時代而遷變。故東京之文殊於西京，魏代之文復殊東漢文章之體，在前人不能强同。若夫去古已遠，猶欲擇古人一家之文，以自矜效法，吾未見其可也。〔一〕

〔一〕　劉師培：《論文雜記》，劉師培：《劉申叔先生遺書》，京華書局，一九七〇年，第八五三～八五四頁。

也因六朝盛行駢儷對偶之文，上下句既要成對，上下聯也需爲偶，故《隋書·經籍志》乃收録了朱澹遠《語對》十卷，又有《對要》三卷、《群書事對》三卷，是爲偶句隸事之始，可惜這些作品今日不傳〔一〕。

再者，東西文化交流之下，印歐語系隨着佛教的東傳，給予漢語分析不少的啓示，注意到語詞字音的平仄問題，對律詩的發展影響十分深遠。是以南齊永明之世，根據周顒、沈約創立的四聲八病，成爲撰詩的聲律，强調“欲使宫羽相變，低昂互節，若前有浮聲，則後須切響”。以迄於唐，既有排律詩體，更有“六對”“八對”，甚至經過日本僧人遍照金剛空海《文鏡秘府論》的彙集，共有廿九對之説〔二〕。這些對偶的規定，經過初唐四傑的嘗試，以及沈佺期、宋之問的實踐，去粗取精，加以琢磨，終使律詩的格式固定下來。以至於有唐一代的科考試帖，詩賦成爲取士的重要標準，自然影響了從宫中到民間的兒童初級教育，學習對句是一項必須訓練的先行指標，而《語對》乃在此一背景下於焉出現，成爲童蒙初學必備的重要教材。

五　小結

中國識字爲文的啓蒙教育發軔於六書形音義的識别，以及教導人際之間的應對進退和基本作人道理的《弟子職》一篇。有了這個基礎之後，才能從事《孝經》《論語》等小型經典的研讀，然後才能進階修習更高層次的大學課程。也因如此，兩漢期間，文人士子在政府的授命下，不斷地編纂字書；政府也依據個人讀誦書寫字書及表達能力授予適當的職位，表現最好者還給予更高階的任官，用資鼓勵。畢竟西漢武帝罷黜百家，獨尊儒術，以迄於東漢初年，諸子并非大學的必修學分，而六經也非童蒙初學所能研讀，面對秦火之餘的經典，謹守師承傳授的章句詁訓，則是儒林師生問學的常態。

〔一〕《四庫全書總目》卷一三五《子部·類書類一》，第一四四五頁。

〔二〕［日］空海撰，盧盛江校考：《文鏡秘府論彙校彙考·附文筆眼心抄》凡有《論對》《二十九種對》（中華書局，二〇〇六年，“東卷”，第六六六～六七八頁）；亦有《論對屬》，已臻亟詳矣（“北卷”，第一六七五～一六九一頁）。

至於認識文字則是解讀經典必備的基礎，也是啓蒙教育必需教授的内容，所以從《蒼頡篇》《爰歷篇》《博學篇》等以六十字爲一章，編輯成五十五章的篇什，最初援用《蒼頡篇》之名，後來改稱《三蒼》。司馬相如等又有《凡將篇》《急就篇》《元尚篇》和揚雄《訓纂篇》的編纂，續接《蒼頡篇》之後，然後去其重復文字編成八十九章；班固再續揚雄之作十三章，三者共有一百零三章，六千一百八十字許。到了許慎《説文解字》一書，凡有：

> 此十四篇，五百四十部也，九千三百五十三文，重一千一百六十三，解説凡十三萬三千四百四十一字。其建首也，立一爲耑。方以類聚，物以群分。同條牽屬，共理相貫。襍而不越，據形系聯。引而申之，以究萬原。畢終於亥，知化窮冥。〔一〕

以上這段文字正説明了西漢時期中國文化系統的基因符號，更是繼承漢初以來，字書編輯和政府用人資格的檢覈標準。兩漢以後，小學範疇在《隋志》中增入了金石刻文，《唐志》又多加了書法書品，這已涉及書寫材料及字樣符號的美醜藝術，已非原來説解認識文字形音義爲宗旨的範疇。自朱子作《小學》，以配《大學》，趙希弁《讀書附志》遂以《弟子職》之類并入《小學》，又以《蒙求》之類相參并列，而小學的内涵益加紛歧，也使後來的啓蒙教育呈現多元。只是若非爲官作宰，童蒙的初階教育或民間日常的使用與知識的傳承，無需認識如此繁複的内容及那麼多量的文字，這也是三國以後迄於南北朝期間，從鍾繇、王羲之到周興嗣，不斷爲了童蒙或初階教育，一再編輯便於記誦方面的書籍，又覆載了宇宙人間萬象的内容，舉凡天文、地理、政治、經濟、社會、歷史、倫理知識等《千字文》一書備受歡迎的主要原因。

隨着六朝文明的開拓，中西交通的往來，單字詞彙已經不敷使用，加上駢儷對偶文風的盛行，以及永明體詩律的講求，於是唐初沈佺期、宋之問等

〔一〕（漢）許慎撰，（清）段玉裁注：《説文解字注》，第七八九頁。

幾位詩人的實踐，去蕪存菁，於是有了五七言及排律的定格詩體出現，成爲唐人以詩賦取士的重要指標，以至於從宮中到民間，學童初學必須學習對偶律句，語對乃在此一背景之下而編纂，成爲童蒙初學的必備教材。如今編纂學習的教科書，也應選擇筆畫簡單，容易書寫，使用頻率高，又可構成無數的復合字詞，逐年遞深，才是童蒙學習語言及作文的不易之道。

上編　《語對》校釋篇

凡　例

一 《敦煌蒙書校釋與研究》收録範圍與整體規劃

《敦煌蒙書校釋與研究》收録敦煌文獻中發現的"蒙書"，按照每部"蒙書"分卷進行校釋和研究。本叢書將分導論卷、《千字文》卷、《開蒙要訓》卷、《俗務要名林》卷、《雜集時用要字》卷、《蒙求》卷、《事林》卷、《事森》卷、雜抄卷、《孔子備問書》卷、《百行章》卷、《新集文詞九經抄》附《文詞教林》卷、《一卷本〈王梵志詩〉》卷、《太公家教》卷、《武王家教》卷、《辯才家教》卷、《新集嚴父教》卷、《崔氏夫人訓女文》卷、《兔園策府》卷、《策府》卷、《文場秀句》卷、《略出籯金》卷、《楊滿山詠〈孝經〉壹拾捌章》卷，以及習字卷、算術卷等，收録了四十四種唐代常見蒙書。

《敦煌蒙書校釋與研究》計劃出版約二十卷，每卷分上下編。上編主要對選定蒙書進行整理、校釋、注解，爲下編深入研究做基礎性的整理、校勘工作。下編在上編整理基礎之上，考訂該卷蒙書的作者、成書的時代背景，分析其編撰體例、特點和價值觀念；充分利用這些彌足珍貴的出土文獻，研究唐五代童蒙教育活動以及童蒙教育理念，分析社會變遷對童蒙文化的影響，補證傳世典籍中散佚蒙書的内容和流傳情況，還原歷史，探討童蒙文化對廣大社會底層百姓的生産、經商及生活、習俗、信仰的影響。

二 《敦煌蒙書校釋與研究》整理工作細則

《敦煌蒙書校释與研究》主要包括凡例、叙録、題解、校釋研究等項。本叢書尊重前人已有的著録、研究成果，除在“題解”中作總體説明外，前人一些比較重要的、正確的校勘成果，亦在“叙録”“校釋”等中加以採納和體現。

（一）叙録細則

叙録主要對整理蒙書的校釋所使用的底本和參校寫卷的狀況，以及前人綴合等整理情況進行形式説明。底本和參校本狀况主要包括寫卷的卷號、首題、尾題、題記、起止、殘缺、數量、綴合及書寫質量和相關文書的書寫情况等。整理情况指就前人對蒙書整理比較有貢獻、價值的情况要如實概述，加以評判，并在校釋中有所反映。同一類蒙書，須分作若干種校録者，在整理原始蒙書之後，重新整理該蒙書發展、衍生出來諸種蒙書時，需要再做叙録，對其發展、衍生的關係做簡要的介紹，説明分開校釋的理由，如《千字文》有《六合千字文》《蕃漢千字文》等，需要分别校釋。

（二）題解細則

題解主要簡明扼要地説明所整理蒙書的簡介和成書年代，并交代對校時所使用的底本和參校版本的基本信息，以及前人的整理、研究成果狀况。蒙書簡介概括所要整理蒙書的題名、内容、性質、作者和編撰特點、結構等。整理研究狀况概述需要在校釋中參引前人相關重要、經典的録文和研究基本信息。

（三）校釋細則

1. 録文

依據所選底本逐字録文、考辨，斷句標點，分段録出，殘缺部分除外。録文依據具體蒙書内容和性質需要，酌情保留原文行款者和特定款式，將底本中的雙行小字，改爲單行小字。録文儘量採用現行正體繁體字，若底本中有常見俗字、異體字、别字、假借字、訛誤字等，徑録正，并出校説明；若有校勘價值，或有争議者，保留原形，其後適“（ ）”，“（ ）”内加正字，并出校説明。

其一，正俗訛誤處置。本叢書用繁體字排版，新舊字形不一者，用新字形，特殊情况用舊字形，古代分用而現代漢字混用者，如“並”“并”之類，亦從古，盡量與古代寫本中的寫法保持一致。凡涉兩岸繁體字字形不一者，以大陸版漢字標準字形爲準。一般的異寫字、俗字（結構不變，而筆畫略有變異的字）徑録正，異構字（包括異體字、古本字、古正字、古分用字）及有特定通用字一律徑録正，但在校記中照底本録寫情况説明。鑒於敦煌蒙書中俗字比較常見，常見俗字一般正文徑録正字（如“扌”旁與“木”旁、“氵”旁與“冫”旁以及“弟”與“第”“苐”、“功”與“切”、“答”與“荅”形近相混普遍，可徑據文義録正），在同件蒙書首次出現上述問題須校説明，其後不再一一出校。

其二，缺省符號處置。原卷缺字用“□”號表示，缺幾個字用幾個“□”，不能確定缺字字數者用長條“▭”（大小占三格）形符號表示。若上部、下部和中部殘缺，不能判斷其準確字數者，用“⊐”形符號表示上缺，用“⊏”行符號表示下缺，用“▭”形符號表示中缺。如果所缺部分既有正文大字又有單行注文小字的，則用五號字大小的“▭”號表示缺字。若雙行注文小字殘缺字數不明，則用“⊟”形符號表示缺字。上述缺字符號，在校記中均須説明約缺字數，或依據參校本和傳世典籍，或據文義在正文加括弧、或校記中加“□（）”號補缺字内容。底本模糊不清，無法辨認者用“▩”號表示，每個“▩”號代表一個字。底本、参校本中若有文字書寫筆畫清楚可見，却無法辨認其正字者，可直接謄録圖片。

其三，補字符号處置。若底本確定有脱字，則用“［ ］”號表示脱字，脱字依據相關参校本、史籍和文義可補者外加［ ］號（如“蒙以［養］正”），須出校記；若底本明顯有空格，確係缺字，亦用“□”號表示，須出校記；若係敬空，則可接排，不出校記；若情况不明，仍照留空格，并須出校。

其四，重文、乙正、删除符號處置。底本中的重文符號、省代符（如字頭旁注“〃”“厶”等重文、省代符號），一律改爲相應的正字，不用出校；有争議或特定情况，須出校。倒字（乙）、衍文（卜或 ⺀），據文義或底本的乙正、删除符號，徑加以乙正或删除，必要時出校加以説明。

其五，塗改字、旁注補字處置。底本中文字書寫之後，又有塗改的各種情况，文義確定者可徑録正，無須出校；若存在歧義，須出校。底本中旁注於正文之外的補字，可徑補正文者，無須出校；若存歧義，須出校。旁注若爲標音字或注解性文字，則須改爲小字夾注，并出校。雙行小注須改爲單行小字。

2. 校釋細則

除校釋的蒙書原文中需要保留的異體字外，全書行文一律使用現行《現代漢語詞典》附録《新舊字形對照表》爲依據改定。文中所涉及的數位除必須保留的阿拉伯數字外（如計量單位、統計表格），一律使用漢字。

其一，參校原則。校釋部分以底本爲主，用參校本對底本進行參校，録定正文，并出校説明。若同一蒙書的參校本内容或字句，與其他版本出入較大，可視作異本，須出校説明，校釋從簡，但相關文句可取作校勘之用。若有傳世古籍參校，選定其中若干常見的、較權威的版本參校，并須在題解中加以説明。凡此諸種情況在同一篇蒙書中出注之後，不再一一出校。以下諸種情況均適用。

其二，錯别字、缺字、脱字和異文出校。底本的錯别字、缺字、脱字據參校本改正、補出時，須出校説明。底本與參校本存在異文（如異義字及異體字）及詞句不同時，須出校記。若參校本有脱字及細微筆畫之訛，則不必一一出校。

其三，假借字、常見俗字、訛字、避諱字出校。底本中常見假借字、俗字、訛字，其正字明確者徑録正，一般不出注，若有質疑或有價值者須出校説明；若該字不易考明者，正文中考訂正字需外加"（　）"（如"交（教）"之類），須出校記説明。底本中難以辨識之字在正文中照録，或以剪裁圖片的形式處理，并出校記。音譯詞一概照録，不統一文字，須出校説明其義。避諱字徑録正，在校記中照録原字，説明避何人之諱。若上述情況，字形有變，仍須逐一出校説明。

其四，校注序號。加注原則是以正文的標點符號爲單位，一個標點符號（、，；。）加一個注釋，若一個標點符號内有多個字詞需要加注，仍放在同一校記序列號内，中間用"○"符號隔開。注碼上標外加〔　〕號，十以上的數字作一○、一一、二○、二一……一○○、一○一、一一○……一二○、一二一等字樣，校記注碼一律標置於所需出校的字、詞、句或條目的第一個標點符號之内的右上方，以一個標點符號爲一個注碼。

校記書寫格式：字、詞、片語的校記，先照録需要校録的字、詞、片語，下施逗號，再表述各參校本的狀況，并標明校勘理由。若實際需要可用“”號，將相關内容加在其中。校記務求簡要，不作繁瑣考證。其後，可加按語，依據文獻資料爲證。

其五，注釋原則。對校釋蒙書中的典故、晦澀字句、歧義之字詞，凡有礙讀者理解文義者，均須出注釋。若能確定蒙書中典故、諺語等的最早出處或較早轉引，及相近記載，均須注釋。若蒙書本身很短，相關信息不足，可盡量出注釋。

其六，正字處理。因爲本叢書《敦煌蒙書校釋與研究》不單純是古籍整理，有很大實用性，也是爲教育學、文學、心理學、兒童學等多學科的學者提供的一個精準讀本，故常見異體字、假借字、俗字等盡量在正文中徑録正，然後出校説明。

其七，標點符號。標點符號的使用依據國家規定的《標點符號用法》。原卷所用的句讀符號、字隔、分段符號一律不再保留，敬空字或抬行不影響内容或理解者，皆予接排。以上各種情況一般可在題解或校記中略加説明。

三 《敦煌蒙書校釋與研究》參引書目簡稱説明

本叢書上編引用同一文獻次數較多者，統一使用簡稱，若在分卷中再次出現，第一次使用全稱，仍需説明簡稱，再使用簡稱。

（一）敦煌文獻編號簡稱

北　——中國國家圖書館藏敦煌文獻編號
北大　——北京大學藏敦煌文獻編號
北敦　——中國國家圖書館藏敦煌文獻統編號
北臨　——中國國家圖書館藏敦煌文獻臨編號
北新　——中國國家圖書館藏敦煌文獻新編號
伯　——法國國家圖書館藏敦煌文獻伯希和編號
伯粟　——法國國家圖書館藏敦煌粟特文文獻伯希和編號

伯特　　——法國國家圖書館藏敦煌藏文文獻伯希和編號
敦博　　——敦煌市博物館藏敦煌文獻編號
敦研　　——敦煌研究院藏敦煌文獻編號
俄敦　　——俄羅斯科學院東方研究所聖彼得堡分所藏敦煌文獻編號
俄弗　　——俄羅斯科學院東方研究所聖彼得堡分所藏敦煌文獻弗魯格編號
傅圖　　——"中研院歷史語言研究所"傅斯年圖書館藏敦煌文獻編號
甘博　　——甘肅省博物館藏敦煌文獻編號
甘圖　　——甘肅省圖書館藏敦煌文獻編號
甘中　　——甘肅省中醫學院藏敦煌文獻編號
津藝　　——天津藝術博物館藏敦煌文獻編號
酒博　　——酒泉市博物館藏敦煌文獻編號
散　　——《敦煌遺書散録》編號（《敦煌遺書總目索引》附録）
上博　　——上海博物館藏敦煌吐魯番文獻編號
上圖　　——上海圖書館藏敦煌吐魯番文獻編號
斯　　——英國國家圖書館藏敦煌文獻斯坦因編號
西師　　——西北師範大學藏敦煌文獻編號
英印　　——印度事務部圖書館藏敦煌文獻編號
永博　　——永登縣博物館藏敦煌文獻編號
羽　　——杏雨書屋藏敦煌文獻編號
浙敦　　——浙江省藏敦煌文獻編號
中村　　——《中村不折舊藏禹域黑書集成》編號
中國書店　　——中國書店藏敦煌文獻編號

（二）書目簡稱

《寶藏》　　——《敦煌寶藏》
《北大》　　——《北京大學藏敦煌文獻》
《俄藏》　　——《俄藏敦煌文獻》
《法藏》　　——《法藏敦煌西域文獻》

《法目》　——《巴黎國家圖書館藏敦煌漢文寫本注記目録》（*Catalogue des manuscrits chinois de Touen-houang*）
《甘藏》　——《甘肅藏敦煌文獻》
《國圖》　——《中國國家圖書館藏敦煌遺書》
《郝録》　——《英藏敦煌社會歷史文獻釋録》
《黄目》　——《敦煌遺書最新目録》
《匯考》　——《敦煌音義匯考》
《姜韻》　——《瀛涯敦煌韻輯》
《姜韻考釋》——《瀛涯敦煌韻書卷子考釋》
《金目》　——《倫敦藏敦煌漢文卷子目録提要》
《津藝》　——《天津藝術博物館藏敦煌文獻》
《經合》　——《敦煌經部文獻合集》
《龍龕》　——《龍龕手鏡》
《孟録》　——《俄藏敦煌漢文寫卷叙録》
《秘笈》　——《敦煌秘笈》
《榮目》　——《英國圖書館藏敦煌漢文非佛教文獻殘卷目録》
《上博》　——《上海博物館藏敦煌文獻》
《上圖》　——《上海圖書館藏敦煌吐魯番文獻》
《説文》　——《説文解字》
《索引》　——《敦煌遺書總目索引》
《索引新編》——《敦煌遺書總目索引新編》
《邰録》　——《俄藏敦煌文獻叙録》
《通釋》　——《敦煌變文字義通釋》
《王類》　——《敦煌類書》
《叙録》　——《敦煌古籍叙録》
《英藏》　——《英藏敦煌文獻》
《翟目》　——《大英博物院藏敦煌漢文寫本注記目録》（*Descriptive Catalogue of the Chinese Manuscripts from Tunhuang in the British Museum*）

《浙敦》　　——《浙藏敦煌文獻》
《周韻》　　——《唐五代韻書集存》

四 《語對》卷補充説明

（一）出校原則補充説明

凡《語對》校釋首出校記，再溯原文或原典出處，用以探尋歷來文化傳統之語源及同時代引用該詞彙之篇章詩文，以作校勘或輯佚之用。

凡《語對》事類或辭條若有重復，或採用互見之例，以省篇幅。

凡《語對》釋注除原典出處外，特輯《增廣類林》《西夏文本類林》《敦煌本類林》（伯二六三五號）、《類林》系文字，以及《文場秀句》（伯三九五六號+伯二六七八號、羽七二號b ノ二）。以是詳之，用見事類之關聯性。

《語對》釋文多引同時代之類書，以資相較，旨在表現類書疊床架屋，互相抄襲的特性，并探索諸類書編纂之系統性，而非徒好繁博，增加纍贅而已。然而若引唐人詩文，則在印證該詞彙爲共時性語言，以見唐人之流行一斑。

《語對》重在求真，次則兼顧實用，唯文字體樣，衹能從當日時空下文本的實際寫法，以及現代漢語標準字樣，在此兩者之間稍取平衡態度，以唐代正字爲準。

（二）簡稱補充

本書引用文獻次數較多者，統一使用簡稱，若在分册中再次出現的第一次，使用全稱，説明簡稱，再使用簡稱。

《類林雜説》——王朋壽《重刊增廣分門類林雜説》

由於個人學識所限，故文本之整理錯誤難免，然而勿論如何訂正或删改，必不厭其煩，詳出校記，冀望讀者能够根據校記文字，具有可逆性而給予復原。

叙　録

敦煌文獻中存《語對》有伯二五二四號、斯七八號、斯二五八八號、伯四八七〇號、伯四六三六號、斯七九號，共六個寫卷，從其内容和書寫格式可分爲三個系統。其中以伯二五二四號保存内容最稱完備，爲册子裝，存十七葉，雙面書寫，有淡墨界欄，起於“王、帝子”，訖於“與金案玉盤賜義”，共存四百零四行，每行約三十七字，字體工整。斯七八號獨立一系，斯二五八八號+伯四八七〇號+伯四六三六號+斯七九號，字迹、書寫格式相同，内容相續，可以聯綴成一系，綴合後中缺一小段，時代較册子本早，然而其内容不出伯二五二四號之範疇。其中，斯二五八八號，起類目“送别”二字，訖“報恩”類“傷蛇”條之“隨侯”二字。又卷背亦載記“早仕”“鴟路”“龍門”等數條事類，非屬本書系統，應爲抄書人後來擬再加寫的文字。伯四八七〇號首尾殘缺，僅存四行，爲卷子本，起“兄弟”類之“四鳥”條目二字，訖“兄弟”類“季方”條目之“難弟也”三字，字迹工整。伯四六三六號首尾殘缺，僅存二十四行（以條目大字爲行數，雙行小字注釋未計算在内），爲卷子本，起“父母”類“孝養”條目二字，訖“喪葬”類“遷窆”之“窆”字，書寫工整。斯七九號首尾殘缺，卷子本，起“喪葬”類之“蒿里”二字，“閨情”類之“閨”字右側殘部，僅存六十一行，硬筆書寫，字迹工整。斯七八號首缺尾全，起“送别”類之“數行”條目二字，書寫止《孝行》類“范宣”條之“啼也”二字，存六十行，書字有體，字迹較密，獨自成爲一系。

編者大約是中唐時期敦煌當地的一位不知名學者，爲了兒童認識詞彙，學習對句，以及藉以進德修業，認識社會和人生成長過程，及值得學習之善良知識等有關内容，以便將來爲人處世，撰寫詩文，而編輯的一部小型類書作品。從《王》至《神仙》，凡分三十九類。每部類置有詞條若干，條目爲單行大字，蓋爲釋文内容之點睛；偶或出以人名，則敘述其人與部類内容相關涉之行爲事蹟。事文爲雙行小字，下或繫以出典。所引用書，大抵爲初唐以前書及詩文。兩條詞目往往相互成爲對句，或正對，或反對，偶或同類三四條，共涵括於一目之下。唯《文筆》條後留白空缺，就抄寫行款而論，每部類之間未必有類别間距，故從事文内容來看，依理應當加入《談講》，則全書應爲具有四十部類之册葉本。本書《敦煌古籍敘録》題作“古類書”，自筆者依據内容，擬作“語對”之後，《敦煌寶藏》、倫敦國際敦煌學項目（以下簡稱“IDP”）及《法藏》皆隨筆者題名作“語對”。

最早涉及本類書者爲羅振玉，其在《古類書三種跋》中利用伯二五二四號〔一〕，提到本册在輯佚校勘上之重要性。其後，劉師培《敦煌新出唐寫本提要》則是較爲全面的介紹〔二〕，對於寫卷時代、内容多所論證，算是比較重要的文章。可是因爲未能遍觀英、法收藏的相關殘卷，以及瞭解敦煌洞窟寫本收藏的整體全貌，故所作推論有待商榷。尤其將此類書與後代編纂之中大型類書相比擬，未免期望過高。二篇序跋提要後來都被王重民轉録於中華書局一九五八年所出《敦煌古籍敘録》中〔三〕。至於筆者初涉敦煌文獻之研究，蓋以《敦煌本古類書〈語對〉研究》〔四〕入手，除根據伯二五二四號外，更發現斯二五八八號、伯四六三六號、伯四八七〇號、斯七九、斯七八號等寫卷，於是進行全面校勘、箋釋及研究，更重在《類林》系類書的追索。也因如此，獲得池田温教授的肯定，而受命爲《講座敦煌》撰寫《敦煌類書》〔五〕，然皆以研究爲主。其後，又以此爲基礎，全面整理文本，進行研究及箋注，而有《敦煌類書》的出版〔六〕，凡上下册。

如今筆者再以童蒙初學的角度，重探本書，并探索本書之理論基礎及創作背景，且補昔時之不足，也改正一些内容或文字上之錯誤。

〔一〕 羅振玉：《鳴沙石室古籍叢殘・群書叢殘》，一九一七年，自印本，第三〇七三頁。
〔二〕 劉師培：《劉申叔先生遺書》，第二二八七至二二八九頁。
〔三〕 王重民：《敦煌古籍敘録》，中華書局，一九五八年，第二〇三至二〇五頁。
〔四〕 文史哲出版社，一九八五年。
〔五〕 池田温主編：《講座敦煌：敦煌漢文文獻》，第三五七至四〇〇頁。
〔六〕 麗文文化事業股份有限公司，一九九三年。

題　解

本書是唐代中葉編著的一部小型類書，作者不詳，也無書名，歷來稱之爲“古類書”。全書分三十九類，然而根據抄寫行款及編製内容，在《文筆》之後當分出一類，并擬作《談講》，通計共有四十部類。每部類置有若干相關詞條，以單行大字書寫；事文則爲雙行小字，下或繫以出典。所引用書，大抵爲初唐以前書及詩文。兩條詞目往往相對，或正對，或反對，偶或同類多條涵括於一目之下，故筆者根據内容及形式，特擬作“語對”之名，《寶藏》、IDP及《法藏》等皆已接受援用。

若據唐代諸大型類書，如《藝文類聚》《北堂書鈔》《初學記》等所分部類及内容加以衡量，蓋以兩大類爲主，其一爲職官部：凡有王、公主、公卿、御史、刺史、縣令；其二人事部：凡有朋友、人才、宴樂、富貴、高尚、貧賤、送别、客遊、薦舉、報恩、兄弟、父母、孝養、喪孝、孝行、孝感、孝婦、喪葬、婚姻、重妻、棄妻、棄夫、美男、美女、貞男、貞婦、醜男、醜女、閨情等類，偶有入於文學部者（或作雜文部），如文筆、勤學等，或如酒食部有酒等類、道部靈異、神仙等類，亦非全然無關於人事部類也。

故知作者編纂此書蓋刻意仿效《初學記》，彙集有關爲人處世、立身行孝等有關的國民日常生活須知，以及五倫及社交關係等種種善知識；甚至將來爲官作宰時，也能够樹立這裏所標舉有關勤政愛民的典範。换句話説，本書編製内容指涉不外傳統一再呼籲君臣、父子、兄弟、夫妻、朋友之間五種倫常理念，用於教導庶民大衆應該遵守的行爲事迹的小型類書。故筆者特從童蒙初學的角度，以伯二五二四號爲底本〔一〕，用斯二五八八號+伯四六三六號+伯四八七〇號+斯七九號爲甲本〔二〕、斯七八號爲乙本〔三〕參校，在《講座敦煌》之《敦煌類書》和《敦煌類書》《敦煌本古類書〈語對〉研究》的基礎上，予以重新迻録，并詳加校注。

〔一〕《法藏》第一五册第一一四～一三〇頁圖片及IDP彩圖。

〔二〕《英藏》第一卷第三三～三六頁、第四卷第一〇八～一〇一頁；《法藏》第三二册第二二三頁、第三三册第二二九頁及IDP彩圖。

〔三〕《英藏》第一卷第三〇～三一頁及IDP彩圖。

校　釋

[《語對》][一]

[一][二]王[三]

帝子[四]：

天人：陳思王有天人之才[五]。

維城：《毛詩》曰：懷德維寧，宗子維城[六]。

盤石：漢時，立子孫爲盤石之固[七]。

瑶枝[八]：

瓊蕚：喻王者兄弟，言其貴也，亦云金枝玉葉[九]。

緑車[一〇]：

朱邸：漢時親王乘緑車，[居]朱邸，駕参[一一]。

列土[一二]：

分茅：《尚書》曰："王者分五色土，藉以白茅。"[一三]

猨巖[一四]：

龍岫[一五]：

桂苑[一六]：

兔苑：漢梁孝王有落猨巖[一七]，遊兔苑。

雞山：宋建平宣簡王名宏，文帝子也。少而閑素，好書籍[一八]，太祖寵之，爲立宅於雞籠山，盡山水之美[一九]。

鴈池：梁孝[王]有鴈池[二〇]。

雄風：宋玉《風賦》曰：此大王之雄風[二一]。

小山：淮南王劉安有小山，爲《招隱［士］》云[二二]："攀桂樹兮淹留。"[二三]

八公：淮南王好琴書，有八公之賓[二四]。

七步：陳思王曹植，字子建，魏文忌之，將欲害之，以其無罪[二五]，文帝命令七步成詩[二六]，詩若不成，將誅。王應聲曰："萁在釜下然，豆在釜中泣，本是同根生，相煎何乃急。"[二七]帝善之。

戚里：親戚之里[二八]。

宗盟：《左傳》曰："周之宗盟，異姓爲後。"[二九]

金璽[三〇]：印也。

組綬：漢高帝王及諸侯，初置金璽組綬[三一]。

東苑：梁孝［王］[三二]，文帝、竇皇后少子。孝王築東苑三百餘里，賜天子旌旗[三三]，從者千乘，出稱警，入稱蹕[三四]。

西園：《詩》曰："清夜遊西園，冠蓋相追隨。"[三五]

東閣：東平王劉蒼[三六]，每開東閣，以迎賓客[三七]。

睢園[三八]：

碣館：並王之宫館也[三九]。

自古賢王：梁孝王[四〇]：賢才王也。鄒陽，枚乘二人俱以文章顯，事梁孝王。魯恭王：文學。長沙王：詞辯。東平王：好賢。陳思王：善文。楚元王：禮賢愛士[四一]，引申生、穆生爲師。

【校釋】

［一］語對，底本無，兹據文義擬定今題。

［二］本篇"王"等四十類目前序號，底本和諸本無，爲了閲讀方便，筆者特加序號，并用"［ ］"符號表示增補。

［三］本部所屬詞條或釋文，全屬《王》者之身分名號及有關食衣住行等事務之詞彙，或虚或實，盡是王者之標記符號，并且詞條都是兩兩成對，偶有三個詞條者。觀其作用乃是便於初學者撰寫駢文或律詩時可以套用之詞語，有如今日學童認字之後，開始練習意思相似或相反之詞彙，用以增强語言能力的表達深度或廣度，故擬名爲《語對》。這類書籍從六朝以來就已經開始編輯，如朱澹遠有《語對》一書，唐有《燕公事對》或《對林》《對要》《衆書事對》等，今日亡佚

殆盡，或被他書收編改録如《初學記》各部類的事對内容。

［四］ 按：《楚辭·九歌·湘夫人》云："帝子降兮北渚。"唯此指天帝，非王之稱呼。又《文選》卷二六《詩丁·奉答内兄希叔詩（陸韓卿）》云："嘉惠承帝子，躧履奉王孫。"《長興四年中興殿應聖節講經文》云："烈（列）帝子以驚天。"又伯二五三七號《籝金》（以下不再另注卷號）卷一"叙"曰："乾文著象，帝子之星耀於天；坤氣標儀，天孫之岳峙於刑（形）。"

［五］ 按：《三國志》卷二一《魏書·王衛二劉傅邯鄲淳下》裴注引《魏略》云："植初得淳甚喜，延入坐，不先與談。時天暑熱，植因呼常從取水自澡訖，傅粉。遂科頭拍袒，胡舞五椎鍛，跳丸擊劍，誦俳優小説數千言。訖，謂淳曰：'邯鄲生何如邪？'於是乃更著衣幘，整儀容，與淳評説混元造化之端，品物區别之意，然後論羲皇以來賢聖名臣烈士優劣之差，次頌古今文章賦誄及當官政事宜所先後；又論用武行兵倚伏之勢。乃命廚宰，酒炙交至，坐席默然，無與伉者。及暮，淳歸，對其所知歎植之材，謂之'天人'。"又見上則。《册府元龜》卷二六六《宗室部·儀貌》引此條文字同。

［六］ 詩，底本以音近訛讀作"書"，當正作"詩"；維，底本作"爲"，其右上脚旁注"維"字，表示校改，兹據文義及《毛詩·大雅·生民之什·板》七章改正。按：此爲《毛詩·大雅·生民之什·板》七章。伯三八〇八號《長興四年中興殿應聖節講經文》（以下簡稱"《應聖節講經文》"）云："維城之義方堅，磐石之心益壯。"《籝金·叙》有"維城永固"之句。

［七］ 按：《漢書》卷四《文帝紀》曰："高帝王子弟，地犬牙相制，所謂盤石之宗也。"又見上則。《籝金》有"地鄰盤石"之句。

［八］ 按：參見下則。

［九］ 按：《晋書》卷六四《簡文三子》："瑶枝瓊萼，隨鋒鏑而消亡。""華"字或爲"萼"字形近訛誤。《文苑英華》卷五五七《賀太子表（蕭穎士）》云："瓊枝挺秀，玉葉資神。"《樂府詩集·享太廟樂章·蕭倣懿宗舞》："金枝繁茂，玉葉延長。"《應聖節講經文》云："佛即有菩薩聲聞，王乃有金枝玉葉。"

［一〇］ 按：參見下則。

［一一］ 居，底本無，兹據文義補。駕，底本作"名"，當讀作"駕"，兹據文義及下列引書徑改。按：范曄《後漢書·志第二九·輿服志上》曰："皇孫則

緑車以從，皆左右騑，駕三。”《漢書》卷六八《金日磾傳》：“上拜涉爲侍中，使待幸，緑車載衛尉舍。”又《文選》卷四〇《牋·拜中軍記室辭隨王牋（謝玄暉）》云：“朱邸方開，效蓬心於秋實。”蓋漢制以來，諸侯於京師立舍，以朱紅漆門，謂之朱邸，未聞以之爲車者也。今釋文兩解，疑有脱文。

［一二］按：《漢書》卷八五《穀永傳》云：“列土封疆。”

［一三］按：此與上則合釋，引文非出《尚書·禹貢》原文，而是“五色”下之注文，曰：“王者封五色土爲社，建諸侯則各割其方色土與之，使立社，燾以黄土，苴以白茅。”孔穎達疏引蔡邕《獨斷》云：“天子大社，以五色土爲壇。皇子封爲王者，授之大社之土，以所封之方色，苴以白茅。”又《初學記》《藝文類聚》《太平御覽》等“王”部引文與此并同。《晋書》卷五九《王傳論》曰：“分茅錫瑞，道光恒典。”

［一四］按：《籯金》有“雍容文雅，俊傑方駕於猿巖；仁孝恭勤，英彦連芬於龍岫”之句。又參見本部第十四條“兔苑”及本頁注［一七］條。

［一五］按：參見下則。

［一六］底本“龍岫、桂苑”四字爲“猨巖”二字下的雙行小注，惟不類，當提行爲正文，作爲標目，足證此本非原始作品，乃過録時將標目詞條誤作注釋文字。又“苑”字唯存“艸”字，據文義補。按：《文選》卷一三《賦庚·月賦（謝希逸）》云：“迺清蘭路，肅桂苑。”又參見第十八條“小山”及第一九頁注［二三］條。《籯金》亦有“桂菀（苑）霄遊”之句。

［一七］漢，底本“漢”字下衍“有”字，文意不順。按：《太平御覽》卷六七《地部·池》引《西京雜記》曰：“梁孝王好營宫室苑囿之樂，作曜華之宫，築兔園，園中有百靈山，山有膚寸石、落猨巖、棲龍岫，又有鴈池，池間有鶴洲、鳧渚，其諸宫觀相連，延亘數十里。”《史記》卷五八《梁孝王世家》正義引《括地志》近似。

［一八］帝，底本作“章”，形近致訛，當作“帝”，兹據文義及《宋書》卷七二《建平宣簡王宏傳》徑改。按：詳見下引《宋書》卷七二《建平宣簡王宏傳》。

［一九］籍，底本作“藉”，當作“籍”，此敦煌寫卷偏旁混置常例，兹據文義徑録正。按：《宋書》卷七二《建平宣簡王宏傳》云：“建平宣簡王宏，字休度，文帝第

七子也……少而閑素，篤好文籍，太祖寵愛殊常，爲立第於雞籠山，盡山水之美。”

［二〇］ 池，底本“池”字下有“在宋”二字，然文義不通，疑因下則“宋玉”而衍，以致文意不順，今刪。按：《三輔黄圖》云：“梁孝王作曜華宫，築兔園，園中有雁池，池中有鶴洲、鳧渚。”又参見本部十四條“兔苑”及第一八頁注［一七］條。

［二一］ 按：參見《文選》卷一三《賦庚·風賦（宋玉）》。

［二二］ 士，底本脱，兹據文義補。〇云，底本作“公”，形近致訛，當作“云”，兹據文義徑録正。

［二三］ 淹，底本作“掩”，形近致訛，當作“淹”，兹據文義徑録正。按：《文選》卷三三《騷下·招隱士（劉安）》一篇，文字小異。宋·劉孝義《行過康王故第苑詩》云：“芳流小山桂，塵起大王風。”

［二四］ 按：《史記》卷一一八《淮南衡山列傳》云：“淮南王安爲人好讀書、鼓琴……陰結賓客。”《索引》曰：“《淮南·要略》云：‘安養士數千，高才者八人：蘇非、李尚、左吴、陳由、伍被、毛周、雷被、晋昌，號曰‘八公’也。”

［二五］ “將欲害植，以其無罪”八字，底本作“將欲害其マ乇罪”，文義未暢，疑“其”爲“植”字形音近而致訛，或因下文誤衍。次“其”字疑“以其”二字誤連，因作重文符。又“乇”字爲“无”字之形誤，兹據文義及按語中諸書改正。

［二六］ 帝，底本“帝”字上有“章”字，其右側旁注“ミ”形刪除符號，故不録。文意不順。

［二七］ 煎，底本作“並”，當作“煎”，兹據文義及下列引書改正。按：《世説新語·文學》第六六條、《文選》卷六〇李善注、《蒙求》卷下“陳思七步”條、《初學記》卷十《中宫部》、《太平御覽》卷八四一《百穀部》等，引文并微有小異。

［二八］ 按：《漢書》卷四六《萬石君傳》：“徙其家長安中戚里。”師古注曰：“於上有姻戚者，則皆居之，故名其里爲戚里。”庾信《春賦》曰：“移戚里而家富，入新豐而酒美。”《後漢書》卷一六《張霸傳·贊》曰：“霸貴知止，辭交戚里。”

［二九］ 按：此文見《左傳》隱公十一年春。

［三〇］ 璽，底本原作“璽”字，因誤析成“爾玉”二字，兹據文義及引書改正。按：《籯金·叙》有“金璽含輝”之句。

［三一］ 璽，底本“璽”字脱下半“玉”字，兹據文義徑録正。按：《漢書》

卷一九上《百官公卿表》曰："諸侯王，高帝初置，金璽組綬。"

［三二］ 王，底本脱，兹據文義補。

［三三］ 天，底本作"太"，當作"天"，兹據文義及《史記》《漢書》録正。按：此段出自《史記》，底本因諱"治"而删去其中一段文字。

［三四］ 按：《史記》卷五八《梁孝王世家》云："孝王、竇太后少子也……於是孝王築東苑，方三百餘里，廣睢陽城七十里，大治宫室，爲複道，自宫連屬於平臺三十餘里。得賜天子旌旗，出從千乘萬騎……出言蹕，入言警。"又《漢書》大抵相同，末二句作："出稱警，入言蹕。"

［三五］ 按：此詩見《文選》卷二〇《公讌・公讌詩（曹子建）》，"冠蓋"作"飛蓋"，一言人車之衆，一説車移之速。又參見本篇第十二部第二條"西園"及第九二頁注［三］條。《籯金・叙》有"西園飛蓋"之句。

［三六］ 蒼，底本作"倉"，爲同音假借字，當作"蒼"，兹據文義及《後漢書》卷四二《光武十王傳》録正。

［三七］ 按：《後漢書》卷五三《序論》云："永平初，東平王蒼爲驃騎將軍，開東閤，延賢俊，辟而應焉。"又《蒙求》卷下有"魏儲南館"及"漢相東閤"條相對，前者引魏文帝《與吴質書》，後者言公孫弘爲相封侯，乃起客館，開東閤。隋・于仲文《答譙王詩》："未陪東閣賞，獨詠西園篇。"

［三八］ 按：參見下條。

［三九］ 按：此兼釋上條，如《初學記》之體例。又唐玄宗《石橋銘》曰："梁園勝躅，碣館佳遊。"

［四〇］ 梁孝王，底本"梁孝王"三字誤入正文，當提出。按：此則標目下以諸王繫屬之，已與《語對》體式不類，然而亦可兩兩相似成對。

［四一］ 愛，底本作"爰"，形近訛誤，兹據文義徑録正。按：此則標目下以諸王繫屬之，已與《語對》體式不類，然而亦可兩兩相似成對。

［二］公主

仙娥：恒娥也［一］。

婺女：星名也。並喻公主［二］。

蘭掖：宫名[三]。

椒房[四]：

芝宫[五]：

瓊井[六]：

金牓[七]：並公主居處。

螭綬[八]：大帶也。

龜章：印也[九]。

玉椶[一〇]：

金燧[一一]：以金飾鑪。

鸞臺：鏡臺[一二]。

魚軒：車也。出《左傳》[一三]。

穠李：華如桃李[一四]。

釣緡[一五]：音泯，絲緒釣魚綸者也。

丹楹[一六]：

緑墀[一七]：

青瑣[一八]：

朱邸[一九]：

蘭房[二〇]：

桂户[二一]：

【校釋】

［一］　按：《淮南子·覽冥》曰："譬若羿請不死之藥於西王母，恒娥竊以奔月。""恒"又作"姮"，魏·温子昇《常山公主碑》曰："類姮娥之依桂樹，令淑之至。"

［二］　按：此釋兼及上條。《史記》卷二七《天官書》云："婺女其北織女，織女，天女孫也。"

［三］　按：郭正一《和太子納妃太平公主出降詩》："桂宫初服冕，蘭掖早升笄。"參見下則。

［四］　按：《漢書》卷六六《車千秋傳》曰："曩者，江充先治甘泉宫人，轉至未央椒房。"師古注曰："椒房，殿名，皇后所居也。以椒和泥塗壁，取其温而

芳也。”陳樵《放螢賦》曰：“周流蘭掖，出入椒闈。”又《文選》卷一《賦甲・京都上・西都賦（班孟堅）》云：“後宮則有掖庭、椒房后妃之室。”

［五］按：《漢書》卷六《武帝紀》云：“六月，詔曰：‘甘泉宫内産芝，九莖連葉……作芝房之歌。’”師古注曰：“内中，謂後庭之室也。”又參見本部“蘭房”一則及第二三頁注［二〇］條。

［六］按：瓊井之作居室，未聞，井户字形相近，疑當作瓊户或瓊室爲是。《宋之問集・上明河篇》云：“複道連甍共蔽虧，畫堂瓊户特相宜。”又《竹書紀年》上：“（殷帝辛）九年，王師伐有蘇，獲妲己以歸。作瓊室、立玉門。”孫興公《遊天臺山賦》曰：“雙闕雲竦以夾路，瓊臺中天而懸居。”李善注引《十洲記》即云：“瓊華之室乃西王母之所治。”

［七］按：自“蘭掖”下至此，以并字總釋，此亦如《初學記》之體例。唯“金牓”與“金榜”同義，爲應舉中考之名單，如《全唐詩》卷二二五杜甫《宣政殿退朝詩》云：“天門日射黄金牓。”未聞公主名居者。又庾信《春賦》云：“出麗華之金屋，下飛燕之蘭宫。”《文選》卷一一《賦己・宫殿・魯靈光殿賦（王文考）》云：“遂排金扉而北入。”

［八］按：杜牧《樊川文集》卷八《岐陽公主墓銘》云：“上有舅姑高堂，儼然螭綬龜章。”

［九］按：此參見上條。

［一〇］按：“楥”與“楦”同，義爲鞋工木胎，又爲欄杆義，惟“玉楥”一詞未聞，或作“玉壺”爲是，若以下目“金燧”爲對，疑爲“椀”，如《藝文類聚》卷七五《方術部・疾》載徐陵《和簡文帝賽漢高帝廟詩》曰：“玉碗無秋酎，金燈滅夜煙。”

［一一］按：原爲取火於日之器。《禮記・内則》曰：“左佩紛帨、刀、礪、小觽、金燧。”《藝文類聚》卷十五《方術部・疾》載徐陵《河東康簡王墓志》曰：“淑貌與金燧相宜，清顔與玉壺同照。”

［一二］按：《異苑》言罽賓王獲鸞，三年不鳴，聞見同類始言，因挂一鏡。鸞見影，悲鳴冲天，一奮而死。後稱鏡爲鸞鏡。《古今詩話》載樂昌公主與陳太子舍人徐德言破鏡團圓事。故“鏡臺”或作此稱者。又《文選》卷二《賦甲・京都上・西京賦（張平子）》曰：“蘭林披香，鳳凰鴛鸞。”薛綜注曰：“皆後宮之别

名。”李善注：“皆殿名。”

［一三］按：《左傳》閔公二年十二月云：“歸公乘馬，祭服五稱，牛、羊、豕、雞、狗皆三百，與門材。歸夫人魚軒，重錦三十兩。”

［一四］按：《毛詩·國風·召南·何彼襛矣》二、三章云：“何彼襛矣，華如桃李……其釣維何，維絲伊緍。”魏·温子昇《常山公主碑》云：“匹襛華於桃李。”

［一五］按：此則參見上條。又齊·王融《永嘉長公主墓志銘》曰：“襛李𢡟暉……在釣維緍。”緍，底本作“緡”，疑諱“民”字，而作“緍”矣。

［一六］按：《漢書》卷九一《貨殖傳》曰：“諸侯刻桷丹楹。”

［一七］按：《全唐詩》卷四唐文宗《暮春喜雨詩》曰：“霢霂垂朱闕，飄颻入緑墀。”

［一八］按：《漢書》卷八九《元后傳》曰：“曲陽侯根驕奢僭上，赤墀青瑣。”師古注：“青瑣者，刻爲連環文，而青塗之也。”後亦借指宮門。杜工部詩《秋興》之五曰：“一卧蒼江驚歲晚，幾迴青瑣點朝班。”又《世説新语·惑溺》曰：“韓壽美姿容，賈充辟以爲掾，充每聚會，賈女於青瑣中看見壽，説之，恒懷存想，發於吟詠。”

［一九］按：參見“王”部第八則“朱邸”及第一七頁注［一一］條。

［二〇］按：宋玉《諷賦》：“女欲置臣，堂上太高，堂下太卑，乃更於蘭房之室，止臣其中。”又參見本部第四則及第二一頁注［四］條。

［二一］按：參見本部第三、六條及第二一頁注［三］條、第二二頁注［六］條。又梁簡文帝《晚景納涼詩》：“珠簾影空卷，桂户向池開。”

［三］公卿

三槐：三公位也[一]。

九棘：《周禮》：左九棘，大夫位焉；右九棘，公侯伯子男位焉，面三槐，三公位焉[二]。

三台：三公位也，象三台星[三]。

八座：六尚書，左右僕射[四]。

八元：堯有八元八凱之臣[五]。

十亂：周有亂臣十人[六]。亂，理也[七]。

鹽梅：《説命》曰："若作和羹，尔維鹽梅。"[八]

股肱：《尚書》曰："君爲元首，臣爲股肱。"[九]

舟檝：《説命》曰："若濟大川，用汝作舟檝。"[一〇]

棟梁：如構大厦，以須棟梁[一一]。

白衣：《東觀記》曰："章帝東廵，詣均舍，還貴仕，賜尚書禄以終其身，時號白衣尚書。"[一二]

赤車：《齊職儀》曰："太常卿銀章青綬，［進賢兩梁］冠[一三]，絳朝服，佩水蒼玉[一四]。"王朗云："西京太常行陵，赤車千乘。"[一五]

寮宷：周時設卞分職，法天之星象，號曰"百寮"[一六]。

鳳池：中書名也。又曰"雞樹"[一七]。

文軒[一八]：

武帳：武官也[一九]。

百揆：百揆謂百官也[二〇]。

周行[二一]：

天臺[二二]：

天府[二三]：

禮闈[二四]：

禮閣：並尚書省異名也，亦曰書省。

麟閣：秘書省也，墳籍之所[二五]。

【校釋】

［一］ 按：《後漢書》卷七四《袁紹傳》曰："乞下臣章，咨之群賢，使三槐九棘，議臣罪戾。"又参見下則。

［二］ 按：《周禮・秋官》云："朝士、掌建邦外朝之法左九棘，孤卿大夫位焉，群士在其後；右九棘，公侯伯子男位焉，群吏在其後；面三槐，三公位焉，州長衆庶在其後。

［三］ 按：《文選》卷四四《檄・爲袁紹檄豫州文（陳孔璋）》云："坐領三臺，專制朝政。"又見《宋書》卷七三《顔延之傳》云："此三臺之坐，豈可使刑餘居之。"

［四］按:《通典》卷二二《職官典四·歷代尚書》云:“隋唐以六尚書、左右僕射及令爲八座。”

［五］按:《左傳》文公十八年云:“昔高陽氏有才子八人……謂之八愷;高辛氏有才子八人……謂之八元。”《劉夢得詩·外集七·和浙江李大夫伊川卜居》詩曰:“早入八元數,嘗承三接恩。”

［六］臣十,底本作“十臣”,其右側旁注“乙”形符號,兹據文義徑乙正。此“理”字乃諱“治”而改。按:此句出《尚書·周書·泰誓》,“周”字作“予”。《文選》卷十《紀行下·西征賦(潘安仁)》云:“豈三聖之敢夢,竊十亂之或希。”按:此句出《周書·泰誓》,“周”字作“予”。

［七］理,底本作“理”,爲避唐高宗諱“治”字而改文。

［八］按:此爲《尚書·説命》文,又《庾子山集》卷六《商調曲》云:“若涉大川,言憑於舟檝,如和鼎實,有寄於鹽梅。君臣一體,可以静氛埃,得人則治,何世無奇才?”“鹽”亦作“監”,蓋形近通假,“監”雖有“鹽”意,音義仍然有别。

［九］按:《尚書·益稷》云:“帝曰:‘臣作朕股肱耳目。’”《正義》曰:“君爲元首,臣爲股肱耳目,大體如一身也。”此爲孔疏文字。

［一〇］按:《尚書·説命》“大”作“巨”,“檝”作“楫”,又參見本部第七條“鹽梅”及本頁注［八］條。

［一一］按:《世説新語·賞譽第八》云:“庾子嵩目和嶠:‘森森如千丈松,雖磊砢有節目,施之大廈,有棟梁之用。’”

［一二］均舍,底本作“舍均”,兹據文義及引文改。按:《後漢書》卷二七《鄭均傳》云:“帝東巡,過任城,乃幸均舍,敕賜尚書禄以終其身,故時人號爲‘白衣尚書’。”《藝文類聚》卷四八《職官部四·尚書》引《東觀》《初學記》卷一一《諸曹尚書第五·白衣》條引《後漢書》,及《蒙求》卷上“鄭均白衣”條,引文皆近似。

［一三］進賢兩梁,底本無,兹據文義及《藝文類聚》卷四九《職官部·太常》引同書補。

［一四］佩,底本作“佩”,當作“佩”,兹據文義徑録正。

［一五］按:常璩《華陽國志》卷三《蜀志·蜀郡州治》云:“司馬相如初

入長安，題市門曰：‘不乘赤車駟馬，不過汝下也。’”

［一六］按：《文選》卷二四《贈答二·答何劭詩（張茂先）》云：“自昔同寮寀，於今比園廬。”

［一七］按：《文選》卷三〇《雜詩下·直中書省詩（謝玄暉）》云：“兹言翔鳳池，鳴珮多清響。”又《三國志》卷一四《魏書·劉放傳》裴注引《世語》曰：“放資久典機任，獻肇心内不平，殿中有雞棲樹，二人相謂：‘此亦久矣，其能復幾。’”指謂放資。後以中書省官署曰“雞樹”，如《北史》卷八八《崔廓傳附崔賾·答豫章王書》：“雞樹騰聲，鵷池播美。”

［一八］按：《文選》卷三四《七上·七啓（曹子建）》云：“爾乃御文軒，臨洞庭。”

［一九］帳，底本作“悵”，當作“帳”，兹據文義徑録正。按：敦煌俗寫通例“忄”“巾”形近誤混，沿而成習則不分。《史記》卷一二〇《汲黯傳》云：“上嘗坐武帳中，黯前奏事，上不冠，望見黯，避帳中，使人可其奏，其見敬禮如此。”

［二〇］按：《尚書·舜典》云：“納于（於）百揆，百揆時叙。”傳云：“揆、度也。度百事，揔百官，納舜於此官。舜舉八凱，使揆度百事，百事時叙，無廢事業。”

［二一］按：《毛詩·周南·卷耳》云：“嗟我懷人，寘彼周行。”又見《毛詩·小雅·鹿鳴》。《毛傳》曰：“寘周之列位。”箋云：“周之列位，謂朝廷臣也。”

［二二］按：《周書》卷七《宣帝紀》云：“帝於是自稱天元皇帝，所居稱天臺，冕有二十四旒，（室）［車］服旗鼓，皆以二十四爲節。”

［二三］按：《周禮·春官·天府》：“天府、掌祖廟之守藏與其禁令，凡國之玉鎮大寶器藏焉。”

［二四］按：南北朝至唐稱尚書省曰“禮闈”。《文選》卷四六《序下·王文憲集序（任彦昇）》云：“出入禮闈，朝夕舊館。”李善注曰：“《十洲記》曰：‘崇禮闈、即尚書上省門。崇禮東建禮門、即尚書下舍門。然尚書省二門名禮，故曰禮闈也。’”

［二五］籍，底本作“藉”，此寫本部首偏旁混置之例，當作“籍”，兹據文義徑録正。按：《文選》卷二一《序下·詠霍將軍北伐詩（虞彦升）》云：“當令麟閣上，千載有雄名。”此指甘露三年，單于入朝，圖畫麒麟閣之典。唯唐秘書省武后垂拱元年改爲麟臺，高宗龍朔二年改爲蘭臺，中宗神龍又復舊名。

［四］御史

繡衣：賈商服繡衣[一]。

驄馬：桓諱（典）[二]，爲御史[三]，常乘驄馬。

按罪：

觸邪：言御史戴解豸冠以舉事。解豸者昔觸邪之獸[四]。

霜簡：御史摯（執）簡[五]，言簡記刑律威人，若霜之肅物，故曰霜簡[六]。

丹筆：斷罪之筆[七]。

軒轜：御史、刺史所乘也[八]。

烏臺[九]：

松臺[一〇]：

驄馬：桓典字公雅，爲御史大夫，糾正京邑，常乘驄馬，京師畏之，時語曰：行［行］且止[一一]，避驄馬御史[一二]。

【校釋】

［一］按：漢初律令嚴禁商賈服繡衣，唯此與御史無涉。《漢書》卷十九上《百官公卿表》云："侍御史有繡衣直指，出討姦猾，治大獄，武帝所制，不常置。"又卷六云："遣直指使者暴勝之等衣繡衣、杖斧、分部逐捕。"《蒙求》卷中亦有"暴勝持斧"條。《岑嘉州詩箋注》卷三《五言律詩·趙少尹南亭送鄭侍御還東臺詩（岑參）》云："江亭酒甕香，白面繡衣郎。"

［二］典，底本作"諱"，當作"典"，茲據《後漢書》《太平御覽》及文義校改。按：參見下條。

［三］按：《後漢書》卷三七《桓典傳》云："是時，宦官秉權，典執政，無所回避。常乘驄馬，京師畏憚，爲之語曰：'行行且止，避驄馬御史。'"《太平御覽》卷二二七《職官部·侍御史》引《後漢書》略簡。《蒙求》卷下"桓典避馬"條引文較詳。《駱賓王集》卷五《幽縶書情通簡知己詩》："驄馬刑章峻。蒼鷹獄吏猜。"

［四］按：《淮南子·主術》："楚文王好服獬冠。"高誘注："解豸之冠，如今御史冠。"《太平御覽》卷二二七《職官部·侍御史》引應劭《漢官儀》曰："侍

御史、周官也……或説古有獬豸獸，主觸邪佞，故執憲者以其角形爲冠耳。”

［五］ 摰，底本作“摯”，當作“執”，及下引書所謂“憲臺執法”也。

［六］ 按：《初學記》卷一二《御史大夫》有“霜簡”條，引崔篆《御史箴》曰：“簡上霜凝，筆端風起。”又《漢書》卷七七《孫寶傳》載孫寶謂侯文曰：“今日鷹隼始擊，當順天氣，取姦惡，以成嚴霜之誅。”《隋書》卷七六《文學傳·序》載：“高祖初統萬機，每念斲雕爲樸，發號施令，咸去浮華。然時俗詞藻，猶多淫麗，故憲臺執法，屢飛霜簡。”

［七］ 按：《蒙求》卷中有“盛吉垂泣”條，引《會稽典録》云：“盛吉拜廷尉，吉性多仁恩，務在哀矜，每至冬月，罪囚當斷，夜省刑狀，其妻執燭，吉手丹筆，夫妻相向垂泣。”又《北史》卷八二《儒林下·劉炫傳》云：“名不挂於白簡，事不染於丹筆。”又見《隋書》卷七五《儒林傳·劉炫傳》。

［八］ 按：《文選》卷五《賦丙·吴都賦（左太冲）》云：“輶軒蓼擾，彀騎煒煌。”李善注曰：“輕也。”又《文選》卷二〇《祖餞·王撫軍庾西陽集别時爲豫章太守庾被徵還東一首（謝宣遠）》云：“榜人理行艫，輶軒命歸僕。”

［九］ 按：《漢書》卷八三《朱博傳》云：“是時，御史府吏舍百餘區井水皆竭；又其府中列柏樹，常有野烏數千，棲宿其上，晨去暮來，號曰：‘朝夕烏’。”《蒙求》卷上有“朱博烏集”條，文字和《漢書》近似。

［一〇］ 按：“松臺”一詞與《御史》無涉，疑作“柏臺”，參見上條。

［一一］ “行”字下底本脱一“行”字，兹據文義及《後漢書》卷三七《桓典傳》補。

［一二］ 按：此條與本部第二條“驄馬”復重，恐爲後來增補，參見本部第二條“驄馬”及第二七頁注［三］條。

［五］刺史

剖符[一]：

分竹：言分符以莅官，竹則符也，出《漢書》[二]。

露冕：郭賀［字］喬卿[三]，爲荆州刺史。明帝到南［陽］巡守[四]，賜三公之服。賀服行露冕，以示百姓，彰有德也[五]。

褰帷：賈琮爲冀州刺史，典史以驂駕赤帷迎於州界。琮到升車，令褰之。百姓聞之，自然悚震[六]。

百城[七]：

千里：古者刺史主百城，地方千里[八]。

兩歧：張堪爲漁陽太守，歌曰："桑無附枝，麥秀兩歧。"[九]

五袴：廉叔度來爲蜀郡太守，歌［曰］[一〇]："廉叔［度］[一一]，來何暮，昔無一襦今五袴。"[一二]

四知：楊震爲荆州刺史，有舉秀才者，夜與震金，云："無人知。"震曰："天知，地知，你知，我知，［何］云無知[一三]？"遂不受之[一四]。

獨坐：王宏爲冀州刺史，不發私書，不交豪族賓客，號曰：王獨坐[一五]。

扇風：爰（袁）宏爲東陽太守[一六]，有謝安贈之羽扇[一七]，答曰："當奉揚仁風[一八]，慰彼黎庶。"[一九]

車雨：百里嵩爲徐州刺史，時旱，嵩巡行，所至處即雨。維（唯）兩縣僻遠在山[二〇]，嵩不去，遂不雨。後迴車復巡之，乃雨[二一]。

佩犢：龔遂爲太守，［民有］佩劍者[二二]，罪之曰[二三]："何不賣劍買牛而佩犢？"時人咸感佩犢之恩[二四]。

懸魚：羊續爲刺史，得魚，懸之於庭；後又進魚，續出前魚示之[二五]。

投書：趙琰爲青州刺史，有貴要屢託，置器盛水於前，書悉投水中，無有所報。又任棠爲太守[二六]，亦投書於水[二七]。

飲泉：吴隱之爲廣州刺史，界有貪水，飲者便濫；隱之取飲之，彌清[二八]。

留犢：羊暨爲青州刺史，暨牛産一犢，及遷官，留犢而去之。胡威爲汝南太守，牛産一犢，亦留而去[二九]。

蒲鞭：劉寬字饒，爲南陽太守，蒲鞭示恥，言思寬也[三〇]。

拾遺：宋登字叔陽，爲穎川太守，路不拾遺。又鄭弘爲鄒令，路不拾遺[三一]。

安居：皇甫嵩爲冀州刺史牧，［民］歌曰[三二]："天下亂兮市爲墟，母不保子兮妻失夫，賴得皇甫兮復安居。"[三三]

六條：一先誠心，二敦教化，三舉賢良，四盡地利，五恤刑獄，六均賦役[三四]。

盧鵲：李盛爲河南太守，貪錢，［民］歌曰[三五]："盧鵲何喧喧，有史來到門。問史何所以，已言欲得錢。"[三六]

伐棘：漢岑熙爲刺史[三七]，有政績，德化大行，百姓歌曰："[我]有枳棘[三八]，岑君伐之。"

留棠：召公理陝[三九]，巡行，坐於棠樹下理政，不欲煩百姓，後陝人思其德，不伐其棠樹[四〇]。

隼旟：旟，幡旗也，畫以鷹隼[四一]。

熊軾：刺史車畫其熊[四二]。

【校釋】

［一］剖，底本作"部"，當作"剖"，兹據文義及引書改。按：《漢書》卷一下《高帝紀》云："甲申，始剖符封功臣曹參等爲通侯。"《籯金》卷二《縣令子男》條則以"剖竹""分符、分竹"爲對。

［二］按：《文選》卷二六《行旅上·過始寧墅詩（謝靈運）》曰："剖竹守滄海，枉帆過舊山。"李善注引《説文》曰："符，信也。漢制以竹長六寸分而相合。"

［三］字，底本脱，兹據文義及引書補。

［四］陽，底本脱，兹據文義及引書補。

［五］按：《後漢書》卷二六《蔡茂傳附》云："賀字喬卿……顯宗巡狩到南陽，特見嗟歎，賜以三公之服，黼黻冕旒。敕行部去襜帷，使百姓見其容服，以章有德。"《蒙求》卷中有"郭賀露冕"條，其下注文與《後漢書》大抵相同，僅多"露冕"二字。又《藝文類聚》卷五〇《職官部·刺史》引文出《華陽國志》。

［六］按：《後漢書》卷三一《賈琮傳》云："乃以琮爲冀州刺史。舊典：傳車驂駕，垂赤帷裳，迎於州界。及琮之部升車，言曰：'刺史當遠視廣聽，糾察美惡，何有反垂帷裳，以自掩塞乎？'乃命御者褰之。百城聞風，自然竦震。"《蒙求》卷中有"賈琮褰帷"條，引文與此近似。又《藝文類聚》卷五〇《職官部·刺史》引謝承《後漢書》，則差異較大。

［七］按：參見上則"褰帷"條。

［八］按：《漢書》卷七九《馮野王傳》曰："即以二千石守千里之地，任兵馬之重，不宜去郡。"《後漢書》卷三九《劉般傳》云："今刺史一州之表，二千

石，千里之師，職在辯章百姓，宣美風俗。”又《蒙求》卷下有“王允千里”條。

［九］ 附枝，底本作“兩枝”，當作“附枝”，兹據文義及《後漢書》改。按：《後漢書》卷三一《張堪傳》載：百姓歌曰：“桑無附枝，麥穗兩歧，張君爲政，樂不可支。”《類林雜説》卷四《清吏篇》云：“張堪：南陽人，爲漁陽太守，有惠政。人歌曰：桑無附枝，麥秀兩歧。張君爲政，不可及之。後漢時人。”《藝文類聚》卷五〇《職官部·太守下》引《東觀漢記》與《後漢書》同。《籯金》卷二《縣令子男》“附枝桑、兩歧麥”條所引文較此爲詳，《叙》有“兩歧五袴之謡”句。又《蒙求》卷下有“張堪折轅”條，旨義與上述諸條不同，卷中“虞延剋期”條言及“麥秀兩歧”，與此文全異。

［一〇］ 曰，底本脱，兹據文義及下引《後漢書》補。

［一一］ 度，底本脱，兹據文義及下引《後漢書》補。

［一二］ 按：《後漢書》卷三一《廉叔度傳》載此歌曰：“廉叔度，來何暮？不禁火，民安作。平生無襦今五袴。”《蒙求》卷下“廉範五袴”條引《東觀漢記》同。《類林雜説》卷四《清吏篇》云：“廉範：字叔度，京兆人，爲蜀郡太守。以前任中多失火，乃禁人夜作，百姓貧困；範至，令百姓貯水防火，任日夜作，人皆殷富。民歌曰：廉叔度，來何暮？不禁火，人安堵，昔无一繻，今有五袴。後漢人。”“人皆殷富”中之“人”字，避“民”諱而改，《藝文類聚》卷五〇《職官部·太守》引《東觀漢記》作“民安堵”可證，唯諸書皆較此爲詳。《籯金》卷二《縣令子男》“來暮”條引文則與此較爲近似。又《全唐詩》卷一三七儲光羲《晚次東亭獻鄭州宋使君詩》曰：“籍籍歌五袴，祁祁頌千箱。”

［一三］ 何，底本脱，兹據文義及下引《後漢書》補。

［一四］ 按：《後漢書》卷五四《楊震傳》云：“大將軍鄧騭聞其賢而避之，舉茂才，四遷荆州刺史、東萊太守。當之郡，道經昌邑，故所舉荆州茂才王密爲昌邑令，謁見，至夜懷金十斤以遺震。震曰：‘故人知君，君不知故人，何也？’密曰：‘暮夜無知者。’震曰：‘天知、神知、我知、子知，何謂無知？’密愧而出。”《類林雜説》卷四《清吏篇》云：“楊震：《後漢》：楊震爲東萊太守，道經昌邑，昌邑令王密是震所舉。夜懷金上震曰：‘无人知。’震曰：‘天知地知，子知我知，何謂无知？’遂不受。”及《蒙求》卷上“震畏四知”條、《籯金》卷二《縣令子男》“避四知”條等，并與《後漢書》近同。《東觀漢記》卷廿亦載此事。

《杜工部詩史補遺》卷十《風疾舟中……奉呈湖南親友》云："應過數粒食，得近四知全。"

［一五］ 按：《北堂書鈔》卷七二《設官部》"號曰獨坐"條所引謝承《後漢書》曰："王閎字選公，爲冀州刺史，性謙而剋，不發私書，號曰：'王獨坐'。"《藝文類聚》卷五〇《職官部六·刺史》引謝承《後漢書》文字介於二者之間。又卷五八《雜文部·書類》引《吴録》，則與原卷近乎全同。又《勵忠節鈔·善政部》作"王郎"，所載之事亦同。

［一六］ 袁，底本作"爰"，同音致訛，兹據文義及《晋書》卷九二《袁宏傳》改。

［一七］ 安，底本"安"字下衍"石"字，文意不順，據《晋書》卷九二《袁宏傳》及伯三八九〇號删。

［一八］ 揚，底本作"陽"，同音訛誤，當作"揚"，兹據文義徑録正。按：此爲敦煌寫卷慣例，段氏若膺所謂後代訛字亦自冒於假借者也。故斯一四四一號《勵忠節鈔·善政部》亦同作"陽"，蓋時代、地域使然也。

［一九］ 按：《晋書》卷九二《袁宏傳》云："謝安常賞其機對辯速……安欲以卒迫試之，臨别，執其手，顧就左右取一扇而授之曰：'聊以贈行。'宏應聲答曰：'輒當奉揚仁風，慰彼黎庶。'時人歎其率而能要焉。"伯三八九〇號不知名小類書云："袁宏有人贈扇，因揚仁風，委（慰）彼黎庶。"蓋即指此。又斯一四四一號《勵忠節鈔·善政部》云："袁宏爲平陽郡守，知友相餞，謝安而（面）執宏手，並贈一扇。宏應聲答曰：'謹當奉陽（揚）仁風，慰彼黎庶。'"又參見下條。

［二〇］ 維，底本作"維"，當作"唯"，據文義及下引書改。

［二一］ 按：同上卷《勵忠節鈔·字養部》云："百里嵩爲徐州刺史，郡内遭旱，嵩行步所到處，每甘雨隨車。唯東海兩縣，僻在山間，父老請嵩蹔到，到則兩縣皆雨。"《籯金》卷二《縣令子男第廿四》"甘雨"條引文較此爲簡。又《藝文類聚》卷五〇《職官部六·刺史》及《太平御覽》卷二五六《職官部·良刺史上》并引謝承《後漢書》，意同而文字較詳，范曄《後漢書》則未見。又《全唐詩》卷八三〇貫休《别盧使君》詩云："扇風千里泰，車雨九重聞。"

［二二］ 民有，底本無，蓋因涉唐太宗諱而闕文，兹據文義及下列所引書補。

［二三］ 曰，底本無，兹據文義及《漢書》補。

［二四］ 咸，底本作“成”，蓋形近訛誤，當作“咸”，兹據文義徑録正。按:《漢書》卷八九《循吏傳》云:“遂見齊俗奢侈，好末技，不田作，乃躬率以儉約，勸民務農桑……民有帶持刀劍者，使賣劍買牛，賣刀買犢。曰:‘何爲帶牛佩犢，春夏不得不趨田畝！’……郡中皆有畜積，吏民皆富實，獄訟止息。”《勵忠節鈔·善政部》云:“龔遂爲勃(渤)海郡守，敕人曰:‘諸治田興者爲良人，治兵興者爲盜賊。’郡人俗愛帶于刀劍者，使令賣劍，以之買牛，而佩其犢。自是吏人般富，獄訟寧息耳。”以上敦煌寫卷遇“民”字諱或刪或改，《蒙求》卷中有“龔遂喻農”條，《籯金》卷二《縣令子男第廿四》“佩犢”條文字亦有不同文字。又參見下條。

［二五］ 按:《後漢書》卷三一《羊續傳》云:“府丞嘗獻其生魚，續受而懸於庭，丞後又進之，續乃出前所懸者，以杜其意。”《類林雜説》卷四《清吏篇》云:“羊續《後漢》云:‘羊續，字興祖，爲南陽太守。主簿饋魚，續懸之，他日人饋，遂出懸魚示之，以絶其意云。’文字近似，卷二《廉儉篇》則極詳，尚及舉袍示貧事。”《蒙求》卷上有“羊續懸魚”條，《勵忠節鈔·善政部》微有小異，云:“辛(羊)續爲南陽太守，有故吏獻生魚，續不能逆其意，受而不食，懸之於庭。其後，吏送魚來，續乃呈前所懸魚，吏乃止也。”又江總《陸君誄》云:“懸魚化静，佩犢志息。”

［二六］ 棠，底本作“堂”，蓋形近訛誤，當作“棠”，兹據文義及下列諸書改。

［二七］ 按:《北堂書鈔》卷七二《刺史部》及《藝文類聚》卷五〇《職官部·刺史》“趙琰”條，典出《華陽國志》，文字互有異同，唯不及任棠事。考皇甫謐《高士傳》卷下云:“任棠字季卿，少有奇節，以《春秋》教授，隱身不仕。龐參爲漢陽太守，到，先就家候焉。棠不與言，但以薤一本、水一盂，置户屏前，自抱孫兒，伏於户下。主簿白以爲倨傲，參思其微意，良久，曰:‘棠置一盂水者，欲諭太守清也；投一本薤者，欲諭太守擊强宗也；抱孫兒當户者，欲諭太守開門卹幼也。’終參去，不言，詔徵不至。及卒，鄉人圖畫其形，至今稱任徵君也。”《太平御覽》卷五〇八《逸民八》引同書文字稍略，且有誤字。二者皆有置水而不及投水事。《後漢書》卷五一《龐參傳》所載文義亦同，則原卷言

任棠爲太守、投書於水事誤記也，當據正。又《蒙求》卷下“孔翊絶書”條，《藝文類聚》卷五〇《職官部・令長》“孔翊”條，及《勵忠節鈔・善政部》“孔翊”條亦言投書於水。

［二八］隱，二“隱”字底本并作“鄢”，形近訛誤，當作“隱”，兹據文義及以下所引諸書改。按：《晋書》卷九〇《良吏傳・吴隱之》條下云：“吴隱之字處默，濮陽鄄城人……隆安中，以隱之爲龍驤將軍、廣州刺史、假節，領平越中郎將。未至州二十里，地名石門，有水曰貪泉，飲者懷無厭之欲。隱之既至，語其親人曰：‘不見可欲，使心不亂。越嶺喪清，吾知之矣。’乃至泉所，酌而飲之，因賦詩曰：‘古人云此水，一歃懷千金。試使夷齊飲，終當不易心。’”《藝文類聚》卷五〇《職官部・刺史》、《北堂書鈔》卷七二并引此文，典出《華陽國志》，《類林雜説》卷四《清吏篇》引不知名《晋書》云：“吴隱之：字處默，濮陽人。晋安帝時爲廷尉刺史，行經五嶺，南有一水名貪泉，飲此水者，令廉者貪，隱之至水，令人取而飲之，乃爲詩曰：嶺南有一水，世名貪泉深。試令夷齊飲，終當不易心。”《晋書》《世説新語・德行》第四七條劉孝標注引《晋安帝紀》及《晋中興書》、《群書治要》卷三〇引《晋書》、《籯金》卷二《縣令子男》“貪泉”條等，文字互有異同，然皆涉及“貪泉”事，且有詩句云云。又王勃《滕王閣序》云：“酌貪泉而覺爽。”

［二九］按：《三國志》卷二三《魏書・常林傳》云：“林遂稱疾篤”裴松之注引三國魏魚豢《魏略》所載，壽春令時苗，少清白。到任時乘薄笨車，黄牸牛，布被囊。居官歲餘，牛生一犢。離任時，留其犢，謂主簿曰：“令來時，本無此犢，犢是淮南所生有也。”又《晋書・羊祜傳》載，鉅平侯羊篇“歷官清慎，有私牛於官舍産犢，及還而留之”。唐李紳《聞里謡效古歌》：“上有明王頒詔下，重選賢良恤孤寡。春日遲遲驅五馬，留犢投錢以爲謝。”《藝文類聚》卷五〇《職官部刺史》引曹嘉之《晋紀》言及羊暨事，文義大致相同。至於胡威事，今《三國志》卷二七《魏書・胡威傳》裴注引《晋陽秋》或《晋書》卷六〇《胡威傳》僅言及父質絹縑事，不及留犢。《類林雜説》卷四《清吏篇》“胡威”條引《晋陽秋》云：“胡威《晋陽秋》：胡威，字伯虎，父質爲荆州刺史，威自京兆往省父，乃自驅驢，臨辭，質賜縑一匹，威跪曰：‘大人清高，何得此絹？’父曰：‘是吾俸禄之餘。’武帝嘗問威曰：‘卿清何如卿父？’威曰：‘不如，臣父清畏人知，

臣清畏人不知。'"。《全梁詩》卷三梁元帝《後臨荆州詩》云:"不學胡威絹,寧挂裴潛床。所冀方留犢,行當息飲羊。"又《蒙求》卷上"羊續懸魚"條與"時苗留犢"條并排爲對,皆不及羊暨、胡威,則胡威留犢恐因誤讀元帝詩,《勵忠節鈔·善政部》亦載時苗留犢事。

[三〇] 按:《後漢書》卷二五《劉寬傳》云:"延熹八年,徵拜尚書令,遷南陽太守……常以爲'齊之以刑,民免而無恥。'吏人有過,但用蒲鞭罰之,示辱而已,終不加苦(笞)。"又《類林雜説》載録"劉寬"條凡有兩處,其一在卷二《儒行篇第十一》云:劉寬:字文饒,弘農人也。漢靈帝時爲太尉,帝會群臣,寬時在座,酒醉睡伏。帝曰:"太尉醉也。"對曰:"臣不敢醉,但云任重責臨深,憂心如醉也。"帝重其言。寬爲人性恬,嘗衣冠欲臨朝,妻遣婢奉肉羹,翻污朝衣,婢甚懼,寬曰:"徐徐,羹爛汝手乎?"嘗有客候寬,寬使奴沽酒,經久,奴醉還,又不得酒,寬怒曰:"畜牲奴!"奴便去外,寬使人逐之,客問其故,寬曰:"奴被罵太甚,必致其死。"果如言。後漢人。其二在卷四《清吏篇第二十一》云:"劉寬:字文饒,弘農華陰人,爲南陽太守,人吏有過,但蒲鞭示恥,不加楚毒,寬後遷太尉,出《後漢》。"皆較此文詳細,則《語對》一書顯然簡化其意,便於學習而已。《蒙求》卷下"劉寬蒲鞭"條及《勵忠節鈔》"劉寬"條引文并與原卷文字近似。唯因諱"民"字而删改原文。又《李太白全集》卷九《贈清漳明府姪聿詩》云:"蒲鞭挂簷枝,示恥無撲抶。"

[三一] 按:《藝文類聚》卷五〇《職官部·太守》載宋登爲穎川太守,路不拾遺事,典出張璠《漢書》。同卷部《令長》又載鄭弘爲令,還寶物事,典出司馬彪《續漢書》。然二者文字略繁於此文。

[三二] 民,底本無,蓋因涉唐太宗諱而闕文,兹據文義及所引諸書補。

[三三] 按:《類林雜説》卷四《清吏篇》"皇甫嵩"條云:"安定人,爲冀州刺史,百姓慕其政化,民歌曰:'天下大亂市爲墟,父不保子妻失夫,賴得皇甫復安堵。'後漢。"《藝文類聚》卷五〇《職官部·刺史》引司馬彪《續漢書》"皇甫嵩"條文字,與原卷較近。

[三四] 按:漢制刺史頒行六條詔書,用以稽考官吏,《晋書》卷三《武帝紀》亦載六條,然與此不同。《籯金》卷二《刺史篇》"六條"云:"《漢書》:薛宣爲刺[史],工六條教,以爲謀准,一先自戒(誡)心,二敦教化,三舉賢

良，四分（盡）［地利］，五恤刑獄，六均户［賦］役，刺史若行此六條教，則百姓活矣。”唯考《漢書》卷八三《薛宣傳》雖言及條教，不載六條文字，師古但云見《百官公卿表》注，復考卷十九上“武帝元封五年，初置部刺史，掌奉詔條察州”之下注文，師古引《漢官典職儀》所云六條，又不同於《籯金》文字，則《籯金》誤引明矣。蓋《周書》卷二三《蘇綽傳》載有六條詔書曰：“一先治心，二敦教化，三盡地利，四擢賢良，五卹獄訟，六均賦役。”則原卷及《籯金》之六條出典明矣，二者首條并諱“治”字而改文，更可考見著書之年代。

［三五］ 民，底本無，蓋因涉唐太宗諱而闕文，兹據文義補。

［三六］ 按：《籯金》卷二《縣令子男篇第廿四》“庭鵲喧”條所引《漢書》曰：“盧鵲何喧喧，有吏來在門，披衣出户看，吏言欲得錢。言鬧即喧，清净無事，何喧之有。”二者文字略有不同。

［三七］ 熙，底本作“遐”，形近訛誤，當讀作“熙”，兹據文義及《後漢書》改。

［三八］ 我，底本無，疑以第三人稱敘述而作“民”字，後又因諱而缺字，兹據文義及《後漢書》等補。按：《後漢書》卷一七《岑彭傳附熙傳》云：“杞卒，子熙嗣……遷魏郡太守，招聘《隱逸》，與參政事，無爲而化。視事二年，輿人歌之曰：‘我有枳棘，岑君伐之。’”又《籯金》卷二《縣令子男篇》“伐枳”云：“後漢岑遐爲太守，郡内有政績，百姓歌曰：‘我有枳棘，岑君伐之；我有子弟，岑君教之。’”後二句與《後漢書》異。

［三九］ 理，底本作“理”，當作“治”，因唐高宗諱“治”字而改。下句“理政”之“理”同。

［四〇］ 按：《毛詩・序》云：“《甘棠》，美召伯也，召伯之教明於南國。”《正義》曰：“謂武王之時，召公爲西伯，行政於南土，决訟於小棠之下，其教著明於南國，愛結於民心，故作詩以美之。”又“蔽芾甘棠，勿翦勿伐，召伯所茇。”鄭箋云：“召伯聽男女之訟，不重煩勞百姓，止舍小棠之下而聽斷焉。國人被其德，説其化，思其人，敬其樹。”又《籯金》卷二《縣令子男篇》有“留棠”條，與“伐枳”條成對，并云：“召公理剌（陜），坐於甘棠之下而正風化。及邵公死，百姓不伐不翦也。”《叙》又曰：“淮南流棄牘之規，永留陜

郡之棠。”

［四一］ 按：《周禮·春官·司常》云：“熊虎爲旗，鳥隼爲旟。”《籯金》卷二《縣令子男篇》有“隼旟”條，與“熊軾”成對，并云：“熊軾：古法刺史車畫熊羆爲師。隼旟：隼旟者刺史旗幟畫鷹隼也。”《叙》又曰：“能騖熊式以稜威，建隼旟而布惠。”

［四二］ 按：此參見上則，李商隱《上李相公啓》云：“豈願踞熊軾以告勞，指隼旟而辭疾。”

［六］縣令

銅章：縣令佩銅章，令之銅魚也[一]。

墨綬：縣令朝服也，又曳授庫絲，並言服之美也[二]。

制錦：尹何爲邑宰，子産曰：子有美錦，使人學製焉。喻其解理人[三]。

烹鮮：《莊子》曰：“理大國者若烹小鮮。言不得過分，寬猛相濟。”[四]

駈雞：《史記》曰：“理人之本，若投馬驅雞，緩則散，急則亂也。”[五]

馴雉：魯恭爲中牟令，雉馴棗下[六]。

一同：縣令地方百里，所主一同[七]。

三異：魯恭爲中牟令[八]，政善，善三異：雉馴棗下，一也；童子見雉不取，云：抱卵之時。童子懷仁，二也；蝗蟲不入境，三也[九]。

展驥：龐統爲縣令時，人曰：“統爲治中別駕，方展驥足耳。”[一〇]

聞弦：子游爲武城宰，弦歌理俗。孔子聞之，曰：“割雞焉用牛刀？”[一一]

佩弦：《史記》曰：“西門豹爲鄴令，性急，常佩弦以自緩。穿渠十二，溉灌人田，皆得水利。董安于爲晋陽令，性緩[一二]，常佩弦以自急。”[一三]

乘星：《史記》曰：“巫馬期爲單父令，以星出，以星入，而單父理。”[一四]

下堂：宓子賤爲單父令[一五]，彈琴而身不下堂，而單父理[一六]。

攀轅：劉寵爲平陵令，訓民以禮，上下有序。以母病，棄官歸，百姓士女攀轅距輪[一七]，充塞道路。寵後爲太守，犬不夜吠[一八]，典史不犯[一九]。

利器：虞詡爲朝歌令，捕賊而笑曰：“不遇盤根錯節，何以別其器利。”[二〇]

神明：公孫述爲清水令，太守以其能，令兼治五縣，奸盜不發，畏之如神明[二一]。

蟲避境：卓茂爲密縣令，時天下大蝗，諸縣大盛，唯不入密縣界。秋滿，馬肥而步歸[二二]。

虎度河：劉昆爲江陵令，有火灾，昆輒叩頭向火，即反風滅火。後爲弘農太守，時有虎暴，及昆臨郡，虎母子渡河北去[二三]。

翔鸞：王阜爲重泉令，有青鸞止庭前梧樹上[二四]。

三善：子路爲邑宰，孔子見路不拾遺，田疇墾闢，恩威行。孔子曰："由也！治有三善。"[二五]

【校釋】

[一] 按：《後漢書》卷三〇《輿服志》下注引《東觀漢記》曰："中外官尚書令……主家長秩皆四百石，以上皆銅印黑綬。"又《漢官儀》云："令尹銅章墨綬。"

[二] 按：《文選》卷四三《書下·北山移文（孔德璋）》曰："至其紐金章，綰墨綬。跨屬城之雄，冠百里之首。"《籯金》卷二《縣令子男篇》云："銅符：縣令銅印墨綬。墨綬：來書飾帶。""叙"又云："牽絲從牒，銅章以（與）墨綬齊輝。"故曳授庫絲者即執引印綬也，亦即牽絲初任之意，《文選》卷二六《行旅上·初去郡詩（謝靈運）》云："牽絲及元興，解龜在景平。"李善注曰："牽絲、初仕。解龜、去官也。"

[三] 按：《左傳》襄公三十一年云："子皮欲使尹何爲邑，子産曰：'少，未知可否？'子皮曰：'愿吾愛之，不吾叛也，使夫往而學焉，夫亦愈知治矣。'子産曰：'不可，人之愛人，求利之也。今吾子愛人則以政，猶未能操刀而使割也，其傷實多。子之愛人，傷之而已，其誰敢求愛於子。子於鄭國，棟也，棟折榱崩，僑將厭焉？敢不盡言。子有美錦，不使人學製焉。大官大邑，身之所庇也，而使學者製焉，其爲美錦，不亦多乎！'"《籯金》卷二《縣令子男篇》亦有"製錦"條，引文云："《左傳》云：'子有美錦，何不學焉？'喻令之理百姓善巧也。"又有"尹何"條，其文近於《左傳》。隋代《洺州南和縣澧水石橋碑》曰："又有宣威將軍縣令馬君，以美譽清風，製錦斯邑。"即用此典。又上述諸理字，實因諱治而改。又參見下條。

[四] 按：此非《莊子》文，《老子》第六十章曰："治大國若烹小鮮"，因

諱治字而改作理。《魏書》卷六六《崔亮傳·答劉景安書》曰:“今勳人甚多,又羽林入選,武夫崛起,不解書計,唯可彍弩前驅,指蹤捕噬而已。忽令垂組乘軒,求其烹鮮之效,未曾操刀,而使專割。”《籯金》卷二《縣令子男篇》則有“烹鮮”條云:“《老子》五千言云:‘理國如烹少(小)鮮,不可攪也,擾則魚爛也。’叙曰:“製錦流芳,穡稼與小序之謡,烹鮮著大相之論,寬猛相濟,至實誠焉。”

[五] 按:此條文字《史記》不見,考荀悦《申鑒·政體篇》云:“自上御下,猶夫釣者焉,隱於手而應鉤,則可以得魚。自近御遠,猶夫御馬焉,和於手而調於銜,則可以使馬。故至道之要,不於身非道也。睹孺子之驅雞也,而見御民之方。孺子驅雞者,急則驚,緩則滯。”據此,“理人”乃諱“治民”而改文。許渾《丁卯集》卷上《送上元王明府赴任詩》:“莫言名重懶驅雞,六代江山碧海西。”

[六] 雉,底本作“雞”,當作“雉”,兹據文義、注文及“三異”條改。按:此條參見本部第八條“三異”及本頁注[八][九]條注文。

[七] 按:《左傳》襄公二十五年云:“且昔天子之地一圻,列國一同。”又《籯金》卷二《縣令子男篇》“一同”條云:“傳云:雷震百里,令之所治,象雷而制,故號‘一同’。”

[八] 牟,底本作“台”,形近訛誤,當讀作“牟”,兹據文義、本部第六條及諸書改。

[九] 按:《後漢書》卷二五《魯恭傳》云:“建初七年,郡國螟傷稼,犬牙緣界,不入中牟。河南尹袁安聞之,疑其不實,使仁恕掾肥親往廉之。恭隨行阡陌,俱坐桑下,有雉過,止其傍。傍有童兒,親曰:‘兒何不捕之?’兒言:‘雉子將雛。’親瞿然而起,與恭訣曰:‘所以來者,欲察君之政迹耳。今蟲不犯境,此一異也;化及鳥獸,此二異也;豎子有仁心,此三異也。久留,徒擾賢者耳。’”《蒙求》卷上有“魯恭馴雉”條,文字與范書近似。《類林雜説》卷四《清吏篇》“魯恭”條引不知名《後漢書》云:魯恭:字仲康,扶風平陵人,漢明帝時爲中牟令。天下大蝗蟲,郡國皆被災,災獨不入中牟境,司徒袁安聞之,遣仁恕掾察之。入境,見雉馴於野掾,問小兒曰:“何不捕取此雉?”小兒曰:“雉方將雛,不忍害也。”掾於是遂與恭説曰:“我是司徒使,故來察君治迹耳。君能禳

災，一異；仁及鳥獸，二異；童子有仁心，三異。久留徒擾賢者。”遂辭而去。後徵爲司徒。出《後漢書》。以上諸書皆較原卷爲詳。《籯金》卷二《縣令子男篇》“三異”條僅言三異，文字極簡，其《叙》曰：“鼓範懋規，致中牟之馴翟。”及“童子深仁，肥親辨其異”。

［一〇］ 按：《三國志》卷三七《蜀書・龐統傳》云：“吴將魯肅遺先主書曰：‘龐士元非百里才也，使處治中、别駕之任，始當展其驥足耳。’《蒙求》卷中有“龐統展驥”條，文字近似。《勵忠節鈔・德行部》亦有此條，唯諱而删“治”字。《籯金》卷二《别駕長史司馬篇第廿三》“龐統”條意同，唯不提魯肅之語，并有驥足之釋，《叙》曰：“展驥旌異，半刺光車，龐統之能。”庾信《柳霞墓志銘》曰：“譽君之展驥，兼而有之。”

［一一］ 按：《論語・陽貨》云：“子之武城，聞弦歌之聲，夫子莞爾而笑曰：‘割雞焉用牛刀。’”《籯金》卷二《縣令子男篇》誤列“密子賤”條下。

［一二］ 緩，底本二“緩”字并作“綬”，當作“緩”，兹據文義及所引諸書改。

［一三］ 按：《史記》卷一二六《滑稽列傳》曰：“西門豹即發民鑿十二渠，引河水灌民田，田皆溉。”此卷因諱“民”字，而或省改。又此條據《史記》補入溉田事耳，其出典原出《韓非子・觀行》曰：“西門豹之性急，故佩韋以自緩，董安于之性緩，故佩弦以自急。”又《勵忠節鈔・立身部》有“華嶠曰：‘董安于性緩而佩弦，西門豹性急而佩韋，所以懲戒其短。’伯二七一一號《勵忠節鈔・推讓部》引《韓［非］子》曰：“西門豹性急，佩韋以自緩；董安于性緩，佩弦以自急，故能以有餘而補不足，以長而續於短也。”《籯金》卷二《縣令子男篇》云：“董安于：《春秋［傳］》曰：‘董安于爲晋陽令，爲性慢緩，常慮公事不逮，每佩弓絃（弦）以爲身戒，欲使急如弦。’西門豹：‘六國時爲魏鄴令，豹立性太急，恒佩韋皮以爲身戒，欲使慢如韋也。’”

［一四］ 父，底本作“令”，當作“父”，兹據文義及下列諸書徑改。按：《説苑》卷七《政理》云：“宓子賤治單父，彈鳴琴，身不下堂而單父治；巫馬期亦治單父，以星出，以星入，日夜不出，以身親之，而單父亦治。”《蒙求》卷中有“巫馬帶星”及“宓賤彈琴”二條對文，引文典出《吕氏春秋》，文字略異，并諱“治”作“化”。《勵忠節鈔・善政部》亦引《吕氏春秋》，分述“宓子賤”及“巫

馬期”二條，與《蒙求》又有不同，亦諱“治”作“理”。《籯金》同上則之卷篇僅有“宓子賤”條。

［一五］ 宓，底本作“密”，當作“宓”，兹據文義及上則所引諸書徑改。

［一六］ 理，底本作“令”，當作“理”，兹據文義及上則所引諸書徑改。按：此條參見第四〇頁注［一四］條引證文字。

［一七］ 距，底本作“巨”，形近訛誤，當作“距”，兹據文義及所引諸書徑改。

［一八］ 犬，底本作“友”，形近訛誤，當作“犬”，兹據文義及所引諸書徑改。

［一九］ 按：《後漢書》卷七六《循吏傳·劉寵傳》云：“寵少受父業，以明經舉孝廉，除東平陵令，以仁惠爲吏民所愛。母疾，棄官去。百姓將送塞道，車不得進，乃輕服遁歸。後四遷爲豫章太守……山陰縣有五、六老叟……對曰：‘……自明府下車以來，狗不夜吠，民不見吏。’”《藝文類聚》卷五〇《令長》、《太平御覽》卷二六七《職官部》、《北堂書鈔》卷七八《設官部》，并引司馬彪《續漢書》作“攀車距（拒）輪”或“攀車塞路”，與《類林雜説》卷四《清吏篇》云：劉寵《續漢書》云：“劉寵，字興祖，爲會稽太守。遷將作大匠，去任，至若耶谿，五六父老、各年八九十人，持百錢以贈寵，寵選一大錢，餘悉還之而去。人呼爲“一錢太守”，其清如此。又《蒙求》卷下、《勵忠節鈔·字養部》等言“一錢”或拒寵入亭事不類。《籯金》有“攀轅卧轍”條，則事屬侯霸，考《後漢書》卷二六《侯霸傳》云：“更始元年，遣使徵霸，百姓老弱相攜號哭，遮使者車，或當道而卧。皆曰：‘願乞侯君復留期年。’”又卷四一《第五倫傳》云：“永平五年，坐法徵，老小攀車叩馬，啼呼相隨。”又卷七六《循吏傳·孟嘗傳》云：“以病自上，被徵當還，吏民攀車請之。嘗既不得進，乃載鄉民船夜遁去。”後以“攀轅卧轍”爲捨不得長官離去。南朝梁·沈約《齊故安陸昭王碑文》云：“攀車卧轍之戀，争塗忘遠；去思一借之情，愈久彌結。”唐·岑参《送王録事歸華陰》詩：“攀轅人共惜，解印日無多。”

［二〇］ 根，底本作“痕”，形近訛誤，當作“根”，兹據文義及所引諸書徑改。按：《後漢書》卷五八《虞詡傳》曰：“乃以詡爲朝歌長。故舊皆吊詡曰：‘得朝歌何衰！’詡笑曰：‘志不求易，事不避難，臣之職也。不遇盤根錯節，何以别利器乎？’”《藝文類聚》《北堂書鈔》《太平御覽》同上則卷部皆引作典出司馬

彪《續漢書》，文字互有不同。又《籯金》卷二《縣令子男篇》有“盤根”條云：“虞頠、字子詡，爲朝歌令，詡曰：‘不逢盤根錯節，學（何）以知其利器。’言既有利［器］，用何所避也。”

［二一］ 按：《後漢書》卷一三《公孫述傳》云：“述補清水長……後太守以其能，使兼攝五縣，政事修理，姦盜不發，郡中謂有鬼神。”《藝文類聚》及《太平御覽》同上卷部中引司馬彪《續漢書》作“神明”。

［二二］ 按：“秋滿”以下文字不順，考《後漢書》卷二五《卓茂傳》曰：“卓茂字子康……初辟丞相府史……時嘗出行，有人認其馬。茂問曰：‘子亡馬幾何時？’對曰：‘月餘日矣。’茂有馬數年，心知其謬，嘿解與之，挽車而去，顧曰：‘若非公馬，幸至丞相府歸我。’他日，馬主別得亡者，乃詣府送馬，叩頭謝之，茂性不好爭如此……後以儒術舉爲侍郎，給事黄門，遷密令……平帝時，天下大蝗，河南二十餘縣皆被其災，獨不入密縣界。”《藝文類聚》《北堂書鈔》《太平御覽》與上數則同卷部并引司馬彪《續漢書》，在“不入密縣界”下即言太守案事，無“秋滿”以下文字。《勵忠節鈔・善政部》“卓茂”條亦僅及蝗不入密界，則所謂馬肥步歸疑指不爭事，乃原作者誤記者。

［二三］ 按：《後漢書》卷七九《儒林傳・昆傳》云：“建武五年……即除爲江陵令，時縣連年火灾，昆輒向火叩頭，多能降雨止風……稍遷侍中、弘農太守。先是崤、黽驛道多虎灾，行旅不通，昆爲政三年，仁化大行，虎皆負子度河。帝聞而異之……詔問昆曰：‘前在江陵，反風滅火，後守弘農，虎北度河，行何德政而致是事？’昆對曰：‘偶然耳。’”《藝文類聚》卷五〇《職官部》、《太平御覽》卷二六七《職官部》皆引《續漢書》與《後漢書》，并言及劉昆向火叩頭事，而《北堂書鈔》卷七八《設官部》、《太平御覽》卷二六七《職官部》所引則是《續漢書》與華嶠《後漢書》，言及劉平致虎度河，并非同屬一人。《琱玉集》卷一二《感應》第四僅載劉昆向火叩頭事，“民有火災”一句猶存“民”字，今底本已删。而《籯金》卷二《縣令子男篇》“去獸”條及《勵忠節鈔・善政部》并言劉昆致虎度河。唯《類林雜説・清吏篇》“劉琨”條云：劉琨：字桓公，陳留人。光武帝時，初爲江陵令，有火災，叩頭向火，即返風滅火。後爲弘農太守，暴虎負子渡江而去，後爲侍中。帝問曰：“卿爲江陵令，反風火滅，爲弘農太守，暴虎渡河，德政之所及也。”琨曰：“偶然爾。”左右笑其訥，帝曰：

“此長者之言。”命書於策。後漢時人。又《蒙求》卷下“劉昆反火”條并詳盡二事，尤以前書爲最。

［二四］按：《東觀漢記》曰：“王阜爲重泉令，鸞鳥集止學宫，阜使掾沙疊爲張雅樂擊磬，鳥舉足垂翼，應聲而舞，止懸庭，留十餘日乃去。”《籯金》卷二《縣令子男篇》有“王阜”條云：“爲重泉令，有德化，感青色鳥降於庭及襲于（於）冠，百姓爲之頌。”又伯三八九〇號不知名類書云：“王阜爲重泉令，感祥鸞而降舞。”《文選》卷一一《賦己·遊覽·遊天台山賦（孫興公）》云：“覿翔鸞之裔裔。”

［二五］按：《孔子家語》卷三《辨政》云：“子路治蒲三年，孔子過之，入其境，曰：‘善哉由也！恭敬以信矣。’入其邑，曰：‘善哉由也！忠信而寬矣。’至廷，曰：‘善哉由也！明察以斷矣。’子貢執轡而問曰：‘夫子未見由之政，而三稱其善，其善可得聞乎？’孔子曰：‘吾見其政矣！入其境，田疇盡易，草萊甚辟，溝洫深治，此其恭敬以信，故其民盡力也。入其邑，墻屋完固，樹木甚茂，此其忠信以寬，故其民不偷也。至其庭，庭甚清閒，諸下用命，此其言明察以斷，故其政不擾也。以此觀之，雖三稱其善，庸盡其美乎！’”《籯金·縣令子男篇》有“三善”條云：“《論語》［曰］：‘子爲邑宰，路不拾遺，田疇墾闢，仁風大行。’子曰：‘由也！治有三善。’”

［七］朋友

二難：《魏志》曰：“管輅字公明，吏部尚書何晏曰：‘知幾神乎！［古人］以爲難［一］；交疏吐誠，今［人］以爲難［二］，今君一面，而盡二難。’”

三益：《論語》云：“友直，友諒，友多聞。”又曰：“損者三友，益者三友也。”［三］

伐木：《毛詩》曰：“伐木丁丁，鳥鳴嚶嚶；出自幽谷，遷于喬木；嚶其鳴矣［四］，求其友聲。”

採葵：《古詩》云：“採葵莫傷根，結交莫羞貧。傷根葵不生，羞貧交不成。”［五］

斷金：《易》曰：“二人同心，其利斷金。同心之言，其臭如蘭。”又南陽孔嵩與山陽范式爲友［六］，結斷金之交。

傾蓋：《莊子》曰：“孔子逢郗子於路［七］，傾蓋而言終日。”故《史記》曰：“傾蓋若舊，白頭如新。”

班荆：班，布也。《左傳》曰：“蔡聲子蔡，國名。逢伍舉於鄭郊[八]，班荆相與食，言。”舉，楚大［夫］也[九]。

贈紵：吴季札聘於鄭[一〇]，見子産，相識如舊，子産贈之紵衣，季札贈之縞帶。

金蘭：山濤與阮籍、嵇康並一面，契若金蘭[一一]。

膠漆：後漢雷義與陳重爲友，世人語曰：“誰謂膠漆堅，不如陳與雷。”[一二]

醇醪：程普云：“與周公瑾交，若飲醇醪，不覺自醉。”[一三]

雞黍：後漢張元伯與范巨卿爲友，春别秋期。至期日，煞雞炊黍相待[一四]。及巨卿至[一五]，與上堂拜母。又北海孫嵩與趙岐爲友，入室見妻[一六]。

累日：郭林宗造袁奉［高］門[一七]，車不停軌；過黄叔度，累日方還，以黄叔度器量深也[一八]。

一榻：陳蕃爲豫章太守[一九]，不接賓客，唯徐孺子來[二〇]，設一榻；去懸之。

千里：《先賢傳》曰：“嵇康與吕安爲友[二一]，每一相思，千里命駕。”又張季鷹千里命駕[二二]。

半面：應奉字世叔，汝南人，聰明，讀書五行俱下。曾行汝南袁賀門，見賀出半面，後廿餘年，路逢識之[二三]。

忘筌：《莊子》曰：“筌者所以取魚，得魚而忘筌；言者所以取意，得意而忘言。”[二四]

連璧：《語林》曰：“夏侯湛與潘岳爲友[二五]，二人並美貌，連臂而行，洛中謂之連璧[二六]。

道術：《莊子》曰：“魚相樂於江湖，人相知於道術。”[二七]

淡交：《禮》曰：“君子之交淡若水[二八]，小人之交甘如醴；君子淡以成，小人甘以壞。”亦出《莊子》[二九]。

披雲：《晋書》曰：“樂廣爲尚書令，何晏異之，就談。晏曰：‘此人水鏡也，吾一見之，若披雲霧而覩青天。’”[三〇]

開霧：文王遇太公於渭濱，王曰：“君開霧而見白日。”言道術相得[三一]。

通財：《國語》曰[三二]：管仲與鮑叔牙爲友，仲曰：生我者父母，知我者鮑叔［牙］[三三]。有通財之義，二人俱賈於南陽，分財，鮑叔［牙］多自取少，時爲仲貧。

並糧：羊角哀與左伯桃爲友[三四]，聞楚王賢[三五]，俱往仕之，路逢滯雪，絶粮，計不俱全，遂並粮與角哀，桃入樹中餓死[三六]。

傳衣：陳留尹包與范丹字子虛爲友[三七]，俱貧，出入共傳一衣[三八]。

棄金[三九]：《漢記》曰："華歆字子魚，與管寧爲友。二人鋤於園，見金，擲如瓦礫，不取。漢末人也。曾同席讀書，有軒冕者過門，寧讀書如故，歆乃出看[四〇]，寧乃割席分坐，曰：'子非吾友也。'"[四一]

相知：《魏子》曰："邢［高］[四二]、吕安相逢於市，仰天而泣，曰：'恨相知之晚。'"

交賢[四三]：《家語》曰："身脩而名不彰，友之罪也[四四]。故君子入則篤行，出則交賢。"

杵臼：吴祐遊太學，有公沙穆者居貧[四五]，賃舂於學。祐與穆於杵臼之間相識，因而結交。

椒蘭：孫卿子曰："人之好我，芬若椒蘭。"[四六]

蘭芷：《大戴記》曰："［上］親賢［則］下擇友[四七]。與君子遊，如入蘭芷之室；與小人遊，如入鮑魚之肆。"[四八]

金石：《譙子》曰："友得人，千里同好，堅於金石。"[四九]

温寒：諸葛亮曰："士之相知▩（也）[五〇]，温不增榮[五一]，寒不改葉。"

莫逆：王弘之、孔淳［之］爲莫逆之交[五二]。

仙舟：李膺與郭泰爲友[五三]，每乘舟共遊，時人謂之仙舟。

素交：劉［孝］標《［廣］絶交論》曰[五四]：［至夫］組織仁義[五五]，琢磨道德，歡其愉樂[五六]，恤於陵夷，寄通靈臺之下，遺跡江湖之上，風雨急而不輟其音[五七]，霜雪零而不渝其色，斯賢達之素交，［歷］萬古［而］一遇[五八]。

勢交：彫刻百工[五九]，鑪捶萬物[六〇]，吐漱興雲雨[六一]，呼吸下霜露，九域聳其風塵，四海疊其薰灼，靡不望影星奔，藉響川鶩[六二]；雞人始唱，鶴蓋成蔭；高門且開，流水接軫，皆願磨頂至踵，隳膽抽腸，約同要離，誓焚妻子[六三]。

賄交：山擅銅陵，家藏金穴，出平原而聯騎，居里閈而鳴鍾[六四]，則有窮巷之賓，繩樞之士，冀宵燭之末光[六五]，邀潤屋之微澤[六六]，魚貫凫躍，颯沓鱗萃，分雁鶩之稻粱[六七]，霑玉斝之餘瀝[六八]，銜恩遇，進款誠，援青松以示心[六九]，指白水而旌信[七〇]。

談交：陸大夫讌喜西都，郭有道人倫東國[七一]，公卿貴其藉甚，搢紳羨其登仙，加以頷頤蹙頞[七二]，涕唾流沫，［騁］黄馬之劇談[七三]，縱碧雞之雄辯[七四]，叙温郁則寒谷成暄，論嚴苦則春蘖零葉，飛沉出其顧指[七五]，榮辱定其一言[七六]，於是弱冠王孫，綺紈公子，道不挂於通人，聲未遒於雲閣[七七]，攀其鱗翼[七八]，丐其餘論，附麒麟之髦端，軼歸鴻於碣石[七九]。

窮交：陽舒陰慘，生民大情[八〇]，憂合驩離，品物恒性，故魚以泉涸而煦沫[八一]，鳥因將死而鳴哀[八二]。同病相憐，綴河上之悲曲；恐懼寘懷，昭谷風之盛典。斯則斷金由於湫隘，刎頸起於苫蓋[八三]，是［以］伍員濯溉於宰嚭[八四]，張王撫翼於陳相[八五]。

【校釋】

［一］古人，底本無，兹據文義及所引諸書補。按：（晋）陳壽撰、（宋）裴松之注《三國志》卷二九《魏書・方技管輅傳》"晏曰：'過歲更當相見'"下，裴注引《輅別傳》，文字大抵相同而較詳於此，《太平御覽》卷四〇六《人事部・交友一》引文典出《晋陽春秋》。《籯金》卷二《朋友篇》有"連璧、斷金"條，引《孔子家語》有古今二難之意，然非一典。《王子安集注》卷八《秋日登洪府滕王閣餞別序》曰："四美具，二難並。"《籯金》卷二《朋友篇》"叙"曰："二難之歡不睽，三益之心無間。"

［二］人，底本無，兹據文義及所引諸書補。按：諸書"古""今"字下尚有"人"字，并據補。

［三］按：魏・何晏注，宋・邢昺疏《論語注疏・季氏第十六》云："孔子曰：'益者三友，損者三友。友直、友諒、友多聞，益矣。友便辟、友善柔、友便佞，損矣。'"此僅意引耳。《籯金》卷二《朋友篇》有"六友"條即原卷下半段文字。《文選》卷二五《詩丁・贈答三・答魏子悌一首（盧子諒）》："寄身蔭四嶽，託好憑三益。"參見上則。

［四］嚶，底本作"鸎"，形音近之通假字，當作"嚶"，兹據注疏本及《藝文類聚》卷二一《人部五・交友》徑改。按：此爲漢・毛亨傳，漢・鄭玄箋，（唐）孔穎達疏《毛詩正義・小雅・伐木》首章。《籯金》卷二《朋友篇》以"採葵""伐木"爲對，引《毛詩》首二句。其"叙"又曰："伐木興謡，採葵著詠。"《臨海集》卷三《初秋於竇六郎宅宴得風字並序》云："諸君情諧伐木，仰登龍以締歡。"

［五］按：《太平御覽》卷四〇六《人事部・交友一》文字相同，《先秦漢魏晋南北朝詩・漢詩》卷一二《古詩二首》亦作無名氏古詩，唯二、三句互置，作交互韻。《籯金》卷二《朋友篇》雖僅録首二句，却作吴均詩，若非誤記，則可

資考證也。又參見上則。

［六］ 式，底本作“或”，形近訛誤，當作“式”，兹據文義及引書徑改。按：首段出魏·王弼注，唐·孔穎達疏《周易正義·繫辭上》。次段僅見《敦煌變文集新書》中勾道興《搜神記》（伯五五四五號）云：“《史記》曰：孔嵩者，山陽人也。共鄉人范巨卿爲友。二人同行，於路見金一段，各自相讓，不取遂去。前行百步，逢［一］鋤人語［之］曰：我等二人見金一段，相讓不取，今與君。”其人往看，唯見一死蛇在地，遂即與鋤琢之兩段。却語嵩曰：‘此是蛇也，何言金乎？’二人往看，變爲兩段之金。遂相語曰：‘天之與我此金也。’二人各取一段，遂結段金之交也。”餘如《纂金》“斷金”條叙義而不及事，“叙”又曰：“蜜友同心，行播斷金之契。”若《太平御覽》卷四〇七《人事部·交友二》引謝承《後漢書》、卷四八四《人事部·貧上》引華嶠《後漢書》及《後漢書》卷八一《范式傳》、并言孔嵩傭卒，范式把臂事。《類林雜説》卷五《仁友篇》引《語林》云：“孔嵩：字仲山，南陽人也。少與潁川荀彧未冠時共遊太學，彧後爲荆州刺史，而嵩家貧，與新野里客傭爲卒。彧時出，見嵩，下駕，執手曰：‘昔與子摇扇俱遊太學，今子爲卒，吾亦痛哉！’彧命代嵩，嵩以傭夫不去，其歲寒心若此。嵩後三府累請，辭不赴。後漢時人。出《語林》。”孔嵩與荀彧事，諸書皆不載“斷金”事蹟。又唐代令狐楚與李逢吉相友善，合輯二人倡酬之作稱之爲《斷金集》。

［七］ 子，底本作“曰”，當讀作“子”，兹據文義及所引之書徑改。按：首段非《莊子》文所載，《孔叢子校釋》卷二《雜訓》曰：“吾昔從夫子於郯，遇程子於途，傾蓋而語終日，而别。”《孔子家語》卷二《致思》、《韓詩外傳集釋》卷二《第十六章》意同而文略異，并作程子。又次段《史記》卷八三《鄒陽傳》云：“諺曰：‘有白頭如新，傾蓋如故。’何則？知與不知也。”又參見下則。

［八］ 蔡，底本作“葵”，形近訛誤，當作“蔡”，兹據文義及引文徑改。〇伍，底本作“五”，此敦煌寫本或略或添偏旁之例，亦爲古今字，當作“伍”，兹據文義及下文徑改。

［九］ 夫，底本無，兹據文義及引書補。按：周·左丘明傳，晋·杜預注，唐·孔穎達正義《春秋左傳正義·襄公二十六年秋》曰：“初，楚伍參與蔡大師子

朝友，其子伍舉與聲子相善也。伍舉娶於王子牟，王子牟爲申公而亡。楚人曰：‘伍舉實送之。’伍舉奔鄭，將遂奔晉。聲子將如晉，遇之於鄭郊，班荆相與食，而言復故。”《太平御覽》卷四一〇《人事部·父子交》誤作襄五年。（梁）沈約撰《宋書》卷九三《陶潛傳》曰：“鮑叔、敬仲，分財無猜，歸生、伍舉，班荆道舊，遂能以敗爲成，因喪立功。”《籯金》卷二《朋友篇》叙曰：“班荆而由洽樂，莫不傾蓋，以叙殷勤。”

［一〇］ 聘，底本作“娉”，乃形容女子十七八歲娉婷玉立之貌，與作動詞之昏聘或聘約義不同，因形音近而訛誤也，當作“聘”，據文義及引文徑改。按：《春秋左傳正義·襄公二十九年》曰：“（吴公子札）聘於鄭，見子產，如舊相識，與之縞帶，子產獻紵衣焉。”《太平御覽》卷四〇六《人事部·交友一》亦見節引。《籯金》卷二《朋友篇》作“贈縞”，文字簡略。“叙”又曰：“亦有并糧申義，贈縞通歡。”

［一一］ 按：此爲《世説新語箋疏下·賢媛》第十一條首二句。《藝文類聚》卷二一《人部·交友》、《太平御覽》卷四〇九《人事部·交友四》并引，典出《竹林七賢論》。《籯金》卷二《朋友篇》有“金蘭”條，釋義不同。叙又曰：“石席之意不渝，金蘭之心無替。”

［一二］ 按：《後漢書》卷八一《雷義傳》、《太平御覽》卷四〇七《人事部·交友二》引謝承《後漢書》、《類林雜説》卷五《仁友篇》并作：“雷義：字仲公，豫章人。與汝南陳重爲友，時人爲之語曰‘膠漆自謂堅不如雷與陳’。二人俱至郡守。漢人。”《蒙求》卷上“陳雷膠漆”條作“膠漆雖堅，不如雷與陳。”諸書或因“世”諱而作“時”。又《莊子集解·駢拇第八》曰：“待繩約膠漆而固者，是侵其德也。”

［一三］ 按：《三國志》卷五四《吴書·周瑜傳》：“（瑜）惟與程普不睦。”裴注引《江表傳》云：“普頗以年長，數陵侮瑜。瑜折節容下，終不與校。普後自敬服而親重之，乃告人曰：‘與周公瑾交，若飲醇醪，不覺自醉。’”《初學記》卷一八《交友第二》及《太平御覽》卷四〇九《人事部·交友四》出典、引文并同。《籯金》卷二《朋友篇》“醇醪”條引《説苑》云：“良友如飲醇醪，自然必醉，言飲人義而醉若爾。”

［一四］ 炊，底本作“坎”，形近訛誤，當作“炊”，據文義及所引諸書徑改。

［一五］及，底本作“史”，形近訛誤，當作“及”，據文義及所引諸書徑改。

［一六］按：《後漢書》卷八一《范式傳》云：“范式字巨卿，山陽金鄉人也，一名氾。少遊太學，爲諸生，與汝南張劭爲友。劭字元伯。二人并告歸鄉里。式謂元伯曰：‘後二年當還，將過拜尊親，見孺子焉。’乃共剋期日。後期方至，元伯具以白母，請設饌以候之。母曰：‘二年之别，千里結言，爾何相信之審邪？’對曰：‘巨卿信士，必不乖違。’母曰：‘若然，當爲爾醖酒。’至其日，巨卿果到，升堂拜飲，盡歡而别。”《太平御覽》卷四〇七《人事部·交友二》引謝承《後漢書》近似。《類林雜説》卷三《敦信篇第十二》“范式”條云：“范式，字巨卿，山陽金鄉人。與汝南張元伯爲友，春别京師，暮秋爲期，伯至九月十五日，殺雞炊黍相待，伯母曰：‘相去千里，没當信之。’伯曰：‘巨卿信士，終不失信。’言訖，巨卿至，二人相隨拜母，極歡。後漢人。”《蒙求》卷上“范張雞黍”條，則與此略近。又《籯金》卷二《朋友篇》“死友”條僅言“范巨卿與張元伯結爲死友。”然以上諸書未若伯二五〇二號不知名類書詳盡，其在《朋友善交》類中“元伯炊黍，定有巨卿之期。”下云：“張元伯者南［陽］人，范巨卿者山陽人也。二人立契，遊學他方，至存相念，殊於骨肉。學四時，各自還家，初春取别，悲泣相送，見者心酸，爲之流涕。元伯曰：‘今日一别，何時相見。’巨卿曰：‘至九月九日日中時，向日，不食相待。’言訖，各自分路。至於其日，元伯煞雞炊黍，以待巨卿。其母怪而問之，伯曰：‘朋友范巨卿住在山陽，初别許今日來至，故具食待之。’母曰：‘山陽去此二千餘里遥，歷春夏，音信斷絶，念汝愚倩（情），非意相忘。’言由（猶）未訖，巨卿來至，元伯共飲酒。”《文選》卷二六《詩丁·贈答四·贈張徐州稷一首（范彦龍）》云：“恨不具雞黍，得與故人揮。”李善注引謝承《後漢書》，亦與《類林雜説》近似。又孫嵩、趙岐事見載於《後漢書》卷六四《趙岐傳》云：“（岐）自匿姓名，賣餅北海市中。時安丘孫嵩年二十餘，遊市見岐，察非常人，停車呼與共載。岐懼失色，嵩乃下帷，令騎屏行人。密問岐曰：‘視子非賣餅者，又相問而色動，不有重怨，即亡命乎？我北海孫賓石，闔門百口，埶能相濟。’岐素聞嵩名，即以實告之，遂以俱歸。嵩先入白母曰：‘出行，乃得死友。’迎入上堂，饗之極歡。”《類林雜説》卷五《仁友篇第三十》言之極詳，云：“趙岐：字邠卿，京兆長陵人，仕郡爲功曹。中常侍唐衡弟衎爲京兆都尉，岐爲功曹，每侵之，衎常

懷怏怏，唐衡聞之，遂奏漢靈帝，靈帝遷衡爲京兆太守，衡遂牧岐家屬，將託以重罪誅之。岐亡走，更姓名，至青州賣胡餅，時北海孫嵩，字賓石，乘獨車遊於市中，遥見岐，呼至與語，岐懼是衡親屬，惶恐色變，孫嵩因謂岐曰：'視子之貌，非賣餅也。見聞而色動，子不有重怨則當亡命。我北海孫賓石也，闔門百口，能令於君。'岐遂以實告之，嵩於是載岐上車同歸。嵩白母曰：'今得死友。'將岐上堂，拜母訖，然後置於覆壁中，密自供給二年。唐衡被誅，諸唐悉皆破滅，岐遂得出。至洛陽，朝廷舉岐詔拜太僕，岐因説嵩行義，嵩由是顯名，仕至豫州刺史。岐卒，嵩爲行朋友之服焉。後漢末時人。事出《魏書》。"惟二書皆無見妻之文，恐作者誤記。

［一七］高，底本無，兹據文義補。

［一八］黄，底本作"其"，疑爲"黄"字之形近訛誤，兹據文義及下列諸引書徑改。○量，底本作"良"，疑爲"量"字之音誤，兹據文義及下列諸引書改。按：《後漢書》卷六八《郭太傳》云："其奬拔士人，皆如所鑒。"其下李賢注引謝承《後漢書》曰："初，太始至南州，過袁奉高，不宿而去；從叔度，累日不去。或以問太。太曰：'奉高之器，譬之（泛）［氿］濫，雖清而易挹。叔度之器，汪汪若千頃之陂，澄之不清，擾之不濁，不可量也。'已而果然，太以是名聞天下。"又《世説新語箋疏上·德行第一》第三則與謝書近似。

［一九］豫，底本作"像"，形近訛誤，或因避諱代宗而改，當讀作"豫"，兹據文義及所引諸書徑改。按：《後漢書》卷六六《陳蕃傳》云："郡人周璆，高絜之士。前後郡守招命莫肯至，唯蕃能致焉。字而不名，特爲置一榻，去則懸之。"又同書卷五三《徐穉傳》云："時陳蕃爲太守……蕃在郡不接賓客，唯穉來特設一榻，去則懸之。"則蕃禮遇者前後二人，不止一人而已。《世説新語箋疏上·德行》第一條"吾之禮賢"下，孝標注引袁宏《漢紀》曰："蕃在豫章，爲穉獨設一榻，去則懸之，見禮如此。"《蒙求》卷下"陳蕃下榻"條、《勵忠節鈔·善政部》"陳蕃"條，仍作徐穉，意同。

［二〇］孺，底本作"孺"，形近訛誤，當作"孺"，兹據文義及所引諸書徑改。按：詳參上則。

［二一］吕安，底本誤合體作"宴"字，當作"吕安"，兹據文義及所引諸

書改。

［二二］鷹，底本作"膺"字，當作"鷹"，兹據文義及所引諸書改。按：《晋書》卷四九《嵇康傳》云："東平吕安服康高致，每一相思，輒千里命駕，康友而善之。"又見《世説新語箋疏下·簡傲》下第四則。《類林雜説》卷五《仁友篇》云："嵇康：字叔夜，譙國人。康與東平吕安爲友，每一相思，輒千里命駕。晋時人也。"《蒙求》卷上"嵇吕命駕"條，意同而未注出處。《太平御覽》卷四〇九《人事部·交友》典出《竹林七賢論》。《籝金》卷二《朋友篇》"千里"目下言康事極爲簡略，叙亦有"遠尋千里之遊"一句。又"張翰"條見《晋書》卷九二《張翰傳》："（翰）曰：'人生貴得適志，何能羈宦數千里以要名爵乎！'遂命駕而歸。"《蒙求》卷下"張翰適意"條文字近似。《杜詩詳注》卷一二《贈别賀蘭銛》云："我戀岷下芋，君思千里蓴。"

［二三］按：《蒙求》卷中"應奉五行"條與《後漢書》卷四八《應奉傳》，但言讀書五行俱下事，不載半面之文。唯李賢注引謝承《後漢書》云："奉年二十時，嘗詣彭城相袁賀，賀時出行閉門，造車匠於内開扇出半面視奉，奉即委去。後數十年於路見車匠，識而呼之。"唯斯一三三號不知名類書"應奉"條，則言半面及强識囚犯名及罪刑輕重。《類林雜説》卷四《聰慧篇》云："應奉：字世叔，河南潁川人也，少而聰敏。爲兒童時，凡所經歷，莫不闇記，讀書五行俱下。奉曾游汝潁，至袁賀門，賀不在，有一車師出半面答云：'賀不在。'後十餘年於洛見，猶識之。奉仕郡爲决吏，録囚徒數百人。奉子劭，字仲遠，解集《前漢書》，又撰《風俗通記》，仕至太守。後漢時人。"《琱玉集》卷一二《聰慧》，則并及以上三事。"世叔"二字諸書當因諱而删。又《樊南文集》卷七《太尉衛公會昌一品集序》云："車匠胡奴，罔迷於半面。"又《北齊書》卷三四《楊愔傳》云："其聰記强識，半面不忘。"

［二四］按：此爲《莊子集解·外物》句，今已將"在"改作"取"，略去"蹄兔"一句。《文選》卷二四《詩丙·贈答二·贈秀才入軍五首（嵇叔夜）》之四云："嘉彼釣叟，得魚忘筌。"

［二五］湛，底本作"堪"，形近訛誤，當作"湛"，此敦煌寫卷偏旁誤寫之常例，兹據文義及下則所引諸書徑改。

［二六］壁，底本作"壁"，形近訛誤，當作"壁"，兹據文義及所引諸書徑

改。按:《晋書》卷五五《夏侯湛傳》云:“與潘岳友善，每行止同輿接茵，京都謂之‘連壁’”《世説新語箋疏下·容止》第九則、《蒙求》卷上“岳湛連璧”條、《琱玉集》卷一四《美人》“潘岳雙珠”條、《類林雜説》卷九《美丈夫篇》“潘岳”云:“潘岳，字安仁，滎陽人，與譙郡夏侯湛爲友，二人並有美容。相隨洛下，時人號曰連璧友人。魏末晋初人。《世説》。”文字互有異同，并有“連璧”之稱，然諸書所重皆在二人因美姿容而稱“連璧”，非重在二人同輿接茵之“連”字也，蓋《晋書》誤看《世説》文字。伯二六〇五號《類林·美人篇》文字儘管誤接中斷，而潘岳及夏侯湛下殘文疑與“連璧”者同。蓋二人如《莊子集解·列御寇第三十二》云:“以日月爲連璧，星辰爲璣珠。”

［二七］按:此爲《莊子集解·大宗師第六》文字，唯“樂”“知”二字作“忘”。《藝文類聚》卷二一《人部五·交友》引文同。《淮南子集釋·俶真訓》亦同。《漢書》卷三〇《藝文志》曰:“方今去聖久遠，道術缺廢，無所更索。”

［二八］淡，底本作“深”，其右側旁注“ミ”形删除符號，其右下脚有“淡”字，表示校改，兹徑録作“淡”。

［二九］按:此出《莊子集解·山木》，“成”作“親”，“壞”作“絶”。又漢·鄭玄注，唐·孔穎達疏《禮記正義·表記》，“交”并作“接”，無“淡”“甘”二字。按:《藝文類聚》卷二一《人部五·交友》引文作《禮記》，文字與原卷同。《籯金》卷二《朋友篇》“得意、忘言”條所引此文略簡，作“《莊子》曰”。《駱賓王集》卷三《詠水》云:“終當挹上善，屬意淡交人。”

［三〇］按:《晋書》卷四三《樂廣傳》云:“尚書令衛瓘，朝之耆舊，逮與魏正始中諸名士談論，見廣而奇之，曰:‘自昔諸賢既没，常恐微言將絶，而今乃復聞斯言於君矣。’命諸子造焉，曰:‘此人之水鏡，見之瑩然，若披雲霧而睹青天也。’”《語對》作何晏評樂廣，一作衛瓘評樂廣，二者并出《晋書》，差異若此。考《世説新語箋疏中·賞譽》第二十三則及劉孝標注引《晋陽秋》王隱《晋書》、《藝文類聚》卷二《天部下·霧》引王隱《晋書》、《蒙求》卷中“彦輔冰清”條，并作“衛瓘”評樂廣，而《初學記》卷一一《侍郎郎中員外郎》事對“睹天”條引王隱《晋書》亦作樂廣、何晏等談講，衛瓘見奇而嘆者，則必《語對》作者誤記耳。《籯金》卷二《褒譽篇》有“樂鏡”條，文字極簡，“叙”有“湛湛

藻鏡而涵日月”。又《中論·審大臣》曰：“文王之識也，灼然若披雲而見日，霍然若開霧而見天。”

［三一］按：以上二條編入此類不倫。《庾子山集注·滕王逌原序》云：“開霧睹天，有同於樂廣。”又參見上條。

［三二］曰，底本“曰”字下衍“管”字，其右側旁注“ミ”删除符號，兹據此删。按：此條不見載於《國語》。《藝文類聚》卷二一《人部五·交友》引文作“《列子》”，《太平御覽》卷四〇九《人事部·交友四》作“《史記》”，文字較此爲詳。《類林雜説》卷五《仁友篇》則云：“管仲，字夷吾，穎川人也。少與鮑叔牙爲友，二人行賈南陽，至於分財，常與叔牙多，自取少，後俱仕齊。齊獻公生襄公、公子糾、公子小白，糾即魯之外甥，小白即莒之外甥，管仲傅子糾，叔牙傅小白。兄襄公卒，二弟争位，遂使交戰，管仲射小白，中鉤，小白佯死，叔牙齧指取血以塗小白鉤帶，子糾謂小白已死，便還魯，欲擇吉日而入齊，宫人遂奏小白先爲齊君，是爲桓公。魯人懼齊，殺子糾，囚管仲，桓公曰：‘寡人甘心焉。’叔牙謂桓公曰：‘若欲治國，可任高傒、臣等足矣；若欲服天下，非夷吾不可！’桓公遂迎夷吾入齊，官以上卿，輔佐桓公，九合諸侯，一匡天下，蓋夷吾之功也。出《史記》。”《籯金》卷二《朋友篇》“憂人之憂”條僅及上半段，無通財之義。考《史記》卷六二《管仲傳》所言文字近於《藝文類聚》，且由“鮑叔多自取少”，證明《語對》原卷出自《類林雜説》一系。《白虎通疏證·瑞贄》云：“朋友之際，五常之道，有通財之義，振窮救急之意。”

［三三］牙，底本脱，兹據文義補，下同。

［三四］與，底本作“子”，蓋“與”之省體寫法形近致誤，兹據文義及所引諸書徑改。

［三五］聞，底本作“問”，二字雖有通假之例，仍當作“聞”爲是，兹據文義及所引諸書徑改。

［三六］按：伯二五〇二號不知名類書殘卷《朋友善交部》第二則“並糧之義，響著前經”下云：“昔秦州人羊角哀、燕州人左伯桃，二人聞楚文王有德，故王（往）歸之。值天大雪，積日（月）不消，糧食乏少，計不前達。角哀謂伯桃曰：‘我今並廿日糧與子往仕於楚。’桃曰：‘我之才藝不如於子。’遂並糧與角哀，伯桃在樹孔中，數日而死。哀憶桃，遂具白楚王，道俱來之意。王即命群

臣國中，出族往迎其喪，令大夫禮葬，埋在楚王西南。角哀夢中見伯桃曰：'蒙子厚葬，得稱華營（塋）。吾死，□□埋我與將軍荆軻將墓側，軻恃豪貴，日夜屢戰，吾亦不伏。□今月十五日大戰，吾退弱即爲奴僕，豈非益子之恥。'哀寐覺而歎曰：'蒙子衣糧得達，是子之義；若不死，是貪生之言，既須吾往，不可違也。'哀遂向楚王［言］，陳兵塚上，與荆軻鋒甲影日三𣁽金，無所睹，仰天歎曰：'子囑蒙見，得吾則勝。兵雖衆，不知地頭誰勝。'登言（塋）涕泣，舉劍自刎而死，豈不爲友没命喪身。"《類林雜説》卷五《仁友篇》"羊角哀"條云："羊角哀與左伯桃爲友，二人聞楚王賢，俱往仕之。至梁山，路失逢雪，糧食乏少，去楚千里，計不俱全，伯桃遂並糧與角哀，桃乃入樹中而死。角哀仕楚，楚王用爲上卿，然後收葬伯桃，伯桃墓迫荆軻將軍墓。角哀夜夢見伯桃告之曰：'我日夜爲荆將軍所伐，子可救我！不援，吾必爲荆將軍所擄！'羊角哀驚覺流涕，遂從楚王請兵，鳴鼓奮劍往擊荆將軍墓，未知勝負，角哀自刎而死。六國時人。出《烈士傳》。"《太平御覽》卷四〇九《人事部・交友四》引《烈士傳》，文字未若此條生動，意則近似。又伯二六二一號《孝子傳》亦引此條，略簡。《敦煌變文集新書》句道興《搜神記》（伯二六五六號）僅及下半段，而《籯金》卷二《朋友篇》"並糧"則失之簡矣。《敦煌變文集新書》卷七《齖䶗書》云："每憶賢人羊角哀，求學山中並糧死。"《古賢集》云："伯桃並糧身受死。"所指即此事類。

［三七］ 與，底本作"子"，乃省體形近致誤，當作"與"，兹據文義及所引諸書徑改。〇字子虚，底本作"字文虚"，原鈔爲雙行注文，"文"字乃省體形近致誤，當作"字子虚"，兹據文義及所引諸書徑改。

［三八］ 按：《太平御覽》卷六九一《章服部・單衣》引謝承《後漢書》曰："陳留尹苞，字延博，與同郡范史雲善，二人俱貧，出入共一單衣。到人門外，苞年長，常先著單衣前入，須臾出，解與史雲。"《類林雜説》卷八《貧窶篇》云："范丹，字史雲，陳留人，與同郡尹包爲友，俱貧。每出，傳一單衣，包年長先走，迴即脱與丹也。"載録此事較《太平御覽》爲簡，意略異。又參見第十六部《貧賤》"傳衣"條及第一一五頁注［五］條。

［三九］ 棄，底本作"弃"，以諱"世"字，致成唐代俗寫通行字也，兹據文義徑録正。

［四〇］ 看，底本作“者”，形近訛誤，當作“看”，兹據文義及所引諸書徑改。

［四一］ 按：此條見載《世説新語箋疏上・德行》第十一則，《太平御覽》卷四〇九《人事部・交友四》、《太平御覽》卷六一一《學部・勤學》、《北堂書鈔》卷九七《藝文部・好學》“管寧割席”、《藝文類聚》卷六九《服飾部上・薦席》等，并引《世説》，唯《蒙求》卷上“管寧割席”條及《太平御覽》卷四一〇《人事部・絶交》則作“《魏志》”，《類林雜説》卷二《廉儉篇》云：“華歆，字子魚，與北海管寧爲友。二人鋤田，見金，寧揮鋤與瓦甎無異，歆握而擲之地，不敢取。漢末魏初時人。出《世説》。”伯二〇七二號《勤學》第二則僅載割席，出《世説》。諸書皆言出“《漢記（紀）》”一書者，恐作者誤記。

［四二］ 高，底本下角稍有缺損，兹據文義及引文補。按：伯二五〇二號“朋友善交”類有“邢高、吕安，殊方致舊”條，唯《籯金》卷二《朋友篇》“泣鄽”條下云：“邢晏、吕安二人相遇於市。立話平生，一言道合，二并流涕，所恨相識晚也。”叙又有“邢晏泣鄽”條，則“晏”應爲“高”字之形近訛誤，當據正。《太平御覽》卷四〇六《人事部・交友一》引《郄子》曰：“昔邢高、吕安飲於市，仰天泣，二子非有喪之哀傷，相知之晚耳。”原卷出典或已誤記，即文字亦省略至近乎不順矣。又《史記》卷一〇七《魏其武安侯傳》曰：“兩人相爲引重，其游如父子然。相得驩甚，無厭，恨相知晚也。”《王右丞集箋注》卷十《酌酒與裴迪》：“白首相知猶按劍，朱門先達笑彈冠。”

［四三］ 交賢，底本作“友賢”，考《家語》作“交”，且與上條詞目“相”字爲對，蓋形近誤，當作“交賢”，兹據文義徑録正。按：《太平御覽》卷四〇六《人事部・叙交友》引文除“身”作“行”外，餘全同。然《孔子家語》卷五《困誓》曰：“夫内行不修，身之罪也；行修而名不彰，友之罪也；行修而名自立。故君子入則篤行，出則交賢，何謂無孝名乎？”

［四四］ 罪，底本“罪”字之上有“宿”字，其旁右側注“ミ”删除符號，兹據删。

［四五］ 沙，底本作“涉”，形近訛誤，當作“沙”，兹據文義及所引諸書徑改。按：《後漢書》卷六四《吴祐傳》云：“時公沙穆來遊太學，無資糧，乃變服客傭，爲祐賃舂。祐與語大驚，遂共定交於杵臼之閒。”《類林雜説》卷

五《友人篇》云："吴祐，字季英，後漢陳留人。太守冷宏召補文學，見而異之，擢舉孝廉。時公沙穆來遊太學，無資糧，乃變服客傭，爲祐賃舂，與語，大驚，遂共定交於杵臼之閒。祐後爲州，問……自免歸，隱居不仕，灌園蔬以爲業。"文字最詳，然因缺損，未明出典。《太平御覽》卷四〇七《人事部·交友二》引作袁山松《後漢書》，文字略有不同。又見《東觀漢記校注》卷一七《吴祐傳》。

［四六］ 按：《荀子集解·議兵篇》云："而其民之親我歡若父母；其好我芬若椒蘭。"原卷則爲節引，并將"民"諱改作"人"。《文選》卷三〇《詩庚·雜擬上·擬魏太子鄴中集詩八首之五徐幹（謝靈運）》云："已免負薪苦，仍遊椒蘭室。"

［四七］ 上，底本無，兹據文義及《太平御覽》卷四〇六《人事部·叙交友》補。〇則，底本缺，兹據文義及《太平御覽》卷四〇六《人事部·叙交友》補。

［四八］ 按：《太平御覽》卷四〇六《人事部·叙交友》凡分二則，此卷并合爲一，并爲節引。《屈原集校注·離騷》云："蘭芷變而不芳兮，荃蕙化而爲茅。"《全梁文》卷六四張纘《離别賦》云："分自諧於金石，情冥符乎蘭芷。"

［四九］ 按：《太平御覽》卷四〇六《人事部·叙交友》引《譙子·齊交篇》文字極詳，唯相對應之文句云："必得其人，千里同好，固於膠漆，堅於金石。"《韓非子集解·守道》云："守道者皆懷金石之心，以死子胥之節。"又參見上則。

［五〇］ 知，底本"知"字下墨迹難辨，疑爲"也"字。

［五一］ 增，底本作"繒"字，當作"增"，兹據文義及引書徑改。按：《太平御覽》卷四〇六《人事部·叙交友》引文出《要覽》，文字較詳，唯"榮"作"華"，原卷疑諱"華"而改文。

［五二］ 之，底本脱，兹據文義及引書補。按：《宋書》卷九三《孔淳之傳》云："服闋，與徵士戴碩、王弘之及王敬弘等共爲人外之游。"然《太平御覽》卷四〇八《人事部·交友三》引不知名《宋書》曰："晋安帝義熙初，高祖命瑯琊王弘［之］爲徐州治中從事吏，不就，隱于會稽，與魯國孔淳之爲莫逆交。"乃此條之出典。又《莊子集解·大宗師第六》云："四人相視而笑，莫逆於心，遂相與爲友。"《李太白全集》卷一三《憶舊遊寄譙郡元參軍》云："海内賢豪青雲

客，就中與君心莫逆。”

［五三］　泰，底本作“奉”，當作“泰”，兹據文義及所引諸書徑改。按：《後漢書》卷六八《郭太傳》云：“郭太字林宗……始見河南尹李膺，膺大奇之，遂相友善，於是名震京師。後歸鄉里，衣冠諸儒送至河上，車數千兩，林宗唯與李膺同舟而濟，衆賓望之，以爲神仙焉。”《類林雜説》卷一三後來所加之《舟車篇第》中有“李膺”條及《蒙求》卷上有“李郭仙舟”條，文字近於《後漢書》，然較原卷詳細。

［五四］　孝，底本脱，兹據文義補。○廣，底本脱，兹據文義補。

［五五］　至夫，底本脱，兹據文義補。○仁，底本作“人”，當作“仁”，兹據文義徑改。

［五六］　其，底本“其”字下原有“惟”字，旁加“卜”形刪除符號，兹據此刪。

［五七］　輟，底本作“轉”，意雖可通，仍以“輟”字爲勝，兹據文義及所引諸書徑改。

［五八］　歷，底本脱，兹據文義補。○而，底本脱，兹據文義補。按：此《文選》卷五五《論五・廣絶交論（劉孝標）》，《藝文類聚》卷二一《人部五・絶交》等見載，其文字尚勉强通順，姑存其真。又《杜詩詳注》卷一四《過故斛斯校書莊二首》其二云：“素交零落盡，白首淚雙垂。”

［五九］　百，底本誤析爲“一白”，當作“百”，兹據文義及《文選》卷五五《論五・廣絶交論（劉孝標）》、《藝文類聚》卷二一《人部五・絶交》徑改。

［六〇］　捶，底本作“撫”，當作“捶”，兹據文義及《文選》改。按：《藝文類聚》作“錘”。

［六一］　雲雨，底本作“云雨”，兹據文義及《文選》卷五五《論五・廣絶交論（劉孝標）》《藝文類聚》卷二一《人部五・絶交》徑録正。

［六二］　鶩，底本作“騖”，當作“鶩”，兹據文義及《文選・廣絶交論（劉孝標）》《藝文類聚》卷二一《人部五・絶交》徑録正。

［六三］　“約同要離，誓焚妻子”一句，與諸書文字不同。按：《文選・廣絶交論（劉孝標）》《藝文類聚》卷二一《人部五・絶交》作：“約同要離焚妻子，誓殉荆卿湛七族。”此段出處與上則并同。

［六四］ 閈，底本作“聞”，當作“閈”，兹據文義及《文選》卷五五《論五・廣絶交論（劉孝標）》徑改。

［六五］ 宵，底本作“宥”，當作“宵”，兹據文義及《文選》卷五五《論五・廣絶交論（劉孝標）》徑改。

［六六］ 屋，底本作“居”，當作“屋”，兹據文義《文選》卷五五《論五・廣絶交論（劉孝標）》徑改。

［六七］ 雁，底本作“鷹”，當作“雁”，兹據文義及《文選》卷五五《論五・廣絶交論（劉孝標）》徑改。

［六八］ 罼，底本作“舜”，形近訛誤，當作“罼”，兹據文義及《文選》卷五五《論五・廣絶交論（劉孝標）》徑改。瀝，底本作“孎”，形近訛誤，當作“瀝”，兹據文義及《文選》卷五五《論五・廣絶交論（劉孝標）》徑改。

［六九］ 心，底本作“懷”，當作“心”，兩者意通，兹據文義及《文選》卷五五《論五・廣絶交論（劉孝標）》徑改。

［七〇］ 按：此段亦出《文選》卷五五《論五・廣絶交論（劉孝標）》，又《藝文類聚》卷二一《人部五・絶交》引文脱佚二段。

［七一］ 道，底本作“送”，形近訛誤，當作“道”，兹據文義及《文選》卷五五《論五・廣絶交論（劉孝標）》徑改。東，底本作“車”，當作“東”，兹據文義及《文選》卷五五《論五・廣絶交論（劉孝標）》徑改。

［七二］ 頷頤蹙頞，底本作“飲顆（頂）蹙類”，當作“頷頤蹙頞”，兹據文義及《文選》卷五五《論五・廣絶交論（劉孝標）》徑改。

［七三］ 騁，底本無，兹據文義及《文選》卷五五《論五・廣絶交論（劉孝標）》補。馬，底本作“鳥”，當作“馬”，兹據文義及《文選》卷五五《論五・廣絶交論（劉孝標）》徑改。

［七四］ 雄辯，底本作“飛辨”，當作“雄辯”，兹據文義及《文選》卷五五《論五・廣絶交論（劉孝標）》徑改。

［七五］ 顧，底本“鷵”，當作“顧”，兹據文義及《文選》卷五五《論五・廣絶交論（劉孝標）》徑改。

［七六］ 一言，底本作“言一”，旁有鉤乙號，兹據此乙正。

［七七］ 遒，底本作“道”，形近訛誤，當作“遒”，兹據文義及《文選》卷

五五《論五・廣絶交論（劉孝標）》徑改。

［七八］其，底本作“騏”，後又塗掉“馬”旁，當作“其”，兹據文義徑録正。

［七九］按：此段亦爲《文選》卷五五《論五・廣絶交論（劉孝標）》，“於是弱冠王孫”作“於是有弱冠王孫”，“附麒麟之髦端”作“附駔驥之旄端”。又《藝文類聚》卷二一《人部五・絶交》引文脱佚一段文字，《太平御覽》卷四一〇《人事部・絶交》則節引更甚。

［八〇］大，底本作“文”，蓋“大”字涉上“民”字因諱缺文，當作“大”，兹據文義及《文選》卷五五《論五・廣絶交論（劉孝標）》補正。

［八一］煦，底本作“呴”，當作“煦”，兹據文義及《文選》卷五五《論五・廣絶交論（劉孝標）》徑改。

［八二］鳴哀，底本作“哀鳴”，當作“鳴哀”，兹據文義及《文選》卷五五《論五・廣絶交論（劉孝標）》徑改。

［八三］苦，底本作“苔”，當作“苦”，兹據文義及《文選》徑改。

［八四］以，底本無，兹據文義補。〇伍，底本作“五”，當作“伍”，兹據文義及《文選》徑改。

［八五］按：此則《藝文類聚》卷二一《人部五・絶交》與《文選》卷五五《論五・廣絶交論（劉孝標）》同，《太平御覽》卷四一〇《人事部・絶交》則爲節引。又《漢書》卷九二《遊俠傳・序》云：“趙相虞卿棄國捐君，以周窮交魏齊之厄。”

［八］人才

山上：裴叔則人見之，謂如玉山上行，映照人［也］[一]，時人謂之“玉人”[二]。

月中：《先賢傳》曰：“闞澤年十五，夢［月中］有字，後仕官，遂通。”[三]

野鶴：《竹林七賢傳》曰[四]：“嵇紹入洛，或人謂王戎曰：‘昨見嵇紹，昂昂若野鶴在群雞之中。’”[五]

夢蝶：莊周夢爲胡蝶，軒軒然得志[六]。

冠冕：龐士元南州之冠冕[七]。

領袖：晋・裴秀，時人語曰："後來領袖有裴秀。"[八]

水鏡：晋尚書樂廣才如水鏡[九]。

冰壺：《古詩》曰："直如朱絲繩，清如玉壺冰。"[一〇]

雲閑[一一]：《招賢記》曰："晋・陸士龍自稱'雲閑陸士龍'。"[一二]

日下：晋・荀鳴鶴自稱"日下荀鳴鶴。"[一三]

玉樹：魏明帝使后弟毛曾與夏侯玄同車[一四]，時人謂曰："蒹葭倚玉樹。"[一五]

南金：《晋書》曰："薛兼與同郡紀瞻[一六]，廣陵顧榮[一七]，賀循入洛陽。司空張華見之，歎曰：'此皆南金也。'"[一八]

渾金[一九]：

璞玉[二〇]：山濤如渾金璞玉[二一]。

千里：《[後]漢書》曰[二二]："王允字子師，同郡郭林宗見而奇之，[曰][二三]：'王生一日千里[二四]，王佐才也。'[二五]遂與之交。"允後仕至司徒[二六]。

百金：《史記》曰："季布一言重百金。"[二七]

片玉[二八]：

一枝：《晋書》曰："武帝問郄詵：卿自以爲何如？"對曰："臣舉賢良對[策]，爲天下第一，猶桂林之一枝，崑山之片玉。"[二九]

狂生：范曄《後漢書》曰："仲長統性不矜小節[三〇]，語默異常，時人謂之'狂生'。"太子曰："大智似狂，生癡不狂，其名不彰也。"

逸驥：《先賢傳》曰："陳蕃字仲舉，昂昂如千里逸驥。"[三一]

玉珠：《世記》曰："王夷甫處[衆]人之中[三二]，如玉珠在瓦石間。"

文雅：子路曰："[澹臺]子羽有君子之容[三三]，而行不勝其貌；宰我有文雅之辭[三四]，而智不克其辯。"[三五]

月旦：曹操微時，許邵相曰："君清[平]之奸賊[三六]，亂代之英雄。"與從兄靖俱有高名，好談論鄉黨人物，每月旦，更其品題來論，故汝南有月旦評焉[三七]。

松下：《世記》曰："李元禮謖謖如松下風。"又孟玉亦瀏瀏如松下風[三八]。

萬頃陂：黄叔度汪汪如萬頃之陂[三九]。

千丈松：嵇康巖巖如千丈松[四〇]。

雲漢：郭林宗遊京師，將還，送者車千乘，觀者數千人，引領望之，若喬松之在雲漢[四一]。

形色[四二]：王戎云："與嵇康居廿年，未嘗見喜怒之色。"[四三]

清通[四四]：

簡要：《世記》曰："王戎字濬冲，裴楷字叔則，二人總角時詣鍾士季[四五]，須臾出去後[四六]，客問鍾曰：'二子何如也？'"[四七]

鳴鶴[四八]：

白駒[四九]：

龍章[五〇]：

鳳姿[五一]：

茂松[五二]：

懸鼓：蔡洪赴洛，洛中人問曰：吴將初開，有何異才？洪曰：嚴仲弼，九臯之鳴鶴，空谷之白駒；顧彦先，八音之琴瑟，五色之龍章；張威伯，歲寒之茂松[五三]，幽夜之逸光；陸士衡、士龍，鴻鵠之徘徊，懸鼓之待槌[五四]。此五君者，以洪筆爲鋤犁[五五]，帋札爲良田，玄默爲稼穡，義理爲豐年，談論爲英華，忠信爲珍寶，著文章爲錦繡，藴五色爲繒帛[五六]，坐謙虚爲席薦，縱義讓爲帷幕[五七]，行仁義爲室宇，修道德爲田宅[五八]。

鳴鍾：墨子曰："君子若鐘也，扣之則鳴，不［扣］不鳴。"[五九]

無雙：《東觀記》曰："帝詔黄香詣東觀讀書，帝謂［諸］生曰[六〇]：'此日下無雙，江夏黄童耳[六一]。'"

俊人[六二]：

挺生：言特生[六三]。

英髦：言秀異也[六四]。

傑出：言卓傑也[六五]。

絆驥：公明賈未達之時，一號曰絆驥。未釋[六六]。

金山：司馬相如德若金山[六七]。

琳瑯[六八]：

梓杞[六九]：

懷寶：並喻人才也[七〇]。

國器：韓康伯少時，人謂曰："小兒當爲國器[七一]。"

天骨：崔琰美容貌，時以爲天骨[七二]。

【校釋】

［一］ 映，底本作"唤"，當作"映"，兹據文義及所引諸書徑改。也，底本無，兹據文義及諸書補。

［二］ 人，底本"人"字原在"時"字上，與上"人"字重復，文意不順，兹據文義及所引諸書徑改。按:《晋書》卷三五《裴秀傳・附秀從弟楷傳》云:"字叔則……時人謂之'玉人'。又稱見裴叔則如近玉山，映照人也。"又《世説新語箋疏下・容止第十四》第十二則云:"裴令公有雋容儀，脱冠冕、粗服亂頭皆好;時人以爲'玉人'。見者曰:'見裴叔則如玉山上行，光映照人。'"又《蒙求》卷上有"叔夜玉山"條，乃言嵇康之形容。

［三］ 按:《太平御覽》卷四《天部・月》云:"《會稽先賢傳》曰:'闞澤年十三，夢見名字炳然在月中。'"又《太平御覽》卷三九八《人事部・吉夢下》亦引同書曰:"吴侍中闞澤字德潤，山陰人也。在母胎八月，而叱聲震外。年十三，夜夢名字炳然縣在月，後遂昇進也。"以上二條與原卷出典及文義大抵相同，唯《籯金・褒譽篇》"闞月"條云:"《吴志》曰:'闞澤自見其名在月中，曉然而往（生）。'"意同而出處異，今《三國志》卷五三《吴書・闞澤傳》未載，豈《籯金・褒譽篇》誤記者歟?

［四］ 底本"傳"字旁注"論"字，此爲同書異名者，今類書所引或傳或論不一，而抄者特加旁注。

［五］ 按:《晋書》卷八九《嵇紹傳》云:"紹始入洛，或謂王戎曰:'昨於稠人中始見嵇紹，昂昂然如野鶴之在雞群。'"《世説新語箋疏下・容止》第十一則、伯二五二六號所謂《修文殿御覽》者引文近同。《劉長卿詩編年箋注・送方外上人》云:"孤雲將野鶴，豈向人間住。"

［六］ 按:《莊子集解・齊物論第二》云:"昔者莊周夢爲胡蝶，栩栩然胡蝶也，自喻適志與!不知周也。"此爲取意耳。《玉谿生詩集箋注》卷二《錦瑟》云:"莊生曉夢迷蝴蝶，望帝春心托杜鵑。"

［七］ 按:《三國志》卷三七《蜀書・龐統傳》云:"龐統字士元……統弱冠往見徽……徽甚異之，稱統當爲南州士之冠冕。"《殷芸小説》卷四《後漢人》或《世説新語箋疏上・言語第二》第九則孝標注引《蜀志》，意同文異。《籯金》卷二《褒譽篇》"清風（通）簡要"條下云:"《晋書》曰:'裴楷字文秀，時人語曰:

後來領袖有裴秀。’龐統字士元，號曰‘南陽冠冕’也。”《春秋左傳正義·昭公九年》云：“我在伯父，猶衣服之有冠冕。”

［八］ 按：《世説新語箋疏中·賞譽》第七則作“諺曰”，餘同，孝標引虞預《晋書》、《晋書》卷三五《裴秀傳》、《蒙求》卷上“季彦領袖”條等引文近似。又《文選》卷三八《表下·爲蕭揚州薦士表（任彦昇）》云：“故以暉映先達，領袖後進。”李善注引晋代孫盛《晋陽秋》云：“裴秀有風操，十餘歲時，人爲之語曰：‘後進領袖有裴秀。’”又參見上則。

［九］ 按：此則參見上第七《朋友部》第二十一則及第五二頁注［三〇］條。又《三國志》卷三七《蜀書·龐統傳》裴注引《襄陽記》曰：“諸葛孔明爲卧龍，龐士元爲鳳雛，司馬德操爲水鏡，皆龐德公語也。”又參見下則。

［一〇］ 清，底本作“持”字，形近訛誤，當作“清”，兹據文義及《文選》卷二八《樂府下·樂府八首·白頭吟（鮑明遠）》徑改。按：此爲鮑照《白頭吟》詩句，《文選》卷二八見載，因與“水鏡”對仗而乙作“冰壺”。《駱賓王集》卷七《上齊州張司馬啓》云：“加以清規日舉，湛虚照於冰壺；玄覽露凝，朗機心於水鏡。”

［一一］ 閑，底本作“開”，形近訛誤，當作“閑”，兹據文義及下列諸書徑改。按：本條中“雲閑”，底本亦作“雲開”，不再出校説明。

［一二］ 按：《晋書》卷五四《陸雲傳》曰：“雲與荀隱素未相識，嘗會華坐，華曰：‘今日相遇，可勿爲常談。’雲因抗手曰：‘雲間陸士龍。’隱曰：‘日下荀鳴鶴。’鳴鶴，隱字也。雲又曰：‘既開青雲睹白雉，何不張爾弓，挾爾矢？’隱曰：‘本謂是雲龍騤騤，乃是山鹿野麋。獸微弩强，是以發遲。’華撫手大笑。”《世説新語箋疏下·排調》第九則、《藝文類聚》卷二五《人部九·嘲戲》、《太平御覽》卷三九〇《人事部·言語》、《太平廣記》卷二五三《嘲誚一·陸士龍》引《世説》，大抵近似。《類林雜説》卷五《辯捷篇》“陸士龍”條云：“陸士龍：《世説》：荀鳴鶴、陸士龍二人未相識，因會張茂先生，張公以其並有大才，曰：‘二賢相見何可作常語？’陸舉首曰：‘雲閑陸士龍。’荀答曰：‘日下荀鳴鶴。’陸曰：‘既開青雲覩白雉，何不張爾弓、挾爾矢？’張公曰：‘荀何遲？’荀曰：‘本謂雲龍騤騤，今乃山鹿野麋，獸弱弩强，是以發遲。’一坐撫掌。”《蒙求》卷上“鳴鶴日下”與“士龍雲間”下注文，并與《世説新語》或《晋書》相近。唯

《籯金》卷二《褒譽篇》第二十六“日鶴雲龍”條釋文及叙文云：“聲高日鶴，譽重雲龍”，則與上引諸文簡略而稍異。

［一三］按：此條參見上則。又《錢起詩集校注》卷二《送薛判官赴蜀》詩云：“邊陲勞帝念，日下降才傑。”

［一四］玄，底本作“湛”，當作“玄”，兹據文義及下則辨證徑改。

［一五］按：《世説新語箋疏下·容止》第三條云：“魏明帝使后弟毛曾與夏侯玄共坐，時人謂‘蒹葭倚玉樹’。”《藝文類聚》卷二二《人部六·品藻》、《琱玉集》卷一四《美人》引《世説》同，唯《藝文類聚》尚有“時目夏侯太初，朗如日月入懷”之句。《三國志》卷九《魏書·夏侯玄傳》言及與毛曾共坐，無倚玉樹句。《琱玉集》卷一四《美人》“大初”條意同。《蒙求》卷上“泰初日月”條則將《世説新語·容止》第三、四條合并，而以後一條標目。《文選》卷七《賦丁·郊祀·甘泉賦一首（楊子雲）》云：“翠玉樹之青葱兮，璧馬犀之瞵瑞。”

［一六］瞻，底本作“曠”，形近訛誤，或因下文致訛，當作“瞻”，兹據文義及下列諸書徑改。

［一七］陵，底本作“陽”，形近訛誤，當作“陵”，兹據文義及據下列諸書徑改。

［一八］按：《晋書》卷六八《薛兼傳》云：“薛兼字令長……少與同郡紀瞻、廣陵閔鴻、吴郡顧榮、會稽賀循齊名，號爲‘五儁’。初入洛，司空張華見而奇之，曰：‘皆南金也。’”又見《晋書》卷六八《顧榮傳》。《毛詩正義·泮水》云：“‘元龜象齒，大賂南金。’《毛傳》曰：‘南，謂荆揚也。’箋云：‘荆揚之州，貢金三品。’”

［一九］按：參見下則。

［二〇］璞，底本作“璞”，形近訛誤，當作“璞”，兹據注文及所引諸書徑改。

［二一］按：《世説新語箋疏中·賞譽》第十則云：“王戎目山巨源：‘如璞玉渾金，人皆欽其寶，莫知名其器。’”《晋書》卷四三《王戎傳》同。《籯金》卷二《褒譽篇》第二十六“金渾玉璞”條云：“亦比山濤之量如玉璞金渾之明徹也。”叙云：“郄桂共山金渾價。”又《藝文類聚》卷五三《治政部下·薦舉》引梁元帝啓《東宫薦石門侯啓》：“點漆凝脂，事逾衛玠；渾金璞玉，才匹山濤。”

《白居易集》卷五五《除孔戣等官制》云：“渾金璞玉，方圭圓珠，雖性異質殊，皆國寶也。”

［二二］後，底本脱，兹據文義及下列諸書補。

［二三］曰，底本無，兹據文義及下列諸書補。

［二四］一日，底本誤作“百”字，當作“一日”，兹據文義及下列諸書徑改。

［二五］佐，底本作“者”，其右側旁注“佐”，兹據文義徑録正。

［二六］按：《後漢書》卷六六《王允傳》及《蒙求》卷下“王允千里”條等引文大抵近似。然《藝文類聚》卷二二《人部六·品藻》引袁山松《漢書》，文字與此幾近全同，當爲其所出典。《荀子集解·勸學篇》云：“故不積跬步，無以至千里。”後引申爲千里才。

［二七］按：《史記》卷一〇〇《季布傳》曰：“曹丘至，即揖季布曰：‘楚人諺曰：“得黄金百，不如得季布一諾。”足下何以得此聲於梁楚閒哉？’”《類林雜説》卷一四《金銀篇》“季布”條、《蒙求》卷上“季布一諾”條與《史記》引文近似，原卷失之簡略。

［二八］按：參見下則。

［二九］按：《晋書》卷五二《郄詵傳》所引文字與原卷近似，唯《類林雜説》卷一四後加之《珠玉篇》“郄詵”條及《蒙求》卷上“郄詵一枝”條，引文雖或近似，却作文帝之問，非武帝。《漢魏南北朝墓志集釋》卷六《北魏·張寧墓志並蓋》云：“自以桂林一枝，崑山片玉。”

［三〇］統性，底本作“絞憧”，形近訛誤，當作“統性”，兹據文義及《後漢書》卷四九《仲長統傳》徑改。按：《後漢書》卷四九《仲長統傳》云：“統性俶儻，敢直言，不矜小節，默語無常，時人或謂之狂生。”若“太子曰”以下一段文字范書不載，所謂太子者豈指章懷太子李賢耶？又《史記》卷九七《酈生傳》云：“好讀書，家貧落魄，無以爲衣食業，爲里監門吏。然縣中賢豪不敢役，縣中皆謂之狂生。”

［三一］按：《先賢傳》一書已佚，唯《世説新語箋疏中·賞譽》第二條下，劉孝標注引《李氏家傳》曰：“膺嶽峙淵清，峻貌貴重。華夏稱曰：潁川李府君，頵頵如玉山。汝南陳仲舉，軒軒若千里馬。南陽朱公叔，飂飂如行松柏之下。”

尚存其義。《藝文類聚》卷二二《人部六·品藻》引《青州先賢傳》曰："京師號曰：'陳仲舉昂昂如千里驥，周孟玉瀏瀏如松下風。'"又《西京雜記》卷二《文帝良馬九乘》云："文帝自代還，有良馬九匹，皆天下之駿馬也。一名浮雲，一名赤電，一名絶群，一名逸驃，一名紫燕騮，一名緑螭驄，一名龍子，一名麟駒，一名絶塵，號爲九逸。"此或以逸字狀馬者。

［三二］衆，底本無，兹據文義補。按：此則《世説新語箋疏下·容止》第十七條云："王大將軍稱太尉：'處衆人中，似珠玉在瓦石間。'"《藝文類聚》卷二二《人部六·品藻》引《世説》大致相同。又《太平御覽》卷四四六《人事部·品藻中》引不知名《晋書》近似。

［三三］澹臺，底本無，兹據文義補。

［三四］辭，底本作"辤"，通假字，當作"辭"，兹據文義及下列引書徑録正。

［三五］克，底本作"充"，當作"克"，兹據文義及下列引書徑改。辯，底本作"辨"，當作"辯"，兹據文義及下列引書徑改。按：此則出《孔子家語》卷五《子路初見》，《藝文類聚》卷二二《人部六·品藻》引《家語》文字并同。《文選》卷四八《符命·劇秦美新（楊子雲）》云："遥集乎文雅之囿，翱翔乎禮樂之場。"

［三六］平，底本脱，兹據文義補。

［三七］按：《後漢書》卷六八《許劭傳》云："曹操微時，常卑辭厚禮，求爲己目。卲鄙其人而不肯對，操乃伺隙脅劭，劭不得已，曰：'君清平之姦賊，亂世之英雄。'操大悦而去……初，劭與靖俱有高名，好共覈論鄉黨人物，每月輒更其品題，故汝南俗有'月旦評'焉。"劭乃卲之通假書字，《藝文類聚》卷二二《人部·品藻》、《太平御覽》卷四四五《人事部·品藻上》并爲節引。《類林雜説》卷五《相徵篇》"許卲"條云："許卲，字子將，汝南平輿人也，善知人之鑒。曹操未貴時，卲相曰：清平之姦賊，亂起之英雄。操大笑，深然其言。卲竟不仕，避亂江左，卒於豫章，後漢人。"僅及上半相曹操事，而《蒙求》卷上"許卲月旦"條則及下半"月旦評"事。《文選》卷五五《論五·廣絶交論（劉孝標）》云："近世有樂安任昉……雌黄出其脣吻，朱紫由其月旦。"又"亂代"原因諱"世"字而改，《類林雜説》誤作"起"字。

［三八］ 瀏，底本作“劉”，當作“瀏”，兹據文義及《藝文類聚》卷二二《人部·品藻》徑改。按：此則首段出《世説新語箋疏中·賞譽》第二則，“李”字上有“世目”，“松”上有“勁”字。次段據本部第二十則箋注，知其源自《藝文類聚》卷二二《人部·品藻》所引之《青州先賢傳》，“孟”字上有“周”字。唯《太平御覽》卷九五三《木部·松》引《世説》云：“李元禮冽冽如長松下風，周君飂飂如小松下風。”則與原卷差近，殆與今本《世説》不同，恐今本《世説》脱佚。

［三九］ 按：《後漢書》卷五三《黄憲傳》云：“林宗曰：‘奉高之器，譬諸［氿］濫，雖清而易挹。叔度汪汪若千頃陂，澄之不清，淆之不濁，不可量也。’”《世説新語箋疏上·德行第一》第三則林宗評叔度語“千”作“萬”，《太平御覽》卷四四六《人事部·品藻中》引《郭泰别傳》與《太平廣記》卷一六九《知人一·黄叔度》引《世説》“萬”作“千”。唯《藝文類聚》卷二二《人部六·品藻》引《郭泰别傳》作“若千萬頃陂”。《蒙求》卷下有“黄憲萬頃”條，亦近似。又《籯金》卷二《褒譽篇》“千丈松、萬頃陂”條云：“《晋書》云：‘嵇康巖巖，如千丈之松。’又《漢書》云：‘山濤時人見凝重，及黄憲汪汪如萬頃之陂。’叙又曰：“嵇松千丈巖巖，容容寫蓋而罩雲霄；黄陂萬頃汪汪，湛湛藻鏡而涵日月。”

［四〇］ 按：《世説新語箋疏下·容止》第五則云：“嵇康身長七尺八寸，風姿特秀。見者歎曰：‘蕭蕭肅肅，爽朗清舉。’或云：‘肅肅如松下風，高而徐引。’山公曰：‘嵇叔夜之爲人也，巖巖若孤松之獨立；其醉也，傀俄若玉山之將崩。’”《琱玉集》卷一四《美人》“叔夜玉山任倒”條引《晋抄》、《蒙求》卷下“叔夜玉山”條引《世説》，《類林雜説》卷九《美丈夫篇》後加之“嵇康”條引不知名《晋書》云：“嵇康：《晋書》：嵇康，字叔夜。山濤曰：‘嵇叔夜之爲人也，巖巖若孤松之獨立；其醉也，隈然若玉山之將頽。’”義同《世説》，作“孤松之獨立”，無作“千丈松者”。唯《籯金》所引不知名《晋書》與原卷一致，參見上則。

［四一］ 按：此則參見第七《朋友部》第三五則“仙舟”條及第五七頁注［五三］條。唯以“喬松之在雲漢”狀林宗者他書未載。又《毛詩正義·雲漢》云：“倬彼雲漢，昭回於天。”

［四二］ 形色，底本原作“刑生”，後在“生”右旁注“色”字，表示校改，兹據文義及所引諸書録正。

［四三］嘗，底本作“常”，通假字，形近訛誤，當作“嘗”，兹據文義及所引諸書徑改。按：此出《世説新語箋疏上・德行第一》第十六則，孝標注引《嵇康别傳》云：“康性含垢藏瑕，愛惡不争於懷，喜怒不寄於顔。所知王濬冲在襄城，面數百，未嘗見其疾聲朱顔。此亦方中之美範，人倫之勝業也。”《晋書》卷四九《嵇康傳》亦云：“戎自言與康居山陽二十年，未嘗見其喜愠之色。”又《莊子集解・天道第十三》云：“故視而可見者，形與色也；聽而可聞者，名與聲也。悲夫！世人以形色名聲爲足以得彼之情！”

［四四］按：參見下則。

［四五］總，底本無，似因過録時闕疑而虚位待填，兹據文義及下列諸書補。季，底本作“李”，形近訛誤，當作“季”，兹據文義及下列諸書徑改。

［四六］臾，底本作“曳”，形近訛誤，當作“臾”，兹據文義及下列諸書徑改。

［四七］二子，底本作“二人子”，因誤合成“季”字，復於“人子”二字旁改作“子”，當作“二子”，兹據文義及所引諸書徑改。按：此出《世説新語箋疏中・賞譽》第六則云：“王濬冲、裴叔則二人，總角詣鍾士季。須臾去後，客問鍾曰：‘向二童何如？’鍾曰：‘裴楷清通，王戎簡要。後二十年，此二賢當爲吏部尚書，冀爾時天下無滞才。’”第十四則云：“武元夏目裴、王曰：‘戎尚約，楷清通。’”第五則亦云：“鍾士季目王安豐‘阿戎了了解人意’。謂‘裴公之談，經日不竭’。吏部郎闕，文帝問其人於鍾會，會曰：‘裴楷清通，王戎簡要，皆其選也。’於是用裴。”《藝文類聚》卷二二《人部六・品藻》、《藝文類聚》卷四八《職官部四・吏部尚書》、《北堂書鈔》卷六〇《設官部・尚書吏部郎》、《太平御覽》卷三八五《人事部・幼智下》、《太平御覽》卷四四四《人事部・知人》引《世説》與第六則并同。《文選》卷五八《碑文上・褚淵碑文一首（王仲寶）》有“裴楷清通，王戎簡要”。李善注引臧榮緒《晋書》、《三國志》卷二三《魏書・裴潛傳》注引《晋諸公贊》，并同。又《蒙求》卷上“王戎簡要”與“裴楷清通”互對，不注出典，然與第五則近似。又《籯金》卷二《褒譽篇》第二十六有“清風（通）簡要”條，其下所注則以“冠冕領袖”爲釋，雖或不類，然叙曰：“後來領袖，有裴楷之清通；先代仁風，許王戎之簡要。”實及“清通簡要”之事類。

［四八］ 按：參見本部第三十六則“懸鼓”。

［四九］ 按：《文選》卷二九《詩己・雜詩上・思友人詩一首（曹顏遠）》云：“感時歌蟋蟀，思賢詠白駒。”又參見本部第三十六則“懸鼓”。

［五〇］ 按：《晋書》卷四九《嵇康傳》云：“土木形骸，不自藻飾，人以爲龍章鳳姿，天質自然。”《蒙求》卷上“叔夜玉山”條注文近似。又參見本部第三十六則“懸鼓”。

［五一］ 按：參見上則及本部第三十六則“懸鼓”。

［五二］ 按：參見下則。

［五三］ 茂松，底本作“松茂”，當作“茂松”，兹據上則標目及所引諸徑書改。

［五四］ 槌，底本作“搥”，此寫本偏旁時混之例，當作“槌”，兹據文義所引諸書徑録正。

［五五］ 爲，底本作“之”，文義不順，當讀作“爲”，兹據文義及所引諸書徑改。

［五六］ 色，底本作“經”，當讀作“色”，兹據文義及所引諸書徑改。

［五七］ 義讓，底本作“適”，文義未順，當讀作“義讓”，兹據文義及所引諸書徑改。帷，底本作“惟”，此寫本偏旁時混之例，當作“帷”，兹據文義及所引諸書徑改。

［五八］ 按：《世説新語箋疏上・言語》第二十二則云：“蔡洪赴洛，洛中人問曰：‘幕府初開，群公辟命，求英奇於仄陋，採賢儁於巖穴。君吴楚之士，亡國之餘，有何異才，而應斯舉？’蔡答曰：‘夜光之珠，不必出於孟津之河；盈握之璧，不必採於崑崙之山。大禹生於東夷，文王生於西羌，聖賢所出，何必常處。昔武王伐紂，遷頑民於洛邑；得無諸君是其苗裔乎？’孝標注云：“按華令思舉秀才入洛，與王武子相酬對，皆與此言不異，無容二人同有此辭。疑《世説》穿鑿也。”今考《晋書》卷五二《華譚傳》是與博士王濟之嘲對，《太平御覽》卷四六四《人事部・辯下》引《文士傳》亦作華譚。《世説新語箋疏中・賞譽》第二十則云：“有問秀才：‘吴舊姓何如？’答曰：‘吴府君聖王之老成，明時之俊乂。朱永長理物之至德，清選之高望。嚴仲弼九皋之鳴鶴，空谷之白駒。顧彦先八音之琴瑟，五色之龍章。張威伯歲寒之茂松，幽夜之逸光。陸士衡、士龍鴻鵠之裴

回，懸鼓之待槌。凡此諸君：以洪筆爲鉏耒，以紙札爲良田。以玄默爲稼穡，以義理爲豐年。以談論爲英華，以忠恕爲珍寶。著文章爲錦繡，蘊五色爲繒帛。坐謙虛爲席薦，張義讓爲帷幕。行仁義爲室宇，修道德爲廣宅。’”孝標注曰：“秀才，蔡洪也。集載《洪與刺史周儁書》曰：‘一日侍坐，言及吴士，詢于芻蕘，遂見下問。造次承顔，載辭不舉，敕令條列名狀，退輒思之。今稱疏所知：吴展字士季，下邳人。忠足矯非，清足厲俗，信可結神，才堪斡世。仕吴爲廣州刺史、吴郡太守。吴平，還下邳，閉門自守，不交賓客。誠聖王之老成，明時之儁乂也。朱誕字永長，吴郡人。體履清和，黄中通理。吴朝舉賢良，累遷議郎，今歸在家。誠理物之至德，清選之高望也。嚴隱字仲弼，吴郡人。稟氣清純，思度淵偉。吴朝舉賢良，宛陵令。吴平，去職。九皋之鳴鶴，空谷之白駒也。張暢字威伯，吴郡人。稟性堅明，志行清朗，居磨涅之中，無淄磷之損。寒歲之松柏，幽夜之逸光也。’”

［五九］ 扣，底本缺，兹據文意補。按:《墨子校注・非儒下》云:“君子若鍾，擊之則鳴，弗擊不鳴。”《先秦漢魏晋南北朝詩・齊詩》卷四謝朓《奉和竟陵王同沈右率過劉先生墓詩》云:“善誘宗學原，鳴鍾霽幽抱。”

［六〇］ 諸，底本無，兹據文義補。

［六一］ 夏，底本作“下”，同音借字，當作“夏”，兹據文義及下列諸書徑改。按:《東觀漢記校注》卷一七《黄香傳》引文近似，唯“生”作“王”，亦未載年月，據《後漢書》卷八〇上《黄香傳》，時爲元和元年（八〇六），肅宗對諸王語。然《藝文類聚》卷五五《雜文部・讀書》、《太平御覽》卷六一六《學部・讀誦》，并引《東觀漢記》作對“諸生”之言，與此卷同，則當以“生”字爲是，作“王”乃形近訛誤也。

［六二］ 按：王通《中説》卷上《天地篇》云：“或問蘇綽。子曰：‘俊人也。’”又參見本部第四十一條“英髦”及本頁注［六四］條。

［六三］ 按:《文選》卷四《賦乙・京都中・蜀都賦一首（左太冲）》云:“王褒韡曄而秀發，楊雄含章而挺生。”

［六四］ 按:《文選》卷五四《論四・辯命論（劉孝標）》云:“昔之玉質金相，英髦秀達。”《籯金》卷二《褒譽篇》“俊彦英旄（髦）”條云:“德過百人曰俊，萬人曰英，過千人曰彦，千人以上曰髦也。”

［六五］ 按:《後漢書》卷五三《徐穉傳》云:“至於穉者,爰自江南卑薄之域,而角立傑出。”

［六六］ 按:《淮南子集釋·俶真訓》云:“故世治則愚者不能獨亂,世亂則智者不能獨治。身蹈于濁世之中,而責道之不行也,是猶兩絆騏驥而求其致千里也。置猨檻中,則與豚同,非不巧捷也,無所肆其能也。”公明者管輅字也。考《三國志》卷二九《魏書·方技管輅傳》裴注引《輅别傳》云:“輅爲華清河所召,爲北黌文學,一時士友無不歎慕。安平趙孔曜,明敏有思識,與輅有管、鮑之分,故從發干來,就郡黌上與輅相見,言:‘卿腹中汪汪,故時死人半,今生人無雙,當去俗騰飛,翱翔昊蒼,云何在此?聞卿消息,使吾食不甘味也。冀州裴使君才理清明,能釋玄虚,每論易及老、莊之道,未嘗不注精於嚴、瞿之徒也。又眷吾意重,能相明信者。今當故往,爲卿陳感虎開石之誠。’輅言:‘吾非四淵之龍,安能使白日晝陰?卿若能動東風,興朝雲,吾志所不讓也。’於是遂至冀州見裴使君。使君言:‘君顔色何以消減於故邪?’孔曜言:‘體中無藥石之疾,然見清河君内有一騏驥,拘縶後廄歷年,去王良、伯樂百八十里,不得騁天骨,起風塵,以此憔悴耳。’使君言:‘騏驥今何在也?’孔曜言:‘平原管輅字公明,年三十六,雅性寬大,與世無忌,可謂士雄。仰觀天文則能同妙甘公、石申,俯覽《周易》則能思齊季主,游步道術,開神無窮,可謂士英。抱荆山之璞,懷夜光之寶,而爲清河郡所録北黌文學,可爲痛心疾首也。使君方欲流精九皋,垂神幽藪,欲令明主不獨治,逸才不久滯,高風遐被,莫不草靡,宜使輅特蒙陰和之應,得及羽儀之時,必能翼宣隆化,揚聲九圍也。’裴使君聞言,則慷慨曰:‘何乃爾邪!雖在大州,未見異才可用釋人鬱悶者,思還京師,得共論道耳,况草間自有清妙之才乎?如此便相爲取之,莫使騏驥更爲凡馬,荆山反成凡石。’即檄召輅爲文學從事。一相見,清論終日,不覺罷倦。天時大熱,移床在庭前樹下,乃至雞向晨,然後出。再相見,便轉爲鉅鹿從事。三見,轉治中。四見,轉爲别駕。至十月,舉爲秀才。”“未釋”二字,疑爲抄録者未解之注語。《庾子山集注》卷三《謹贈司寇淮南公》云:“絆驥還千里,垂鵬更九飛。”《杜詩詳注》卷一《李監宅二首》其二云:“鹽車雖絆驥,名是漢庭來。”

［六七］ 按:此典出處俟考,古今以來,未聞有用金山形容任何人之德行者。《南史》卷六二《朱异傳》云:“器宇弘深,神表峰峻。金山萬丈,緣陟未登;

玉海千尋，窺映不測。”

［六八］按：《文選》卷一一《賦己・宫殿・景福殿賦（何平叔）》云：“流羽毛之威蕤，垂環玭之琳琅。”又《世説新語箋疏下・容止》第十五則云：“有人詣王太尉，遇安豐、大將軍、丞相在坐；往别屋見季胤、平子。還，語人曰：‘今日之行，觸目見琳琅珠玉。’”

［六九］按：疑作“杞梓”或“梓材”。漢・孔安國傳，唐・孔穎達疏《尚書正義》卷一四《梓材》,《白居易集》卷一五《酬盧秘書二十韻》云：“聞有蓬壺客，知懷杞梓材。”《文選》卷四七《贊・三國名臣序贊一首（袁彦伯）》云：“競收杞梓，争採松竹。”

［七〇］按：此條兼釋“琳瑯”“梓杞”二條，亦可作爲“俊人”以下諸條之釋。《論語注疏・陽貨第十七》云：“懷其寶而迷其邦，可謂仁乎？”《文選》卷五一《論一・四子講德論（王子淵）》云：“幸遭聖主平世，而久懷寶。”

［七一］按：《晋書》卷七五《韓伯傳》云：“韓伯字康伯……及長，清和有思理，留心文藝。舅殷浩稱之曰：‘康伯能自標置，居然是出群之器。’”唯《世説新語箋疏中・夙惠》第五則云：“韓康伯數歲，家酷貧，至大寒，止得襦。母殷夫人自成之，令康伯捉熨斗，謂康伯曰：‘且著襦，尋作複褌。’兒云：‘已足，不須複褌也。’母問其故，答曰：‘火在熨斗中而柄熱，今既著襦，下亦當煖，故不須耳。’母甚異之，知爲國器。”則所謂“人謂曰小兒當爲國器”者乃其母之言，作者取意行文疏忽。又《史記》卷三九《晋世家》云：“晋公子賢而困於外久，從者皆國器。”

［七二］按：《文選》卷四七《贊・三國名臣序贊一首（袁彦伯）》云：“邈哉崔生，體正心直，天骨踈朗。”李善注引蔡邕《度侯碑》曰：“朗鑒出於自然，英風發於天骨。”

［九］文筆

蓬山：古時藏書處[一]。

芸閣：漢時藏書處[二]。

槐市：昔人於槐樹［下］讀書[三]，因市易，號曰“槐市”[四]。

鱣庭：昔楊震講書，鱣魚落庭前，因號人焉[五]。

龍文：鄒奭字文書，如彫鏤龍文。又荀爽有文章，號曰“彫龍文”[六]。

鳳藻：揚雄作《甘泉賦》，夢吐白鳳[七]。

夢鳥：羅含夢吞五色鳥，文詞日新[八]。

懷蛟：董仲［舒］作《春秋繁露》[九]，夢懷蛟[一〇]。

掞天：掞，音豔也。司馬相如字長卿，蜀人也，作《子虛賦》，楊得意誦之，漢帝聞，召之，故云：“掞天”也[一一]。

擲地：孫興公作《天台賦》成，擲地作金玉聲[一二]。

舒錦：潘岳［文］美麗[一三]，時號曰：錦字文章，爛若舒錦，無處不佳[一四]。

披砂：陸機文章如披砂簡金，往往見寶[一五]。

凌雲：司馬相如《大人賦》成，帝歎曰：飄飄有凌雲之氣[一六]。

潤石：《文選》云：“英詞潤金石。”[一七]

潘江[一八]：

陸海：潘岳字安仁，文若江；陸機字士衡，文如海[一九]。

獨步：《曹子建書》云：“仲宣獨步於漢南，王仲宣，山陽人也。孔璋鷹揚於河朔，陳孔璋，廣陵人也。偉長擅名於青土，公幹振藻於海隅。劉公幹，東平人也[二〇]。

炙輠：鄒奭（淳于髡）才智如輠[二一]，言其急輠頭炙之油[二二]。

馬上：阮瑀字元瑜[二三]，事曹操，時韓遂據隴右。曹公因出行，使瑀馬上作書與韓遂，瑀作成，呈公，公索筆欲改之，卒無下筆處[二四]。

借筆：江淹少時，夢見有人與五色筆，因此有文章。後廿餘年，夢還筆，自此文章不復成[二五]。

拾芥：地芥[二六]。

文場[二七]：

翰苑[二八]：

筆海[二九]：

【校釋】

［一］　按：《全唐詩》卷三一七武元衡《酬談校書長安秋夜對月寄諸故舊》云：“蓬山高價傳新韻，槐市芳年挹盛名。”又參見下則。

［二］ 按:《史通通釋》卷二〇《忤時》云:“當今朝號得人，國稱多士。蓬山之下，良直差肩；芸閣之中，英奇接武。”

［三］ 下，底本無，兹據文義補。

［四］ 按:《藝文類聚》卷八八《木部上·槐》引《三輔黄圖》曰:“元始四年，起明堂辟雍，爲博士舍三十區，爲會市，但列槐樹數百行，諸生朔望會此市，各持其郡所出物及經書，相與買賣，雍雍揖讓，論議樹下，侃侃誾誾。”《太平御覽》卷九五四《木部·槐》、《藝文類聚》卷三八《禮部上·學校》引文義同，文字略異。又參見本部第一則“蓬山”及第七三頁注［一］。

［五］ 焉，底本作“馬”，形近訛誤，當作“焉”，兹據文義徑録正。按:伯二六三五號所謂《類林》者《祥瑞部·楊震》條云:“楊震字伯起，弘農華陰人也。初爲太學博士，忽有鶴銜大鱣魚飛集講堂前，都講取魚賀震曰:‘蛇鱣者三公之報，此吉祥也，先生從此昇矣。’震果四世三公。”《類林雜説》卷十《祥瑞篇》“楊震”條云:“楊震，初爲太學博士，忽有鵠銜鱣魚飛集堂前，諸生賀曰:鱣魚，三公之瑞也。震後果爲太尉。”《類林雜説》卷一五《堂宅門墻篇》“楊震”條,《琱玉集》卷一四《祥瑞》“楊震”條等，文字并極爲接近,《蒙求》卷上“楊震關西”條雖述及鱣魚落庭，却重在“關西孔子”之義。《初學記》卷二四《堂》類載出袁山松《後漢書》，皆較范書詳細。《全唐詩》卷四七五李德裕《奉送相公十八丈鎮揚州》云:“共懸龜印銜新綬，同憶鱣庭訪舊居。”

［六］ 按:《史記》卷七四《荀卿傳》云:“騶衍之術迂大而閎辯；奭也文具難施；淳于髡久與處，時有得善言。故齊人頌曰:‘談天衍，雕龍奭，炙轂過髡。’”《集解》引劉向《别録》云:“騶奭脩衍之文，飾若雕鏤龍文，故曰‘雕龍’。”又荀爽號“雕龍文”諸書未見，唯兄弟八人，號曰“八龍”，此《後漢書》卷六二《荀淑傳》、《三國志》卷十《魏書·荀彧傳》、《世説新語箋疏上·德行》曾言者也。《北史》卷三八《裴延儁傳附宣明傳》云:“二子景鸞、景鴻，並有逸才，河東呼景鸞爲騏子，景鴻爲龍文。”

［七］ 按:《西京雜記》卷二《揚雄著太玄》云:“雄著《太玄經》，夢吐鳳凰，集玄之上，頃而滅。”《太平御覽》卷六〇二《文部·著書下》、《北堂書鈔》卷九九《藝文部·著述》引該書文字亦同。唯《類林雜説》卷六《占夢篇》“楊雄”條言“楊雄，字子雲，蜀郡人。漢武帝命雄作甘泉賦，雄用情竭思，夜夢五臟出

外，以手取之，及覺，氣委，因病而死。前漢人所論。”作者可能誤記，將二事兼合爲一。《全唐文》卷一六七盧照鄰《釋疾文》曰：“謁龍旗於武帳，揮鳳藻於文昌。”

［八］ 按：《晋書》卷九二《羅含傳》云：“羅含字君章……嘗書卧，夢一鳥文彩異常，飛入口中，因驚起説之。朱氏曰：‘鳥有文彩，汝後必有文章。’自此後藻思日新。”《太平御覽》卷三九八《人事部·吉夢下》引不知名《晋書》，文字略異。《類林雜説》卷六《占夢篇》“羅含”條云：“羅含，字君常，襄陽人。少時夢五色鳥入口，及覺，心中如吞物，意謂之不吉，叔母解之曰：‘五色鳥者入口，有文章，兒汝後必有文章。’於是才藻日盛，晋時仕至侍中。出《羅含列傳》。”事義近似，文字略異。《蒙求》卷上有“羅含吞鳥”條，事義雖近，未明出典。《古賢集校注》云：“造賦題篇曹子建，羅含吞鳥日才新。”

［九］ 舒，底本無，據文義及所引諸書補。按：唐時有以“仲”爲名，字“仲舒”，如《琱玉集》卷一二《鑒識》有“董仲老狸”。

［一〇］ 按：《西京雜記》卷二《仲舒作繁露》曰：“董仲舒夢蛟龍入懷，乃作《春秋繁露》詞。”《北堂書鈔》卷九九《藝文部·著述》、《太平御覽》卷六〇二《文部·著書下》引文并出《西京雜記》，文字同，《殷芸小説》卷二《周六國前漢人》亦有轉録。

［一一］ 按：《史記》卷一一七《司馬相如傳》、《漢書》卷五七上《司馬相如傳上》并載此事，惟無“掞天”一詞。《文選》卷四《賦乙·京都中·蜀都賦一首（左太冲）》云：“幽思絢道德，摛藻掞天庭。”李善注曰：“班固述雄傳曰‘初擬相如，獻賦黄門’，故曰摛藻掞天庭也。”今考《漢書》卷八七上《揚雄傳上》，但云：“每作賦，常擬之以爲式。”及“客有薦雄文似相如者”。又：“音艷也”，非李善注。《初學記》卷一四《禮部下·饗讌》引梁代庾肩吾《侍宴宣猷堂應令詩》云：“副君德將聖，陳王才掞天。”《沈佺期宋之問集校注·宋之問集校注》卷一《扈從登封途中作》：“扈從良可賦，終乏掞天材。”

［一二］ 按：《世説新語箋疏上·文學第四》第八六則云：“孫興公作《天台賦》成，以示范榮期，云：‘卿試擲地，要作金石聲。’范曰：‘恐子之金石，非宫商中聲！’然每至佳句，輒云：‘應是我輩語。’”《晋書》卷五六《孫楚傳附綽傳》、《北堂書鈔》卷一〇二《藝文部·賦》“試以擲地作金石聲”條、《藝文類聚》

卷五六《雜文部二·賦》、《類林雜説》卷七《文章篇》後加部分有“孫綽”條、《類林雜説》卷一四《金銀篇》“孫綽”條，所載事類引《世説》大抵相同，惟《蒙求》卷上“孫綽才冠”條尚言及綽爲諸公撰碑事。

［一三］ 文，底本無，兹據文義補。

［一四］ 按：《世説新語箋疏上·文學》第八四則云：“孫興公云：‘潘文爛若披錦，無處不善；陸文若排沙簡金，往往見寶。’”又《詩品集注》詩品上《晋黄門郎潘岳詩》云：“其源出於仲宣。《翰林》嘆其翩翩奕奕，如翔禽之有羽毛，衣被之有綃縠，猶淺於陸機。謝混云：‘潘詩爛若舒錦，無處不佳；陸文如披沙簡金，往往見寶。’嶸謂：益壽輕華，故以潘勝；《翰林》篤論，故歎陸爲深。余常言：‘陸才如海，潘才如江。’”二源不同，孝標不辨，唯述義并同。又參見下條。

［一五］ 按：劉知幾《史通通釋》卷七《直書》云：“然則歷考前史，徵諸直詞，雖古人糟粕，真僞相亂，而披沙揀金，有時獲寶。”又參見上則。

［一六］ 按：《漢書》卷五七下《司馬相如傳下》云：“相如既奏《大人賦》，天子大説，飄飄有凌雲氣游天地之閒意。”《史記》卷一一七《司馬相如傳》大致相同。《杜詩詳注》卷一一《戲爲六絶句》之一云：“庾信文章老更成，凌雲健筆意縱横。”

［一七］ 按：《文選》卷五〇《史論下·宋書謝靈運傳論一首（沈休文）》云：“英辭潤金石，高義薄雲天。”

［一八］ 按：參見下條。

［一九］ 按：《晋書》卷五五《潘岳傳》史臣曰：“機文喻海，韞蓬山而育蕪；岳藻如江，濯美錦而增絢。”又參見本部第十一則“舒錦”及本頁注［一四］條。

［二〇］ 按：此段《文選》卷四二《書中·與楊德祖書一首（曹子建）》曾經載録。行間雙行注非李善注，乃卷上原鈔注文，疑作者自注或後人所加。又《後漢書》卷八三《戴良傳》云：“良曰：‘我若仲尼長東魯，大禹出西羌，獨步天下，誰與爲偶！’”

［二一］ 郗奭，當爲“淳于髡”，此爲作者誤記，參見本部第五則“龍文”及第七四頁注［六］條。

［二二］ 炙，底本作“車”，旁有改文，不甚明晰，疑爲“炙”字。按：此句實乃上句之釋文，然文意未順，無法解讀，疑“急”爲“多如”二字之誤合，似當作“言其多如輠頭炙之油”。又《史記》卷七四《荀卿傳》集解云：“《别録》曰‘過’字作‘輠’。輠者，車之盛膏器也。炙之雖盡，猶有餘流者。言淳于髡智不盡如炙輠也。”《索隱》意同。又《蒙求》卷中有“淳于炙輠”條云：“《史記》：淳于髡博聞强學，其諫説慕晏嬰之爲人，然而承意觀色爲務，故齊人曰：‘炙輠髡。’輠者車之承膏器，炙不盡，猶有餘流，蓋言髡智不盡，如炙輠耳。”又《晋書》卷九一《儒林傳》贊曰：“炙輠流譽，解頤飛辯。”

［二三］ 瑜，底本作“伯”，當作“瑜”，兹據文義及下列引書徑改。

［二四］ 按：《琱玉集》卷一二《聰慧》“元瑜”條、《類林雜説》卷七《文章篇》“阮瑀”條云：“阮瑀，字文瑜，陳留尉氏人也，事魏主曹公。韓遂之隴右，曹公因出行，令瑀馬上作書與韓遂，瑀具草即成，乃呈曹公，公索筆欲改，無下筆之處。出《魏志》。”文字較此詳明。

［二五］ 按：《南史》卷五九《江淹傳》云：“淹少以文章顯，晚節才思微退……又嘗宿於冶亭，夢一丈夫自稱郭璞，謂淹曰：‘吾有筆在卿處多年，可以見還。’淹乃探懷中得五色筆一以授之。爾後爲詩絶無美句，時人謂之才盡。”《蒙求》卷上有“江淹夢筆”條引《南史》，近似。又《類林雜説》卷六《占夢篇》“江淹”條云：“江淹，字文通，少夢一人授五色筆，因而文章日新。後十餘年，又夢一人，自稱郭璞，謂淹曰：前者借君筆，今可還矣。淹夢中還之，自還後，文章日退，時人稱淹才盡矣。”《類林雜説》卷一四《筆墨篇》“江淹”條，并較原卷詳細，《筆墨篇》并注明“《宗（宋）略》曰”。伯二〇七二號《占夢篇》“江淹”條事類文字，疑爲原卷之自來處，其下又注明出于《類林》。《太平御覽》卷三九八《人事部·吉夢下》引此出《梁書》，《太平御覽》卷六〇五《文部·筆》則注明出乎《齊書》。

［二六］ 芥，底本作“界”，當作“芥”，兹據文義及《漢書》卷七五《夏侯勝傳》徑改。按：《漢書》卷七五《夏侯勝傳》云：“士病不明經術；經術苟明，其取青紫如俛拾地芥耳。”師古注曰：“地芥謂草芥之横在地上者。俛而拾之，言其易而必得耳。”《藝文類聚》卷五五《雜文部一·談講》引《漢書》同，《太平御覽》卷六一五《學部·講説》引《漢書》微異。《類林雜説》卷一四《講説篇》

“夏侯勝”條、《蒙求》卷中“夏侯拾芥”條，文義并同。

［二七］ 按：《文心雕龍》卷九《總術》云：“文場筆苑，有術有門。務先大禮，鑑必窮源。”

［二八］ 按：《元氏長慶集》卷一二《律詩・酬盧秘書》云：“新識蓬山傑，深交翰苑材。”

［二九］ 按：《全唐詩》卷三九薛元超《奉和同太子監守違戀》云：“歸塘横筆海，平圃振詞條。”又參見本卷《談講部》“談叢”條及第八〇頁注［一一］條。

［一〇］［談講］[一]

碧雞：公孫［龍］辯能離堅白[二]，合異同[三]。

［懸］河[四]：郭象詞如懸河注水[五]。

談藪：談論之藪澤[六]。

白馬：公孫龍度關[七]，關司禁白馬不得過，公孫曰：“我馬白，非［白］馬[八]。”遂過。

驪牛：見上[九]。

辯囿[一〇]：

談叢[一一]：

言藪：裴逸人（民）時人謂之林藪[一二]，又如武庫，五兵縱横，一時豪傑[一三]。

塵飛[一四]：

鳳翔：陸士衡坐，潘安仁來，陸起，潘曰：“清風至，塵飛揚。”陸答曰：“衆鳥至，鳳凰翔。”[一五]

杜口：齊人田巴毁五帝，訾三王[一六]，魯連一言，終身杜口[一七]。杜，閉也[一八]。

解頤：漢匡衡談詩，人皆悦之，俗曰：“匡衡説詩解人頤。”言笑甚也[一九]。

重席：後漢戴憑字次仲，爲侍中。正朝，令群臣説經書，不通者奪其席與通者。其時，憑坐五十餘席[二〇]。

談天：六國鄒衍作《談天論》[二一]。

天文：漢時揚［子］烏[二二]，年九歲，預解天文[二三]。

蒲輪：項槖年八歲，推蒲輪而戲孔子。候之，因難孔子，孔子遂尊以爲師[二四]。

勺水：《傅子》曰：夫以八尺之軀與天地比壽，一勺之水與江河争流[二五]。

汝語：吴主孫皓。晋伐吴，孫皓降晋，晋武帝封皓爲歸命侯。晋帝會群臣[二六]，皓在坐，帝謂皓曰："朕聞吴人好作女語，卿試爲之。"皓時正執酒杯，因勸帝曰："昔與汝鄰國，今與汝作臣，上汝一杯酒，令汝壽萬春。"

食梅：楊德祖少時，與孔融對食梅，融戲曰："此君家菓。"祖曰："孔雀豈夫子家禽。"[二七]

三端：文士筆端，武士鋒端，辯士舌端[二八]。

智囊：樗里子多智[二九]，時人以爲智囊。又漢時，晁錯多奇智[三〇]，時號"智囊"。魏時，桓範亦號爲"智士囊"[三一]。

【校釋】

［一］談講，底本無，兹據文義補。按：自此以下，非屬《文筆》之事類，乃屬《談講》或《辯囿》之流，當獨立成部。證以原卷在"筆海"辭條下，留有餘空，而"碧鷄"條起即另外提行書寫，其義至顯，姑名之曰"《談講》"。

［二］龍，底本無，兹據文義及下列著述補。

［三］按：《莊子集解·秋水第十七》云："公孫龍問於魏牟曰：'龍少學先生之道，長而明仁義之行，合同異，離堅白，然不然，可不可，困百家之知，窮衆口之辯，吾自以爲至達已。'"考"碧雞"原爲傳説中之神物。《漢書》卷二五下《郊祀志下》云："或言益州有金馬碧雞之神，可醮祭而致，於是遣諫大夫王褒使持節而求之。"《文選》卷四《賦乙·京都中·蜀都賦一首（左太冲）》："金馬騁光而絶景，碧雞儵忽而曜儀。"吕延濟注："金馬、碧雞，神物也。"李善注引《地理志》曰："金馬碧雞在越巂青蛉縣禺同山，漢宣帝時，方士言益州有金馬、碧雞之神，可以醮祭而置也。宣帝使諫議大夫王褒持節而求之。褒道病卒，竟不能致也。"惟此"碧雞"典出王褒《碧雞頌》。又《文選》卷五五《論五·廣絶交論（劉孝標）》云："騁黄馬之劇談，縱碧雞之雄辯。"則出《公孫龍子校釋》卷中《通變論第四》云："黄其馬也，其與類乎。等黄於碧，寧取於黄者，黄，中正之色也，馬，國用之材也。夫中正之德、國用之材，其亦類矣。故寧取於黄以類於馬，馬喻中正也。碧其雞也，其與暴乎。"又有"白馬論""堅白論"，故辭條已與注不合，似將二出典混置矣。

［四］ 懸，底本無，兹據文義補。

［五］ 按:《世説新語·賞譽篇》云:“王太尉云:‘郭子玄語議如懸河寫水，注而不竭。’”《太平御覽》卷四六四《人事部·辯下》引《世説》同，卷六一七《學部·談論》引《晋書》，與《世説》亦同，并較原卷詳明。《北堂書鈔》卷九八《談講》類云:“《語林》云:‘王太尉問孫興公曰:“郭象何如人?”答曰:“其辭清雅，奕奕有餘，吐章陳文，如懸河瀉水，注而不竭。”’”據此，則二説略有不同，《晋書》每採《世説》入史，故卷五〇《郭象傳》則作王衍之言。又《隋書》卷六七《裴藴傳》曰:“藴亦機辯，所論法理，言若懸河。”

［六］ 按:参見本部第八條“言藪”及第八一頁注［一三］條。

［七］ 關，底本作“開”，形近訛誤，當作“關”，兹據文義及下列引書徑改。按:《韓非子·外儲説·左上》云:“兒説、宋人，善辯者也。持白馬非馬也，服齊稷下之辯者。乘白馬而過關，則顧白馬之賦。”此外,《吕氏春秋·淫辭》:“公孫龍言藏之三牙(耳)，甚(深)辯。”高誘注曰:“公孫龍、孔穿皆辯士也。論相易奪也、龍言藏之三牙(耳)，辯、説也。若乘白馬，禁不得度關，因言馬白非白馬，此之類也。故曰，甚辨也。”《白帖》卷九引桓子《新論》云:“公孫龍常争論曰:‘白馬非馬。’人不能屈，後乘白馬，無符傳，欲出關，關吏不聽，此虚言難以奪實也。”

［八］ 馬，底本無，兹據文義補。

［九］ 按:《莊子·天下》“惠施多方”之下言及辯者命題有“黄馬驪牛三”。《孔叢子》卷四《公孫龍》云:“色名雖殊，其質是一。是以詩有素絲，不曰絲素;禮有緇布，不曰布緇;驪牛玄武，此類甚衆。先舉其色，後名其質，萬物之所同，聖賢之所常也。”又参見本部第七條“談叢”及本頁注［一一］條。

［一〇］ 按:《莊子·天下》曰:“桓團、公孫龍，辯者之徒，飾人之心，易人之意，能勝人之口，不能服人之心，辯者之囿也。”《文選》卷六《賦丙·京都下·魏都賦(左太冲)》云:“聊爲吾子復翫德音，以釋二客競于辯囿者也。”張銑注曰:“言辯者多詞，如苑囿之有草木也。”

［一一］ 按:劉向《説苑》卷一六有《談叢》。《駱賓王集》卷七上《郭贊府啓》曰:“惠牛曜辨，鶩荀鶴於談叢;揚風摛文，詠鄒龍於筆海。”

［一二］ 人，底本作“人”，蓋避太宗諱，當作“民”，兹據文義校改。〇時，

底本作“侍”，形近訛誤，當作“時”，兹據文義及下引諸書徑改。

［一三］按：《晋書》卷三五《裴秀附傳》云：“頠字逸民。弘雅有遠識，博學稽古，自少知名。御史中丞周弼見而嘆曰：‘頠若武庫，五兵縱横，一時之傑也。’……樂廣嘗與頠清言，欲以理服之，而頠辭論豐博，廣笑而不言。時人謂頠爲言談之林藪。”《世説新語中·賞譽》第十八則僅言“林藪”，《太平御覽》卷三九〇《人事部·語言》引《世説》同。《蒙求》卷中“裴頠談藪”載文近於《晋書》後半段。《續談助》作出《頠別傳》。又“逸人”乃諱民字改文。

［一四］按：參見下則。

［一五］按：《續談助》及《説郛》引《殷芸小説》載有此文，出《語林》。

［一六］訾，底本原析作“此言”二字，蓋過録致訛，當作“訾”，兹據文義及下列諸書徑改。

［一七］身，底本作“年”，形近致訛，當讀作“身”，兹據文義及下列引書徑改。

［一八］閉，底本作“閑”，形近訛誤，又旁改作“閉”，兹徑正録。按：《太平御覽》卷四六四《人事部·辯下》曰：“魯連子曰：‘齊之辯者田巴，辯於狙丘，議於稷下，毁五帝，罪三王，訾五伯，離堅白，合同異，一日而服千人。有徐劫者，其弟子曰魯連，謂劫曰：‘臣願得當田子，使之不敢復談，可乎？’徐劫言之田巴曰：‘劫弟子年十二耳，然千里之駒也。願得侍議於前，可乎。’田巴曰：‘可。’魯連曰：‘臣聞堂上之糞不除，郊草不芸，白刃交前，不救流矢，何則？急者不救，則緩者非務。楚軍南陽，趙氏伐高唐，燕人十萬之衆在聊城而不去，國亡在旦暮耳，先王將奈何？’田巴曰：‘無奈何。’魯連曰：‘夫危不能爲安，亡不能爲存，則無爲貴學士矣。今臣將罷南陽之師，還高唐之兵，却聊城之衆，爲所貴談，談者其若此也。先生之言有似梟鳴出聲，而人惡之，願先生之勿復談也。’田巴曰：‘謹聞教。’明日，見徐劫曰：‘先生之駒乃非兔騕褭也，豈特千里哉！’於是杜口易業，終身不復談。”又《文選》卷四二《書中·與楊德祖書（曹子建）》云：“昔田巴毁五帝，罪三王，呰五霸於稷下，一旦而服千人，魯連一説，使終身杜口。”李善注曰：“《魯連子》曰：‘齊之辯者曰田巴，辯於徂丘，而議於稷下，毁五帝，罪三王，一日而服千人。

有徐劫弟子曰魯連，謂劫曰：臣願當田子，使不敢復説。’《七略》曰：‘齊有稷成門也，齊談説之士期會於稷下者甚衆。’《漢書》：‘鄧公謂景帝曰：内杜忠臣之口。’”《漢書》卷六〇《杜周傳》曰：“自尚書近臣皆結舌杜口，骨肉親屬莫不股栗。”

［一九］ 按：《漢書》卷八一《匡衡傳》云：“匡衡字稚圭，東海承人也。父世農夫，至衡好學，家貧，庸作以供資用，尤精力過絶人。諸儒爲之語曰：‘無説詩，匡鼎來；匡説詩，解人頤。’”注引如淳曰：“使人笑不能止也。”《藝文類聚》卷五六《雜文部・詩》引《漢書》大抵相同，非如原卷籠括爲一句。《李太白全集》卷九《贈徐安宜詩》曰：“訟息但長嘯，賓來或解頤。”

［二〇］ 按：《後漢書》卷七九《儒林・戴憑傳》曰：“戴憑字次仲……以侍中兼領之……正旦朝賀，百僚畢會，帝令群臣能説經者更相難詰，義有不通，輒奪其席以益通者，憑遂重坐五十餘席。故京師爲之語曰：‘解經不窮戴侍中。’”《蒙求》卷上“戴憑重席”條引文近於《後漢書》。《東觀漢記》卷一六《戴憑傳》亦同，惟《類林雜説》卷一三後增之《床席篇》引《東觀漢記》至“坐數十席”止，《北堂書鈔》卷九八《談講》“義有不通，輒奪其席”下注、《太平御覽》卷六一五《學部・講説》、《藝文類聚》卷五五《雜文部・談講》，并引謝承《後漢書》，亦至“坐五十餘席”。

［二一］ 按：《史記》卷七四《孟荀列傳》“談天衍”下《集解》引劉向《别録》曰：“騶衍之所言五德始終，天地廣大，盡言天事，故曰‘談天’。”《太平御覽》卷四六四《人事部・辯下》亦引《别録》，文字近似，末云：“齊人美之，頌曰：‘談天鄒。’”

［二二］ 子，底本無，兹據文義及下列引書補。

［二三］ 天文，底本作“文天”二字中間有乙正符號，當作“天文”，兹據此乙正。按：此條諸書不具，未明所出，唯《太平御覽》卷三八五《人事部・幼智下》引《劉向别傳》曰：“楊信字子烏，雄第二子。幼而明慧，雄筆《玄經》不會，子烏令作九數而得之；雄又疑《易》‘羝羊觸藩，彌日不就’，子烏曰：‘大人何不云荷戟入榛。’”人事近似，當爲一人。又考《揚子法言》云：“或曰：述而不作，玄何以作？曰：其事則述，其書則作，育而不苗者，吾家之童烏乎。注云：童烏，子雲之子也。仲尼悼顔淵苗而不秀，子雲傷童烏育而不苗。”

［二四］ 按：此條諸書未見，敦煌寫卷有《孔子項託相問書》，今收録《敦煌變文集新書》卷七中，文義略有不同。明本《歷朝故事統宗》卷九有《小兒論》一篇，清末民初，北平打磨廠寶文堂同記書鋪鉛印之《新編小兒難孔子》等，皆言項託築土城而令孔子避城事，無推蒲輪事者，疑非作者誤記即爲另一傳説。然孔子尊項託師事，諸書尚可略見一二，如《戰國策》卷七《秦五》"文信侯欲攻趙以廣河間"，甘羅即曰："項橐生七歲而爲孔子師。"《史記》卷七一《甘茂傳·附》、《太平御覽》卷三八四《人事部·幼智上》并曾轉載。

［二五］ 按：魏晋傅玄撰有《傅子》一百二十卷，今所輯數種殘本皆無此條，亦不見諸書曾有載録，僅《太平御覽》卷六《地部·江》引《傅子》曰："江海所以能爲百谷王者，以其不逆之，苟有所逆，衆流不至多矣。"待考。

［二六］ 群，底本作"郡"，形近致訛，當作"群"，兹據文義及下列引書徑改。按：《世説新語下·排調篇》第五則亦載此條，文字略簡，《太平御覽》卷一一八《偏霸部·孫皓下》、卷五七一《樂部·歌類二》并引《世説》。《類林雜説》卷五《辨捷篇》"吴主孫皓"條注云："吴主孫皓，字孫賓，即鍾之玄孫也。晋伐孫皓，皓降晋，晋武帝封皓爲歸命侯。後武帝大會群臣時，皓在座，武帝問皓曰朕聞吴人好作汝語，卿試爲之。皓應聲曰：□□□□□，因勸帝酒曰：昔與汝爲鄰，今與汝作臣（中缺）汝（中缺）春。座衆皆失色，帝悔不及。出《語林》。"其中雖有闕文，文字却近似而詳明，唯已略有殘缺，可與原卷、《世説》互校。

［二七］ 按：《太平御覽》卷四六四《人事部·辯下》引《郭子》云："梁國楊氏子九歲，甚聰慧。孔君平詣其父，父不在，乃呼兒出，爲設果，有楊梅。孔指示兒：'此君家果。'兒應聲答曰：'未聞孔崔（雀）是夫子家禽。'"《藝文類聚》卷九一《鳥部中·孔雀》引《郭子》文字亦同，則文舉與君平絶非一人，似編者誤記耳。

［二八］ 按：《韓詩外傳》卷七云："君子避三端：文士筆端、辯士舌端、武士鋒端。"《太平御覽》卷四六四引《韓詩外傳》同。又余嘉錫《殷芸小説輯證》卷二亦有"三端"之説，爲孔子與子路之答問，《金樓子·雜記篇上》所載略同。又《藝文類聚》《人部·舌類賦》引梁簡文帝《舌賦》云："夫三端所貴，三寸

著名。”

［二九］ 樗，底本作“樝”，形近訛誤，當作“樗”，兹據文義及下列引書徑改。

［三〇］ 鼂，底本作“晁”，形近訛誤，當作“鼂”，兹據文義及下列引書徑改。

［三一］ 桓範，底本作“祖範”，或形近致訛，當作“桓範”，兹據文義及下列引書徑改。按:《史記》卷七一《樗傳》云:“樗里子滑稽多智，秦人號曰智囊。”卷一〇一《錯傳》云:“以其辯得幸太子，太子家號曰智囊。”又《三國志》卷九《魏書・爽傳》裴注引干寶《晋書》曰:“桓範出赴爽，宣王謂蔣濟曰:‘智囊往矣。’濟曰:‘範則智矣，駑馬戀棧豆，爽必不能用也。’”《太平御覽》卷四三二《人事部・智類》及卷四六三《人事部・辯上》引《史記》、干寶《晋紀》與此三則近似。《蒙求》卷上有“樗里智囊”，引《史記》義同。

［一一］勸學

下帷：前漢董仲舒下帷讀書十六年[一]，不窺園；乘馬三年，不知牝牡[二]。

截蒲：路温舒字君侯，少時牧羊澤中，截蒲寫書。出《漢書》[三]。

懸頭：孫敬字文寶，閉户讀書，以繩懸頭於梁，睡則牽之，時人號曰：“閉户先生”。特徵不仕[四]。

刺股：蘇秦字季子，讀書至睡，引錐刺股。

穿壁：匡衡字稚［圭］[五]，東海人，家貧，鑿壁引鄰舍火光讀書，仕至丞相[六]。

聚螢：車胤字武子，家貧無油，胤咸盛數十螢讀書，冬即雪映其所，後仕至司徒[七]。

流麥：高鳳字文通，庭前暴麥處[八]，令執竿驅雞雀，鳳貪讀書，大雨流麥不覺，見妻始悟。徵，［不仕］[九]。

帶經：常林少在田[一〇]，帶經而鋤。又桓榮帶經庸耕，捃拾之暇，開卷田頭。後光武詔徵賢良，策爲太子博士，賜以車馬衣服。榮歸，召昆弟，陳車馬於庭，曰：“皆稽古之力也。”[一一]

一見：王充字仲任，家貧無書，常遊洛陽市，閱所賣之書，一覽即誦得[一二]。

五行：漢時，應奉字世叔，聰明，爲童兒時，讀書五行俱下[一三]。

負笈：漢時，李固字［子］堅[一四]，負笈祈師，不遠千里，仕至太尉。足下有龜文。又後漢・董景［道］好學[一五]，亦千里［追］師[一六]。

編柳：孫敬編柳編竹而書[一七]。

絳帳：馬融博學，常施絳紗帳與諸生講論。融，北海人也[一八]。

百遍：董遇字季直，勤學，每讀書，百遍始休[一九]。

忘冠：朱穆好讀書，忘失冠履[二〇]。

折尺：劉仲始商皈（販）[二一]，爲吏所辱[二二]，因發憤，乃蹋折尺，即勤學，遂立名[二三]。

賣樵：葛洪字稚川，丹陽人也。家貧，常伐薪賣樵，以供紙筆。所寫之書，反覆皆有字，拜人稱之抱朴之士[二四]。戢翾於鷦鷯之群[二五]，藏逸足於跛驢之伍也[二六]。

【校釋】

［一］帷，底本作"惟"，形近訛誤，當作"帷"，兹據文義及下列引書徑改。

［二］牝，底本作"牡"，形近訛誤，當作"牝"，兹據文義及下列引書徑改。按：《漢書》卷五六《董仲舒傳》曰："董仲舒、廣川人也……下帷講誦，弟子傳以久次相授業；或莫見其面，蓋三年不窺園，其精如此。"《史記》卷一二一《儒林傳》同。《太平御覽》卷六一六《學部・讀誦》節引《史記》，《北堂書鈔》卷九七《藝文部・好學》"乘馬不知牝牡"條注引《漢書》文字，實非《漢書》原文。《類林雜説》卷二《勤學篇》"董仲舒"條云："董仲舒：廣川人也，少耽學。下帷讀書，弟子莫見其面，十年不窺園圃，乘馬三年不知牝牡，志在經傳。官至江都守。前漢武帝時人。"文義略詳，"十六"作"十"，疑爲脱文，并云："志在經傳"。卷一四《講説篇》"董仲舒"條，則謂後增，僅言"弟子莫能見其面"。《蒙求》"董生下帷"條，則言"三年不窺園"，無"乘馬不知牝牡"事。又伯二六〇七號《勤讀書抄》引《抱朴子》有"仲舒命世之才，不窺園井"句，伯二六一二號《新集文詞教林》卷上《序》則有"董仲不出户而知天下"句，伯二〇七二號所謂《類林》者，其《勤學篇》"董仲舒"條，文字與《增廣類林雜説・勤學篇》文字近乎一致，僅作"十載"，并云出前《漢書》。據此"十""十六""七"，三者文字同源，或因近似致誤。《文選》卷四二《書中・與侍郎曹長思書（應休璉）》云："才劣仲舒，無下帷之思。"

［三］ 按:《漢書》卷五一《路温舒傳》云:“路温舒字長君，鉅鹿東里人也。父爲里監門。使温舒牧羊，温舒取澤中蒲，截以爲牒，編用寫書。”原卷節引耳。《北堂書鈔》卷一〇一寫書“温舒截蒲”條、卷一〇四《牘》“截蒲爲牒”條、《太平御覽》卷六〇六《文部・牒》并引《漢書》，文字近似。《類林雜説》卷二《勤學篇》“路温舒”條云:“路温舒:字長君，鉅鹿人也。少爲人牧羊於大澤中，乃截蒲寫書，太守行見而奇之，將歸使學，仕至郡守。出《漢書》。”文字近原卷而較詳。《蒙求》卷中“温舒截蒲”條不言出處，然文字與《類林雜説》近乎全同。伯二六〇七號《勤讀書抄》引《抱朴子》有“路生截蒲以寫書”，又引《漢書》有“路温舒少牧羊”等殘句。伯二〇七二號《勤學篇》“路恩”條文字近乎《類林雜説》，然脱“舒”字。則與原卷爲近。

［四］ 按:《藝文類聚》卷五五《雜文部・讀書》引《後漢書》“文寶”誤作“文質”，餘者義同，考范曄《後漢書》不見此事類，或爲謝承《後漢書》乎?《太平御覽》卷六一一《學部・勤學》引《楚國先賢傳》，無其字號而義同。《類林雜説》卷二《勤學篇》“孫敬”條云:“孫敬，楚人，字文寶。常閉户讀書，睡則以繩繫頭，懸之梁上。常入市，市人見之皆曰閉户先生。帝特徵不就。”略詳矣。《蒙求》卷上“孫敬閉户”條文字近乎《類林雜説》，伯二七一〇號《蒙求》殘卷同，并言典出《楚國先賢傳》，然無特徵不仕事。伯二〇七二號《勤學篇》“孫敬”條又較《類林雜説》詳細，并云出《漢書》，似脱“後”字。伯二六一二號《新集文詞教林》有“懸頭刺股”之句。伯二六〇七號《勤讀書抄》云:“《漢書》曰:‘孫敬性好學，常閉户讀書不息，苦患睡，乃以繩繫頭，懸著屋梁，時亦號曰:閉户先生。’”伯三六五〇號“閉户先生”條叙及不仕。《敦煌變文集新書》卷七《孔子項託相問書》云:“孫景懸頭而刺股，匡衡鑿壁夜偷光。”《古賢集》云:“孫景懸頭猶恐睡，姜肱翫業不憂貧。”又《李義山詩集》卷四《詠懷寄秘閣舊僚》云:“懸頭曾苦學，折臂反成醫。”及第九〇頁注［一七］條。

［五］ 圭，底本無，兹據文義及《西京雜記》等引文補。

［六］ 丞，字底本作“承”，形近訛誤，當作“丞”，兹據文義及下列引書徑改。按:《藝文類聚》卷五五《雜文部・讀書》引《漢書》曰:“匡衡鑿壁，引鄰家火光，孔中讀書。”考今本《漢書》不見，《西京雜記》卷二云:“匡衡字稚圭，

勤學而無燭，鄰舍有燭而不逮，衡乃穿壁引其光，以書暎（映）光而讀之。”《北堂書鈔》卷九七《藝文部・好學》、《太平御覽》卷六一一《學部・勤學》，并引《西京雜記》，義同而文各異。《類林雜説》卷二《勤學篇》“匡衡”條云：“匡衡：字稚圭，東陽人。好讀書，家貧無油燭，乃穿鄰壁孔，映光讀書，後仕至丞相。出《前漢書》。”義同，并云：“出《後漢［書］》。”《蒙求》卷上“匡衡鑿壁”條則不注出處，伯二七一〇號《蒙求》亦引此條。又《敦煌變文集新書》卷七《齖䶗書》云：“偷光鑿壁事慇懃。”《古賢集》云：“匡衡鑿壁偷光學，專錐刺股有蘇秦。”此出《戰國策・秦策》。《北堂書鈔》卷九七《藝文部・好學》有“引錐刺股”條，注引《戰國策》較此爲詳。《太平御覽》卷六一一《學部・勤學》引《史記》，亦詳於此。《隋書・儒林傳》曰：“勤喻刺股。”《敦煌變文集新書》卷七《齖䶗書》云：“懸頭刺股士（事）蘇秦。”又參見前條。伯二五〇二號不知名類書“尊師能學爲德”部“蘇秦錐能責下機之婦”條曰：“《雜略》言：蘇秦積年行學，學道不成而歸，兄不下床，婦不下機，羞而不樂，心口獨言：‘我學不懃，乃至如此。’遂以發憤忘食，往明師學道，眼欲睡時，即用錐刺股。於後學成，往事於燕，燕拜爲丞相，腰帶印綬，車馬乘歸，兄迎於外，嫂迎於内。今日富貴，即前迎之，兄嫂尚爾，况於他人乎？故云：‘錐責下機之婦也。’”又伯四〇五二號“蘇秦”條注亦近同。

［七］按：《藝文類聚・雜文部・讀書》引《宋書》曰：“車胤字武子，少勤學，家貧無燈，夏月乃聚螢照讀，冬曾聚雪，仕至司徒。”《太平御覽》卷六一一《學部・勤學》引《晋書》及《晋書》卷八三本傳，但言“聚螢”，不及“雪映”。《類林雜説》卷二引《宋略》云：“車胤：字武子，河東人。好讀書，家貧無油，取螢於絹囊盛之以繼夜。出《宋略》。”又《蒙求》卷上“車允聚螢”條亦僅及“聚螢”，“映雪”事則隸屬上則“孫康映雪”。又《蒙求》“胤”字諱“胤禎”而改作“允”。《古賢集》云：“車胤聚螢而映雪，桓榮得貴齎金銀。”

［八］纂，底本作“暴”，形近訛誤，當作“纂”，兹據文義及下列引書徑改。

［九］不仕，底本“徵”字下尚有餘空，文義未能接續，兹據文義及伯二〇七二號所謂《類林》者補“不仕”二字。按：《後漢書》卷八三《高鳳傳》云：“少爲書生，家以農畝爲業，而專精誦讀，晝夜不息。妻嘗之田，曝麥於庭，令鳳護雞。時天暴雨，而鳳持竿誦經，不覺潦水流麥。妻還怪問，鳳方悟之。”

《東觀漢記》卷一八《高鳳傳》、《太平御覽》卷六一一《學部·勤學》引謝承《後漢書》、卷六一六《學部·讀誦》引《東觀漢記》、《藝文類聚》卷五五《雜文部·讀書》引《東觀漢記》，伯二〇七二號《勤學》引《後［漢］書》等，并義同文異。《類林·高士篇》及《蒙求》卷下有“高鳳漂麥”條，尚及故意與寡嫂爭訟，始免徵召。又《全梁文》卷一七《元帝與學生書》云：“漢人流麥，晋人聚螢。”

［一〇］少，底本作“宗”，形近訛誤，當作“少”，茲據文義及裴注引《魏略》書徑改。

［一一］皆，底本“皆”字析作“此日”二字，語氣有些不順，當據文義及下列引書改正作“皆”。按：帶經事類凡有四出，除此二人外，《漢書》卷五八《倪寬傳》及《晋書》卷五一《皇甫謐傳》皆言及帶經而鉏。常林少事見《三國志》卷二三《魏書·常林傳》，裴注引《魏略》曰：“林少單貧。雖貧，自非手力，不取之於人。性好學，漢末爲諸生，帶經耕鉏。其妻常自餽餉之，林［少］雖在田野，其相敬如賓。”《北堂書鈔》卷九七《藝文部·好學》“帶經耕鋤”條引《魏略》近似。伯二〇七二號《勤學篇》“常林”條、《蒙求》卷下“常林帶經”條則引《魏志》，文字亦近於裴注。又桓榮事類，范曄《後漢書》并無載記，《東觀漢記》亦只言“稽古”事，不及“開卷田頭”。伯二〇七二號《勤學篇》“桓榮”條云：“桓榮字春卿，後漢師（沛）國人也。少與族人元卿在田，招（捃）拾休息之際，榮輒讀書。元卿曰：‘貧賤如此，讀何爲？’榮終不改。及帝選太子師，榮對策高第，拜爲太子傅，帝賜車馬衣物。榮得，陳之家庭，謂父兄曰：‘此稽古之力。’元卿曰：‘我田家之子，安知學問爲貴乎?《後漢書》。’伯四〇五二號與此近似。《太平御覽》卷六一一《學部·勤學》引《後漢書》更詳。又參見本部第六則“聚螢”及第八七頁注［七］條。

［一二］按：《後漢書》卷四九《王充傳》云：“王充字仲任……家貧無書，常游洛陽市肆，閱所賣書，一見輒能誦憶，遂博通衆流百家之言。”《北堂書鈔》卷九七《藝文部·好學》“王充閱書”條引同書近似。《藝文類聚》卷五五《雜文部·讀書》及《太平御覽》卷六一六《學部·讀誦》、《北堂書鈔》卷九七《藝文部·博學》“博通百家”條及卷九七《藝文部·誦書》“一見誦憶”條并引謝承《後漢書》，義同。《類林雜説》卷二《勤學篇》“王充”條云：“王充：後漢王充，字

仲任。家貧無書，性勤於學，嘗於市閱所賣書，此不足則之於彼，未始少暇。後博通經史，自所著書號曰《論衡》。”卷四《聰慧篇》“王充”條云：“王充：字仲任，會稽上虞人家。貧無書，嘗游洛陽市問所賣書，一見而誦，之後通百家之書，著《論衡》數篇行於世，仕至侍中。”《蒙求》卷中“王充閱市”條義同，不言出處。《琱玉集》卷一二《聰慧》“王充寄目”條亦云：“出《後漢書》”而義同。又《後漢書》卷八〇《禰傳》曰：“吾雖一覽，猶能識之。”

［一三］ 按：《後漢書》卷四八《應奉傳》云：“應奉字世叔……奉少聰明，自爲童兒及長，凡所經履，莫不暗記。讀書五行并下。”《太平御覽》卷六一六《學部·讀誦》、《北堂書鈔》卷九八《藝文部·讀書》“五行俱下”條引謝承《後漢書》但云：“應奉字世叔，讀書五行俱下。”《三國志》卷二一《魏書·王粲傳附應瑒下》，裴注引華嶠《（後）漢書》云：“故世稱‘應世叔讀書，五行俱下。’”《類林雜説》卷四《聰慧篇》“應奉”條云：“應奉：字世叔，河南潁川人也，少而聰敏。爲兒童時，凡所經歷，莫不闇記，讀書五行俱下。奉曾游汝潁，至袁賀門，賀不在，有一車師出半面答云：賀不在。後十餘年於洛見，猶識之。奉仕郡爲决吏，録囚徒數百人。奉子卲，字仲遠，解集《前漢書》，又撰《風俗通記》，仕至太守。後漢時人。”尚及“半面”“録囚”事，《琱玉集》卷一二《聰慧》“應奉五行”條與《類林雜説》同。《蒙求》卷中“應奉五行”條僅及“五行並下”。又《北齊書》卷三五《裴諏之傳》云：“嘗從常景借書百卷，十許日便返。景疑其不能讀，每卷策問，應答無遺。景歎曰：‘應奉五行俱下，禰衡一覽便記，今復見之於裴生矣。

［一四］ 子，底本無，兹據文義補。

［一五］ 道，底本脱，兹據文義補。

［一六］ 追，底本無，疑爲原卷缺損者，兹據文義及下列所引諸書補。按：《後漢書》卷六三《李固傳》云：“李固字子堅……固貌狀有奇表，鼎角匿犀，足履龜文。少好學，常步行尋師，不遠千里。”李賢注引謝承《後漢書》亦有負笈追師事。《太平御覽》卷六一一《學部·勤學》引司馬《續漢書》“李固”條有“負書隨師”事，《北堂書鈔》卷九七《藝文部·好學》“負笈追師”條，注引謝承《後漢書》亦及李固。又董景道者《晋書》卷九一《董景道傳》云：“董景道字文博，弘農人也。少而好學，千里追師，所在惟晝夜讀誦，略不與人交通。”《蒙求》卷中亦有

“蘇章負笈”條，然無關上舉二人。许慎《说文解字》云：“《風土記》云：‘笈謂學士所以負書箱如冠箱面卑者也。’謝承《後漢書》云：‘負笈隨師。’是也。”

［一七］敬，底本“敬”字下衍“叔”字，兹據下列引書文字删。按：孫敬事又参見本部第三則“懸頭”條。《北堂書鈔》卷九七《藝文部·好學》“編柳爲簡”條，注曰：“《楚國先賢傳》云：‘孫敬編柳簡以寫經本，晨夕誦習之。’”卷一〇一《藝文部·寫書》“孫敬編柳”條引同書而無“之”字。《太平御覽》卷六〇六《文部·簡》“孫敬”條引同書“寫”作“爲”，無“之”字。《文選》卷三八《表下·爲蕭楊州薦士表（任彦昇）》“編蒲緝柳”句下，李善注引《楚國先賢傳》，義同文異。《蒙求》卷中“文寶緝柳”條與李善注同。又《藝文類聚》卷七六《内典上·隋·江總建初寺瓊法師碑》云：“東山北山之部，貫花散花之句。并編柳成簡，題蒲就業。”

［一八］按：《後漢書》卷六〇《馬融傳》曰：“常坐高堂，施絳紗帳，前授生徒，後列女樂，弟子以次相傳，鮮有入其室者。”《太平御覽》卷六一三《學部·教學》引《後漢書》及《類林雜説》卷一四《講説篇》“馬融”條，并與上述引文近似。又《全北齊文》卷三《廣平王碑》曰：“踟躕緹衮，絳帳章編；尋微啓奥，敷理入玄。”又元稹《長慶集》卷廿《奉和滎陽公離筵作詩》云：“南郡生徒辭絳帳，東山妓樂擁油旌。”

［一九］按：《三國志》卷一三《魏書·朗傳下》裴注引《魏略》云：“遇字季直……采稆負販，而常挾持經書，投閒習讀……人有從學者，遇不肯教，而云‘必當先讀百徧’。言‘讀書百徧而義自見’。”“遍”“徧”同音通假。《藝文類聚》卷五五《雜文部·讀書》、《太平御覽》卷六一六《學部·讀誦》，并節引《魏略》，《北堂書鈔》卷九八《藝文部·讀書》“先讀百遍”條引《魏志》，義同。又《蒙求》卷下“董遇三餘”條，除及百遍之義外，尚以冬、夜、陰雨爲歲、日、時餘。

［二〇］按：《北堂書鈔》卷九七《藝文部·好學》“不知馬之幾足”下注云：“張璠《漢記》云：‘朱穆好學，專精，每一思至，中食失飡，行墜坑坎，亡失冠履，不知馬之幾足。’”《太平御覽》卷六一四《學部·好學》引同書略詳。

［二一］皈，字義勉强可通，未若“販”字順暢，似因形近訛誤。

［二二］吏，底本作“史”，形近訛誤，當作“吏”，兹據文義及下列引文徑改。

［二三］ 按:《太平御覽》卷八三〇《資産部·尺寸》引《魏略》云:“昔長安市儈有劉仲始者，一爲市吏所辱，乃感激，蹹其尺折之，遂行學問，經明行修，流名海内。後以有道徵，不肯就，衆人歸其高。”

［二四］ 拜，文義略顯勉强，疑非誤即衍。

［二五］ 鴿，底本作“鵧”字，形近訛誤，當作“鴿”，玆據文義及下列引書徑改。

［二六］ 伍，底本作“五”，異體字，當作“伍”，玆據文義及《晋書》卷七二《葛洪傳》徑改。按:《北堂書鈔》卷九七《藝文部·好學》“柴火寫書”條，注引《葛洪别傳》云:“洪字稚川，負笈徒步，賣薪以給紙筆，夜燃柴火寫書。家貧無紙，所寫之書皆反覆有字，人少能讀。”《藝文類聚》卷五八《雜文·紙》、《太平御覽》卷六一九《學部·寫書》，并引《抱朴子》自叙，義同文異。唯皆不及“人稱之”以下文字。末二句《晋書》卷七二《葛洪傳》内《自序》則有是文。

［一二］宴樂

東閤:公孫弘開東閤以迎賓[一]。

西園:《曹植詩》曰:公子敬愛客，終宴不知疲[二]，清夜遊西園，冠蓋相追隨[三]。

置驛[四]:《漢書》曰:鄭當時以任俠自喜。孝景時，爲太子舍人。常置驛馬於長安路，請諸賓客。賓客皆天下有名之士也[五]。

瓮間[六]:畢卓字茂世[七]，東平人也。晋吏部郎。過酒家飲，醉後卧瓮側，三日始醒，時人號曰:三日僕射[八]。

中山:《博物志》曰:昔有玄石，飲中山酒，千日醉[九]。

三清:魏文帝《詩》曰:酒人獻三清，絲中列南廂[一〇]。

頽山:《語林》曰:嵇康若孤松之獨立，醉若玉山之將頽[一一]。

倒載:《襄陽記》曰:山簡字季倫，河内人也。往峴山南習家池飲酒[一二]，必醉而歸。童兒歌曰:山公往［何］許[一三]?往詣高陽池[一四]。日夕倒載歸，酩酊無所知[一五]。

投轄:漢時，陳遵字孟公，爲河南太守，會賓將酣[一六]，恐客逃避，乃拔客車轄投井中也[一七]。

杖頭:阮宣子常杖頭挂錢百文，逢人士便共酣飲[一八]。

阮步兵[一九]：

嵇中散：《竹林七賢傳》曰：步兵校尉阮籍字嗣宗[二〇]，中散大夫嵇康字叔夜，並能琴好酒[二一]。

脱巾：陶潛字淵明，居山水[二二]，有人就之，葛巾漉酒共飲。彈素琴，嘯詠而已。出王［智］深《宋書》[二三]。

百壺：舜飲百壺[二四]。

三雅[二五]：劉靈（伶）字伯倫[二六]，好飲酒，妻責之，令止，靈曰：卿置酒脯，吾誓而［斷］之矣[二七]。妻具酒脯於前，靈扶樽咒曰：天生劉靈，以酒爲名；一飲一石，五斗解酲；婦人之言，慎不可聽[二八]。

千鍾：堯飲千鍾[二九]。

【校釋】

［一］ 按：《史記·公孫弘傳》不載東閤事。《漢書》卷五八《公孫弘傳》曰："弘自見爲舉首，起徒步，數年至宰相封侯，於是起客館，開東閤以延賢人，與參謀議。"師古注曰："閤者小門也，東向開之，避當庭門而引賓客，以别於掾史官屬也。"《類林雜説》卷一《禮賢篇》"公孫弘"條、卷二《廉儉篇》（當爲高士）"公孫弘"條，義同而文詳。《蒙求》卷下"漢相東閤"條則介於二者之間。《李義山詩集》卷五《九日詩》曰："郎君官貴施行馬，東閣無因再得窺。"

［二］ 宴，底本"宴"之上有"實"字，其右側旁注"ミ"形删除符號，兹據此删。

［三］ 冠，《文選》作"飛"。按：此見《文選》卷二〇《公讌·公讌詩（曹子建）》，又參見本卷《王部》第二十六則"西園"。《文選》卷三《賦乙·京都中·東京賦（張平子）》曰："歲惟仲冬，大閱西園。"薛綜注曰："西園、上林苑也。"唯曹操亦建西園於鄴都，《文選》卷二二《詩乙·遊覽·芙蓉池作詩（魏文帝）》曰："乘輦夜行遊，逍遥步西園。"

［四］ 驛，底本作"擇"，形近訛誤，當作"驛"，兹據文義徑録正。按：本條下一"置驛"同，不再出校説明。

［五］ 賓客，底本在上句"賓客"二字右側旁注"〃"重文符號，兹據此補。按：《漢書》卷五〇《鄭當時》曰："鄭當時字莊……當時以任俠自喜……孝

景時，爲太子舍人。每五日洗沐。常置驛馬長安諸郊，請謝賓客，夜以繼日……然其知友皆大父行，天下有名之士也。”

［六］ 瓫，底本作“兑”，當作“瓫”，兹據文義及下列引書徑改。按：本條下一“瓫”同，不再出校説明。

［七］ 茂世，底本作“世茂”，誤倒，當作“茂世”，兹據文義及下列引書徑録正。

［八］ 按：《晋書》卷四九《畢卓傳》云：“畢卓字茂世，新蔡鮦陽人也……爲吏部郎，嘗飲酒廢職。比舍郎釀熟，卓因醉，夜至甕間盗飲之，爲掌酒者所縛，明旦視之，乃畢吏部也，遽釋其縛。卓遂引主人宴於甕側，致醉而去。卓嘗謂人曰：‘得酒滿數百斛船，四時甘味置兩頭，右手持酒杯，左手持蟹螯拍浮酒船中，便足了一生矣。’”據此，“醉卧甕側”及“足了一生”事典隸屬畢卓，《太平御覽》卷八四六《飲食部·嗜酒》、《類林雜説》卷七《嗜酒篇》“畢茂世”及“畢卓”條云：“畢茂世：名卓。嘗謂人曰：右手持酒盃，左手持蟹螯，拍浮酒池中，便足了一生也。晋人。”《琱玉集》卷一四《嗜酒》“畢卓願拍酒”條、《蒙求》卷上“畢卓甕下”條等，或僅載一事，或兼及兩典，然皆無“三日僕射”一典。考《世説新語中·任誕篇》第二十八則云：“周伯仁風德雅重，深達危亂，過江積年，恆大飲酒，嘗經三日不醒。時人謂之‘三日僕射’。”《晋書》卷六九《周顗傳》亦云：“爲僕射，略無醒日，時人號爲‘三日僕射’。”《北堂書鈔》卷五九《設官部·尚書僕射》“周顗恆大飲酒”條、《藝文類聚》卷四八《職官部·僕射》“周顗”條、《太平御覽》卷二一一《職官部·僕射》、卷四九七《人事部·酣醉》、八四五《飲酒部·酒下》，并引《世説》，大抵義同，則有“三日僕射”之號者周顗，非畢卓。《琱玉集》卷一四《嗜酒》“周顗帶職連酣”條引《晋抄》亦與《晋書》《世説》同，足證編者誤記。

［九］ 按：張華《博物志》卷一第三二〇則云：“昔劉亦石於中山酒家酤酒，酒家與千日酒，忘言其節度。歸至家當醉，而家人不知，以爲死也，權葬之。酒家計千日滿，乃憶玄石前來酤酒，醉向醒耳。往視之，云玄石亡來三年，已葬。於是開棺，醉始醒，俗云：‘玄石飲酒，一醉千日。’”《蒙求》卷中“元石沈湎”條、《北堂書鈔》卷一四八《酒食部·酒》“千日酒”條下并引《博物志》，義同文異，至《敦煌變文集新書》卷八收録之句道興《搜神記》則云：“昔有劉義狄者，

中山人他。甚能善造千日之酒，飲者醉亦千日。時青州劉玄石善能飲酒，故來就狄飲千日之酒。狄語玄石曰：‘酒沸未定，不堪君喫。’玄石再三求乞取嘗，狄自取一盏與嘗，飲盡。玄石更索，狄知克（已）醉，語玄石曰：‘今君已醉，待醒更來，當共君同飲。’玄石嗔而遂去。玄石至家，乃即醉死。家人不知來田（由），遂即埋之。至三年，狄往訪之玄石家，借問玄石。家人驚怪，玄石死來，今見三載，服滿以（已）除脱訖，於今始覓。狄具言曰：‘本共君飲酒之時，計應始醒，但往發冢破棺，看之，的不死爾！’家人即如狄語，開冢看之，玄右面上白汗流出，開眼而卧，遂起而言曰：‘你等是甚人，向我前頭？飲酒醉卧，今始得醒。’冢上人看來，得醉氣，猶三日不醒，是人見者，皆云異哉！”此段則已演爲近乎小説矣。

［一〇］中，文義略顯勉强，疑爲“竹”字之誤，參見逯欽之輯校《先秦漢魏晋南北朝詩·魏詩》卷四（第四〇五頁）。按：此詩他本不見，唯存録二句，彌足珍貴。

［一一］按：此條詳見本卷第八部《人才》第二十六則“千丈松”條，唯諸書出典或爲《晋抄》《晋書》《世説》，唯此獨出《語林》。又《太平御覽》卷四九七《人事部·酣醉》引此事亦出《世説》。

［一二］池，底本作“地”，形近訛誤，當作“池”，兹據文義及下列引書徑改。按：本條下一“地”字同，不再出校説明。

［一三］何，底本無，然虛留一格，似過録者不識是字而未抄，兹據文義及下列引書補。

［一四］高，底本作“南”，形近訛誤，當作“高”，兹據文義及下列引書徑改。

［一五］倒，此條標目及注文“倒”字原并作“到”，雖或借字，仍據諸書改作“倒”字爲是。按：《琱玉集》卷一四《嗜酒》“山簡（原書誤作“蘭”字）興便茗艼”條引書及意義并同。《太平御覽》卷四九七《人事部·酣醉》引此作《襄陽耆舊記》，文字略異。《世説新語下·任誕篇》第十九則及《太平御覽》卷八四五《飲食部·酒下》引《世説》文義近似。《晋書》卷四三《山濤傳·附簡傳》亦及此事，唯文字差異較大。《類林雜説》卷七《嗜酒篇》“山簡”條云：“山簡：字季倫，河内人，晋司徒濤之子。爲荆州牧時，每出酣醉，時人爲之歌曰：

“山公往何處，來詣高陽池。日久倒載歸，酩酊無所知。時時能騎馬，倒著白接籬。舉鞭謝葛强，何如並州兒。”《蒙求》卷上“山簡倒載”條不言出處，文字亦近似。又以上諸書所引詩文偶或小異，并多“時時能騎馬，倒著白接籬，舉鞭向葛疆，何如并州兒”四句。

［一六］ 會，底本作“貪”，形近訛誤，當作“會”，兹據文義及下列引書徑改。

［一七］ 轄，底本作“鎋”，當作“轄”，兹據文義、注文及下列引書徑改。按：《琱玉集》卷一四《嗜酒》“陳遵拔轄留賓”條云：“陳遵字孟公，王莽時京兆人也。爲河南太守，會客飲酒，將酣，恐客走避，輒令人拔車轄投於井中，客雖欲去而不得也。出《類林》。”《類林雜説》卷七《嗜酒篇》“陳遵”條云：“陳遵：字孟公，京兆人。王莽時，爲河東太守，會賓客，飲宴將酣，恐客逃席，輒令人將客車轄投井中，客欲去而不得前行也。”文字近似，《蒙求》卷上“陳遵投轄”條義同而文異，并與“山簡倒載”互對。又《杜工部草堂詩箋》卷三八《晚秋長沙際王侍御飲筵》云：“甘從投轄飲，首作置書郵。”《高常侍集》卷七《陪竇侍御泛靈雲池詩》云：“乘興宜投轄，邀歡莫避驄。”

［一八］ 按：《世説新語下・任誕篇》第十八則云：“阮宣子常步行，以百錢挂杖頭，至酒店，便獨酣暢；雖當世貴盛，不躍詣也。”則與原卷有共飲獨酣之異。《晉書》卷四九《阮脩傳》云：“字宣子”，餘則同《世説》。《類林雜説》卷七《嗜酒篇》云：“阮宣：字宣子，陳留人。常杖頭挂百錢至酒肆，獨酣醉而歸，雖當世貴盛不肯詣之。晋人。出《世説》。”文字近似，唯標目誤作“阮宣”，字則誤作“宣子”。《琱玉集》卷一四《嗜酒》標目亦誤作“阮宣杖掛百錢”，字誤作“子常”。末標“出”字，無下文，以“《世説》”二字諱，故缺也。《蒙求》卷上“阮宣杖頭”條，雖誤標，注文則明注“晋阮脩字宣子”，無出處。《太平御覽》卷八四五《飲食部・酒下》引《世説》，一字不異。據以上諸書皆作獨酣，僅原卷作逢人共飲，蓋編者誤記甚明。又唐《駱賓王集》卷四《冬日宴詩》云：“二三物外友，一百杖頭錢。”

［一九］ 按：参見下則。

［二〇］ 籍，底本作“藉”，形近訛誤，當作“籍”，兹據文義及下引書徑録正。

［二一］ 按：此則諸書不見，然二人好酒見載於《晋書》卷四九本傳及各書

中，文繁不録，或見前引。至若能琴，嵇康猶或可見，如《太平御覽》卷五七七《樂部·琴》上引《語林》、《類林雜説》卷六《占夢篇》“嵇康”條、伯二〇七二號《占夢篇》“嵇康”條、伯二六三五號《音聲歌舞》“嵇康”條引《高士傳》及《晋書》等，言及“廣陵散絶”或“恥與争光”等，并涉琴事。至若阮籍能琴，則或未聞，唯《太平御覽》卷五七七、五七九同部類載有阮籍樂論等片段文字，并涉及琴藝之論。

［二二］居山水，文義勉强可通，未若所引諸本作“好山水”爲佳，亦不如伯二〇七二號高士“陶潛”條作“居於山野”順暢。又“山”字下底本有“中”字，其右旁注“⺀”删除符號，疑爲“于”字誤抄，兹據此删。

［二三］王智深，底本作“王粲”，恐形近訛誤，當作“王智深”，兹據文義及下列引書徑改。按：《琱玉集》卷一四《嗜酒》“陶潛脱巾春友”條云：“陶潛字淵明，宋文帝時人也。好慕山水，恒處幽林，以酒暢釋。有人就者，輒脱葛巾沽酒。畜一素琴，及一醉一撫一拍，嘯詠而已。出王智深《宋書》。”《類林雜説》卷七《嗜酒篇》“陶潛”條云：“陶潛：字淵明，性好山水，常以酒適情。人有往之者，輒取頭上巾漉酒，易酒而飲。以素琴，葛藤爲絃乃撫弄，人問之，答曰：但取琴中意，何須絃上聲？後爲彭澤令，公田多令種黍。九月九日，采菊於東籬之下而釀酒。太守王弘，九日著白衣攜酒而訪焉。”尚及採菊、王弘攜酒而訪諸事。伯二〇七二號《高士篇》“陶潛”條則差異更甚，尚及五柳，并云出“王智深《宋書》”。《太平御覽》卷五七七《樂部·琴》上引《宋書》，僅言不解音聲而畜素琴；卷八四四《飲食部·酒中》引《宋書》，極爲詳細，然二者文字與今本《宋書》卷九三本傳近似，殆非王書明矣。

［二四］按：《孔叢子》卷四《儒服》云：“平原君與子高飲，强子高酒，曰：‘昔有遺諺：堯舜千鍾，孔子百觚；子路嗑之，尚飲百榼。古之賢聖無不能飲也，吾子何辭焉。’”《太平御覽》卷八四五《飲食部·酒下》、《初學記》卷二六《酒》，引書、文字并同，然他書未有見載舜飲百壺者。又參見本部第十六則“千鍾”及第九七頁注［二九］條。

［二五］雅，底本作“鴉”，當作“雅”，兹據文義及《太平御覽》徑改。參見第九七頁注［二八］條。

［二六］靈，底本作“霊”，當作“伶”，同音借字。

［二七］ 斷，底本無，玆據文義及所引諸書徑改。

［二八］ 慎不，底本作“不足”，當作“慎不”，玆據文義及所引諸書徑改。按：此則《世説新語下·任誕篇》曾經見載，孝標注云：“見《竹林七賢論》。”《太平御覽》卷八四六《飲食部·嗜酒》亦引《世説》，《琱玉集》卷十《嗜酒》“伯倫五斗解酲”條則云：“出《晋抄》”。《類林雜説》卷七“劉伶”條云：“劉伶：字伯倫，沛國人也。飲酒一石至醉，醒復飲，妻責之，伶謂妻曰：卿可致酒五斗並脯羞之類，吾當咒而斷之。妻信之，遂設酒肉致於夫前。伶咒曰：天生劉伶，以酒爲名，一飲一傾，五斗解酲。婦人之言，慎不可聽。於是復飲，頹然而醉。(《語林》)”《藝文類聚》卷七二《食部·酒》，則注出於《語林》。《蒙求》卷中“劉伶解酲”條不注出處。《晋書》卷四九本傳亦有見載。然除《藝文類聚》《太平御覽》、原卷作“靈”字外，則并作“伶”，文字亦互有異同。惟以上所載劉伶事類，無關於“三雅”標目，疑當有“五斗”對“三雅”之語，或以“脱巾”與“解酲”互對成文，原卷錯亂，而將“五斗解酲”事隸屬“三雅”目下，實爲編録之失。蓋所謂“三雅”者，《太平御覽》卷八四五《飲食部·酒下》引曹丕《典論》曰：“劉表有酒爵三：大曰伯雅，次曰仲雅，小曰季雅。伯雅容七升，仲雅六升，季雅五升。又設大針於杖端，客有酒，輒以劖之，驗醉醒也。”《樂府詩集》卷六七録有晋·張華《輕薄篇》云：“三雅來何遲，耳熱眼中花。”

［二九］ 按：《北堂書鈔》卷一四八《酒食部·酒》云：“千鍾百觚，堯舜之飲也。”條下注即引出《抱朴子》語。

［一三］富貴

二相：孫皓［問］丞相陸凱曰[一]：“卿一門在朝者幾？”凱曰：“二相、五侯、將軍十餘。”皓曰：“盛矣。”出《世記》。

五侯：漢時，王鳳秉政，兄弟五人：王根、王商、王逢［時］[二]、王譚、王立等，並同日封侯[三]。

千石：石慶父子皆二千石，時號曰：“萬石君”[四]。

萬錢：《世記》曰：“何曾字穎考[五]，爲晋太尉。豪富，一食萬錢，猶云：‘無下［箸］之處。’”[六]

魚燈：秦始皇葬驪山[七]，以魚［膏］爲燈[八]。

獸炭：《語林》曰："羊琇字稚舒[九]，爲晋散騎常侍。冬日飲酒[一〇]，令［人］抱瓮[一一]，須臾易人，而酒便爔[一二]。屑炭和作獸形[一三]。温酒，獸炭皆張口赫。"[一四]

珪門：貴者珪玉之門[一五]。

鼎族：鼎貴之族[一六]。

簪黻[一七]：

簪纓[一八]：

軒冕[一九]：

簪裾[二〇]：

縉紳：並貴者朝儀之飾也[二一]。

鳴鍾：貴人擊鍾樂而食[二二]。

鼎食[二三]：

鶴蓋[二四]：

龍媒：好馬也[二五]。

浮雲馬[二六]：

流水車[二七]：

珍羞[二八]：

玉饌：亦云玉食綺饌，美［食之］貌也[二九]。

八珍：飲食也[三〇]。

步障：石崇字季倫，晋惠帝時爲侍中，居洛陽金谷，富於晋國。晋武帝弟王愷與崇相誇，作紫絲布步障卌里，崇作錦步障五十里。帝有珊瑚一株借愷，愷示崇，崇笑之，以馬鞭擊碎。愷怒曰：卿死矣。崇笑唤婢取好樹一株［與之］[三一]。崇會客，崇廁内置侍婢十人，皆衣錦繡燦爛[三二]。侍中劉寔往廁[三三]，將謂誤入室[三四]，待走出[三五]，崇曰：廁也。崇有蒼頭奴八百人[三六]，水磑八十餘區[三七]。

【校釋】

［一］問，底本無，兹據文義補。〇丞，底本作"承"，形近訛誤，當作"丞"，兹據文義及所引諸書徑改。按：此則出《世説新語中・規箴篇》第五條，原卷乃爲節引。《太平御覽》卷四七〇《人事部・貴盛》亦引《世説》，"二"誤作"三"。

《蒙求》卷中有“陸凱貴盛”，亦引《世説》，誤同《太平御覽》。

［二］ 時，底本無，兹據《漢書》卷九八《元后傳》及文義補。

［三］ 按：《漢書》卷九八《元后傳》云：“明年，河平二年（前二七），上悉封舅譚爲平阿侯、商成都侯、立紅陽侯、根曲陽侯、逢時高平侯。五人同日封，故世謂之‘五侯’。”《太平御覽》卷四七〇《人事部·貴盛》、《初學記》卷一八《貴》“五侯”條并引《漢書》。

［四］ 萬石，底本作“石萬”，其右側注乙正符號，當作“萬石”，兹據此徑録正。按：《史記》卷一〇三《萬石君傳》云：“萬石君名奮，螟父趙人也，姓石氏……奮長子建，次子甲，次子乙，次子慶，皆以馴行孝謹，官皆至二千石。於是景帝曰：‘石君及四子皆二千石，人臣尊寵乃集其門。’號奮爲萬石君。”《正義》曰：“以父及四子皆二千石，故號奮爲萬石君。”《漢書》卷四六《萬石傳》及《太平御覽》卷四七〇《人事部·貴》引《漢書》文義并同。據此以千石與萬錢雖勉强成對。不無可議。又東漢時馮揚有子八人皆爲二千石，亦有萬石君之號。

［五］ 考，底本作“孝”，形近訛誤，當作“考”，兹據文義及下列引書徑改。

［六］ 箸，底本缺，然仍留書寫空白，兹據文義及下列諸書補。按：《晋書》卷三三《何曾傳》云：“何曾字潁考，陳國陽夏人也……踐阼，拜太尉，進爵爲公……然性奢豪，務在華侈……蒸餅上不坼作十字不食，食日萬錢，猶曰：‘無下箸處。’人以小紙爲書者，敕記室勿報。”《類林雜説》卷八《豪富篇》“何曾”條云：“何曾：字潁孝，陳郡人。晋時爲司隸校尉，日食萬錢，猶言無下筯處，蒸餅不坼十字不食。有二子遵、邵，卒太僕卿，有四子嵩、綏、機、羡。邵爲侍中庶子，一日之供，以錢一萬爲限。綏官至侍中。”與原卷近似而詳，“考”亦誤作“孝”，卷一三《羹肉篇》則僅及蒸餅事。《蒙求》卷下“何曾食萬”義同而文異。然以上并不注明出處。《太平御覽》卷四七一《人事部·富上》引王隱《晋書》，又《太平御覽》卷四九三《人事部·奢》則引不知名《晋書》；義同文異。《藝文類聚》卷七二《食物部》引王隱《晋書》又較原卷爲簡。考以上諸書，皆未及《世説新語》，今本《世説新語》亦不見著録，豈編録者誤記耶？

［七］ 驪，底本作“麗”，此寫本常省偏旁之例，當作“驪”，兹據文義及下列引書徑改。

［八］ 膏，底本無，兹據文義補。按：《太平御覽》卷八七一《火部・煙》引《三秦記》曰："秦始皇葬驪山，牧羊童失火，繞之三月，煙不絶。"又卷八七〇《火部・燈》引同書云："始皇墓中，燃鯨魚膏爲燈。"又《類林雜説》卷一三增廣之《死喪門》"秦始皇"條言之極詳，并云出《史記》之典，實爲《史記》卷六《始皇本紀》之演義，非原文。

［九］ 琇，底本作"秀"，此寫本偏旁省略之例，當作"琇"，兹據文義及下列引書徑改。

［一〇］ 飲，底本作"作"，當讀作"飲"，兹據文義徑改。

［一一］ 令，底本"令"字析爲"人之"二字，當作"令"，兹據文義及下列引書徑改，并補"人"字。臾，底本作"灾"，形近訛誤，當作"臾"，兹據文義及下列引書徑改。

［一二］ 爞，底本作"默"，文義未暢，疑爲"爞"字之誤，兹據文義徑改。

［一三］ 和，底本作"未"，形近訛誤，致使文義未暢，當作"和"，兹據文義及下列引書徑改。形，底本作"刑"，行草形近訛誤，當作"形"，兹據文義及下列引書徑改。

［一四］ 按：《晋書》卷九三《外戚傳・羊琇傳》云："琇性豪侈，費用無復齊限，而屑炭和作獸形以温酒，洛下豪貴咸競效之。"《類林雜説》卷八《豪富篇・羊琇傳》云："羊琇：字雅舒，太山人，晋時爲散騎侍郎。家大富，冬月作酒，令人抱瓮，須臾易人。時洛陽炭貴，琇作獸炭燃之，崇因見而效之。"較原卷爲簡。《殷芸小説輯證》卷七、魯迅《古小説鈎沉》裴子《語林》并引此則，義同而略簡。《太平御覽》卷四九三《人事部・奢》引《晋書》義同、另引《晋朝雜記》曰："洛下少林，木炭正如粟狀。羊琇驕豪，乃擣小炭爲屑，以物和之，作獸形。後何、石之徒共集，乃以温酒，火勢既猛，獸皆開口，向人赫赫然。諸豪相矜，皆服而效之。"然仍未若原卷詳細。又南朝梁・蕭統《昭明太子集》卷三《錦帶書十二月啓》云："酌醇酒而據切骨之寒，温獸炭而祛透心之冷。"

［一五］ 按：以珪玉爲門，狀其貴也。《太平御覽》卷一八三《居處部・門下》、《初學記》卷二四《門》，并云："《淮南子》曰：'周文王作玉門。'言以玉飾也。"

［一六］ 按：《全陳文》卷七徐陵《爲王儀同致仕表》云："五陵鼎族，家傳軒冕。"参見本部第十五則"鼎食"及本頁注［二三］條。

［一七］ 黻，底本作"蔽"，當作"黻"，兹據文義徑改。按：《全唐詩》卷一二五王維《韋侍郎山居詩》云："良遊盛簪紱，繼跡多夔龍。"

［一八］ 按：《全梁文》卷一九昭明太子《錦帶書十二月啓·姑洗三月》云："鵷路頹風，想簪纓於幾載。"

［一九］ 按：《文選》卷三五《七下·七命（張景陽）》云："搢紳濟濟，軒冕藹藹。"

［二〇］ 裾，底本作"裙"，當爲"裾"字之形訛，兹據文義及《南史》改。按：《南史》卷四八《陸倕傳》云："及時爲中丞，簪裾輻湊。"

［二一］ 按：此條并釋"簪黻"以下諸條目。又《漢書》卷二五上《郊祀志》云："其語不經見，縉紳者弗道。"又參見本部第十一條"軒冕"及本頁注［一九］條。

［二二］ 按：《全唐詩》卷七七駱賓王《帝京篇》云："平臺戚里帶崇墉，炊金饌玉待鳴鐘。"又《後漢書》卷三四《梁冀傳》云："游觀第内，多從倡伎，鳴鍾吹管，酣謳竟路，或連日繼夜，以騁娱恣。"

［二三］ 按：《文選》卷二《賦甲·京都上·西京賦（張平子）》云："若夫翁伯、濁質、張里之家，擊鍾鼎食，連騎相過。"

［二四］ 按：《文選》卷五五《論五·廣絶交論（劉孝標）》云："雞人始唱，鶴蓋成陰。"李善注引劉楨《魯都賦》曰："蓋如飛鶴，馬似遊魚。"

［二五］ 按：《漢書》卷二二《禮樂志·天馬歌》云："天馬徠，龍之媒。"《庾子山集》卷四《詠畫屏風詩》之十六曰："龍媒逐細草，鶴氅映垂楊。"《杜工部草堂詩箋》卷三五《昔遊》云："有能市駿骨，莫恨少龍媒。"

［二六］ 按：《漢書》卷二二《禮樂志二》曰："籋浮雲，晻上馳。"蘇林注曰："言天馬上躡浮雲也。"

［二七］ 按：《後漢書》卷十《上明德馬皇后》曰："車如流水，馬如游龍。"

［二八］ 按：《禮記·王制》曰："七十貳膳，八十常珍。"《後漢書》卷四《和帝紀·元興元年詔》云："遠國修羞，本以薦宗廟。"《李太白詩》卷三《行路難》曰："金樽清酒斗十千，玉盤珍羞直萬錢。"

［二九］ 按:《文選》卷五《賦丙·吴都賦(左太冲)》云:“矜其宴居則珠服玉饌。”李善注又引《尚書》曰:“惟辟玉食。”

［三〇］ 按:《三國志》卷二一《魏書·衛覬傳》曰:“禮:天子之器必有金玉之飾,飲食之肴必有八珍之味,至於凶荒,則徹膳降服。”

［三一］ 與之,底本無,兹據文義補。

［三二］ 燦爛,底本作“粲瀾”,形近訛誤,當作“燦爛”,兹據文義改。

［三三］ 寔,底本作“恒”,當讀作“寔”,兹據文義及下列引書改。

［三四］ 誤,底本作“悟”,音同訛誤,當作“誤”,兹據文義及下列引書徑改。

［三五］ 待,底本作“寺”,形近訛誤,當作“待”,兹據文義及下列引書徑改。

［三六］ 蒼,底本作“倉”,形近訛誤,當作“蒼”,兹據文義及下列引書徑改。

［三七］ 按:此條載記崇事除名字、官職、居址外,言其汰侈者凡四:(一)作錦布障,(二)擊碎珊瑚,(三)廁内置婢,(四)蒼頭奴、水碓等人數甚衆。《晋書》卷三三凡見(一)(二)(四)事,卷四一《劉寔傳》見(三)事,《世説新語下·汰侈篇》第二則載(三)事,孝標注乃引《語林》言及劉寔,第四則言(一)事,第八則言(二)事。《類林雜説》卷一四《錢絹錦繡篇》石崇條僅言(一)事,惟卷八《豪富篇》石崇條云:石崇:字季倫,晋河内人也。晋惠帝時,爲侍中苞之子也,臨終分財與諸子,獨不及崇,曰:“此兒富貴,他自能得。”後爲荆州刺史,略遠使商,貫富不貲。有別館在洛陽金谷,一名梓澤。後得尉,與潘岳諂事賈謐,廣成君每出崇車路,崇望塵而拜。財産盈積,室宇宏麗,後房數百侍女皆曳紈繡。與晋惠帝舅王愷及羊琇以奢靡相尚,愷以精沃釜,崇以蠟代薪;愷以紫絲步障,布四十里,崇以錦步障,布五十里;愷以赤石脂塗屋,崇以椒塗之;帝助愷珊瑚樹高二尺,愷示崇,崇以鐵鞭擊碎,愷怒,崇命取珊瑚樹,高三四尺者六七株,如愷比者衆矣,惠帝知富無以誇。有外國進火浣布,天下更無,帝乃爲私服幸崇家,有家人之輩五十人,皆衣火浣布衫袛承,帝乃慚之。崇廁屋内置侍婢十人,衣以紈素,并以香囊錦袋盛香。崇大會賓客,有侍中劉寔,見廁内燦爛,快出謂崇曰:“誤入公室矣。”崇曰:“厠也。”寔更往,見侍婢所逼,不成如

故。崇爲客作小豆粥，咄嗟立辦。冬日，得韭虀。愷出遊，争入洛陽，崇牛如飛，愷絶不及，愷貨崇帳下問所以，云："預作熟豆，客來作白粥投之。韭根，雜麥苗耳。牛奔如飛，由馭者逐之。"愷從此争長焉。及賈謐誅，免崇官，時趙王倫與崇甥歐陽建有隙。崇有妓曰緑珠，美而且豔，又善吹笛，孫秀使人求之，崇處金谷别館，方登樂臺，使者告崇，崇乃悉出侍女，任意所擇，使者曰："命取緑珠。"於是崇怒曰："緑珠是我之所愛，不可得也。"孫秀怒，勸倫誅崇，崇正宴樓上，介士到門，崇謂緑珠曰："我爲爾得罪矣。"緑珠曰："當效死于君前。"遂自投樓下而死。及車載崇于東市，歎曰："奴輩利吾家財。"使者曰："知財爲害，何不早散？"遂被害。崇家稻禾在地化爲螺，人以爲族滅之應。水碓三十餘所，蒼頭奴八百人，珍寶田地宅，莫究其數。崇乃與潘岳同日斬于市，岳謂崇曰："天下殺英雄，卿復何爲？"崇曰："殺士滿溝壑，餘塵來及人。"出《晋書》。則囊括上列四典外，尚及多事，乃有關石崇豪富傳聞之所彙集。《蒙求》"季倫錦障"與《類林雜説》卷一四近似。魯迅《古小説鈎沉》自《太平御覽》卷七〇四、一八六、七一九、五〇〇、八五五、八五九、七〇三，《藝文類聚》卷七〇等輯出《語林》有關石崇豪富多條，然仍未若《類林雜説》卷八之詳細。

［一四］酒

九醖：酒名也。出宜城。又出都城[一]。

蘭英：酒名[二]。

桂醑：酒名[三]。

蒲桃：酒名[四]。

石榴：酒名[五]。

竹葉：酒名[六]。

金罍：樽名[七]。

玉爵[八]：酒器。

中山：酒也[九]。

馬融：字季長，茂陵人。飲酒一石，講論無失。漢順帝時，仕至南郡太守。出桓譚《［新］論》[一〇]。

鄭泉：《吴書》曰：鄭泉字文淵，陳郡人。每歎曰：願得三百斛船，甘脆置兩頭，減覆益之，足了一生。臨死，敕其子曰：殯我於窯家之側，百年後化爲土[一一]，取爲酒器，不亦快哉！仕至太中大夫[一二]。

敬仲：飲桓公酒，卜其晝，未卜其夜[一三]。

玉膏酒：西王母以沆琰之膏釀酒[一四]。

【校釋】

［一］按：《文選》卷四《賦乙・京都中・南都賦（張平子）》云："酒則九醖甘醴，十旬兼清。"又《晋詩》卷三張華《輕薄篇》云："蒼梧竹葉清，宜城九醖醝。"

［二］按：《文選》卷三四《七上・七發（枚乘）》云："蘭英之酒，酌以滌口。"

［三］按：《梁書》卷一三《沈約傳・郊居賦》："席布騂駒，堂流桂醑。"即桂花醑也。

［四］按：即葡萄或蒲萄也，可以釀酒。《全唐詩》卷一五六王翰《凉州詞》曰："蒲萄美酒夜光杯，欲飲琵琶馬上催。"

［五］按：《先秦漢魏晋南北朝詩・梁詩》卷二五梁元帝《古意詩》云："樽中石榴酒，機上葡萄紋。"

［六］按：《文選》卷三五《七下・七命（張景陽）》云："乃有荆南烏程，豫北竹葉。"

［七］按：《毛詩・周南・卷耳》云："我姑酌彼金罍，維以不永懷。"

［八］玉爵，底本作"玉舜"，然未聞有酒器名者，疑爲"爵"字形近之訛，兹據文義及下列諸書徑改。按：《禮記・曲禮上》曰："飲玉爵者弗揮。"《白氏長慶集》卷六六《吴必監每有美酒獨酌獨醉……輒此戲酬兼呈夢得詩》曰："不怕道狂揮玉爵，亦曾乘興换金貂。"

［九］按：《全晋文》卷四六傅玄《七謨》云："于是乃有蒼梧之九醖，中山之醇清。"

［一〇］新，底本無，兹據文義補。按：《新論》一書已佚，孫馮翼輯本亦未見載。《琱玉集》卷一四《嗜酒》"馬融一石講議"條，文義近似而略詳，亦出《新論》。《類林雜説》卷七《嗜酒篇》"馬融"條云："字季長，扶風茂陵人，秀

眉明目，飲酒一石，教書生講論，互（亙）有失錯，官至南郡太守，後漢懷帝時人。出桓譚《新論》。”

［一一］ 後化爲土，底本作“復死爲出”，皆書寫形近訛誤，當作“後化爲土”，兹據文義及下列引書徑改。

［一二］ 按：《類林雜説》卷七《嗜酒篇》“鄭泉”條云：“鄭泉，字文淵，陳留人。每歎之曰：‘願得三百斛船，酒滿中，以甘餚置兩頭，加以金卮使爲足矣。’臨死之日，謂妻曰：‘殯我於陶家之側，百年後，化而成土，見水爲酒，誠獲心矣。’吴主孫權時爲大中大夫。出《吴書》。”《琱玉集》卷一四《嗜酒》“鄭泉求埋窯側”條，并義同文近，同出《吴書》。《太平御覽》卷八四六《飲食部·嗜酒》引《吴書》略簡，無臨死遺言，《北堂書鈔》卷一四八《酒食部·酒》“酒船”條，又更略矣。又此類以人名作詞條標目體例不倫。

［一三］ 按：《左傳》莊公二十二年春云：“齊侯使敬仲爲卿。辭曰：‘羈旅之臣，幸若獲宥，及於寬政，赦其不閑於教訓，而免於罪戾，弛於負擔，君之惠也。所獲多矣。敢辱高位，以速官謗，請以死告。詩云：‘翹翹車乘，招我以弓，豈不欲往，畏我友朋。’使爲工正。飲桓公酒、樂，公曰：‘以火繼之。’辭曰：‘臣卜其晝、未止其夜，不敢。’”

［一四］ 按：《山海經·西山經》云：“（峚山）丹水出焉……其中多白玉，是有玉亭。”又《太平御覽》卷八四五《飲食部·酒下》引《十洲記》曰：“瀛州有玉膏，如酒味，名曰玉酒，飲數斗輒醉，令人長生。”《文選》卷四《賦乙·京都中·南都賦（張平子）》曰：“芝房菌蠢生其隈，玉膏滵溢流其隅。”李善注即引《山海經》此文。

［一五］高尚

三徑：蔣詡字元卿，杜陵人，爲兖州刺使。及王莽僭位，謝病歸杜陵，荊棘塞門，舍住三徑[一]。

五柳：陶潛門栽五柳，時人號爲五柳先生[二]。

鑿井：《莊子》曰：鑿井而飲，耕田而食，日出而作，日入而息，帝有何力於我哉[三]？

耦耕：長沮、桀溺耦而耕，孔子往問津，不答。長沮、桀溺，隱者也[四]。

四野：張華《招隱詩》曰：棲遲四野外，陸沉背當時[五]。

三農：春種，夏治，秋收[六]。

披裘[七]：

負薪：《高士傳》曰："有披裘者，延陵季子出遊，見道遺金，季子顧金，謂曰：'公取彼金。'公投鐮，怒曰：'五月披裘而負薪，豈取金哉？'季［子］大驚[八]，謝而問姓名。［公］曰[九]：'吾山林之士，何足問也。'遂不言也。"[一〇]

濮水：莊周初爲漆園吏[一一]，復不仕，釣於濮水。楚威王以百金聘之，不就，謂使曰：楚有神龜，藏之廟堂之上[一二]，此龜寧生掉尾於途中，寧死乎？使曰：寧生於途中。周曰：吾將掉尾於途中，子去矣[一三]。

箕山：許由字武仲，堯時逸人。堯聞之，聘爲九州牧。由以爲污，遂洗其耳，退耕箕山之下，潁水之陽[一四]。

南岳：南山，四皓所隱也。魏阮瑀詩曰："四皓居南岳，老萊竄河濱。"[一五]

西河：段干木守道不仕，遊於西河。魏文侯造廬就坐，左右怪之。文侯曰："寡人富有財，干木富有義；寡人富於位，干木富於德。夫財不如義，有位不如德。"六國時［人］[一六]，出《史記》[一七]。

東山：晉左思《招隱詩》曰[一八]："始經東山下，果下自成榛，前者寒泉井，聊以瑩心神。"[一九]

南澗：晉陸機詩曰："朝採南澗藻，夕息西山足，傾條象雲構，密葉成翠幄[二〇]。"

一絃：道士孫登，常彈一絃琴[二一]。

郭田：《莊子》云："孔子謂顏回曰：'家貧，胡不仕乎？'回曰：'有郭外田五十畝，足以給粥；郭［内］田十畝，足以爲絲麻，不願仕也。'"又蘇秦少時，家貧好學。後遊説，爲六國相。歸邑，謂宗族曰："吾今富貴，爲貧賤所激也。向若有負郭田二頃，豈能得六國印也。"[二二]

丘琴：晉左思詩曰："策杖招隱士，荒塗横古今。巖［穴］無結構[二三]，丘中有鳴琴。"[二四]

野人舟：郭翻字長翔，每乘小船，［歸］武昌[二五]，庾翼往造之[二六]，以翻船小，欲引入大船。翻曰："使君不以鄙賤而辱臨之，此野人之舟也。"[二七]

耿介：言志節也[二八]。

蕭灑：言放縱也[二九]。

縱誕[三〇]：

優遊[三一]：

絶脂韋：《楚詞》曰："如侍（脂）如韋[三二]，以順其意；不脂不韋，權右之家。"[三三]

去健羨：如淳云："知雄守雌是去健，不見可欲是去羡。"[三四]

投簪[三五]：

鑿坯[三六]：

巢父：堯時隱人，以樹爲巢而處其上，因號焉[三七]。

王燭：齊人也，隱居不仕，齊王就席，欲用爲上卿，燭不受[三八]。

買山：支道林就［深］公買岇山[三九]，［深］公曰[四〇]：未聞巢、由買山而隱[四一]！

環堵：樊英字季齊[四二]，居環堵之中，漢順帝徵，不仕也[四三]。

五徵：高鳳，南郡人也，漢明帝五徵不至[四四]。

揖三公：後漢趙壹字元叔[四五]，舉計吏。司空袁逄受計［吏］[四六]，壹猶不拜。司空曰[四七]："不拜，揖三公，何也？"壹曰："昔酈［食其］長揖漢王[四八]，今揖三公，何遽［怪］哉也[四九]？"

【校釋】

［一］按：《太平御覽》卷五一〇《逸民部·逸民》引嵇康《高士傳》，文字較詳。《初學記》卷一八《交友》"兩龔、二仲"條所引趙岐《三輔决録》文義略異，較爲簡短。《蒙求》有"蔣詡三逕"條，與《初學記》近似。《文選》卷四五《辭·歸去來辭（陶淵明）》云："三逕就荒，松菊猶存。"

［二］按：《宋書》卷五三《隱逸·陶潛傳》云："潛少有高趣，嘗著《五柳先生傳》以自况：曰：'先生不知何許人，不詳姓字，宅邊有五柳樹，因以爲號焉。'"《太平御覽》卷五〇四《逸民部·逸民》引《宋書》同。《晋書》卷九四《隱逸傳》亦同。《類林雜説》卷七《嗜酒篇》云："陶潛，字淵明，性好山水，常以酒適情。人有往之者，輒取頭上巾漉酒，易酒而飲。以素琴，葛藤爲絃乃撫弄，人問之，答曰：但取琴中意，何須絃上聲？後爲彭澤令，公田多令種黍。九月九日，采菊於東籬之下而釀酒。太守王弘，九日著白衣攜酒而訪

焉。”至於卷一五《竹木植篇》“陶淵明”條則與原卷近似，惟乃後來增廣。伯二〇七二號《高士篇》陶潛條引王智深《宋書》曰：“家傍種柳五株，時人號爲五柳先生。”

［三］按：此文不見載於《莊子》，皇甫謐《帝王世紀》則曰：“（帝堯時）天下大和，百姓無事，有八十老人，擊壤於道。觀者歎曰：‘大哉！帝之德也！’老人曰：‘吾日出而作，日入而息，鑿井而飲，耕田而食，帝何力於我哉？’”《太平御覽》卷五〇六《逸民部·逸民六》引皇甫謐《高士傳》義同。又《南齊書》卷四七《王融傳》上疏云：“臣亦遭逢，生此嘉運，鑿飲耕食，自幸唐年。”

［四］而，底本“而”字下有“耦”字，其右側旁注“ミ”形刪除符號，兹據此刪。按：《論語·微子》云：“長沮、桀溺耦而耕，孔子過之，使子路問津焉。”何晏《集解》云：“鄭曰：‘長沮、桀溺，隱者也。’”《太平御覽》卷五〇九《逸民部·逸民九》引嵇康《高士傳》與《論語》此段近似。《陶淵明集》卷三《辛丑歲七月赴假還江陵夜行塗口詩》曰：“商歌非吾事，依依在耦耕。”

［五］按：《晉詩》卷三張華《招隱》第二之首二句。

［六］按：《文選》卷三《賦乙·京都中·東京賦（張平子）》曰：“三農之隙，曜威中原。”薛綜注：“《國語》曰：‘三時務農而，一時講武。’韋昭曰：‘三時：春、夏、秋也。’”

［七］按：參見下則。

［八］子，底本無，兹據文義補。

［九］公，底本無，兹據文義補。

［一〇］按：《太平御覽》卷五〇七《逸民部·逸民七》引此文出於皇甫士安《高士傳》，文字略有不同。王績《東皋子集》卷上《遊北山賦》云：“忽據梧而策杖，亦披裘而負薪。”

［一一］園，底本作“國”，形近訛誤，當作“園”，兹據文義及下列引書徑改。

［一二］廟，底本作“庿”，形近訛誤，當作“廟”，兹據文義及下列引書徑改。又本則“聘”字已見前文論證，不再説明。

［一三］按：此則出《莊子·秋水》，文字略有删節。伯二〇七二號《高士篇》“莊周”條引《同賢記》義同，而文字差異極大。

［一四］ 潁，底本作“穎”，當作“潁”兹據文義及下列引書徑改。按：伯二〇七二號《高士篇》“許由”條云：“許由字武仲，堯時穎（潁）川人也，隱於箕山。堯聞其賢，聘爲九州長。許由不應，遂洗耳於河，惡聞其言。出《逸士傳》。”《太平御覽》卷五〇六《逸民部·逸民》引皇甫士安《高士傳》，義同文近。又《史記》亦載及此事。

［一五］ 菜，底本作“來”，當作“菜”，兹據文義及《藝文類聚》引文録正。按：此《魏詩》卷三阮瑀《隱士詩》首二句，《藝文類聚》卷三六《人部·隱逸》上引此詩“居”作“潛”。《太平御覽》卷五〇七《逸民部·逸民》引皇甫士安《高士傳》，言四皓事極詳，其末數句云：“及秦敗，漢高聞之而，徵之不至，深自匿終南山，不能屈也。”

［一六］ 人，底本無，兹據文義補。

［一七］ 按：《史記》卷四四《魏世家》“文侯客段干木”下《正義》引皇甫謐《高士傳》曰：“木，晋人也，守道不仕。魏文侯欲見，造其門，干木踰牆避之。文侯以客禮待之，出，過其閭而軾。其僕曰：‘君何軾？’曰：‘段干木、賢者也，不趣勢利，懷君子之道，隱處窮巷，聲馳千里，吾安得勿軾！干木先乎德，寡人先乎勢，干木富乎義，寡人富乎財。勢不若德貴，財不若義高。’”《蒙求》卷中“干木富義”條引《史記》，義同文異。又伯二〇七二號《高士篇》“段干木”條云：“段干木，六國時晋人也。而貧賤，鉏刈爲業。後遊西河，事子夏，心通六藝。魏文侯敢（感）其才德，慕欲官之，於是嚴駕往造其家。干木聞之，踰牆逃。［左右怪之，文侯曰］：‘干木不趨利而標大道，隱居陋巷，聲馳萬里，行依於德，未肯以易寡人也。寡人光（先）于世（勢），干木光（先）于德；寡人富於財，干木富於義。’有頃，文侯又召干木曰：‘子願官則宰相，欲禄則萬鍾，助寡人治國世。’干木曰：‘既受吾寶，又責吾禮，屈接於人，不亦難乎？欲治國者正信敢行，而國自治，何用吾也。’文侯敬納其言。後秦大興兵欲來攻魏。司馬康諫曰：‘段干木賢者，魏侯禮之，天下無不聞，知有之國不可加兵。’秦伯乃止。魏得安寧，禮賢之力也。出《同賢記》。”據此卷“世”字皆因諱缺筆，原卷則因諱改作“位”字，并删節“治”字數句。又《太平御覽》卷五〇七《逸民部·逸民》引皇甫士安《高士傳》又略異。

［一八］ 詩，底本作“許”，形近訛誤，當作“詩”，兹據文義徑改。

［一九］按:《文選》卷二二《招隱·招隱詩（左太冲）》之第二首前四句，惟“始經東山下”作“經始東山廬”，“以”作“可”。《王右丞集》卷三《戲贈張五弟諲詩之一》曰:“吾弟東山時，心尚一何遠。”

［二〇］幄，底本作“掘”，形近訛誤，當作“幄”，玆據文義及下列引書徑改。按:《文選》卷二見載，此爲其中五至八句。唯“傾”作“輕”。《太平御覽》卷五一〇《逸民部·逸民十》引此詩與《文選》同。

［二一］登，底本“登”字下有“仕”字，以文義未順，疑爲衍文，玆據文義及下列引書删。按:《晋書》卷九四《隱逸傳》云:“孫登字公和……好讀易，撫一絃琴，見者皆親樂之。”《藝文類聚》卷四四《樂部·琴》引《孫登别傳》，但言喜彈琴，不及一絃琴事。《北周詩》卷四庾信《和淮南公聽琴聞弦斷詩》曰:“一弦雖獨韻，猶足動文君。”

［二二］按:首則出《莊子·讓王》，文字略有不同。《藝文類聚》卷三五《人部·貧》《太平御覽》卷四八五《人事部·貧下》，并引《莊子》，文字與此近似。又次則見《史記》卷六九《蘇秦列傳》云:“蘇秦之昆弟妻嫂側目，不敢仰視，俯伏侍取食。蘇秦笑謂其嫂曰:‘何前倨而後恭也？’嫂委地蒲服，以面掩地而謝曰:‘見季子位高金多也。’蘇秦喟然歎曰:‘此一人之身，富貴則親戚畏懼之，貧賤則輕易之，况衆人乎！且使我有雒陽負郭田二頃，吾豈能佩六國相印乎？’於是散千金以賜宗族朋友。”與原文差異遠甚，蓋取義而已。又《家語》《説苑》亦載此則。

［二三］穴，底本無，玆據文義補。

［二四］按:“策杖”二字《文選》作“杖策”。此詩爲左太冲《招隱詩》之第一首前四句，見《文選》卷二二《招隱》。《太平御覽》卷五一〇《逸民部·逸民》引詩同。

［二五］歸，底本脱，玆據文義及下列引書補。〇昌，底本“昌”字原作草書，與“百”字形似，當作“昌”，玆據文義徑録正。

［二六］庾，底本作“庳”，形近訛誤，當作“庾”，玆據文義及下列引書徑改。

［二七］按:《晋書》卷九四《郭翻傳》云:“郭翻字長翔，武昌人也……與翟湯俱爲庾亮所薦，公車博士徵，不就。咸康末，乘小船暫歸武昌省墳墓，安

西將軍庾翼以帝舅之重，躬往造翻，欲强起之。翻曰：‘人性各有所短，焉可强逼！’翼又以其船小狹，欲引就大船。翻曰：‘使君不以鄙賤而辱臨之，此固野人之舟也。’翼俯屈入其船中，終日而去。”《太平御覽》卷五〇三《逸民部》三引《晋中興書》，則與原卷義近而詳。

［二八］ 按：《文選》卷三三《騷下·九辯（宋玉）》曰：“獨耿介而不隨兮，願慕先聖之遺教。”又參見下條。

［二九］ 按：《文選》卷四三《書下·北山移文（孔德璋）》曰：“耿介拔俗之標，蕭灑出塵之想。”

［三〇］ 按：《晋書》卷九一《儒林傳·序》曰：“有晋始自中朝，迨於江左，莫不崇飾華競，祖述虚玄，擯闕里之典經，習正始之餘論，指禮法爲流俗，目縱誕以清高。”

［三一］ 按：《文選》卷一《賦甲·京都上·東都賦（班孟堅）》云：“莫不優游而自得，玉潤而金聲。”又《説苑》卷一六《談叢》云：“道以優遊。”

［三二］ 侍，當作“脂”，兹據文義及《文選》卷三三徑改。

［三三］ 按：此編録者誤記，非《楚辭》之文。《文選》卷三三《騷下·卜居（屈平）》云：“如脂如韋，以潔楹乎？”王逸注：一云：“柔弱曲也”，一云：“順滑澤也。”卷五五《論五·廣絶交論（劉孝標）》云：“金膏翠羽將其意，脂韋便辟導其誠。”又《奏彈王源（沈約）》曰：“臣實儒品，謬掌天憲，雖埋輪之志，無屈權右。”可作參考。

［三四］ 按：《史記》一三〇《太史公論六家要旨》云：“至於大道之要，去健羡，絀聰明，釋此而任術。”《集解》云：“如淳曰：‘知雄守雌，是去健也；不見可欲，使心不亂，是去羡也。’”

［三五］ 按：《文選》卷二二《招隱·招隱詩（左太冲）》第一首末句云：“聊欲投吾簪。”

［三六］ 坯，底本作“杯”，形近訛誤，當作“坯”，兹據文義及下列引文徑改。按：《文選》卷四五《設論·解嘲（揚子雲）》云：“故士或自盛以橐，或鑿坯以遁。”李善注引《淮南子》曰：“顔闔，魯君與相之而不肯，使人以幣先焉。鑿坯而遁之。”

［三七］ 按：《太平御覽》卷五〇六《逸民部·逸民六》引皇甫士安《高士

傳》，文字大抵相同。又《文選》卷二二《招隱·反招隱詩（王康琚）》亦有巢居子，其引同人書作《逸士傳》，曰："巢父，堯時隱人，常山居，不營世利。年老，以樹爲巢，而寢其上，故時人號曰巢父。"《世説新語》卷下《排調篇》第廿八則注引同書，無"常"字，末句作"故號巢父"。斯二〇七二號《高士篇》"巢父"條乃洗耳之事典，與此不同。

［三八］按：《類林雜説》卷二《勤學篇》（王朋壽以《高士》誤與《勤學》混置）"王燭"條云："齊人，隱居不仕，齊宣王往見之，不敢屈致耳。往就席，欲用爲上卿。燭固辭不受。六國人。出《孟子》。"

［三九］深，底本無，兹據文義補。〇岧，底本作"印"，形近訛誤，當作"岧"，兹據文義及楊勇校箋本、余嘉錫箋疏本《世説》徑改。

［四〇］深，底本無，兹據文義補。

［四一］由，底本作"父"，蓋涉本部第二十七"巢父"條訛誤，當作"由"，兹據文義下列引書徑改。

［四二］季，底本作"秀"，形近訛誤，當作"季"，兹據文義及下列引書徑改。

［四三］按：《後漢書》卷八二上《方術列傳》云："樊英字季齊，南陽魯陽人也……永建二年（公元一二六），順帝策書備禮，玄纁徵之，復固辭疾焉。乃詔切責郡縣，駕載上道。英不得已，到京，稱病不肯起。乃強輿入殿，猶不以禮屈。帝怒，謂英曰：'朕能生君，能殺君；能貴君，能賤君；能富君，能貧君。君何以慢朕命？'英曰：'臣受命於天。生盡其命，天也；死不得其命，亦天也。陛下焉能生臣，焉能殺臣！臣見暴君如見仇讎，立其朝猶不肯，可得而貴乎？雖在布衣之列，環堵之中，晏然自得，不易萬乘之尊，又可得而賤乎？陛下焉能貴臣，焉能賤臣！臣非禮之禄，雖萬鍾不受；若申其志，雖簞食不厭也。陛下焉能富臣，焉能貧臣！'帝不能屈，而敬其名，使出就太醫養疾，月致羊酒。"李賢注云："環堵，面一堵也。《莊子》曰：'原憲居環堵之中'也。"《類林雜説》卷二《勤學篇》（當爲《高士》之混置）"樊英"條云："樊英：字季卿，濟陽人也。順帝每召不至，乃舉而致之。入殿門，英不起，帝謂英曰："朕能貴卿，能貧卿，能賤卿，能殺卿，能活卿，何慢朕？"英曰："受命於天，生，盡其命天也：死，不得其命天也，陛下焉能活？臣萬鍾之禄猶不受，陛下焉能富臣？臣在環堵之中

安然自得，陛下焉能貧臣？”帝不能屈之。後漢時人。”斯二〇七二號《高士篇》“樊英”條，與上引文義并皆近似。《陶淵明集》卷五《五柳先生傳》曰：“環堵蕭然，不蔽風日，短褐穿結，簞瓢屢空。”

［四四］按：高鳳事類參見第十一部《勤學篇》第七則。然大抵皆言徵召不往，或特與寡嫂爭訟，始免徵，不及五數。唯斯二〇七二號《高士篇》云：“高鳳字文通，後漢南陽人也。好學不仕，帝五徵之，鳳竟不赴，乃赴與嫂爭田自毀，得免。《後漢書》。”《太平御覽》卷五〇一《逸民部·逸民一》引《後漢書》云：“連召請，恐不得免。”亦不及五數。

［四五］趙，底本作“郭”，形近訛誤，當作“趙”，兹據文義及下列引書徑改。壹，底本“壹”字并省作“一”，下文一概倣此，文繁不注。元，底本作“光”，形近訛誤，當作“元”，兹據文義及下列引書徑改。

［四六］司，底本作“曰”，形近訛誤，當作“司”，兹據文義及下列引書徑改。逢，底本作“逆”，形近訛誤，當作“逢”，兹據文義及下列引書改。〇吏，底本、《後漢書》均脱，兹據文義及斯二〇七二號改。按：考《後漢書》卷八〇下《文苑列傳》云：“趙壹字元叔，漢陽西縣人也……光和元年，舉郡上計到京師。是時司徒袁逢受計，計吏數百人皆拜伏庭中，莫敢仰視，壹獨長揖而已。逢望而異之，令左右往讓之，曰：‘下郡計史［吏］而揖三公，何也？’對曰：‘昔酈食其長揖漢王，今揖三公，何遽怪哉？’”斯二〇七二號“趙壹”誤作“趙賣”，其中尚有衍文，典出《漢書》，餘則與原卷近似。《蒙求》卷中有“趙壹坎壈”，偶及“長揖事”，文字極爲簡略。

［四七］曰，底本“曰”字下有“五”，其右側旁注“卜”形刪除符號，兹據此徑刪。〇公，底本“公”字下衍“曰”字，文意不順。按：考此則脱文、衍文、誤字、簡字觸目皆是，幾乎無法卒讀，今據文義及引書徑改。

［四八］食其，底本無，兹據文義補，兹據文義及上引書徑改。

［四九］怪，底本無，兹據文義補，兹據文義及上引書徑改。

［一六］貧賤

棲衡：《詩》云：“衡門之下，可以栖遲。”［一］横木爲門也。

飲泌：《詩》云："泌之洋洋，可以療飢。"[二]

寄食：齊人馮煖貧乏[三]，寄食於孟嘗君門下[四]。

傳衣：范丹字史雲，與尹包爲友[五]，俱貧，出入傳一衣。

靈臺：《三輔録》曰："第五頡居貧，洛陽無主［人］[六]，鄉里無田宅[七]，寄止靈臺中，或十日不炊。"[八]

茅屋：《續漢書》曰："王宛字孫仲，居貧，茅屋蓬户，食藜藿而已。"[九]

涸轍：《列子》曰："莊周家貧，貸粟於監河侯[一〇]，河侯曰：'我得邑，當貸子三百金。'［周］怒曰[一一]：'昨有道中而呼我者，吾顧視之，乃車轍中有鮒魚焉。吾問[一二]：'子之何爲者？'魚曰：'我東海波臣也，君有斗水而活我哉？'吾曰：'我將南遊吴楚之王，激西江之水以迎子，可矣。'魚忿然曰：'吾［升］斗之水將活耳[一三]。君乃言如此，不如早索我於枯魚之肆。'"[一四]

餘光：《史記》曰："甘茂亡秦奔齊，逢蘇代之爲齊使於秦，茂曰[一五]：'吾得罪於秦，懼而逃之，無所容。吾聞有貧會績者，謂人曰："我貧，無以買燭，子之光火有餘，子可分我餘光，不損子之明。吾今困[一六]，願［君］以餘光賑之。"'"[一七]

蝸舍：魏時，焦先字孝然，住一蝸舍之中[一八]。

鶉衣：子夏居貧，衣若懸鶉[一九]。

甕牖：原憲處魯，居環堵之室，蓬門蓽户不完[二〇]，以瓮爲牖而安其德[二一]。

蓬園：張仲蔚常坐蓬蒿園[二二]。

卧藁：後漢孫晨，字元公，家杜城中[二三]，織箕爲業，明詩書，爲郡功曹[二四]。居貧，冬日無被[二五]，卧藁，暮卧朝收也[二六]。

織荆：《魏略》曰："裴潛字文行，每之官，不將妻子。妻子貧乏[二七]，織荆籬而賣。"[二八]

四壁：司馬相如，蜀人也。家貧，唯有四壁，身著犢鼻褌[二九]。

雙穿：東郭先生待詔東門，居貧，唯有一木履，有上無下，行於雪中，足盡踐地[三〇]。

桂玉：《戰國策》曰："蘇秦之楚，三日乃得見楚王[三一]，謂楚王曰：'楚國食貴於玉，薪貴於桂，今臣食［玉炊］桂[三二]，其可得乎？'言楚王難見[三三]。"

守株：《家語》曰："孔子［曰］[三四]：'勇而好問，必勝；智而好謀，必成。宋客［守］株以待兔[三五]，楚人契舟以求劍。'宋客者，宋人。在樹株間遇捕得兔[三六]，後又於

［樹］株間伺望[三七]，不可得。此喻人不依正道，遇得之難再得也[三八]。”

賣髮：陶侃字士衡（行）[三九]，丹陽人也。鄱陽范逵遇侃，宿侃家，［侃家］貧[四〇]，侃母乃截髮賣，斫屋柱炊飯，斬卧薦以飼馬。逵爲侃立聲譽，侃由是顯名，仕至太尉[四一]。

當爐：司馬相如居貧，壁立。既［爲］卓王孫女文君所奔[四二]，爲夫［妻］[四三]，乃［之］臨邛市酤酒[四四]，文君當爐，相如着犢鼻褌灑掃。卓氏族人謂王孫曰：“相如雖貧，大才，不久當貴。”王孫遂分聘與之，仕至中郎[四五]。

【校釋】

［一］ 可，底本析爲如“一門”二字之草書，兹據文義徑録正。按：此爲《毛詩・陳風・衡門篇》文句。

［二］ 按：此則出典同上。

［三］ 乏，底本作“之”，形近訛誤，當作“乏”，兹據文義徑録正。

［四］ 嘗，底本作“常”，形近訛誤，蓋爲倉促間書寫之通假訛字，當作“嘗”，兹據文義徑録正。〇君，底本作“居”，形近訛誤，當作“君”，兹據文義及下列諸書徑改。按：此事見載《戰國策・齊策》，又見《史記》卷七五《孟嘗君列傳》。《藝文類聚》卷三五《人部・貧》引《戰國策》近似，《太平御覽》卷四八四《人事部・貧上》引《史記》，極爲詳盡，尚及折券事。《蒙求》卷下有“馮煖折券”條，近於《太平御覽》。

［五］ 包，底本作“色”，當作“包”，兹據文義及下列引書徑改。按：《類林雜説》卷八《貧窶篇》“范丹”條云：“范丹，字史雲陳留人，與同郡尹包爲友，俱貧，每出，傳一單衣。包年長，先走。迴，即脱與丹也。”《後漢書》卷八一《獨行傳》作“范冉”，不及此事。又參見本卷第七部《朋友》第二十五則“傳衣”條及第五四頁注［三八］條。

［六］ 人，底本脱，兹據下列引書及文義補。

［七］ 鄉，底本“鄉”字下涉上文而衍“主”字，右側旁注“卜”形删除符號，兹據文義删。

［八］ 按：《藝文類聚》卷三五《人部・貧》、《太平御覽》卷四八五《人事部・貧下》，并引《三輔决録》，《藝文類聚》與原卷近似，《太平御覽》又較二者詳盡。漢之靈臺在長安西北，觀測天象之所也。

［九］ 藜，底本作“黎”，當作“藜”，此寫本省略偏旁之例，兹據文義徑録正。按：《藝文類聚》卷三五《人部·貧》引《續漢書》近似。《太平御覽》卷四八四《人事部·貧上》引同書既誤又多簡略。

［一〇］ 河侯，底本“河侯”二字之旁各有“〻”重文符號，乃寫卷慣見之重文詞條號，兹據文義徑録正。

［一一］ 周，底本無，兹據文義及下列引書補。

［一二］ 問，底本作“門”，當作“問”，形近訛誤，兹據文義徑録正。

［一三］ 升，底本脱，兹據文義補。

［一四］ 按：此條見載於《莊子·外物》，文字略有差異，《藝文類聚》卷三五《人部·貧》、《太平御覽》卷四八五《人事部·貧下》引文并出《莊子》，今考《列子》諸篇并無此言，蓋爲編録之失。又《王子安集》卷五《滕王閣詩序》曰：“酌貪泉而覺爽，處涸轍而相歡。”《李太白詩》卷二四《擬古》之五曰：“無事坐悲苦，塊然涸轍鮒。”

［一五］ 茂，底本作“戊”，當作“茂”，書寫形訛，兹據文義徑録正。

［一六］ 困，底本作“因”，當作“困”，形近訛誤，兹據文義徑録正。

［一七］ 君，底本脱，兹據文義及下列引書補。按：《史記》卷七一《甘茂傳》云：“甘茂之亡秦奔齊，逢蘇代。代爲齊使於秦。甘茂曰：‘臣得罪於秦，懼而遯逃，無所容跡。臣聞貧人女與富人女會績，貧人女曰：“我無以買燭，而子之燭光幸有餘，子可分我餘光，無損子明而得一斯便焉。”今臣困而君方使秦而當路矣。茂之妻子在焉，願君以餘光振之。’”《太平御覽》卷四八四《人事部·貧上》、《藝文類聚》卷三五《人部·貧》引《史記》并近似。

［一八］ 按：《三國志》卷一一《魏書·管寧傳附胡昭傳》裴松之注引《傅子》云：“時有隱者焦先，河東人也……自作一瓜牛廬，净掃其中。營木爲床，布草蓐其上。至天寒時，搆火以自炙，呻吟獨語。飢則出爲人客作，飽食而已，不取其直。又出於道中，邂逅與人相遇，輒下道藏匿。或問其故，常言：‘草茅之人，與狐兔同群。’不肯妄語。”又曰：“臣松之案《魏略》云：焦先及楊沛，并作瓜牛廬，止其中。以爲瓜當作蝸；蝸牛，螺蟲之有角者也，俗或呼爲黄犢。先等作圜舍，形如蝸牛蔽，故謂之蝸牛廬。《莊子》曰：‘有國於蝸之左角者曰觸氏，有國於右角者曰蠻氏，時相與争地而戰，伏尸數萬，逐北旬有五日而後反。’謂此

物也。”《梁詩》卷八何遜《仰贈從兄興寧寘南詩》云：“棲息同蝸舍，出入共荆扉。”《周書》卷四二《蕭大圜傳》云：“面修原而帶流水，倚郊甸而枕平臯，築蝸舍於叢林，構環堵於幽薄。”

［一九］按：《荀子·大略篇》無“居”字。《藝文類聚》卷三五《人部·貧》、《太平御覽》卷四八五《人部·貧》，并引《荀子》，意同。《杜工部詩史補遺》卷十《風疾舟中伏枕書懷三十六韻奉呈湘南親友》曰：“烏几重重縛，鶉衣寸寸針。”

［二〇］華，底本作“華”，當作“華”，形近訛誤，兹據文義徑改正。

［二一］按：《莊子·讓王》曰：“原憲居魯，環堵之室，茨以生草，蓬户不完，桑以爲樞而甕牖，二室，褐以爲塞，上漏下濕。”《藝文類聚》卷三五《人部·貧》、《初學記》卷一八《貧》“蓬户”條、《太平御覽》卷四八五《人事部·貧下》并引《莊子》，文義大略近似。又《韓詩外傳》卷一亦曾見載。《類林雜説》卷一三《床席篇》“原憲”條引《孔子家語》極簡。《蒙求》卷中有“原憲桑樞”條，亦出《莊子》，更爲詳盡，惟謂後來增編。斯一四四一號《勵忠節鈔》卷一《賢行部》引馮衍曰：“是故原憲以貧窮居顯行，顔迴（回）以簞瓢著名。”《白氏長慶集》卷五《效陶潛體詩》云：“北里有寒士，甕牖繩爲樞。”

［二二］蔚，底本作“尉”，當作“蔚”，此寫本偏旁省略之常例，兹據下列引書及文義徑録正。按：《蒙求》卷下“仲蔚蓬蒿”條云：“《高士傳》：（張仲蔚）所處，蓬蒿没人，閉門養性，不治名利，清高時人莫知也。”

［二三］家，底本“家”字下原有“居貧”二字，蓋涉下文鄰行“居貧”二字而衍，兹據文義删。

［二四］功，底本作“公”，同音訛誤，當作“功”，兹據文義徑録正。

［二五］日，底本作“月”，形近訛誤，當作“日”，敦煌寫卷之常例，兹據下列引書及文義徑改。

［二六］按：《類林雜説》卷八《貧窶篇》孫晨條云：“孫晨字元公，京兆人也。後漢時爲郡功曹。冬日無被，唯有藁草一束，夜卧其中，曉即衣之。後漢時人。出《三輔訣（决）録》。”《藝文類聚》卷三五《人部·貧》、《太平御覽》卷四八五《人事部·貧下》、《蒙求》卷中“孫晨藁席”條，并引《三輔决録》，義同。

［二七］ 妻子，底本“妻子”二字之旁各有“〃”重文符號，兹據文義補。

［二八］ 按：此非《魏略》全文，考《三國志》卷二三《魏書·裴潛傳》云：“裴潛字文行，河東聞喜人也。”其下裴松之注引《魏略》曰：“每之官，不將妻子，妻子貧乏，織藜芘以自供。”《類林雜説》卷八《貧窶篇》“裴潛”條云：“裴潛，字文行，河東聞喜人也。魏文帝時爲尚書，清貧，妻不免飢寒，織荆笓籬自給。出《魏書》。”文義近似。《藝文類聚》卷三五《人部·貧》引書同裴注，唯“藜”作“荆”。《太平御覽》卷四八四《人事部·貧上》引文出《典略》，尚及兄弟，疑其有誤，當并出《魏書》。

［二九］ 按：此條事類參見本部第二十則“當爐”及第一一九頁注［四五］條。又《文選》卷二三《詩丙·詠懷詩（阮嗣宗）》之十四云：“迴風吹四壁，寒鳥相因依。”

［三〇］ 按：《史記》卷一二六《滑稽列傳》云：“東郭先生久待詔公車，貧困飢寒，衣敝，履不完。行雪中，履有上無下，足盡踐地。道中人笑之，東郭先生應之曰：‘誰能履行雪中，令人視之，其上履也，其履下處乃似人足者乎？’”《藝文類聚》卷三五《人部·貧》、《太平御覽》卷四八四《人事部·貧上》，并引《史記》，文字近似。

［三一］ 乃，底本作“及”，當作“乃”，兹據文義及下列引書徑改正。

［三二］ 玉炊，底本脱，兹據下引《戰國策》及文義補。

［三三］ 按：《戰國策》卷一六《楚三》“蘇秦之楚三日”云：“蘇秦之楚，三日乃得見乎王。談卒，辭而行。楚王曰：‘寡人聞先生，若聞古人。今先生乃不遠千里而臨寡人，曾不肯留，願聞其説。’對曰：‘楚國之食貴於玉，薪貴於桂，謁者難得見如鬼，王難得見如天帝。今令臣食玉炊桂，因鬼見帝。’”羅隱《讒書》卷五《答賀蘭友書》云：“家在江表，歲一寧覲，旨甘所資，桂玉之困，何嘗不以事力干人。”

［三四］ 曰，底本脱，兹據文義及下列引書補。

［三五］ 守，底本脱，兹據文義及下列引書補。

［三六］ 在，底本作“有”，形近訛誤，當作“在”，兹據文義及下列引書徑改正。

［三七］ 樹，底本脱，兹據文義及下列引書補。

［三八］ 按:《韓非子》卷一九《五蠹》云:“宋人有耕田者，田中有株，兔走觸株，折頸而死。因釋其耒而守株，冀復得兔，兔不可復得，而身爲宋國笑。”《太平御覽》卷九〇七《獸部·兔》、《藝文類聚》卷九五《獸部·兔》，并引《韓非子》此段文字。又“契舟求劍”事出《吕氏春秋·察今》《藝文類聚》卷六〇《軍器部·劍》、《太平御覽》卷三四四《兵部·劍下》，并引《吕氏春秋》。然而全文在《孔子家語》中則不見載録，疑爲編者之失。《後漢書》卷五九《張衡傳》應閒云:“世易俗異，事埶舛殊，不能通其變，而一度以揆之，斯契船而求劍，守株而伺兔也。”

［三九］ 侃，底本作“傴”，爲“侃”字俗寫，兹據文義及下引書徑改。〇衡，底本作“衡”，亦可作“行”，若以侃名推字，侃有和樂、從容不迫的樣子，如:“侃侃而談”則作衡作行兩無不可，又詳見下列引書按語。

［四〇］ 傴家，底本脱，兹據文義及下列引書補。

［四一］ 按:陶侃字凡二説，《晋書》卷六六《陶侃傳》云:“陶侃字士行，本鄱陽人也。吴平，徙家廬江之尋陽。父丹，吴揚武將軍。侃早孤貧，爲縣吏。鄱陽孝廉范逵嘗過侃，時倉卒無以待賓，其母乃截髮得雙髲，以易酒肴，樂飲極歡，雖僕從亦過所望。及逵去，侃追送百餘里。逵曰:‘卿欲仕郡乎?’侃曰:‘欲之，困於無津耳!’逵過廬江太守張夔，稱美之。夔召爲督郵，領樅陽令。有能名，遷主簿。”另一説乃出晋人《語林》，故《類林雜説》卷八《貧達篇》云:“陶侃字士衡，丹陽人也。鄱陽孝廉范逵宿侃舍，侃家貧，母爲截髮爲髲，待之;無薪，伐屋柱炊飯;斬薦以供馬。逵感之，乃爲侃之聲譽，於是顯名。侃仕至大［尉］，晋時人。出《語林》。”本則蓋同出《語林》之作。

［四二］ 爲，底本脱，兹據文義及下列引書補。

［四三］ 妻，底本脱，兹據文義及下列引書補。

［四四］ 之，底本脱，兹據文義及下列引書補。〇臨邛，底本作“臨印”，形近訛誤，當作“臨邛”，兹據文義及下列引書録正。

［四五］ 按:《史記》卷一一七《司馬相如列傳》、《漢書》卷五七《司馬相如傳》載此事類極詳，唯以文字而論，《類林雜説》與原卷最稱近似。其卷八《貧窶篇》云:“司馬相如字長卿，蜀郡成都人。既爲卓王孫女文君所奔，遂爲夫妻。相如家貧，遂與（於）臨邛沽酒，常灑掃，身著犢鼻裩於市中，使文君當壚而

坐。卓氏之族謂王孫曰：‘相如雖貧，當有大才，必不爲長賤者。’而王孫遂減半財與相如。仕漢，官至中郎將，出《前漢書》。”同卷《貧達篇》則僅及家徒四壁與武帝召見事，不及當爐。卷一三《奴婢篇》雖及當爐，不言琴挑事。《蒙求》卷中“文君當爐”條則并及上列數事。《太平御覽》卷四八四《人事部・貧上》引《漢書》極爲詳盡。《樂府詩集》卷六三《羽林郎（辛延）》云：“胡姬年十五，春日獨當爐。”

［一七］送別［一］

西征：潘岳爲咸陽令，作《西征賦》，眷鞏之墳塋［二］。

東征：曹大家，班彪之女，嫁之曹世叔，世叔死［三］，號曰大家［四］。作《東征賦》曰：“惟永初之有七，余隨子乎東征。”［五］

河梁：漢都尉《李陵別詩》曰［六］：“攜手河梁上，遊子暮何之？”［七］

胡越：《古詩》曰：“行行重行行，與君生別離。相去萬餘里［八］，各在天一崖［九］。道路隔且長［一〇］，會面安可期。胡馬思北風，越鳥巢南枝。相去日已遠，衣帶日已緩。”［一一］

北梁［一二］：

南浦：《楚辭》曰：“悲莫悲兮生別離。”又曰：“憭慄兮若在遠行［一三］，登山臨水送將歸［一四］。”又曰：“超北梁兮永辭［一五］，送美人兮南浦。”［一六］

都門：《漢書》曰：“踈廣與兄子受並爲太子師傅，廣謂受曰：‘吾聞知足不辱。’遂上疏辭官，帝許之。踈將歸［一七］，士庶祖帳於東都門外［一八］，送車數百乘，觀者咸云：‘賢哉！二大夫也！’挂冠冕於都門而去［一九］。言不仕也［二〇］。”

東門：袁紹見鄭玄，歎曰：“吾本謂鄭君東州名儒，今乃天下長者耳［二一］！”玄將歸［二二］，紹餞之城東門，會者三百人，玄可飲三百杯［二三］，不醉也［二四］。

抗手：《孔藂［子］》曰［二五］：“子高遊［趙］［二六］，平原君門下客鄒文［二七］、季節者，高與相善［二八］。及高還，二子送行，三宿臨行，二子流涕交頸，子高抗手而已。分背就路，從者皆怪之。高曰：‘吾初謂此二子丈夫耳，今乃知婦人志也。’”［二九］

不拜：《東觀漢記》曰：“陳遵使匈奴［三〇］，辭王丹。丹曰：‘今子之絶域，無以相贈，贈子以不拜。’遂揖而別。”［三一］

贈言：孔子去周，老子送之曰：“吾聞貴者送人以財，仁者送人以言，今送子以

言。”[三二]

風馬：《宋書》曰：“王弘之居貧，性好山水。有桓謙者與弘［之］善[三三]，時殷仲文還姑射（孰）[三四]，祖送者傾朝，謙邀弘［之］同行。弘［之］曰：‘凡祖送在有情，下官與殷風馬不相接，無緣扈從也。’[三五]謙貴之。”[三六]

數行[三七]：《俗説》曰[三八]：“桓靈寶爲人，哀樂至極：與人遠别，下牀時，猶含笑；臨行執手，涕淚數行而下。”[三九]

歧路[四〇]：楊朱泣於路歧[四一]，歎其南北行人，各分異衢，所以悲也[四二]。

離庭[四三]：

别館[四四]：

征陌[四五]：

易水：燕太子丹使荆軻刺秦王[四六]，［丹］祖送易水之上[四七]，高漸離擊筑，宋意和之曰[四八]：“風蕭蕭兮易水寒[四九]，壯士一去兮不復還。”[五〇]

驪歌：古歌也。客有將去者，乘驪駒，因歌之，言别也[五一]。

【校釋】

［一］按：“送别”類目以下文字，用甲本參校，甲本由斯二五八八號＋伯四八七〇號＋伯四六三六號＋斯七九號綴合而成。其中斯二五八八號起“送别”類事二字，訖“傷蛇”條“隋侯”二字；伯四八七〇號起“四鳥”條目二字，訖“元方季方”條“難弟也”三字；伯四六三六號起“孝養”類事二字，訖“還室”條目之“還”字；斯七九號起“蒿里”條目二字，訖“阮氏”條目之“阮”字。自“數行”類目以下，有乙本可資參校，乙本爲斯七八號，起“數行”類目二字，訖“范宣”條“啼也”二字。

［二］岳，底本作“兵”，當作“岳”，形近訛誤，兹據甲本及文義徑録正。按：《文選》卷十《賦戊·西征賦（潘安仁）》題下李善注引臧榮緒《晋書》曰：“岳爲長安令，作《西征賦》。”今本《晋書》卷五五《潘岳傳》同。又《西征賦》曰：“眷鞏洛而掩涕，思纏綿於墳塋。”李善注引《河南郡圖經》曰：“潘岳父冢鞏縣西南三十五里。”

［三］世叔，底本脱，甲本“叔”字下有“〻”重文符號，兹據甲本及文義補。

［四］大，底本作“父”，形近訛誤，當作“大”，兹據甲本及文義徑改。

［五］ 按:《後漢書》卷八四《列女傳·曹世叔妻》云:“扶風曹世叔妻者,同郡班彪之女也,名昭,字惠班,一名姬。博學高才。世叔早卒,有節行法度。兄固著《漢書》,其八表及天文志未及竟而卒,和帝詔昭就東觀臧書閣踵而成之。帝數召入宫,令皇后諸貴人師事焉,號曰大家。”然不及《東征賦》事。《文選》卷九《賦戊·東征賦(曹大家)》題下,李善注引《大家集》曰:“子穀爲陳留長,大家隨至官,作《東征賦》。”所引賦文爲啓首二句,“七”字下有“兮”。“惟永初之有七”,爲公元一一三年。

［六］ 别,底本脱,兹據甲本及文義補。

［七］ 暮,甲本作“慕”,形近訛誤,當作“暮”。按:此爲《文選》卷二九《詩己·與蘇武詩(李少卿)》第三首之首二句。《初學記》卷一八《離别》、《藝文類聚》卷二九《人部·别上》、《太平御覽》卷四八九《人事部·别離》,見載全詩。《蒙求》卷上“李陵初詩”條亦曾見引,然上述諸書“河梁上”作“上河梁”。杜牧《樊川集》卷二《奉和門下相公送西川相公兼領相印出鎮全蜀詩十八韻》云:“同心真石友,寫恨蔑河梁。”

［八］ 餘,底本“餘”字下原有“萬”字,旁加“ミ”形删除符號,甲本作“餘”,兹據甲本及文義删。

［九］ 天一崖,底本作“一天崖”,甲本作“天一崖”,《文選》作“涯”,當從底本、甲本。

［一〇］ 隔,甲本同,《文選》作“阻”,兹从底本。

［一一］ 按:此詩爲《文選》卷二九《詩己·古詩十九首》之一,末六句未引。《初學記》卷一八《離别》引至“巢南枝”句,《藝文類聚》卷二九《人部·别上》、《太平御覽》卷四八九《人事部·别離》并全引,文字與《文選》同。《淮南子·俶真訓》云:“六合之内,一舉而千萬里,是故自其異者視之,肝膽胡越;自其同者視之,萬物一圈也。”《白氏長慶集》卷二八《與元微之書》云:“况以膠漆之心,置於胡越之身。”

［一二］ 按:參見下則。《文選》卷一六《賦辛·别賦(江文通)》云:“視喬木兮故里,决北梁兮永辭。”

［一三］ 慄,底本作“慓”,甲本作“慄”,當作“慄”,形近訛誤,兹據甲本、《文選》及文義改徑正。

［一四］ 送將歸，底本作“將送歸”，甲本作“送將歸”，當作“送將歸”，兹據甲本、《文選》及文義改徑正。

［一五］ 辭，底本作“辤”，甲本同，辤、辭二字乃異體字，同音通假，兹據文義徑改。

［一六］ 按：三段首見屈原《九歌·少司命》，後二段則爲宋玉《九辯》文句。《文選》卷三三及《藝文類聚》卷二九《人部·别上》并有載録。《太平御覽》卷四八九《人事部·别離》則缺第三段，文字全同。又首二段置於“北梁”“南浦”下不倫，當爲編録之失。《文選》卷一六《賦辛·别賦（江文通）》云：“送君南浦，傷如之何。”

［一七］ 歸，底本脱，兹據甲本及文義補。

［一八］ 帳，底本作“悵”，甲本作“帳”，當作“帳”，此寫本偏旁混置常例，兹據甲本及文義徑改正。

［一九］ 挂，甲本誤作“仕”，當作“挂”。冕，底本脱，甲本作“冕”，兹據甲本及文義補。

［二〇］ 按：《漢書》卷七一《疏廣傳》云：“疏廣字仲翁，東海蘭陵人也。少好學，明春秋，家居教授，學者自遠方至。徵爲博士太中大夫。地節三年（公元前六七），立皇太子，選丙吉爲太傅，廣爲少傅。數月，吉遷御史大夫，廣徙爲太傅，廣兄子受，字公子，亦以賢良舉爲太子家令。受好禮恭謹，敏而有辭……在位五歲，皇太子年十二，通《論語》《孝經》。廣謂受曰：‘吾聞知足不辱，知止不殆，功遂身退，天之道也。今仕（宦）［官］至二千石，宦成名立，如此不去，懼有後悔，豈如父子相隨出關，歸老故鄉，以壽命終，不亦善乎？’受叩頭曰：‘從大人議。’即日父子俱移病。滿三月賜告，廣遂稱篤，上疏乞骸骨。上以其年篤老，皆許之，加賜黄金二十斤，皇太子贈以五十斤。公卿大夫故人邑子設祖道，供張東都門外，送者車數百兩，辭决而去。及道路觀者皆曰：‘賢哉二大夫！’或歎息爲之下泣……廣既歸鄉里，日令家共具設酒食，請族人故舊賓客，與相娱樂。”《蒙求》卷下“二疏散金”條引文大抵近似，然文義重在歸去後散金與鄉黨宗族。《藝文類聚》卷二九《人部·别上》引《漢書》，《太平御覽》卷四八九《人事部·别離》泛稱《史記》，二者文字并爲節引。《漢書》卷九九下《王莽傳》云：“兵從宣平城門入，民間所謂都

門也。”《白氏長慶集》卷一二《長恨歌》云:“翠華揺揺行復止,西出都門百餘里。”

［二一］ 天下長者,底本作“天下長”,甲本缺損“下長”二字,兹據下列引書及文義補。

［二二］ 歸,底本脱,甲本作“歸”,兹據甲本及文義補。

［二三］ 可,底本脱,甲本作“可”,兹據甲本及文義補。

［二四］ 按:《世説新語》卷上《文學》第一則劉孝標注引《玄别傳》云:“袁紹辟玄,及去,餞之城東,欲玄必醉;會者三百餘人,皆離席奉觴,自旦及暮,度玄飲三百餘桮,而温克之容,終日無怠。”《琱玉集》卷一四《嗜酒》“康成桮便三百”條引文近似,云出《後漢》,非范書文。《類林雜説》卷七《嗜酒篇》“鄭玄”條云:“鄭玄,字康成,北海人,拜爲大司農,不就,乃歸鄉里,司隸校尉。袁紹祖於洛陽城東釀酒三百斛,玄飲之不醉,時更温雅也。”文義近似而簡略。

［二五］ 孔蘩子,底本作“孔蘩”,甲本同,當作“孔蘩子”,兹據文義補。

［二六］ 趙,底本与甲本俱脱,兹據下列引書及文義補。

［二七］ 鄒文,甲本缺損,兹從底本。

［二八］ 高,底本作“爲”,甲本作“高”,兹據甲本及下列引書徑改。

［二九］ 按:此則出自《孔叢子》卷四《儒服》,又《藝文類聚》卷二九《人部・别上》、《太平御覽》卷四八九《人事部・别離》,并引此文,唯互有詳略。《文選》卷三四《詩庚・七啓(曹子建)》云:“生抽豹尾,分裂貙肩,形不抗手,骨不隱拳。”

［三〇］ 匈,底本、甲本并作“凶”,同音假借,當作“匈”,兹據文義及下列引書徑改正。

［三一］ 按:《藝文類聚》卷二九《人部・别上》《初學記》卷一八《離别》,并引此事出《漢記》,唯文字較詳。《太平御覽》卷四七八《人事部・贈遺》引《東觀漢記》最爲詳盡,《四部備要》本未輯此文。

［三二］ 按:《史記》卷四七《孔子世家》云:“魯南宫敬叔言魯君曰:‘請與孔子適周。’魯君與之一乘車,兩馬,一豎子俱,適周問禮,蓋見老子云。辭去,而老子送之曰:‘吾聞富貴者送人以財,仁人者送人以言。吾不能富貴,竊

仁人之號，送子以言。'"《藝文類聚》卷三一《人事部》贈答引《史記》。又《初學記》卷一八《離别》、《太平御覽》卷四八九《人事部·别離》，并引《孔子家語》，文義并同，唯作孔子與子路贈言之談，出《子路初見》，《説苑·雜言》同。二系義同文異。《楊盈川集》卷二《西陵峡詩》云："行旅相贈言，風濤無極已。"

［三三］ 有，底本脱，甲本作"有"，兹據甲本及文義補。○弘之，底本作"弘"，甲本同，兹據文義及下列引書補。

［三四］ 射，甲本同，當作"孰"，兹據文義及下列引書徑改。

［三五］ 無，底本作"既"，甲本同，文義未順，蓋爲"無"簡寫"无"字之形近訛誤，當作"無"，兹據下列引書及文義徑改。

［三六］ 按：《宋書》卷九三《隱逸傳·王弘之傳》云："王弘之字方平，琅邪臨沂人……桓玄輔晋，桓謙以爲衛軍參軍。時琅邪殷仲文還姑孰，祖送傾朝，謙要弘之同行，答曰：'凡祖離送别，必在有情，下官與殷風馬不接，無緣扈從。'謙貴其言。"《太平御覽》卷四八九《人事部·别離》引沈約《宋書》在"王弘字方平"以下，文字大抵相同。此則當爲王弘之事文，字方平；與字休元之王弘非同一人。

［三七］ 按：斯七八號起"數行"，今簡稱乙本，與底本及甲本文字差異較大，可資覆校。又乙本"數行"一條之後即接"易水"及"歧路"二目之釋文，其中釋文及"易水"一目缺損。

［三八］ 説，底本作"語"，甲本作"説"，乙本同，當作"説"，兹據甲本、乙本及文義徑改。按：底本似乎未解書名，故"《世説》"亦常作"世語"或"世記"。

［三九］ 按：此條諸書不見，《俗説》一書已佚，雖有輯本，未曾輯録此條，可補諸書之缺。

［四〇］ 此條目以下底本、甲本無釋文，今據乙本補。又自"歧路"條目下，凡"離庭""别館""征陌"等條目，乙本皆置"驪歌"釋文之後，今仍據底本及甲本目次。

［四一］ 楊，甲本同，乙本作"羊"，兹據引書及文義徑改正。

［四二］ 按：《列子·説符篇》曰："楊子曰：'嘻！亡一羊，何追者之衆？'

鄰人曰：‘多歧路。’”《淮南子·説林訓》曰：“楊子見逵路而哭之，爲其可以南，可以北。”《魏詩》卷十《阮籍詠懷詩》曰：“楊朱泣歧路，墨子悲染絲。”

［四三］按：《文選》卷一《賦甲·西都賦（班孟堅）》曰：“離宫别館，三十六所。”又《晋書》卷一一《天文志上》曰：“離宫六星，天子之别宫，主隱藏休息之所。”

［四四］按：參見上則。

［四五］按：“征陌”即“征路”“征途”之意，陶潛《歸去來辭》云：“問征夫以前路，恨晨光之熹微。”《文選》卷二九《詩己·詩四首之四（蘇子卿）》：“征夫懷往路，起視夜何其。”

［四六］刺秦王，底本作“刾秦王”，甲本同，乙本作“刾煞始皇”，兩可。

［四七］丹，底本、甲本并脱，乙本缺損，兹據《文選》李善注及文義補。祖送，甲本同，乙本上有“群公”，下有“軻至”，可資參考。

［四八］宋意和之，甲本同，乙本作“□荆子”，兹從底本。

［四九］蕭蕭，底本作“蕭”，甲本、乙本“蕭”字後有“〃”形重文符號，當作“蕭蕭”，兹據甲本、乙本及文義補。

［五〇］按：《史記》卷八六《刺客列傳》云：“太子及賓客知其事者，皆白衣冠以送之。至易水之上，既祖，取道，高漸離擊筑，荆軻和而歌，爲變徵之聲，士皆垂淚涕泣。又前而爲歌曰：‘風蕭蕭兮易水寒，壯士一去兮不復還！’復爲羽聲慷慨，士皆瞋目，髮盡上指冠。”《戰國策》卷三一《燕三·燕太子丹質於秦亡歸》近似，《太平御覽》卷六四《易水》引燕太子丹（當作燕丹子）曰：“荆軻入秦，不擇日發，太子送之於易水之上，荆軻起爲壽，歌曰：‘風蕭蕭兮易水寒，壯士一去兮不復還。’”然以上引文皆不及宋意人事。唯《史記》在“光不敢以圖國事，所善荆卿可使也。”此一句下，《正義》引《燕丹子》一書云：“田光答曰：‘竊觀太子客無可用者：夏扶血勇之人，怒而面赤；宋意脈勇之人，怒而面青；武陽骨勇之人，怒而面白。光所知荆軻，神勇之人，怒而色不變。’”《文選》卷二八《詩戊·荆軻歌》云：“燕太子丹使荆軻刺秦王，丹祖送於易水上，高漸離擊筑，荆軻歌，宋如意和之曰：‘風蕭蕭兮易水寒，壯士一去兮不復還。’”乃爲此一條文所出，而其源疑出《燕丹子》一書也。《駱賓王集》二《夏日遊德州贈高四詩》：“嘆息將如何，遊人意氣多。白雪梁山曲，寒

風易水歌。”

［五一］ 因歌之言別也，甲本同，乙本作“因作歌，以叙別也”，兹從底本及甲本。按：《漢書》卷八八《王式傳》曰：“（江公）心嫉式，謂歌吹諸生曰：‘歌驪駒。’式曰：‘聞之於師：客歌《驪駒》，主人歌《客毋庸歸》。’”注：“文穎曰：‘其辭云：“驪駒在門，僕夫具存；驪駒在路，僕夫整駕。”’”《文選》卷四二《書中·與滿公琰書（應休璉）》“驪駒就駕”句下，李善注大略相似。《初學記》卷一四《饗讌·梁劉孝綽陪徐僕射勉宴詩》云：“洛城雖半掩，愛客待驪歌。”《李太白詩》卷一七《灞陵行送別》亦云：“正當今夕斷腸處，驪歌愁絶不忍聽。”

［一八］客遊

鴈書：《漢書》曰：“蘇武使匈奴［一］，匈奴留之，詐云：‘武已死。’後漢使入匈奴［二］，武竊見之，令使報匈奴云［三］：‘漢帝射得上林園中鴈［四］，鴈足得帛書，云武在匈奴。’武遂得還。”［五］

北上：陸機字士衡，《從吴赴洛詩》曰：“揔轡登長路［六］，嗚咽辭密親［七］。借問子何之，世網嬰我身。”［八］

東走：《韓子》曰：“惠子云：‘狂者東走，所逐者亦東走之。’”［九］

雙鶴：《曹植詩》曰［一〇］：“雙鶴俱遨遊［一一］，相失東海傍。”［一二］

三聲：《巴東記》曰：“行人峽中歌曰［一三］：‘巫山三峽巫峽長［一四］，猿叫三聲淚霑裳。’”［一五］

零雨：《毛詩》曰：“我來自東，零雨其濛。”［一六］

聚糧：《莊子》曰：“適百里者宿舂糧［一七］，適千里者三月聚糧也［一八］。”

濠梁：莊子與惠子遊於濠梁之上［一九］，莊子觀魚遊，曰：“是魚樂也。”惠子曰：“子非魚，安知魚之樂乎［二〇］？”莊子曰：“子非我，安知吾不知魚之樂也。”［二一］

農山：《家語》曰：“孔子北遊農山而歎曰［二二］：‘於斯致思，無所不至［二三］，二三子各言其志也。’”［二四］

荆臺：《説苑》曰：“楚昭王欲遊荆臺，司馬子綦諫曰：‘荆臺之遊，左洞庭之陂，右彭蠡之水［二五］，南望獵山，下臨方淮［二六］，其樂使人遺老而忘死。’”［二七］

新亭：《世説》曰[二八]：“[過]江諸人[二九]，每至暇日，相邀出新亭[三〇]，藉卉飲宴[三一]。周侯中坐而歎曰：‘風景不殊[三二]，舉目有江山之異。’”[三三]

歧路：楊朱[泣於歧路，歎其南北行人各分異衢，所以悲也][三四]。

抱膝：諸葛亮常抱膝吟[三五]。

窮途：阮籍常乘車[三六]，行至路窮之處，乃慟矣[三七]。

折麻：《離騷》曰：“折踈麻兮贈遠人。”[三八]

結桂：《楚詞》曰：“結桂枝兮延佇。”[三九]

越鳥：南越鳥也，翔於中國[四〇]，每巢於南枝[四一]。

胡馬：北方馬也，雖在中國[四二]，常思北風[四三]。

【校釋】

[一] 匈，底本作“凶”，甲本同，乙本作“匈”，玆據乙本及文義改正，下同。○匈奴，甲本同，乙本作“單于”，玆從底本。

[二] 入，底本脱，玆據甲本及文義補。

[三] 使，底本脱，甲本作“使”，玆據甲本及文義補。

[四] 園，甲本無，乙本同，玆從底本。

[五] 武遂得還，甲本作“遂武還”。○自“詐云”以下文字乙本作“詐云繫書鴈足，云在北海牧羊也。”不如底本、甲本文字之詳細。按：此見《漢書》卷五四《蘇武傳》極詳，唯見漢使者爲常惠，非武本人。《類林雜説》卷三《烈直篇》“蘇武”條云：“蘇武：字子卿，江陵人。漢武帝時，持節北使匈奴，單于脇武令拜，不從，匈奴以刃臨之，武曰：‘堂堂漢使，安得屈於四夷？’遂拔劍自刺，匈奴大驚，急召人醫之，武得愈。匈奴欲封之，幽武置深窖中，時未與食，值天大雪，氈毛裹雪而吞，經七日不死，匈奴因以爲神。出武北海牧羊，武持節而牧羊，飢食羊肉，渴飲羊乳。武帝崩，昭帝立，與匈奴和親，漢使匈奴求武還，匈奴詐言武已死，武因李陵，於夜中見漢使來使者曰：君但語匈奴云：‘漢帝遊上林苑，射得雁，雁足上得武繫帛書，武在北澤中牧羊。’使者乃以言告匈奴，匈奴伏言：‘武在此。’武便得還漢。武至，猶持漢節，節毛落盡，昭帝嘉之，拜武爲典屬國。武在匈奴十九年，去時壯盛，及回皓首。出《漢書》。”極爲詳細，以武因李陵而親見漢使，非常惠。又《琱玉集》卷一二《感應》“蘇武鴈

通文字”條，雖云出《前漢書》，内容則近乎小説，與《漢書》差異懸遠矣。《蒙求》“蘇武持節”條文字極爲簡略，所重事類亦有不同。《王子安集》卷二《採蓮曲》云：“不惜西津交佩解，還羞北海雁書遲。”

［六］ 揔，甲本同，乙本作“惣”，當作“揔”，兹從底本及甲本。按：“揔”爲“總”之異體字。○登，甲本同，乙本脱，兹從底本及甲本。

［七］ 辭，甲本作“辤”，乙本作“辭”，兹從底本、甲本及據文義徑改。按：“辤”與“辭”皆爲“辭”之通假異體字。

［八］ 按：此詩見載於《文選》卷二六《詩丁·赴洛道中作二首之一（陸士衡）》前四句，由吴地赴洛雖有北上之意，却非成辭，不若《初學記》卷一八《離别》標目“總轡”，以與“牽衣”麗對爲佳。

［九］ 按：此爲《韓非子》卷七《説林上》原文，略有小異。《淮南子·説山訓》亦有類似文字，無“惠子曰”三字。

［一〇］ 植，甲本同，乙本誤作“桓”，兹從底本。

［一一］ 鸖，與“鶴”爲異體字，下“鸖”字底本脱，兹據甲本、乙本及文義補。

［一二］ 按：《藝文類聚》卷九〇《鳥部·玄鵠類》引詩同，唯“鶴”作“鵠”。《初學記》卷一八《離别》“驚鶴”目下則引有六句。

［一三］ 歌曰，甲本同，乙本無“曰”字，兩可。

［一四］ 峡長，甲本同，乙本作“山長”，兹從底本。

［一五］ 叫，底本“叫”字上衍“叫”字，其旁加“、、、”形删除符號，兹據文義徑删。霑裳，甲本同，乙本作“沾裳”，下有“書悲也”三字，乃注歌義。按：《藝文類聚》卷九五《獸部下·猨》引此歌出《宜都山川記》，歌曰：“巴東三峡猨鳴悲，猨鳴三聲淚霑衣。”《太平御覽》卷九一〇《猨》引同書，文字亦同；卷五三《峡》引盛弘之《荆州記》亦見載此歌曰：“巴東三峡巫峡長，猿鳴三聲淚沾裳。”《梁詩》卷二五《元帝遺武陵王詩》云：“四鳥嗟長别，三聲悲夜猿。”

［一六］ 此條甲本同，乙本無“《毛詩》曰”三字，并於“濛”字下作“出《毛詩》”。按：此爲《毛詩·豳風·東山》各章之第三、四句。《藝文類聚》卷二七《人部·行旅》亦引此詩。

［一七］ 耆宿，甲本同，乙本脱“耆”字，兹從底本。

［一八］ 也，乙本同，甲本脱，蓋寫卷常在末句加語尾詞以補白，兹從底本及乙本。按：此爲《莊子·逍遥遊》文句，《藝文類聚》卷二七《人部·行旅》援引此文脱“春”字。

［一九］ 於，底本無，甲本同，乙本作“扵”，兹據乙本、《莊子·秋水》及文義補。

［二〇］ “乎”字上，乙本原有“呼”字，旁加“卜”字删除符號，蓋因下文而誤衍。

［二一］ 也，甲本同，乙本作“哉”，兹從底本及甲本。按：此爲《莊子·秋水》之節引。《梁書》卷四一《王規傳·晋安王與湘東王繹令》曰：“（規）文辯縱横，才學優贍，跌宕之情彌遠，濠梁之氣特多。”

［二二］ 孔子，甲本同，乙本脱，兹從底本及甲本。

［二三］ 所，底本作“思”，蓋因上句“思”字而誤，當作“所”，兹據甲本、乙本及文義徑改正。

［二四］ 也，甲本無，乙本作“矣乎”，蓋句尾語助，時有增添。按：此文見載《孔子家語》卷二《致思》，又《説苑》卷一五《指武》亦曾見載，惟皆略有删節。

［二五］ 水，乙本同，甲本原作“澤”，後旁改爲“水”字。

［二六］ 方淮，乙本同，甲本作“方湖”。考之《説苑》卷九《正諫》作“方淮”，《藝文類聚》卷二八《人部十二·遊覽》《太平御覽》卷四五五《人事部九六·諫諍五》均引作“方淮”。

［二七］ 其樂使人遺老而忘死，甲本同，乙本“樂”字下有“於歡”二字，“死”字下有“也”字，兹從底本及甲本。按：此文摘自《説苑》卷九《正諫》，與底本、甲本近似，乙本則臆添數字。《孔子家語》卷三《辯政》則僅述事類，文字不同。

［二八］ 説，底本作“記”，甲本作“説”，乙本同，當作“説”，兹據甲、乙本及文義徑改。

［二九］ 過，底本、甲本無，乙本此句作“江外之人”，兹據《世説》及文義增補“過”字。

［三〇］ “邀”字之上，底本有“遨”字，其旁加“ミ”形删除符號，此因

“邀”字形訛誤衍，兹據文義徑删。

［三一］ 藉卉飲宴，甲本同，乙本“藉卉”下有“鋪草而坐”雙行注文，今不從。

［三二］ 殊，底本作“侏”，形近訛誤，當作“殊”，兹據甲本、乙本及文義徑改正。

［三三］ 按：此爲《世説新語·言語》第三十一則。又參見《晋書·王導傳》。《藝文類聚》卷二八《人部·遊覽》、卷三九《禮部中·燕會》與《太平御覽》卷一九四《居處部·亭》、卷五三九《禮儀部·宴會》，并曾載引《世説》此一條文。以上諸書皆較寫卷詳細。

［三四］ 按：此條標目又參見第一七部“送别”第十四則“歧路”，“朱”字以下并據其補充。又底本、甲本文字相同，乙本無。

［三五］ 常抱膝吟，甲本無“吟”字，乙本此句作“出遊嘗時抱膝不樂也”。底本目次，置於“結桂”目下，非是，兹從甲本、乙本移此。按：《三國志》卷三五《蜀書·諸葛亮傳》裴松之注引《魏略》曰：“亮在荆州，以建安初與潁川石廣元、徐元直、汝南孟公威等俱游學，三人務於精熟，而亮獨觀其大略。每晨夜從容，常抱膝長嘯，而謂三人曰：‘卿三人仕進可至刺史、郡守也。’三人問其所至，亮但笑而不言。”文義略異。

［三六］ 車，底本“車”字上有“東”字，其旁加“ミ”形删除符號，乃因“車”字誤衍，兹據文義徑删。

［三七］ 按：《三國志》卷二一《魏書·王粲傳附阮瑀傳》，并及子阮籍，裴松之注引《魏氏春秋》云：“時率意獨駕，不由徑路，車跡所窮，輒慟哭而反。”又《世説新語·棲逸》首則劉孝標注引書同，文字亦同。《庾子山集》卷三《擬詠懷詩之四》曰：“唯彼窮途哭，知余行路難。”

［三八］ 按：《楚辭·九歌·大司命》曰：“折疏麻兮瑶華，將以遺兮離居。”注文泛言耳，非原文。《文選》卷二二《詩乙·從斤竹澗越嶺溪行（謝靈運）》詩曰：“折麻心莫展。”

［三九］ 按：《離騷》云：“時曖曖其將罷兮，結幽蘭而延佇。”作者編録時，記憶有誤。

［四〇］ 中，甲本同，乙本作“宋”，當作“中”。

［四一］ 於，甲本同，乙本作“則”，當作“於”。〇“枝”字下，甲本同，乙本有“也”字。按：此則參見第一七部“送別”類目第四則“胡越”條及第一二二頁注［一一］條。

［四二］ 在，甲本同，乙本作“身來”。

［四三］ 常思北風，甲本同，乙本作“常思胡地，每嘶於北風”，玆從底本及乙本。按：此則亦參見第一七部“送別”類目第四則“胡越”條及第一二二頁注［一一］條。

［一九］薦舉[一]

側席：《後漢書》[二]：“朕思遲直士[三]，側席求賢。”[四]

樹桃李：《韓詩外傳》曰[五]：“魏文侯之時，子質仕而獲罪，去而北遊，謂簡主曰：‘吾所樹堂上之士半[六]，所樹朝庭之大夫半[七]，所樹邊境之人亦半[八]。今堂上之人惡我於君[九]，朝庭之大夫危我於法[一〇]，邊境之人劫我以兵，是以吾不復樹德於人矣。’簡主曰[一一]：‘子言過矣[一二]，夫春樹桃李[一三]，夏得蔭其下[一四]，秋得食其實[一五]；春樹蒺藜[一六]，夏不得采葉[一七]，秋得其刺焉[一八]。由此觀之，子之所樹非其人也。’”[一九]

管庫：《禮記・檀弓下》曰[二〇]：“趙文子所舉於晋國管庫之士七十餘家。”[二一]

淳于髡：《戰國策》曰[二二]：“淳于髡見七人於宣王[二三]。王曰：‘吾聞：千里一士，是比肩相望[二四]，百代一聖，若隨踵而生也[二五]。今子一朝而見七士，不亦衆乎？’髡曰：‘不然，夫鳥同翼者聚居[二六]，獸同足者俱行，今求茈胡[二七]、桔梗於沮澤[二八]，則累代不得一焉[二九]。若求之梁甫之陰，則連車載耳[三〇]。夫物有儔，今髡賢者之儔。王求士於髡，如挹水於河[三一]，而取火於燧也。’”[三二]

【校釋】

［一］ 此類目甲本同，乙本作“舉薦”。

［二］ 後，底本脱，玆據甲本、乙本及文義補。

［三］ 士，甲本同，乙本作“之士”。

［四］ 按：《後漢書》卷三《章帝紀・建初五年夏五月辛亥詔》曰：“朕思遲直士，側席異聞。”章懷注云：“側席，謂不正坐，所以待賢良也。”《説苑・尊賢》

云："楚有子玉得臣，文公爲之側席而坐。"

［五］詩，甲本同，乙本作"書"，當作"詩"。○曰，甲本同，乙本作"云"兹從底本及甲本。

［六］之士半，甲本同，乙本作"半矣"，兹從底本及甲本。

［七］所樹朝廷之大夫半，甲本同，乙本作"朝廷大夫亦半矣"，兹從底本及甲本。

［八］亦半，底本作"半"字，甲本作"亦半"，乙本作"亦半矣"，兹從甲本。

［九］我，底本作"戰"，甲本作"我"，乙本同，兹據甲本、乙本及文義徑改正。○君，甲本同，乙本作"主"，兹從底本及甲本。

［一〇］之，底本爲旁加小字，乙本脱，兹據甲本及文義録正。

［一一］簡主，甲本同，乙本作"簡子"。

［一二］言，底本"言"字下有"道"，其旁加"ミ"形刪除符號，乙本"言"字下有"之"字，兹據文義及底本徑刪。

［一三］桃李，乙本同，甲本作"李桃"。

［一四］得蔭其下，底本"得"字下有"其"字，甲本作"得蔭其下"，乙本無"其下"二字，兹從甲本。

［一五］食其實，甲本同，乙本作"其食"。

［一六］春樹蒺藜，甲本同，乙本作"植蒺藜者"。

［一七］采葉，甲本作"采其葉"，乙本作"陰涼"。

［一八］焉，甲本同，乙本作"矣"。

［一九］非其人也，甲本同，乙本作"非奇人也已矣也也"，此補白加添語詞常例。按：此見《韓詩外傳》卷七，文字節略。

［二〇］記，底本"記"字下有"曰"字，乙本同，甲本作"記"，兹據甲本及文義徑刪。○檀弓下，甲本同，乙本作"彈弓"，當作"檀弓下"。

［二一］按：《禮記・檀弓下》曰："文子其中退然，如不勝衣：其言吶吶然，如不出其口。所舉於晋國管庫之士，七十有餘家，生不交利，死不屬其子焉。"原卷乃爲節引。

［二二］策，底本作"筞"，即"策"之異體字，兹據文義徑改。

［二三］ 宣王，甲本同，乙本作“齊宣王”。

［二四］ 是比肩相望，甲本同，乙本作“士且比肩矣”。

［二五］ “踵”字上，甲本同，乙本因下文衍“而生”二字，後塗去。

［二六］ 者，甲本同，乙本無。

［二七］ 茈，底本誤作“此”，當作“茈”，兹據甲本、乙本及文義改正。“茈胡”即“柴胡”。

［二八］ 梗，底本、甲本作“便”，當作“梗”，據《戰國策》、乙本及文義改正。

［二九］ 焉，底本誤作“馬”，形近訛誤，當作“焉”，兹據甲本、乙本及文義改正。

［三〇］ 載耳，甲本同，乙本作“而載之”。

［三一］ 如，甲本同，乙本作“亦如”。

［三二］ 也，底本脱，甲本作“也”，乙本同，兹據甲本、乙本及文義補。按：此文摘自《戰國策》卷十《齊三·淳于髡一日而見七人於宣王》，文字略有小異。又二“代”字原作“世”，寫卷因諱改字。

［二〇］報恩

扶輪：靈輒者，齊人也。晋大夫趙盾於桑下見餓人［一］，盾乃傾壺饗哺之［二］，得蘇［三］。盾問之［四］，答曰：“齊人靈輒，學於秦［五］，今歸國乏糧，不能進。”［六］盾遺糧得還［七］。後仕晋［八］，爲守門監。盾以忠諫靈公［九］，靈公患之。公有獒，能囓人［一〇］。盾臨朝，獒直來向盾，盾以足蹴獒，下頷折。盾謂公曰：“賤人貴犬，君之獒何如臣之獒？”［一一］公怒［一二］，欲煞盾。盾走出門，將乘車，車一輪公已令人脱却［一三］，唯有一未脱。輒扶盾上車［一四］，以手軸一頭，駕車而走［一五］，遂得免難。盾怪問之，輒曰：“昔桑下人也。”［一六］

結草：魏顆者，晋卿魏武之子也［一七］。武子有寵妾［一八］，武子病，敕顆曰：“吾死後［一九］，可嫁此妾。”及病困臨終，又曰［二〇］：“必須以此妾同葬。”［二一］及死［二二］，顆曰：“吾寧從父精始之言，豈可從亂惑之語。”［二三］遂嫁之。秦與晋戰［二四］，以魏顆爲將，夜夢見一老翁曰［二五］：“結草以抗秦軍。”及明日戰，秦將杜迴馬突結草而倒［二六］，晋人擒之，秦軍大敗。其夜，顆復夢老翁曰［二七］：“吾是君前不煞妾之父［二八］，今結草以相報。”［二九］

黄雀：弘農楊寶年七歲，行華山中[三〇]，見黄雀被螻蟻所困，寶收養之，瘡癒而去[三一]。後數年，黄雀爲黄衣童子，持玉環來，以贈楊寶[三二]。後漢時[三三]，出《搜神記》[三四]。

白龜[三五]：晋時，陳留人毛寶行江邊[三六]，見人釣得白龜子[三七]，寶贖放江中[三八]。後十年餘[三九]，寶鎮邾城[四〇]，與石虎戰。寶敗投江[四一]，脚如踏着一石，漸浮至東岸，乃白龜也[四二]。

絶纓：《韓子》曰："楚莊王夜與群臣飲酒，火滅，有人引王美人[四三]。美人絶其冠纓[四四]，告王曰：'燭滅，[有人]引妾，[妾]已斷得其纓。'促上火而照之[四五]。王曰：'賜人酒，使醉失禮，婦人之意奈何欲顯而辱士乎？'王[又]曰：'今與寡人飲者，盡絶其纓，不絶者不歡。'居二年，晋與楚戰，有一人常在軍前[四六]，五合五獲却敵，卒得勝之。王怪而問之，曰：'臣往者而失禮，王隱忍不暴而誅，臣常願肝腦塗地，以報大王，臣乃夜絶纓者是也。'"[四七]

盜馬：秦穆公有駿馬[四八]，有五夫者盜食之[四九]。公曰："吾聞盜駿馬肉不得酒必死。"[五〇]遂命賜其酒[五一]。後與惠王戰[五二]，忽有五夫擒惠王[五三]。穆公怪之，乃五夫也[五四]。《王粲詩》曰[五五]："穆公飲盜馬[五六]，五夫濟其身[五七]。楚王赦絶纓[五八]，國有投命臣。"[五九]

葬地：《幽明録》曰[六〇]："吴人孫鍾居貧[六一]，種瓜爲業[六二]。瓜始熟，有三人來乞瓜，鍾便具食[六三]。訖，謂鍾曰：'無以相報，示子以葬地。'[六四]遂上山示地。訖，曰[六五]：'我司命也。'遂化爲白鶴而去。遂葬母[六六]。鍾生堅，堅生權，漢末據江東，並立爲吴主。"[六七]

種玉：《搜神記》曰："後漢陽公字雍伯[六八]，洛陽人也。少儈賣爲業[六九]。後父母亡，葬於[終]山[七〇]，山高八十餘里[七一]。公於板置義漿，經三年，有人就飲[七二]。飲訖，出懷中石子一升與公[七三]。曰[七四]：'種此當生玉[七五]，及得好婦。'公用其言[七六]，種之一年，地中生玉[七七]。時有北平徐氏大富[七八]，有好女，公試求之[七九]。徐氏笑曰[八〇]：'得璧玉兩雙[八一]，當爲婚。'[八二]公取玉遺之[八三]。徐氏大驚，因與婚[八四]，北平楊氏即其後也。"[八五]

困鶴：曹（噲）参行見一鶴[八六]，有箭瘡[八七]，收歸傅藥，得差。鶴去後，忽銜珠來以投参[八八]。

傷蛇[八九]：隋侯出行[九〇]，見蛇被傷，以藥傅之，後銜明月珠以報隋侯[九一]。

逐虎：屈尚至孝[九二]，居喪，鄉人逐虎[九三]，虎急，投尚廬中[九四]。尚以衣下藏之，云：

無。虎遂得免[九五]。尚放之[九六]，其夕，銜鹿置尚廬前[九七]。

鈎魚：漢武帝遊昆明池[九八]，見魚銜鈎，不得去[九九]，帝令人去鈎而放[一〇〇]。明日，帝復來，魚銜千里珠置帝前而去[一〇一]。

【校釋】

［一］ 盾，諸本并作“遁”，當作“盾”，兹據下列引書及文義徑改正，下倣此。○“見”字下，甲本同，乙本有“一”字。

［二］ 饗，甲本作“餐”，乙本作“喰以”。

［三］ 得蘇，甲本同，乙本作“然後乃蘇”。

［四］ “之”字下，甲本同，乙本有“子何人也”四字。

［五］ 齊人靈輒學於秦，甲本同，乙本作“齊人也遊學于秦”。

［六］ 乏，底本誤作“之”，當作“乏”，兹據甲本及文義改正。此句乙本作“令欲皈國，路乏糇糧，不能前進。”

［七］ 盾遺糧得還，甲本同，乙本作“公與糧贈之得返”。

［八］ 後仕，甲本同，乙本作“後還仕”。

［九］ 盾以忠諫，底本脱“盾”字，乙本作“盾直諌”，“直”字上原有“爲”字，後削去，兹據甲本及文義改正。○“靈公”二字旁，底本、甲本有“〻”形重文符號，乙本不重，兹據文義録正。

［一〇］ 公有獒能嚙人，此句六字，底本將“獒”誤衍爲“敖大”二字，乙本作“放獒嚙盾”，兹據甲本及文義改正。

［一一］ 自“盾臨朝”以下至“何如臣之獒”，甲本同，乙本作“盾煞獒”。

［一二］ 公怒，甲本同，乙本作“靈公益怒”。

［一三］ 却，底本、甲本作“脚”，當作“却”，兹據文義改正。

［一四］ “欲煞盾”下至“扶盾上車”，甲本同，乙本作“又令人抽遁車輪一所，忽有一夫扶盾上車”。

［一五］ “以手軸”下至“駕車而走”，甲本同，乙本作“乃與臂代輪而走”。“駕車”，底本作“駕半車”，兹據甲本及文義改。

［一六］ “遂得免難”以下，甲本同，乙本作“於是趙盾得脱死難。固謂客曰：‘子是何人？益救吾急。’荅曰：‘桑下之人者也。’”按：此事見《左傳》

宣公二年云："秋九月，晋侯飲趙盾酒，伏甲，將攻之，其右提彌明知之。趨登，曰：'臣侍君宴，過三爵，非禮也。'遂扶以下。公嗾夫獒焉，明搏而殺之。盾曰：'棄人用犬，雖猛何爲。'鬬且出，提彌明死之。初，宣子田於首山，舍于翳桑。見靈輒餓，問其病，曰：'不食三日矣。'食之，舍其半。問之，曰：'宦三年矣。未知母之存否？今近焉，請以遺之。'使盡之，而爲之簞食與肉，寘諸橐以與之。既而與爲公介，倒戟以禦公徒，而免之，問何故，對曰：'翳桑之餓人也。'問其名居，不告而退，遂自亡也。"未及扶輪事，《太平御覽》卷四七九《人事部·報恩》節引《左傳》，文字更簡。唯《類林雜説》卷七《報恩篇》"靈輒"條云："靈輒，齊人也。晋大夫趙盾出遊，於桑下見一餓人，盾乃傾壺飧以哺之，曰：君何人也？餓人曰：我是齊人，姓靈名輒，遊學三年，今欲歸去，糧食乏盡，不能前進。盾更遺之食，遂得歸，爲晋靈公守門者。盾以直諫靈公，公欲殺盾，盾乘車，公先令人脱車輪，乃呼獒齩盾，盾車无輪，靈輒乃扶車輪而行，盾既免難，問之，輒曰：我便是昔日桑下餓人也。"文字近似而略簡。《蒙求》卷上"靈輒扶輪"條，缺放獒嚙盾事，叙事亦用倒叙，將濟糧置後，文字介於《左傳》《類林》及此書之間。又底本、甲本文字一系，乙本似又自其文字或增或删。《古賢集》云："靈輒一食扶輪報，隋侯賜藥獲神珠。"又伯二六二一號亦及此條。

［一七］之子，甲本同，乙本作"子之"，其旁加乙正符號"乙"。

［一八］武子，甲本同，乙本脱，兹從底本及甲本。

［一九］吾死後，甲本同，乙本"死"字下有"之"字。

［二〇］又曰，甲本同，乙本作"父謂顆曰"。

［二一］以，甲本同，乙本作"與"，兹從底本及甲本。〇同葬，甲本同，乙本作"同殉葬之"，兹從底本及甲本。

［二二］及死，底本脱，甲本作"及死"，乙本作"及父死"，兹據甲本及文義補。

［二三］豈可從亂，甲本同，乙本作"不可從父昏"。〇惑，甲本、乙本同，底本誤作"或"，亦可視作通假字。

［二四］秦與晋戰，底本"秦"字上衍"於"，甲本無，兹據甲本及文義删。乙本此句作"後秦軍伐晋"，兹據甲本及文義改正。

［二五］夜夢見一老翁曰，甲本同，乙本無“見”字、“曰”字。

［二六］杜，甲本同，乙本誤作“拔”，當作“杜”。〇倒，底本、甲本作“到”，當作“倒”，雖可視作通假字，仍據乙本及文義改正。

［二七］“晋人”至“老翁曰”，甲本同，乙本“人”字下有“保以”二字，“敗”字下多出“顆既入營”四字。

［二八］君，底本誤作“軍”，乙本無，當作“君”，兹據甲本及文義改正。〇父，甲本原誤作“婦”，後旁改作“父”，乙本“父”字下多“也”字。

［二九］今結草以相報，甲本同，乙本作“今來結相報尔也”。按：此事《左傳》宣公十五年云：“及雒，魏顆敗秦師于輔氏，獲杜回，秦之力人也。初，魏武子有嬖妾，無子，武子疾，命顆曰：‘必嫁是。’疾病則曰：‘必以爲殉。’及卒，顆嫁之，曰：‘疾病則亂，吾從其治也。’及輔氏之役，顆見老人結草以亢杜回。杜回躓而顛，故獲之。夜夢之曰：‘余，而所嫁婦人之父也，爾用先人之治命，余是以報。’”《太平御覽》卷四七九《人事部·報恩》引《左傳》，文字略有小異。《類林雜説》卷七《報恩篇》“魏顆”云：“魏顆，晋大夫，魏武子之子。武子有愛妾，武子初患疾，敕顆曰：吾死之後，可嫁此妾。及疾重，又曰：吾死之後，可以殺此妾殉葬。武子死，顆計曰：從父始言，以嫁此妾。後顆爲將，與秦戰，秦將杜回，陣欲相接，見一老人在陣前結草，回躓而倒，軍大敗。顆夜夢一老人語顆曰：我是汝嫁妾之父，故結草相報也。”文字與底本、甲本接近。以上文字凡成二系，《蒙求》“魏顆結草”條與上條互對，隸屬《左傳》《太平御覽》一系。原卷二“治”字因諱改文，如“從其治”改作“精始”，《類林雜説》誤作“情始”。《文選》卷三七《表上·陳情表（李令伯）》云：“臣生常隕首，死當結草。”伯二七二一號《雜抄》云：“何人結草酬恩？魏武子。”《古賢集》云：“結草酬恩魏武子，萬代傳名亦不虚。”

［三〇］行，甲本同，乙本下有“於”字，兹從底本及甲本。

［三一］瘉，甲本同，乙本作“愈”，當作“瘉”，兹據文義改。〇去，甲本同，乙本上有“飛”字。

［三二］“數年後”至“楊寳”，甲本同，乙本作“後有黄衣童子，持二環來贈於寳”。

［三三］後漢時，甲本同，乙本無，并有“我華岳山使者，爲人所傷，勞子

恩養，今來報，子之世代皆爲三公。’言訖不見。”

［三四］ 按：《類林雜説》卷七《報恩篇》“楊寶”條云：“楊寶，弘農華陰人也。年七歲，行於華陰山中，見一黄雀被瘡，爲螻蟻所損，寶見而愍之，因將歸致巾箱中，采黄花飼之。經十餘日，瘡愈且飛去，暮來宿於箱中，忽一朝化爲黄衣兒，持玉環二雙與寶，謂曰：君好掌此環，子孫當累世三公。報訖而去，莫知所在。寶生震，震，漢明帝時爲太尉；震生秉，秉，漢和帝時太尉；秉生賜，賜，漢靈帝時爲司空；賜生彪，彪，漢獻帝時爲司徒。”蓋多出“寶生震”以下文字，餘者與此卷近似而詳，不注出處。《蒙求》卷中“楊寶黄雀”條與《類林雜説》近似，出《續齊諧記》。然《太平御覽》卷四七九《人事部·報恩》引吴均《續齊諧記》曰：“弘農楊寶見”一黄雀爲鴟梟所搏，取之以歸，置巾箱中，養之百餘日，毛羽成，朝去暮還。後寶夕讀書，未卧，有黄衣童子向寶再拜曰：‘我王母使臣，昔使蓬萊，不慎爲鴟梟所搏，蒙君仁愛救拯，今當受使南海，不得奉侍，以白環四枚與寶，令君子孫潔白，且位登三事，當如此環矣。’”義同文異，豈同書差異若此，疑二者必有一誤。《藝文類聚》卷九二《鳥部·雀》、《太平御覽》卷九二二《羽族部·黄雀》亦出《續齊諧記》，文字接近。

［三五］ 白龜，底本作“毛龜”，蓋因姓訛誤，據“黄雀”語對，當作“白龜”爲是，兹據甲本、乙本及文義改正。〇又“黄雀”“白龜”二目，乙本移至本部“鈎魚”目後，今據底本、甲本置此。

［三六］ 晋時陳留人，甲本同，乙本作“《晋書》曰：陳留人也。”文義未順。〇行，甲本同，乙本下有“於”字。

［三七］ 釣，底本作“鈎”，乙本作“網”，兹據甲本及文義改正。

［三八］ 寶贖放江中，甲本同，乙本作“寶與錢數文，贖得白龜放於海”。

［三九］ 後十年餘，甲本同，乙本脱“十年餘”，底本“年”下有一未完之“鎮”字，其旁加“ミ”形删除符號，蓋因下文而衍，足證底本仍爲過録寫卷，抄録時因下文致訛。

［四〇］ 鎮邾城，甲本同，乙本作“爲邾城守”。

［四一］ 寶敗投江，甲本同，乙本作“寶敗投身入江”。

［四二］“漸”字以下，甲本同，乙本作“浮至東岸。寶既得達，乃見一白

黿，去岸數步，三迴視寶而去，此即所放白黿也。神哉也。”按:《晋書》卷八一《毛寶傳》云:“毛寶字碩真，滎陽陽武人也……初，寶在武昌，軍人有於市買得一白黿，長四五寸，養之漸大，放諸江中。邾城之敗，養黿人被鎧持刀，自投於水中，如覺墮一石上，視之，乃先所養白黿，長五六尺，送至東岸，遂得免焉。”《太平御覽》卷四七九《人事部·報恩》引《續搜神記》乃演其事義，極爲詳盡。原卷誤入隸屬毛寶一人。又《類林雜説》卷七《報恩篇》“毛寶”條云:“毛寶，陳留平丘人也。晋咸康中，寶行江邊，見人鈎得一白黿，寶贖而放之於江中。後十年，寶守鎮邾城，與石虎交戰，寶敗走投水，腳如蹋著石，漸漸至岸，寶回顧之，乃是昔日放之白黿，來報寶之恩也。”所載事類、文字，皆與原卷近似。《蒙求》“毛寶白黿”條與上條互對，并引《搜神記》，詳於原卷一系。如“十餘年”“二萬騎”“五六尺”皆爲數目之確指也。

［四三］王美人，底本作“美人”，玆據甲本、乙本及下列引書補足文義。

［四四］冠纓，甲本同，乙本無“冠”字，玆從底本及甲本。

［四五］“告王曰”至“照之”，甲本作“告王曰:‘絶纓者是［誰也］。’”乙本作“乃告王曰:‘絶纓是誰也。’”又底本據文義及下列引書，當補“有人”二字。○“妾已”，底本作“衣”字，疑爲“妾”字之重文符誤合“已”字而成，玆據文義及下列引書徑改正。

［四六］軍，底本誤作“年”，以形近訛誤，玆據文義及下列引書徑改正。

［四七］“王曰賜人”以下，依據文義底本當補一“又”字，以足文義。甲本此段作“王曰:‘飲人狂藥，如何責人以禮。’悉令去其冠。後然出火。後王與晋戰，晋軍圍王，有人登鋽敗晋。王怪問之，曰:‘昔絶纓客也。’”乙本作:“王曰:‘飲人狂藥，何更責人無禮。’悉令去其冠，然後出火，果得其瓔珞。莊王後與晋戰，晋軍圍王，有一人先登，敗晋。王怪問之，［曰］:‘臣昔絶瓔之客，蒙王恕臣酒醉，致盗之僭，今日得以報恩。’莊王歎之也。”當以甲本最早，底本、乙本并從甲本增衍。按:《類林雜説》卷七《報恩篇》“楚莊王”條云:“楚莊王:與群臣夜飲，中宵燭滅，坐内有引王美人，美人告王曰:坐中有人引臣妾，妾已斷得其纓。王曰:飲人以醉，何以責之以禮? 悉令在坐大臣各斷其纓，然後上燭。楚王後與晋戰，兵圍王數重，楚王大懼，軍中乃有一人登鋒陷堅，大破晋軍。楚王怪之而問，對曰:臣是絶纓之士也，以報王恩。出《韓子》。”文字近

於乙本，與底本差異較大。《敦煌變文集新書》勾道興《搜神記》載録此條，典出《史記》，其事義文字乃又據此繁衍。惟此事既不見載於《韓非子》，也非録自《史記》。《蒙求》“楚王絶纓”條則出自《説苑》，文字近於原卷而略簡，《太平御覽》卷四七九《人事部·報恩》所引，文字、事義、出處并同《蒙求》。《文選》卷三七《表上·求自試表（曹子建）》云：“絶纓盜馬之臣，赦楚趙以濟其難。”李善注亦出《説苑》。考《説苑·復恩》載録此條，足證《類林》一系誤指出處也。

［四八］ 駿，底本無，兹據甲本、乙本及文義補。

［四九］ 有五夫者，底本無“有”字、“者”字，兹據甲本、乙本及文義補。盜食之，甲本同，乙本“盜”字下衍“煞”字。

［五〇］ 盜駿馬肉，底本脱“盜”字，甲本作“盜駿馬肉”，乙本作“食馬肉”，兹據甲本及文義補。〇必，底本、甲本作“而”，兹據乙本及文義徑改。

［五一］ 遂命賜其酒，甲本同，乙本作“遂更賜盜酒”。

［五二］ 後與，甲本同，乙本“後與”上有“穆公”二字，下有“韓”字。

［五三］ 夫，底本、乙本作“人”，兹據甲本及文義徑改。〇擒，甲本同，乙本誤作“摛”，當作“擒”。〇“惠王”下，甲本同，乙本有“至馬前”三字。

［五四］ “穆公怪之”至“五夫也”，甲本同，乙本作“穆公曰：‘子何人也？’答曰：‘臣昔盜馬之（者）也。’王怪之。”

［五五］ 粲，甲本同，乙本作“璨”。

［五六］ “飲”字下，底本有“酒”字，旁加“人”刪節符，兹據文義徑刪。

［五七］ 濟，甲本同，乙本作“薄”。〇身，底本、乙本作“恩”，兹據甲本及文義徑改。

［五八］ 赦絶纓，甲本同，乙本作“捨絶瓔”。

［五九］ 投命臣，底本“臣”下有“也”字，蓋句末增删語尾，此乃寫卷常例，乙本作“從命人”，兹據甲本及文義徑改。按：此事出《吕氏春秋》卷八《仲秋紀·愛士》云：“昔者秦繆公乘馬而車爲敗，右服失而埜人取之。繆公自往求之，見埜人方將食之於岐山之陽。繆公歎曰：‘食駿馬之肉而不還飲酒，余恐其傷女也。’於是徧飲而去。處一年，爲韓原之戰。晋人已環繆公之車矣，晋梁由靡已扣繆公之左驂矣，晋惠公之右路石奮投而擊繆公之甲，中之者已六札矣。埜

人之嘗食馬肉於岐山之陽者三百有餘人，畢力爲繆公疾鬬於車下，遂大克晋，反獲惠公以歸。”《太平御覽》卷四七七《人事部·施惠》及卷四七九《人事部·報恩》、卷八九六《獸部·馬》并引同書，文字互有詳略，然與寫卷文字差異較大。《類林雜説》卷七《報恩篇》“秦穆公”條云：“秦穆公，失其駿馬，後至岐山，行見五人盜所失馬而食之，穆公曰：‘吾聞食駿馬肉，無酒必死。’公遂賜之以酒。後秦與晋戰，忽有五人從惠公而來，穆公怪問之，曰：‘是昔時盜馬之人。’春秋時人。”與寫卷近似。

［六〇］ 明，甲本同，乙本作“冥”。

［六一］ 吴，底本作“吾”，其旁加“卜”形删節符號，并在卷葉眉端作“吴”，兹據文義録正。

［六二］ 居貧種瓜爲業，甲本同，乙本無“居”“瓜爲業”等字。

［六三］ 鍾便具食，底本“具”字作“屈”，據伯二五二六號所謂《修文殿御覽·鵠類》引文及文義改正，甲本作“鍾之食”，乙本作“於鍾食”。

［六四］ 以葬地，甲本同，乙本無“以”字。

［六五］ 曰，甲本同，乙本“曰”字上有“謂”字。

［六六］ 遂葬母，甲本缺損不明，乙本作“鍾母亡，依神所指葬之”。

［六七］ 立爲吴主，甲本同，乙本作“立稱吴主也也也”。按：伯二五二六號《修文殿御覽·鵠類》引此書至“化爲白鶴而去”上，義同而文字略簡。《類林雜説》卷七《報恩篇》“孫鍾”條云：“孫鍾，吴郡富春人也，孫武之後。鍾種瓜爲業，瓜初熟，有三人來就乞瓜，鍾遂引三人入草菴，設飯摘瓜以食之，三人食訖，謂鍾曰：‘蒙君厚恩，无報也。請視君葬地。’遂將之上山。謂曰：‘欲得世世封侯、數世天子？’鍾曰：‘諾。’遂指一處可葬之。三人曰：‘我等是司命，君下山百步，勿返顧。’鍾行三十步，回首，見三人化作白鶴飛去。鍾於指地葬父母，冢上常有紫氣屬天，漫延於地。父老曰：‘孫氏興矣！’鍾生堅，字文臺，仕靈帝，爲破虜將軍，長沙太守。堅生權，字仲謀，漢末據江東，建立爲吴天子，都揚州，號建業，後都武昌。權生亮，亮生林，林生皓，皓爲晋所伐。皓降，晋武帝封爲歸命侯，果四世天子爲王。孫權號太皇，亮被廢，休爲景皇帝，皓爲後主皇帝，相繼六十八年。事出宋臨川王《幽明録》中。”文字極詳。《蒙求》卷中“孫鍾設瓜”條，《太平御覽》卷五五九《禮儀部·冢墓》、《初學記》

卷八《江南道》“人化鶴”條、《藝文類聚》卷八七《菓部下·瓜》等，引文并出《幽明録》，文字互有詳略，事義近似。唯《太平御覽》卷九七八《菜茹部·瓜》引《幽明録》，與以上所引事義差異較大。

［六八］ 陽公，甲本同，乙本作“楊公”，兹從底本及甲本。按：《太平御覽》作“羊公”或“陽公”。

［六九］ 僧責，甲本同，乙本作“繒買”，兹從底本及甲本。

［七〇］ 終山，底本作“山”，甲本殘缺，乙本作“高山”，“終”字兹據《類林雜説》及文義補。其下乙本不重“山”字。

［七一］ 八十餘里，甲本殘缺，乙本無“餘”字。

［七二］“公於”至“就飲”，甲本殘缺，乙本作“楊公見行吕（旅）往返辛勤，乃置義漿於坂上，以給行路。經於三年，有一人來飲”。

［七三］ 出懷中，甲本同，乙本作“懷中出”。與公，甲本同，乙本作“乃與楊公”。

［七四］ 曰，底本無，兹據甲本、乙本及文義補。

［七五］ 種此當，甲本殘缺，乙本作“此種之”。

［七六］ 其，底本脱，甲本殘缺，兹據乙本及文義補。

［七七］ 地，甲本殘缺，乙本作“畦”。

［七八］ 甲本“富”字下殘缺，乙本有“家”字。

［七九］ 試，甲本同，乙本誤作“始”，同音訛誤，當作“試”。

［八〇］ 底本“笑”字下有“大”，其旁加“从卜”二字删除符號，蓋因上文而誤析爲二字也，兹據此及文義徑删。

［八一］ 壁，底本作“壁”，乙本作“碧”，皆形音近訛誤，兹據甲本及文義徑改正。

［八二］“婚”字下，甲本同，乙本有“姻”字。

［八三］ 公，底本無，兹據甲本、乙本及文義補。

［八四］“與”字下，甲本殘缺，乙本有“爲”字。

［八五］“也”字下，甲本殘缺，乙本多衍一“也”字，此寫卷之常例。按：《類林雜説》卷七《報恩篇》“楊公”條引《漢書》，文義近似，唯今本《漢書》不見。《蒙求》“雍伯種玉”、《藝文類聚》卷八三《寶玉部·玉類》、《太平御覽》

卷四七九《人事部·報恩》(又見卷四五、五一九、八〇五、八二八),并引《搜神記》,文字互有詳略。又見干寶《搜神記》卷一一。

［八六］ 噲,底本、乙本作“曹”,甲本已殘損,《類林雜説》作“蒯参”,兹據《太平御覽》及文義徑改正。按:《太平御覽》作“噲参”。行見,底本作“見行”,旁有鈎乙號,兹據文義徑改正。

［八七］ 箭,底本作“等”,甲本殘缺,兹據乙本及文義徑録正。

［八八］ 忽銜珠來以投参,甲本殘缺,乙本作“忽珠來以捉(投)参之庭中也”。按:此事見載干寶《搜神記》卷二〇云:“噲参,養母至孝,曾有玄鶴,爲弋人所射,窮而歸参,参收養,療治其瘡,愈而放之。後鶴夜到門外,参執燭視之,見鶴雌雄雙至,各銜明珠以報参焉。”又《述異記》亦曾見載。《類林雜説》卷七《報恩》“蒯参:出,見一鵠被箭瘡大困,遂將歸,飼養至瘡愈,乃放鵠飛去。後鵠雌雄各銜珠以報参也。”文字與原卷近似,并爲節引。《太平御覽》卷四七九《人事部·報恩》則引干寶《搜神記》,文字差異較大。

［八九］ 蛇,底本作“虵”,爲“蛇”字之異體,兹據文義徑改。

［九〇］ 隋侯,底本、甲本、乙本均作“随侯”,兹據下列引書及文義徑改正。

［九一］ 報,底本誤作“珠”,兹據甲本及文義改正。乙本此句作“瘡可,銜明月寶珠來報。”〇甲本斯二五八八號至此條目截止,以下約脱一紙,始接伯四六三六號。按:《類林雜説》卷七《報恩篇》“隋侯”條云:“姓祝字元陽。往齊國,見一蛇在沙中,頭上血出,隋侯以杖挑於水中而去。後回還到蛇處,乃見此蛇銜珠來到隋侯前,放珠去,隋侯意不敢取。是夜,至家宿,忽夢中脚踏一蛇,便驚起,乃見雙珠在足前矣。”則又較原卷詳悉。《太平御覽》卷四七九《人事部·報恩》引盛弘之《荆州記》簡略不同。又此事《搜神記》卷二〇“隋侯珠”條、《淮南子·覽冥訓》高誘注、李善注《文選·劉越石答盧諶詩》、班固《西都賦》、張衡《南都賦》《四愁詩》、曹子建《與楊德祖書》、潘安仁《夏侯常侍誄》,及《後漢書》卷四〇《班固傳》注、《太平御覽》卷五三《地部·丘》引酈善長《水經注》(又見卷四七二、九三四)、《世説上·言語》第二二則劉孝標注引舊説,《玄應一切經音義》卷八、《藝文類聚》卷九六《鱗介

部·蛇》，并載此事。又《敦煌曲初探·附録考屑》“傷蛇含真”條引敦煌卷子詩中有關資料極詳。

［九二］屈尚，底本作“區尚”，乙本同，當作“屈尚”，茲據文義徑録正。按:《太平御覽》作“區寶”。○至，底本作“志”，乙本作“至”，茲據乙本及文義徑改。

［九三］“鄉”字上，乙本有“問”字。

［九四］投，乙本作“來捉”。

［九五］得免，乙本作“免得”。

［九六］之，乙本作“去”。

［九七］前，底本作“中”，當作“前”，茲據乙本及文義徑改。按:《太平御覽》卷八九二《獸部·虎》引本條事類出王孚《安成記》，文字較詳，名作“區寶”。

［九八］“遊”字下，乙本有“於”字。

［九九］見魚銜鈎不得去，“銜鈎”二字底本原作“鈎銜”，旁有鈎乙號，茲據文義録正。此句乙本作“見魚鰓中有鈎，不能去。”

［一〇〇］而放，乙本無。

［一〇一］此三句，乙本作“明日，復見魚銜千里珠於岸而去”。按:《類林雜説》卷七《報恩篇》“漢武帝”條云:“漢武帝出遊昆明池，見“魚張口向帝。帝取之，乃見口中有鈎，因爲脱放之。帝後遊昆明池，此魚乃銜珠而報之。”又《太平御覽》卷四七九《人事部·報恩》引《三秦記》曰:“白鹿原人，釣魚於原，綸絶而去。夢於漢武，求去其鈎。明日，戲於池，見大白魚銜索，帝曰:‘豈非昨所夢。’取而去之。間三日，帝復遊池濱，得明珠一雙，武帝曰:‘豈非昔魚之報’。”三者互有詳略。

［二一］兄弟

同饗［一］：後漢趙孝字長平［二］，常與兄弟同饗［三］，兄弟不至，不先食也［四］。又孝弟禮被餓賊虜［五］，將欲烹之［六］。孝逐賊曰［七］：“禮瘦不如孝肥。”賊遂感之，並放［八］。

共被：姜肱兄弟二人同被［九］，及成長，以孝行著名［一〇］。

推梨：孔融小時，食梨讓兄[一一]。

讓棗：王戎年三歲[一二]，得棗，青者自食，赤者與兄[一三]。

八龍：漢時荀爽兄弟八人，號曰“八龍”[一四]。荀儉、荀靖、荀緄、荀汪、荀燾、荀昱、荀爽、荀敷等[一五]，並是荀淑之子[一六]，俱有賢行，時號“賈氏三虎，荀氏八龍。”[一七]

兩驥：劉岱字公山，劉繇字正禮[一八]，兄弟二人[一九]，時號曰：“兩驥之才。”[二〇]

三張：張載兄弟三人，俱有文華[二一]，時號曰“三張”。又曰[二二]：“二陸入洛，三張減價。”[二三]

二陸：陸機、陸雲兄弟二人俱有文華[二四]，時人號曰“二陸”[二五]。

陟岡[二六]：《詩》云[二七]：“陟彼岡兮，瞻望兄兮。”[二八]

在原：《詩》云[二九]：“鶺鴒在原，兄弟急難。”[三〇]

兩潘：潘岳［兄弟］[三一]。

友于：《爾雅》曰[三二]：“善兄弟爲友。”《論語》云[三三]：“友于兄弟。”[三四]

孔懷：兄弟孔懷[三五]。

德星：《異苑》曰：“陳仲躬從諸子姪詣荀季和[三六]，父子集[三七]，于時德星聚[三八]。太史奏曰[三九]：‘五百里内有賢人集。’”[四〇]

棠棣[四一]：《毛詩》曰：“棠棣，燕兄弟也[四二]。棠棣之華[四三]，萼不韡韡。”[四四]

怡怡：《論語》云：“兄弟怡怡如［也］。”[四五]

三荊：前漢田真兄弟三人，親没[四六]，將分居財。並以（已）分訖[四七]，唯庭前荊樹未分[四八]，將欲伐之，樹經宿枯萎[四九]。真感之，泣曰：“樹猶怨分張，奈何孔懷分居哉？”[五〇]遂不復分，樹還復如故[五一]。

四鳥[五二]：孔子遊泰山，聞哭者甚哀，謂顔回曰：“此生離也。”因問之，果生離也。顔回問曰：“夫子何以知之？”孔子曰：“昔桓山有鳥而生四子[五三]，羽翼既成，將飛四海，悲鳴不絶，有類於此。”[五四]

堂鷰：《古詩》曰：“翩翩堂前鷰[五五]，冬藏夏來見。兄弟兩三人[五六]，分居在他縣。”[五七]

相失：陳留吴文［章］遭亂世[五八]，與兄伯武相失[五九]。經廿餘年[六〇]，相遇下邳[六一]，因市易相鬬[六二]。伯武毆文章，文章怒，欲報之[六三]，其心惻愴[六四]，手不能舉[六五]。相問，乃兄弟也[六六]。後漢時。出應劭《風俗通》[六七]。

鬩墻：《毛詩》曰：“兄弟鬩於牆，外禦其侮。”[六八]

尺布：《淮南子》曰：“一尺布，尚可縫；一斗粟，尚可舂；兄弟二人，不相容。”[六九]

鴈行：兄弟如鴈行[七〇]。

同車：鍾會每與兄弟同車[七一]。

同氣：兄弟同父母之氣也[七二]。

連枝：兄弟同連枝葉[七三]。

元方[七四]：

季方：陳太丘之子[七五]。有客過［太］丘[七六]，［太］丘令元方、［季方］炊[七七]，客與［太］丘論議[七八]。元方、季方貪竊聽論議[七九]，炊飯忘著甑箅[八〇]，飯落釜中[八一]。［太］丘問：“炊熟未？”[八二]元方、季方跪曰：“貪竊聽論，忘著炊箅[八三]，今已成糜。”[八四]［太］丘曰：“爾有所識也（耶）？”對曰[八五]：“髣髴記之。”［太］丘令俱説[八六]，更相易奪，言無遺失，故時人曰[八七]：“難兄難弟”也[八八]。

【校釋】

［一］饗，乙本作“飧”。

［二］底本“孝”字上有“李”字，乃形近訛誤，其旁加“卜”字删節號，兹據文義徑删。

［三］常，乙本作“嘗”。“饗”，乙本作“食”。

［四］不先食也，乙本作“孝先不飰”。

［五］孝弟，底本作“弟孝”，乙本作“孝弟”，當作“孝弟”，兹據乙本及文義徑改。〇被餓賊虜，底本脱“虜”字，乙本“被”作“爲”字，兹據文義徑補。

［六］烹，底本誤作“亨”，乙本作“被烹”，兹據文義徑録正。

［七］“曰”字上，乙本有“告”字。

［八］賊遂感之並放，乙本作“賊相謂曰：‘此孝子也，不可輒損也。’於是兄弟二人並放令還也。”按：《後漢書》卷三九《趙孝傳》僅載禮爲賊得及並放事。《藝文類聚》卷二一《人部五・友悌》引《東觀漢記》言賊捉放事，不及同饗。又引南朝宋謝瞻《答靈運詩》曰：“華萼相光飾，嚶鳴悦同饗。”《太平御覽》卷四一六《人事部・友悌》《初學記》卷一七《友悌》“趙孝食蔬”和“禮瘦”條，并引《東觀漢記》，與原卷文字不同。《類林雜説》卷一《孝悌篇》“趙孝”條引

《東觀漢記》與《太平御覽》《初學記》近似。惟《孝友篇》云:“趙孝宗:長平人也。弟禮,爲餓賊捉,將欲食之,宗聞之,走謂賊曰:禮瘦不如孝宗肥,請代弟死。賊相謂曰:此義士也。賊遂共釋之。漢明帝時,爲長樂尉。出《孝子傳》。”則言賊捉放事較原卷詳悉,亦不及同饗。唯斯五七二五號殘類書“趙李(孝)”條,二事並及,與此卷最爲接近。

［九］肱,乙本脱。“人”字下,乙本有“嘗”字。

［一〇］以,乙本作“並與”。按:《後漢書》卷五三《姜肱傳》云:“肱與二弟仲海、季江,俱以孝行著聞。其友愛天至,常共卧起。”李賢注引謝承《後漢書》曰:“肱感愷風之孝,兄弟同被而寢,不入房室,以慰母心。”《太平御覽》卷四一六《人事部·孝悌》引范書同。《藝文類聚》卷二一《人部·友弟》引《續漢書》《初學記》卷一七《友悌》“姜肱同被”條引司馬彪《續漢書》,文字并互有小異。《蒙求》卷下“姜肱共被”條近《後漢書》,然未注出處。

［一一］讓兄,底本原作“兄讓”,旁有鈎乙號,兹據文義徑録正。乙本文字較詳,云:“孔融少時,與兄弟喫梨,融自揀小,大者讓兄也。”按:《後漢書》卷七〇《孔融傳》“融幼有異才”下,李賢引融《家傳》曰:“年四歲時,每與諸兄共食梨,融輒引小者。大人問其故,答曰:‘我小兒,法當取小者。’由是宗族奇之。”《蒙求》卷下“孔融讓果”與“姜肱共被”互文成對,文字則與家傳同。又《南史》卷五三《梁武帝諸子·武陵王紀傳》引《元帝與紀書》曰:“友于兄弟,分形共氣,兄肥弟瘦,無復相代之期;讓棗推梨,長罷歡愉之日。”

［一二］王,乙本誤作“三”,當作“王”,兹據文義徑改。

［一三］與兄,乙本作“奉兄也”。按:《南史》卷二二、《梁書》卷二一《王泰傳》有讓棗事,非王戎,與此文字不同。唯王戎事則諸書不曾見載。《世説新語·雅量》第四則及《太平御覽》卷九六八《果部五·李》引《晋書》,乃七歲不動道旁李事。又參見上則。

［一四］爽,底本作“奚”,當作“爽”,兹據乙本、下列引書及文義徑改正。乙本此二句作:“漢時荀爽兄弟,以孝行著名,昆貴(仲)八人,號爲八龍。”

［一五］荀緄,底本脱“荀”字,兹據乙本及文義補。〇荀汪,底本無,兹據乙本及文義補。〇荀燾,底本、乙本并作“荀壽”,兹據下列引書徑改正。

［一六］淑，底本、乙本作“叔”，兹據下列引書及文義徑改正。

［一七］“俱有”至“八龍”，乙本作“皆著名當代也”。按：《後漢書》卷六二《荀淑傳》云：“有子八人：儉、緄、靖、燾、汪、爽、肅、旉，並有名稱，時人謂之八龍。”《三國志》卷十《魏書·荀彧傳》裴松之注引張璠《漢記》曰：“淑博學有高行……八子：儉、緄、靖、燾、詵、爽、肅、旉。”《世説新語》卷上《德行》第六則劉孝標注引同書曰：“淑有八子：儉、緄、靖、燾、汪、爽、肅、旉。淑居西豪里，縣令苑康曰：‘昔高陽氏有才子八人。’遂署其里爲高陽里，時人號曰：‘八龍’。”以上八子之見諸書載記者。《史通·採撰篇》云：“至於江東五儁，始自《會稽典録》；潁川八龍，出於《荀氏家傳》。”考陶淵明《聖賢群輔録》引《荀氏譜》曰：“荀儉字伯慈，漢侍中悦之父。儉弟緄，字仲慈，濟南相，漢光禄大夫彧之父，年六十六。緄弟靖，字叔慈。或問汝南許劭：‘靖爽孰賢？’劭曰：‘二人皆玉也。慈明外朗，叔慈内潤。’靖隱身修學，動必以禮。太尉辟不就，年五十五。靖弟燾，字慈光，舉孝廉，年七十。燾弟汪，字孟慈，昆陽令，年六十。汪弟爽，字慈明，董卓徵爲平原相，遷光禄勳、司空，出自巖藪，九十三日遂登臺司，年六十三。爽弟肅，字敬慈，守舞陽令，年五十。肅弟旉，字幼慈，司徒掾，年七十。”《蒙求》亦有“慈明八龍”條，引《魏志》，略簡。《全唐詩》卷九七沈佺期《夏日梁王席送張岐州》：“家傳七豹貴，人擅八龍奇。”又《後漢書》卷六七《黨錮傳》云：“賈彪字偉節，潁川定陵人也。少遊京師，志節慷慨，與同郡荀爽齊名……初，彪兄弟三人，並有高名，而彪最優，故天下稱曰：‘賈氏三虎，偉節最怒。’”《元稹集》卷十《代曲江老人百韻》云：“雄推三虎賈，群擢八龍荀。”

［一八］正，底本作“守”，因上字致誤，當作“正”，兹據乙本及文義徑改。

［一九］二人，乙本作“孝義著名”。

［二〇］時號曰兩驥之才，乙本“時”字下有“人”，“之才”作“也”字。按：《三國志》卷四九《吴書·劉繇傳》云：“（陶丘）洪曰：‘若明使君用公山於前，擢正禮於後，所謂御二龍於長塗，騁騏驥於千里，不亦可乎！’”《白氏六帖》卷一九《兄弟》以“八龍”對“兩驥”，其下注云：“劉正兄弟二人，時號兩驥。”《全後漢文》卷五七王逸《機婦賦》：“兩驥齊首，儼若將征。”後喻兄

弟皆駿才也。

［二一］華，乙本作“筆”，兹不從。

［二二］又曰，乙本無，兹不從。

［二三］“價”字下，乙本有“後俱顯居高位，名指寰中也也。”按:《晋書》卷五五《張載傳》曰:“時人謂載、協、伉，陸機、雲曰‘二陸’‘三張’。”又曰:“洎乎二陸入洛，三張減價。考覈遺文，非徒語也。”又鍾嶸《詩品》“總論”:“晋太康中，三張、二陸、兩潘、一左，勃爾復興，踵武前王，風流未沫，亦文章之中興也。”又見《白氏六帖》卷一九《兄弟》。又參見本部第十一則“兩潘”。

［二四］俱，乙本作“並”。

［二五］時人號曰，乙本作“號爲”，兹不從。按:鍾嶸《詩品》中曰:“清河之方平原，殆如陳思之匹白馬；于其哲昆，故稱二陸。”《晋書》卷五四《陸雲傳》曰:“少與兄機齊名，雖文章不及機，而持論過之，號曰:‘二陸。’”又參見上則。

［二六］罔，底本、乙本均作“罡”，當作“罔”，兹據下列引書及文義改正。

［二七］詩，乙本作“毛詩”。

［二八］瞻望兄兮，乙本作“以穆兄弟也”，兹不從。按:此爲《毛詩·魏風·陟岵三章》一二句。《太平御覽》卷四一六《人事部》、《藝文類聚》卷二一《人部》《初學記》卷一七《友悌》并引此詩。

［二九］詩，乙本作“毛詩”。

［三〇］鶺，底本脱，兹據乙本及文義補。按:此《毛詩·小雅·棠棣》。《藝文類聚》卷二一《人部·友悌》引作“《毛詩》”。《初學記》卷一七《友悌》引文同，并與上則標目互對。《北齊書》卷二八《元坦傳》云:“(兄樹)泣謂坦曰:‘……今者之來，非由義至，求活而已，豈望榮華。汝何肆其猜忌，忘在原之義。’”

［三一］兄弟，底本無，今以意補。又此則乙本無，置此亦顯不倫。按:參見本部第七則“三張”及本頁注［二三］條。

［三二］曰，乙本作“云”，兹不從。

［三三］論語云，乙本作“語曰”，兹不從。

［三四］ 兄弟，乙本"弟"字下有"也"字。按：首段出《爾雅·釋訓》。次段乃出《論語·爲政》孔子引《尚書》之言。《藝文類聚》卷二一《人部·友悌》引此二段蓋一出《爾雅》，一出《尚書》。《初學記》卷一七《友悌》引此二段則出《爾雅》《論語》。《文選》卷三七《表上·求通親表（曹子建）》云："今之否隔，友于同憂。"

［三五］ 孔懷，乙本作"謂之孔懷也也"，兹不從。按：此爲《毛詩·小雅·棠棣》。《藝文類聚》卷二一《人部》《初學記》卷一七等《友悌》并引此文。又《顔氏家訓·文章》云："陸機與長沙顧母書，述從祖弟士璜死，乃言'痛心拔腦，有如孔懷'。心既痛矣，即爲甚思，何故方言有如也？觀其此意，常謂親兄弟爲孔懷。"

［三六］ 躬，乙本作"弓"。從，乙本作"與"。

［三七］ 集，乙本作"集會"，"集會"二字《異苑》無。

［三八］ 聚，乙本作"現"，後有"聚居一處"四字。

［三九］ 奏曰，底本無"曰"字，兹據乙本及文義補。

［四〇］ 五百，乙本脱"百"字。"集"字下，乙本有"上異之也"四字。按：此事出劉敬叔《異苑》卷四。《世説新語·德行》第六則劉孝標注引檀道鸞《續晋陽秋》近似。《蒙求》"荀陳德星"引《異苑》，大致相同。《初學記》卷一《星》第四"賢人聚"引檀道鸞書、《白帖》卷一"德星"條，不注出處，文字近似。另則參見本部第廿八則"季方"。又《陳詩》卷二周弘正《贈韋敻詩》曰："德星猶未動，真車詎肯來。"

［四一］ 棠，底本作"堂"，今本作"常"，蓋皆音近通假，當作"棠"，兹據乙本及文義徑改正。

［四二］ 燕，乙本作"别兄"，兹不從。

［四三］ 華，乙本作"花"，兹不從。

［四四］ "韡"字下，乙本有"諭手足也"。按：此《毛詩·小雅·棠棣》小序及詩文。又《太平御覽》卷四一六《人事部·友悌》援引此詩。《文選》卷三七《表上·求通親表（曹子建）》云："中詠棠棣匪他之誡，下思伐木友生之義。"

［四五］ 兄弟怡怡，甲本同，乙本作"朋友偲偲。"如也"，底本作"如"，乙本作"也者"，兹據乙本、《論語》及文義補"也"字。按：《論語·子路篇》

云："子曰：'切切偲偲，怡怡如也，可謂士矣。朋友切切偲偲，兄弟怡怡。'"《藝文類聚》卷二一《人部》《太平御覽》卷四一六《人事部・友悌類》并引《論語》此條。《三國志》卷一九《魏書・曹植傳・求存問疏》云"願陛下沛然垂詔，使諸國慶問，四節得展，以叙骨肉之歡恩，全怡怡之篤義"。

［四六］ 没，乙本作"歿"，義同假借，當作"没"，兹據文義徑改。

［四七］ "並"字下，底本脱"以（已）"字，兹據乙本及文義補。

［四八］ "唯"字下，乙本多"有"字。

［四九］ 樹經宿枯萎，乙本作"其樹經宿謂之枯萎"。〇萎，底本作"委"，音近通假字，兹據《琱玉集》及文義改正。

［五〇］ "樹猶怨"至"如故"，乙本作"樹由怨分張，如何如何孔懷不義，而欲分居。真遂不分，樹乃再生"。〇何，底本作"河"，當作"何"，此寫卷偏旁混置常例，兹據乙本、《琱玉集》《類林雜説》等及文義徑改正。

［五一］ 按：此則出《續齊諧志》。《類林雜説》卷七《感應篇》"田真"條云："田真，京兆人，兄弟三人，二親没，遂欲分居，家資財物並分訖，唯庭前有一紫荆樹，經宿忽枯死，兄弟相泣謂曰：樹而如此，何况人乎？遂不分。前漢人。"文字近而略簡，《琱玉集》卷一二《感應》"田真死荆還茂"條則近似而較詳。《太平御覽》卷四二一《人事部・義》中引《續齊諧記》近似而詳，卷四一六《人事部・友悌》及《藝文類聚》卷八九《木部下・荆》，并引周景式《孝子傳》曰："古有兄弟，忽欲分異，出門見三荆同株，接葉連陰，歎曰：'木猶欲聚，况我而殊哉！'還爲雍和。"二系文字差異極大，後者殊簡陋。可見民間俗文學故事之興，其始也簡，逮後人繼續講述傳衍，則首尾詳具矣。又《藝文類聚》卷二一《人部・友悌》引劉孝勝《冬日家園别陽羡始興詩》曰："四鳥怨離群，三荆悦同處。"《古賢集》云："庭樹三荆恨分别，恒山四鳥嘆分離。"

［五二］ 甲本伯四八七〇號起"四鳥"二字，訖"元方季方"條"難弟也"三字，可資校勘。

［五三］ 恒山，底本誤作"桓公"，兹據甲本及《孔子家語》改正。乙本無此條目。

［五四］ 按：《孔子家語》卷五《顔回》云："孔子在衛，昧旦晨興，顔回侍側，聞哭者之聲甚哀。子曰：'回，汝知此何所哭乎？'對曰：'回以此哭聲非

但爲死者而已，又有生離别者也。’子曰：‘何以知之。’對曰：‘回聞桓山之鳥，生四子焉，羽翼既成，將分于四海，其母悲鳴而送之，哀聲有似於此，謂其往而不返也，回竊以音類知之。’孔子使人問哭者，果曰：‘父死家貧，賣子以葬，與之長决。’子曰：‘回也，善於識音矣。’”編者誤記，將地點混置，亦使二人對語誤倒。《文選》卷二八《詩戊·樂府十七首·豫章行（陸士衡）》云：“三荆歡同株，四鳥悲異林。”李善注引《孔子家語》，亦大致相同。《敦煌變文集新書》卷五《伍子胥變文》云：“哽咽聲嘶，由［猶］如四鳥分飛，狀若三荆離别。”又參閲上則。

［五五］ 底本“翩”字上有“扇”字，其旁加“卜”形删節號，蓋因“扁”字偏旁之形訛，兹據此及文義徑删。

［五六］ 兩三，甲本同，乙本作“三兩”。

［五七］ 分居，甲本、乙本作“分别”，《豔歌行》作“流蕩”。〇他縣，甲本同，乙本無“他”字。按：此見《漢詩》卷九《樂府古辭·豔歌行二首之一》前四句。

［五八］ 吴文章，底本作“吴文”，甲、乙本同，當作“吴文章”，兹據下列引書及文義補“章”字。

［五九］ 與，甲本同，乙本脱。

［六〇］ 廿餘年，甲本同，乙本作“二十年後”。

［六一］ 下邳，底本作“下郊祁東”，甲本漶漫不可辨，乙本作“下郅”，當作“下邳”，兹據下列引書及文義徑改正。

［六二］ 因市，甲本同，乙本作“市中”。

［六三］“伯武”至“欲報之”，底本作“伯武毆武欲報之”，甲本同，乙本作“武欲報之”，文字皆未順暢，兹據下列引書及文義徑改正。

［六四］ 其心，底本、甲本脱“其”字，兹據乙本及文義補。

［六五］ 手不能舉，甲本同，乙本作“不能舉乎”。

［六六］ 相問乃兄弟也，甲本同，乙本作“乃遂相問，乃是兄弟”。

［六七］ 出應劭《風俗通》，底本無，兹據甲本、乙本、《類林雜説》及文義補。按：《風俗通·情遇》云：“陳留太守泰山吴文章，少孤，遭憂哀之世，與兄伯武相失，别二十年，後相會下邳市中，争計共鬭，伯武毆文章，文章欲報擊

之，心中悽愴，手不能舉，大自怪也，因投杖於地，觀者咸笑之；更相借問，乃親兄也，相持涕泣。觀者復曰：‘兄校弟，不得報兄。’向者所笑，乃其義也。”《太平御覽》卷五一六《宗親部·兄弟》、卷八二七《資産部·市》、《類林雜説》卷七《感應篇》“吴文章”條云：“吴文章，陳留人，遭亂世，兄伯武相失二十餘年。忽一日，相遇於下邳，因市相鬬，兄伯武歐文章，文章怒，欲報之，心中惻愴，手不能舉，自怪而問之，乃是兄伯武也。漢時人，出應劭《風俗通》。”文字近似。又《水經注·泗水》：“昔泰山吴伯武，少孤，與弟文章相失二十餘年，遇於縣市，文章欲毆伯武，心神悲慟，因相尋問，乃兄弟也。”

［六八］外禦其侮，底本“侮”字誤作“梅”，甲本脱“外”字，乙本作“禦其侮也”，《毛詩》作“外禦其務”，兹據文義徑録正。按：此《毛詩·小雅·棠棣》。

［六九］不相容，甲本同，乙本作“不能相容”。按：《史記》卷一一八《淮南王傳》載此歌，蓋淮南王不食而死，百姓乃於孝文十二年作此歌之。《世説新語》卷中《方正》第十一則載王武子答武帝曰：“‘尺布斗粟’之謡，常爲陛下恥之。”劉孝標注引《漢書》亦及此謡諺。

［七〇］如鴈行，甲本同，乙本作“由（猶）如鴈行也”。按：《禮記·王制》云：“父之齒隨行，兄之齒鴈行，朋友不相踰。”錢起《考功集》卷七《李四勸爲尉氏尉李七勉爲開封府尉詩》云：“採蘭花萼聚，就日雁行聯。”

［七一］“每”字下，甲本同，乙本有“出入”二字。按：此事諸書不見，未詳所出，俟考。

［七二］底本、甲本僅有條目，無注文，兹據乙本及文義補。按：《易·乾卦》云：“同聲相應，同氣相求。”《後漢書》卷四二《東平憲王蒼傳》云：“况臣居宰相之位，同氣之親哉！”

［七三］底本、甲本僅有條目，兹據乙本及文義補注文。按：《文選》卷二九《詩己·詩四首（蘇子卿）》云：“况我連枝樹，與子同一身。”又周興嗣《千字文》云：“孔懷兄弟，同氣連枝。”

［七四］按：參見下條。

［七五］甲本、乙本“子”字下有“也”字。

［七六］有客過［太］丘，底本、甲本、乙本均無“太”字，兹據文義及

《後漢書》《世説新語》補，凡“太”字做此，無煩增注。蓋陳寔字仲弓，除太丘令，故美稱焉，編録者不明究理，而以丘職爲名，非是。

［七七］ 季方，底本、甲本、乙本均無，兹據《世説新語》增補，以足文義。

［七八］ 客與［太］丘，甲本同，乙本作“丘以（與）客”。

［七九］ 議，甲本同，乙本作“語”。

［八〇］ 忘，底本作“亡”，當作“忘”，兹據甲本、乙本及文義徑改正。

［八一］ 落，甲本同，乙本誤作“洛”。

［八二］“炊”字下，甲本同，乙本有“飯”字。

［八三］ 忘，底本行書如“志”“去”字，後又旁改作“忘”，兹據此及文義徑録正。〇“炊”，甲本同，乙本作“甑”。

［八四］ 今已成糜，甲本同，乙本無“已”字，而於句末加“矣”字。

［八五］ 對，甲本同，乙本形近誤作“到”，當作“對”，兹從底本及甲本。

［八六］ 丘，甲本同，乙本作“遂”。

［八七］ 時人，甲本同，乙本作“時號”。

［八八］ 甲本伯四八七〇號訖此條“難弟也”三字。按：此條注文兼釋上目，其事類見《世説新語·夙慧》第一則，文字略有不同。《太平御覽》卷八五九《飲食部·糜》引《世説》亦然。二者不及難兄難弟之名。考《世説新語》卷上《德行》第八則載記元方子長文與季方子孝先，各論其父功德不决，始咨太丘，太丘曰：“元方難爲兄，季方難爲弟。”此難兄難弟之所由稱也。

［二二］父母[一]

承顔：語曰：承順父母顔色爲難[二]。

膝下：《孝經》曰：“膝下以養父母。”[三]

陔蘭：《詩》曰：“攀彼南陔，言采其蘭。眷戀庭帷，心不遑安。”[四]

屺岵：《詩》曰：“陟彼岵兮，瞻望父兮；陟彼屺兮，瞻望父（母）兮。”[五]

採杞：《詩》曰：“北山採杞，思我父母。”[六]

梁山：曾子耕於梁山，遇雪不得還，作梁山之歌[七]。

【校釋】

［一］乙本無此部，與他部編類差異較大。

［二］按：此出《論語・爲政》，唯非原文，乃取義耳。《太平御覽》卷四一二《人事部・孝》引《論語・爲政》曰："子路問孝，子曰：'色難。'"下注云："言和顔悦色爲難也。"即出鄭玄注。又見《初學記》卷一七《孝》"色難"條。

［三］按：《孝經・聖治章》第九曰："夫聖人之德又何以加於孝乎？'故親生之膝下，以養父母日嚴。'"《初學記》卷一七《孝》劉柔妻王氏《懷思賦》曰："想昔日之歡侍，奉膝下而怡裕。"

［四］按：此乃《文選》卷一九《詩甲・補亡詩六首（束廣微）》，"𢖍""帷"《文選》各作"循""闈"。《初學記》卷一七《孝》引文與《文選》同。

［五］按：此爲《詩經・魏風・陟岵》一、二章首二句。《太平御覽》卷四一二《人事部・孝》引此條目。又《初學記》卷一七《孝》"事對"欄以"陟屺"與"循陔"互對。《金石萃編》卷六九載唐代顔惟貞《蕭思亮墓志》曰："未極庭闈之養，遽纏屺岵之悲。"

［六］按：《詩經・小雅・北山》曰："陟彼北山，言采其杞……憂我父母。"此處乃節引。

［七］按：《漢詩》卷十《梁甫吟》所引《琴操》曰："曾子耕太山之下，天雨雪凍，旬月不得歸，思其父母，作《梁山歌》。"唯《籯金》卷二《仁孝篇》"烏冠"條云："曾參至孝，每有參足烏接於堂宇，或上參冠上，時人遂作《梁山歌》，以詠其德，悉在《琴典》。"與上述説法不同。蔡邕《琴頌》曰："梁甫悲吟，周公越裳。"

［二三］孝養［一］

扇枕：《漢記》曰："黄香字文强，事父母至孝，冬温席，恐其寒［二］；夏扇枕，恐其熱。"［三］

守菓：《魏志》曰："王祥字休徵，家有菓樹，後母恐虫鼠所及［四］，令祥守之。時大雨［五］，祥抱樹，經宿不寐。位至太傅。"［六］

獻菓：董黯字孝治，少失父，養母［七］，每得美味甘菓，輒奔走獻母［八］。出《會稽典録》[九]。

懷橘：陸積（績）年六歲[一〇]，過父友家，懷橘遺母[一一]。

床下：吴猛年七歲[一二]，至夏[一三]，輒伏於床下[一四]。父母問之，猛曰："恐蚊蟲及父母。"[一五]

曾閔：曾子、閔子騫俱以孝稱於世[一六]。

【校釋】

［一］伯四六三六號起類目"孝養"二字，訖類目"喪葬"下"遷窆"條目之"遷"字，恰與斯七九號殘卷開頭綴合爲一。據其行款、書體等詳考，知其一物而分藏兩處。然與斯二五八八號亦非别卷，實其下半部也，故仍稱作甲本，詳具《研究篇》。

［二］其，甲本同，乙本作"是"。

［三］"熱"字下，甲本同，乙本有"也"字。按：《類林雜説》卷一《孝行篇》"黄香"條云："《東觀漢記》：黄香字文强，舉孝廉，無奴僕，香躬自勤苦，盡心供養，身無袴被而親極滋味；暑則扇床枕，冬則温席，而後極其處者矣。"卷一三《扇枕篇》引同書較簡易。《蒙求》卷下不注出處，事同而文有别異。《太平御覽》卷四一二《人事部·孝》、《藝文類聚》卷二〇《人部·孝》《初學記》卷一七《孝》，并引《東觀漢記》，字句互有異同，事類則一。又李氏《籯金·仁孝篇》二九"温席扇枕"條引《先賢傳》事類近似，人則隸屬薙威。

［四］恐，甲本同，乙本作"恐"下有"被"字。〇及，甲本同，乙本作"侵"。

［五］時，甲本同，乙本作"時"上有"其"字。

［六］位至太傅，甲本同，乙本作"母哀之。官至太傅"。按：《晋書》卷三三《王祥傳》云："王祥字休徵，琅邪臨沂人……祥性至孝。早喪親，繼母朱氏不慈，數譖之，由是失愛於父。每使掃除牛下，祥愈恭謹。父母有疾，衣不解帶，湯藥必親嘗。母常欲生魚時，天寒冰凍，祥解衣將剖冰求之，冰忽自解，雙鯉躍出，持之而歸。母又思黄雀炙，復有黄雀數十飛入其幙，復以供母。鄉里驚歎，以爲孝感所致焉。有丹柰結實，母命守之，每風雨，祥輒抱樹而泣。其篤孝純至如此。"《世説新語》卷上《德行》第十四則言守柰及母斫害二事，劉孝標注引《晋陽秋》則言卧冰出鯉，又引蕭廣濟《孝子傳》言感雀及守李事。《北堂

書鈔》卷一五八《地部·穴》、《初學記》卷七《地部·冰》、《太平御覽》卷六八《地部·冰》，并引臧榮緒《晋書》，文字與《晋陽秋》近似。又《太平御覽》卷四一一《人事部·孝感》引《晋書》，事類與《晋書》同，唯文字有異。卷四一三《人事部·孝》引《世説》同前。《蒙求》卷下"王祥守柰"條則言守柰及感雀二事，不注出處，但云晋人，并與上則互對。然以上諸説未有作出《魏志》者，僅敦煌本《孝子傳》云："王祥字休徵，瑯邪［臨沂］人也。事後母［孝］。夜中伺祥卧，後母持刀欲往害祥，值祥少出。誤斫其被。祥心知之，口終不言，色養無殆。家庭有菓樹一林，其子繁多，恐蟲鼠及他人所食，令祥守之。時風雨大至，祥抱樹經宿徹旦，雪濕寒凍，母見惻然。祥以孝著稱，［官］至太傅。魏時人，出《魏書》。"當屬同一出處。另則《籯金·仁孝篇》"冰鯉"條引《孝子傳》僅言"冰鯉"一事，未及獻果。

［七］ 養母，甲本同，乙本作"孝養其母"。

［八］ 輒，底本作"即"，乙本形訛作"轍"，當作"輒"，兹據甲本及文義徑改正。

［九］ 録，甲本同，乙本作"籙也"。按：《類林雜説》卷一《孝行篇》"董黯"條云："字孝治，會稽豫章人也。少亡其父，獨養母，孝敬甚篤，每得甘果美味，輒即奔獻於母，母常肥悦。比舍有王寄者，其家大富，寄爲人不孝，每爲非法惡事，母懷憂愁，身體羸瘦。寄母謂黯母曰：'夫人家貧年高，有何供養而常肥悦。'黯母曰：'我子孝順，不爲非法，身不憂愁，故肥悦耳。'遂問寄母曰：'夫人大富，美味充饒，何爲羸瘦如此。'寄母曰：'我子不孝，出入往來，常使我愁，是以瘦耳。'寄聞之，候黯不在，遂入黯室内，捉黯母拽於床下，手摑脚踏，苦辱而去。黯歸，見母在床，顔色未悦，跪問，曰：'老人不能自慎多言。'黯知之，恐母憂，嘿而不言。及母亡，葬送已訖，乃斬寄頭祭母墓，乃自縛詣官，會赦得免。後漢時人也。"文字極爲詳細，未注出處。敦煌本《孝子傳》則作"董黶"，詳於原卷，簡於《類林雜説》，諱"治"字作"字孝理"，似亦諱代宗"豫"而將"會稽豫章"改作"越州勾章"，文中脱落數處，致使文義不完。末注出"《會稽録》"。原卷删"豫章"，治字不諱。

［一〇］ 積，甲本同，乙本作"績"，并云："一本作積"，足見乙本參照二本迻録及勘校。〇六，底本、甲本作"九"，乙本作"七"，并形近訛誤，當作

“六”，兹據下列引書及文義徑改正。

［一一］ 懷，底本無，據甲本、乙本及下列引書補。按：《三國志》卷五七《吴書·陸績傳》云：“陸績字公紀，吴郡吴人也。父康，漢末爲廬江太守。績年六歲，於九江見袁術。術出橘，績懷三枚，去，拜辭墮地，術謂曰：‘陸郎作賓客而懷橘乎？’績跪答曰：‘欲歸遺母。’術大奇之。”《類林雜説》卷一《孝行篇》“陸績”條引《吴志》近似：“陸績，字公績，年六歲，於九江見袁術，術出橘，績懷三枚，去拜辭，墮地。術曰：‘陸郎何乃作賓客而懷橘乎？’績跪曰：‘欲以遺老母。’術大奇之。”又《初學記》卷一七《孝》記“事對”有“陸績懷橘”引文大抵相同。《蒙求》“陸績懷橘”條不言出處，文字近似而稍簡。又乙本既言“一本作積”，恰與底本、甲本對應，知其必用他本校勘，故多異文也。《駱賓王集》卷九《疇昔篇》詩云：“茹荼空有歎，懷橘獨傷心。”

［一二］ 猛，甲本同，乙本作“孟”，當作“猛”。

［一三］ 至夏，甲本同，乙本作“每至夏月”。

［一四］ 輒伏，甲本同，乙本無“輒”字。

［一五］ 及父母，甲本同，乙本“母”字之下有“也”字。按：《藝文類聚》卷二〇《人部·孝》引《續搜神記》事類較詳，除“床下”外，尚及守墓感賊事，《太平御覽》卷九四五《蟲豸部·蚊》引《孝子傳》、卷四一三引《搜神記》，并近似。《類林雜説》卷一《孝友篇》“吴猛”條云：“字世雲，豫章人。年七歲，有孝行。於夏日，伏於父母床下。二親問其故，對曰：‘恐蚊蜡（虻）咬父母，猛以身與食之。’晋時人，事出《孝子傳》。”卷三《行果篇》略簡，除有“字出（世）雲，豫章人”外，餘與原卷近似。《晋書》卷九五《藝術·吴猛傳》，則又較原卷爲簡。唯敦煌本《孝子傳》“吴猛”條，則與《類林雜説》卷一近似而詳，且及温席、獻果事類。又原卷疑似諱“世”字、“豫”字而删去二句。

［一六］ 甲本同，乙本無此條目。按：此條目與上述數則不類，恐爲後加。《太平御覽》卷四一二、卷四一四《人事部·孝》引録曾、閔孝事多則，皆散見，無二人合言者。《蒙求》有“閔損衣單”，敦煌本《孝子傳》亦有閔子騫事，極爲詳細。唯《初學記》卷一七《孝》，“事對”有“曾閔”條，引蕭廣濟《孝子傳》，與此類似。又《魏詩》卷六曹植《靈芝篇》云：“户有曾閔子，比屋皆仁賢。”

［二四］喪孝

號天：言舜日號泣於旻天[一]，以思父母[二]。

扣地：叩擊其地[三]，以痛戀父母[四]。

泣血：高柴泣血三年，未嘗見齒[五]。

絶漿：曾參母亡，絶漿七日[六]。

風枝：《莊子》曰："樹欲静而風不止，子欲養而親不待。"[七]

寒泉：《毛詩》曰[八]："爰有寒泉[九]，在浚之下。"[一〇]

罔極：《［毛］詩》曰[一一]："哀哀父母，生我劬勞。"又曰[一二]："欲報之德[一三]，昊天罔極。"[一四]

五情[一五]：

百身：出《莊子》[一六]。

【校釋】

［一］ 日號泣，底本、甲本脱"日"字，兹據乙本及文義補。〇旻，底本作"昊"，當作"旻"，兹據甲本、乙本及下列引書徑改正。

［二］ 按：《尚書・大禹謨》云："帝初于歷山，往于田，日號泣于旻天，于父母。"《籯金》卷二《仁孝篇》以"號天"與"泣血"作語對，下云："又舜思憶父母於歷山，哭於昊天，終受天位。"

［三］ "叩"字下，底本衍"地"字，據甲本、乙本及文義删。〇其，甲本同，乙本作"於"。

［四］ 父母，甲本同，乙本"母"下有"也"字。按：《論衡・儒增》云："有扣頭而死者，未有使頭破首碎者也。"又《三國志》卷六三《吴書・吴範傳》曰："叩頭流血，言與涕並。"

［五］ 齒，甲本同，乙本"齒"字下有"思憶父母，生我劬勞，無以報也"。按：《禮記・檀弓上》曰："高子皐之執親之喪也，泣血三年，未嘗見齒，君子以爲難。"《籯金》卷二"泣血"條云："高柴思母，泣血三年。"《古賢集》云："高柴泣血傷脾骨，蔡順哀號火散離。"

［六］ 乙本"日"下有"不飲"。按：《籯金》卷二《仁孝篇》云："古之孝

子，喪於父母，乃七日絶漿，亦仁（人）子之嘗（常）。"《叙》云："七日慟感於絶漿。"

［七］　乙本"待"下有"也"字。按：此條《莊子》未載，《韓詩外傳》卷九作皋魚答孔子之言。《藝文類聚》卷二〇《人部·孝》亦引《韓詩外傳》，誤作曾子語；《初學記》卷一七《孝》同。《籯金》卷二《仁孝篇》"風樹"與"絶漿"成對，其下注文同，唯誤作"家（？）子魚"之言，可見諸類書編録之誤。

［八］　毛詩曰，乙本同，甲本作"詩云"。

［九］　爰，底本誤作"奚"，當作"爰"，玆據甲本、乙本及文義徑改正。

［一〇］　浚，底本作"竣"，乙本誤作"後"，當作"浚"，玆據甲本及文義徑録正。按：此爲《毛詩·邶風·凱風》三章。《文選》卷一六《賦辛·寡婦賦（潘安仁）》云："覽寒泉之遺歎兮，詠蓼莪之餘音。"又《陶淵明集》卷五《晋故西征大將軍長史孟府君傳》曰："淵明先親，君之第四女也。《凱風》寒泉之思，寔鍾厥心。"

［一一］　毛，底本、甲、乙本脱，玆據文義補。以下同類情况徑補。

［一二］　又曰，底本、乙本脱，玆據甲本及文義補。

［一三］　欲報，甲本同，乙本作"報欲"。〇德，底本、乙本作"恩"，當作"德"，玆據甲本、《毛詩》及文義改。

［一四］　按：此爲《毛詩·小雅·谷風·蓼莪》首章及四章之末二句。

［一五］　五情，甲本同，乙本無此條目。按：《三國志》卷一九《魏書·曹植傳·上責躬應詔詩表》云："形影相弔，五情愧赧。"又參見下則。

［一六］　莊子，底本作"老子"，玆據甲本、乙本及文義徑改。〇"子"字下，乙本有"此不繁注"。按：莊老并無五情百身之句，唯《莊子·齊物論》云："可行己信，而不見其形，有情而無形，百骸，九竅，六藏，賅而存焉，吾誰與爲親？"差近，然置此仍顯不倫，蓋編録之失。

［二五］孝行

負米：《説苑》曰[一]："仲由云：'昔食藜藿之實[二]，負米以供母，忻忻然，言逮親也。今雖堂高九仞，積粟萬鍾，思欲負米，豈可得乎？'悲不及親也。"[三]

執扇：張景胤，吳人也。每開匣[四]，見母生存一畫扇[五]，即涕流不已[六]。

泣學：邴原年五、六歲，喪父母，過鄰舍學。原啼泣，師問之，原曰："孤者易感[七]，感學者有父母。"[八]師遂義教之[九]。

韓伯瑜[一〇]：《説苑》曰："韓伯瑜有過，母笞之，泣。母曰：'吾笞汝[一一]，他日未曾泣[一二]，今泣，何也？'[一三]瑜曰：'他日笞兒痛[一四]，今笞不痛，母力衰也[一五]，是以泣。'"[一六]

顧悌：以孝聞於鄉黨[一七]，每得父母書[一八]，灑掃[一九]，整衣服[二〇]，設几筵，舒其書於上，拜跪讀之，每句應諾。畢[二一]，復再拜。父母患，不飲水經五日[二二]。

范宣：宣字宣子，年八歲，後園銚菜，誤傷指，大啼。人問："痛也（耶）？"宣曰："非爲痛也[二三]，身體髮膚[二四]，受之父母[二五]，不敢毀傷[二六]，所以啼耳。"[二七]

【校釋】

［一］ 苑，甲本同，乙本誤作"菀"，當作"苑"。

［二］ 昔，底本無，兹據甲本、乙本及文義補。藿，乙本同，甲本作"霍"，此寫卷文字偏旁繁略不一之常例，當作"藿"。

［三］ 也，底本作"及"，甲本作"也"，當作"也"，兹據甲本及文義徑改正。又乙本已至卷末，故時有殘損矣。按：《説苑》卷三《建本》云："子路曰：'負重道遠者，不擇地而休；家貧親老者，不擇禄而仕。昔者由事二親之時，常食藜藿之實，而爲親負米百里之外。親没之後，南遊於楚，從車百乘，積粟萬鍾，累茵而坐，列鼎而食，願食藜藿，爲親負米之時，不可復得也。'"寫卷但節取其義，并夾論注也。此事又見《孔子家語·致思》。《類林雜説》卷八《貧達篇》"子路"條云："子路：《家語》：仲由，字子路，魯人，孔子弟子。孔子稱之曰：'衣敝緼袍，與衣狐貉者立而不恥。'嘗自負米以養親，食藜藿以充腸。後游楚國，遂爲楚上卿，食禄萬鍾矣。"義近文異。《蒙求》卷上"子路負米"條引《孔子家語》近似。《變文集新書·孝子傳》"子路"條，義近文異，無出處。《籯金》卷二《仁孝篇》"負米"條云："子路曰：'昔身名未達，而負米以養親，今日有禄千鍾，而親不待。'言貧賤之時，即無可養親；及富貴，則親已没，思養不及也。"似與原卷語氣一致。《叙》又曰："千鍾表纏於負米。"

［四］ 匣，甲本同，乙本“匣”上有“母之裝”三字。

［五］ 一畫扇，底本“扇”字誤作“流”，乙本脱“一”字，當作“一畫扇”，兹據甲本及文義徑改正。

［六］ 涕流，甲本同，乙本無“涕”字。按：《藝文類聚》卷二〇《人部·孝》引宗躬《孝子傳》曰：“張景胤六歲喪母，母遺物悉散施，唯留一畫扇。每感思，輒開匣流涕。”其下尚及父暴疾，入郭奉諱事。《籯金》卷二《仁孝篇》“留扇”條，引文與《孝子傳》大抵相同，不注出處。

［七］ 者，甲本同，乙本作“情”。“感感”二字連文，甲本作“感”，其下有“〃”形重文符號，底本遂以重文符誤作“感之”，復以文義扞格難通，又將“之”旁加“卜”形删節符號，乙本作“感而感”，兹據甲本及文義徑録正。

［八］ 有，甲本同，乙本作“皆有”。

［九］ “遂”，甲本同，乙本作“乃以”。按：《三國志》卷一一《魏書·邴原傳》裴松之注引《原别傳》曰：“原十一而喪父，家貧，早孤。鄰有書舍，原過其旁而泣。師問曰：‘童子何悲？’原曰：‘孤者易傷，貧者易感。夫書者必皆具有父兄者，一則羡其不孤，二則羡其得學，心中惻然而爲涕零也。’師亦哀原之言，而爲之泣曰：‘欲書可耳！’答曰：‘無錢資。’師曰：‘童子苟有志，我徒相教，不求資也。’於是遂就書。”則原卷所載事略已經删節矣。

［一〇］ 瑜，底本、甲本、乙本并作“俞”，此抄本偏旁繁省常例，當作“瑜”，兹據下列引書及文義徑改正。

［一一］ 吾笞汝，甲本同，乙本作“汝”。

［一二］ 他日未曾泣，底本無“日”字，乙本無“泣”字，兹據甲本及文義補。

［一三］ 今泣何也，底本“何”誤作“他”，形近致訛，當作“何”，兹據甲本及文義改正，乙本作“今泣笞之，何故泣也”。

［一四］ 他日笞兒痛，乙本無“日”字，底本“兒”字上音近致訛，因衍“而”字，兹據甲本及文義徑改正。

［一五］ 力，甲本同，乙本作“有”，形近訛誤，當作“力”。

［一六］ 是以泣，甲本同，乙本末端有“也”字。按：《説苑》卷三《建本》

云："伯俞有過，其母笞之，泣。其母曰：'他日笞子，未嘗見泣，今泣，何也？'對曰：'他日俞得罪笞嘗痛，今母之力不能使痛，是以泣也。'"《類林雜説》卷一《孝感篇》"韓伯瑜"條云："韓伯瑜，至孝。時有過，母杖之，大泣，母曰：往者杖汝，常悦受之，今者杖，汝何得泣悲？瑜對曰：往者得杖常痛，知母康健，今杖不痛，知母乃衰，是以悲泣。事出《韓詩外傳》。"《蒙求》卷中"伯瑜泣杖"條，文字近似，并出"《韓詩外傳》"。又《籯金》卷二"泣杖"條事類同，文字略簡，不注出處。《藝文類聚》卷二〇《人部·孝》、《太平御覽》卷四一三《人事部五四·孝》，引文近似，并出《説苑》。《魏詩》卷六曹植《靈芝篇》云："伯瑜年七十，綵衣以娱親。慈母笞不痛，歔欷涕霑巾。"

［一七］孝，甲本同，乙本作"孝悌"。

［一八］父母，甲本同，乙本作"母父"。

［一九］灑掃，乙本同，甲本無"灑"字。

［二〇］整衣服，底本脱，兹據甲本、乙本及文義補。

［二一］畢，甲本同，乙本誤作"事"字，當作"畢"。

［二二］經五日，甲本同，乙本無"經"字，"日"下有"也"字。按：此事《太平御覽》卷四一二《人事部·孝》，典出《吴志》；《藝文類聚》卷二〇《人部·孝》，則作《吴書》，文字相同，蓋爲同書異名。唯《三國志》卷五二《吴書·顧雍傳》裴松之注引《吴書》曰："雍族人悌，字子通，以孝悌廉正聞於鄉黨……悌父向歷四縣令，年老致仕，悌每得父書，常灑掃，整衣服，更設几筵，舒書其上，拜跪讀之，每句應諾，畢，復再拜……父以壽終，悌飲漿不入口五日。"則所謂《吴書》者是也。

［二三］爲，甲本同，乙本脱。

［二四］髮膚，甲本同，乙本作"膚髮"。

［二五］受之父母，乙本同，甲本脱。

［二六］毁，底本誤作"獸"，形近訛誤，當作"毁"，兹據甲本、乙本及文義徑改正。

［二七］耳，甲本同，乙本作"也"字。按：《晋書》卷九一《范宣》云："范宣字宣子，陳留人也。年十歲，能誦詩書。嘗以刀傷手，捧手改容。人問痛邪，答曰：'不足爲痛，但受全之體而致毁傷，不可處耳。'"《籯金》卷二"忍

痛”條云：“又范宣年七歲，傷手，悲泣號慟，日夜不絶。人問其故？宣曰：‘不患手痛，哀傷父母髮痛也。’”文字互有異同。唯《太平御覽》卷四一二《人事部・孝》引《晋中興書》，則或近似。乙本訖“啼也”二字，後猶有餘白。再者，此部與他部不類，蓋他部如對語形式，以辭目隱括事義；此部則據人名而託事，體例未純。

［二六］孝感

瑞禽：《孝子傳》[一]：“文讓母卒，負土營墳，有群鳥數千，爲之銜塊而成。”[二]

弔鶴[三]：陶侃葬[四]，有白鶴來弔[五]。

日烏：曾參至孝，三足烏栖於冠；又與母行，行渴，曾參悲向涸井，井［水］爲之出[六]。

靈菫：《孝子傳》曰：“劉殷母好食菫，冬月母病，思菫，殷泣之，園乃生菫。”[七]

冬笋：《孝子傳》曰：“孟宗至孝，母欲得笋食。冬月，宗入林哀泣，笋爲之生。”[八]

白兔：謝承《後漢［書］》曰：“方儲字聖明[九]，丹陽人也。喪親，負土成墳，種樹千株[一〇]，白兔遊其下。”[一一]

火飛：蔡順字君仲[一二]，汝南人。少失父，孝養老母[一三]。後母亡，停喪在堂[一四]，東家失火，與順屋相連，獨一身[一五]，不能移動，伏棺號哭[一六]，火遂飛過，越燒西家，一時蕩盡。順母生時畏雷，後每雷鳴，順走就塚[一七]，呼曰：“順在此。”又長沙人古初，父喪未葬，鄰舍火起，及初舍，初不能移[一八]，伏棺而泣[一九]，俄爾火滅[二〇]。

感妻：《孝子傳》曰：“前漢董永，千乘人也。少失母，獨養老父。家貧傭力，常鹿車推父於田頭侍養[二一]。後父亡，求與主人作奴，貸錢葬父。葬還[二二]，路逢一婦人[二三]，婦人求與永爲妻，永曰：‘貧乏，與人作奴，何敢此也。”婦曰：“心相願樂[二四]，不爲恥也。’永將婦歸，主人問婦何善？婦曰：‘善織。’主人曰：‘織縑三百疋，放汝夫妻去[二五]。’即織縑三日，滿三百疋[二六]。主人大驚，便放之。永共婦行至道[二七]，婦曰：‘天見君至孝，遣我來助還債。’遂辭而去[二八]”。

埋兒：後漢郭巨字文通，家貧母老，有子三歲，每分母食[二九]。巨謂妻曰[三〇]：“子可再得，母難重見，可埋子以全母命。”[三一]掘地欲埋，遂得黃金一釜，銘曰：“孝子郭巨[三二]，天賜黃金一釜。”[三三]

禎鱗：吴猛至孝，母思鯉魚，向冰哀歎，魚爲躍出[三四]。

黄雀：王祥字休徵[三五]，至孝，母思黄雀炙，祥念之，乃有黄雀飛來入幕[三六]，得以供母。

【校釋】

［一］孝，底本誤作“李”，形近致訛，當作“孝”，兹據甲本及文義徑改正。

［二］按：《太平御覽》卷四一一《人事部・孝感》引蕭廣濟《孝子傳》，除言兄弟營墳，不用奴僕之力外，餘者事類同。《敦煌變文集・孝子傳》“文讓”條云：“文讓者，河三（内）人也，至行孝道，今古罕聞，供承老母，未常離側。母終之後，讓乃誓身不仕，毁形坯墳。墳土未成，日夜不止，哀泣墳側，慟［動］穹蒼，遂感飛鳥走獸，銜土捧塊，助讓培墳。踰數朝，其墳乃成。天子聞之，遂與金帛，禮躬爲相，讓終退辭不就。詩曰：至哀行孝感天聞，事母惶惶出衆群。乃至阿娘亡歿後，能令鳥獸助倍墳。”則較詳矣。

［三］鶴，甲本同，爲“鶴”之異體字。

［四］侃，甲本同，爲“侃”之異體字。

［五］按：《晋書》卷六六《陶侃傳》云：“後以母憂去職。嘗有二客來吊，不哭而退，化爲雙鶴，冲天而去，時人異之。”又《太平御覽》卷九一六《羽族部・鶴》及《世説新语》卷下《賢媛》第廿則劉孝標注，引《侃别傳》略詳，并與伯二五二六號《修文殿御覽》者“鶴”類引《陶侃傳》，文字近乎全同。《庾子山集》卷一五《周車騎大將軍贈小司空宇文顯墓志銘》曰：“室進巢鷰，門通吊鶴。”又《駱賓王集》卷十《樂大夫挽辭詩之四》云：“寧知荒隴外，吊鶴自徘徊。”又敦煌《籯金》卷二《仁孝篇》“鶴吊”條與“烏悲”互對，引文略詳原卷。

［六］按：《籯金》卷二《仁孝篇》言及“三足烏”事，不及涸井泉出，参見本卷第廿二部“父母”第六則“梁山”。

［七］按：《晋書》卷八八《孝友・劉殷傳》曰：“曾祖母王氏，盛冬思堇而不言，食不飽者一旬矣。殷怪而問之，王言其故。殷時年九歲，乃於澤中慟哭，曰：‘殷罪釁深重，幼丁艱罰，王母在堂，無旬月之養。殷爲人子，而所思無獲，

皇天后土，願垂哀愍。’聲不絶者半日，於是忽若有人云：‘止，止聲。’殷收淚視地，便有堇生焉，因得斛餘而歸，食而不減，至時堇生乃盡。”又《太平御覽》卷四一一《人事部·孝感》，引崔鴻《十六國春秋·前趙録》極詳，又見《搜神記》卷一一“劉殷”條。

［八］ 按：《三國志·吴書·三嗣主傳》裴松之注引《楚國先賢傳》曰：“宗母嗜筍，冬節將至。時筍尚未生，宗入林哀嘆，而筍爲之出，得以供母，皆以爲至孝之所致感。”《説郛》卷五八引同書，文字略異。又《敦煌變文集新書·孝子傳》“孟宗”條事類同，文字略異。《籯金》卷二《仁孝篇》“採筍”條下，事同而文略簡。又《敦煌變文集新書》卷一《故圓鑒大師二十四孝押座文》云“泣竹筍生名最重”，不言隸屬何人，然必爲孟宗事。《古賢集》云：“孟宗冬筍供不闕，郭巨夫妻生葬兒。”

［九］ 字，底本脱，兹據甲本及文義補。

［一〇］ 種，底本似誤作“積”字，當作“種”，據甲本及文義徑改正。

［一一］ 按：《藝文類聚》卷九五《獸部下·兔》，引謝承書較略；《太平御覽》卷九〇七《獸部·兔》，引謝承《後漢書》曰：“方儲、字聖明，丹陽歙人。幼喪父，事母，母死，負土成墳，種樹千株，鸞鳥棲集其上，白兔遊其下。”

［一二］ 蔡，底本作“葵”，當作“蔡”，兹據甲本及文義徑改正。

［一三］ 養，底本作“親”，當作“養”，兹據甲本及文義徑改。

［一四］ 底本“堂”字上有“常”，旁加“卜”字刪節號，蓋形近致訛，兹據文義徑録正。

［一五］ 獨一身，甲本“獨”上有“順”字。

［一六］ 哭，底本作“泣”，兹據甲本及文義徑改正。

［一七］ 就，甲本作“綾”，即“陵”字之誤，故底本不從而改作“就”。

［一八］ 初，底本作“及”，兹據甲本及文義徑改。

［一九］ 伏，底本脱，兹據甲本及文義補。

［二〇］ 俄爾火滅，甲本作“火俄尒而也”。按：《後漢書》卷三九《周磐傳·附蔡順傳》云：“磐同郡蔡順，字君仲，亦以至孝稱。順少孤，養母。嘗出求薪，有客卒至，母望順不還，乃噬其指，順即心動，棄薪馳歸，跪問其故。母曰：‘有急客來。吾噬指以悟汝耳。’母年九十，以壽終。未及得葬，里

中災，火將逼其舍，順抱伏棺柩，號哭叫天，火遂越燒它室，順獨得免。太守韓崇召爲東閣祭酒。母平生畏雷，自亡後，每有雷震，順輒圜冢泣，曰：'順在此。'崇聞之，每雷輒爲差車馬到墓所。後太守鮑衆舉孝廉，順不能遠離墳墓，遂不就。年八十，終于家。"注引《汝南先賢傳》曰："蔡順事母至孝。井桔槔朽，在母生年上，而順憂，不敢埋之。俄而有扶老藤生，繞之，遂堅固焉。"又《説郛》卷五八引晋代周裴《汝南先賢傳》僅及畏雷事，文字極簡。伯二五〇二號亦及此事。《古賢集》云："高柴泣血傷脾骨，蔡順哀號火散離。"《類林雜説》卷一《孝感篇》云："蔡順，字君仲，汝南人。少失父，養母至孝。王莽未定，天下大飢荒，順摘椹，赤黑異器。赤眉賊見，問之，順曰：'黑者與母，赤者自食。'賊感其孝，遺斗米，令順養母。母嘗往他家飲酒，酒吐，順恐母被毒，乃嘗其吐。母後終停柩，東鄰失火，順大慟一身不能遷移，遂伏棺上，火飛過燒西舍，一里之内，唯順得免。母生時畏雷，及葬後，每有雷雨，馳走繞墳大叫：'順在此。'太守聞之，每有雷，即給順車馬往墓。後漢人。"《敦煌變文集新書·孝子傳》之"蔡順"條，文字同源近似，除與原卷同事類外，尚及"分椹"與"嚐嘔"二事。《蒙求》有"蔡順分椹"條，末及"火飛"，無"畏雷"事，文字簡略。至若"古初"火飛事，高吴輯本《東觀漢記》亦載此事。《藝文類聚》卷二〇《人部·孝》引《東觀》言古初條，或乃其輯佚之所本，文字與原卷近似。

［二一］ 鹿車推父，底本作"推鹿車"，兹據甲本及文義徑改。

［二二］ 葬還，底本作"訖"，兹據甲本及文義改。

［二三］ "婦人"下當有重文符號，底本脱去，兹據甲本及文義補録正。

［二四］ 心，底本形訛作"必"，當作"心"，兹據甲本及文義徑改正。

［二五］ 去，底本無，兹據甲本及文義徑補。

［二六］ "满"字上，底本有"潢"字，形近衍而誤抄，兹據甲本及文義删。

［二七］ 共婦，甲本作"與"。

［二八］ 按：《類林雜説》卷一《孝感篇》"董永"條云：董永，千乘人也。少失母，獨養父。父亡，無以葬，乃從人貸錢一萬，永謂錢主：'日後若無錢，還君當以身作奴。'永得錢，葬父畢，將爲奴。於路忽［遇］一婦人，求爲永妻。永曰：'今貧若是，身復奴，何敢屈夫人爲妻？'婦人曰：'奴心願爲君婦，不恥

貧賤。’永遂同婦人至錢主，主問曰：‘本言一人，今何有二？’永曰：‘言一得二，理何乖乎？’主問永妻曰：‘何能？’妻曰：‘織耳。’主曰：‘爲我織千疋絹，即放爾夫妻。’遂索絲，七旬之内千疋絹成，主驚，遂放夫妻而去。行至前來相逢處，妻謂永曰：‘我天之織女，見君志孝，天使我償債，今君事了，不得久停。’語訖，忽飛而去，永惆悵而已。前漢時人。”此段文字不注出處，事類近似。《蒙求》“董永自賣”條，無出處，然與原卷近似，《類林雜説》差異較大。《敦煌變文集新書·搜神記》引劉向《孝子圖》，事同文詳，其《孝子傳》“董永”條亦大致相同。《太平御覽》卷四一一《人事部·孝感》引劉向《孝子圖》，卷八一七《布帛部·絹》、卷八二六《資産部》，并引不知名《孝子傳》，事類大抵相似，文字互有詳略。干寶《搜神記》卷一、《法苑珠林》卷六二《忠孝》，亦載董永自賣事。據此，知董永賣身葬父，泛傳類書中，即小説家或文士，亦每吟詠於詩作，是以上自曹植《靈芝篇》(《魏詩》卷六)，以迄《董永變文》，皆及此事。又伯二五〇二號類書殘卷亦存董永賣身葬父事。《古賢集》云：“董永賣身葬父母，感得天女助機絲。”

［二九］　每分母食，底本作“母常分食與之”，兹據甲本及文義徑改。

［三〇］　巨謂妻曰，底本無“巨”字，兹據甲本及文義補。

［三一］　埋子，底本無“子”字，兹據甲本及文義補。“全”字上，底本有“金”字，旁加“卜”形删節符號，兹據此删。

［三二］　孝，底本誤作“李”字，當作“孝”，兹據甲本及文義改正。其下底本尚有一字，疑爲“賜”字誤抄，而以“卜”字删節者，兹據文義徑録正。

［三三］　按：《蒙求》“郭巨將坑”與“董永自賣”互對，文字較詳。又敦煌本《搜神記》及《孝子傳》并有郭巨埋兒事類三則，較原卷詳明，唯文字似成二系，如《孝子傳》另一則，有七言詩四句。又干寶《搜神記》卷一一有郭巨埋兒事，然文字簡略，且及兄弟分財事。《太平御覽》卷四一一《人事部·孝感》引劉向《孝子圖》，事義近似，文字差異極大。《法苑珠林》卷六二《忠孝》“郭巨有養母之感”條，引同人《孝子傳》，近乎全同。再者，《太平御覽》卷八一一《珍寶部·金》、《初學記》卷二七《金》，并引宗躬《孝子傳》，略有不同，以養子不得營業，有礙供養，欲埋子。其餘則大致相似。又《籯金》卷二《仁孝篇》有“埋兒”條云：“漢郭巨母老家貧，每求乞以買甘脆供於親也。巨有一字（子），

巨（母）憐之，嘗分食飼之。巨見老母形容漸瘦，巨謂妻曰：‘天荒人飢，所得甘美被子分之，令母瘦弱，非孝子也。親即難得，子可有也，與汝將兒埋之。’其妻不能逆意，遂共入後園，深掘一坑，乃得黄金一釜，上云：‘天賜孝子郭巨之金，官不得取，私不得侵。’”又伯二五〇二號不知名類書殘卷亦有“郭巨埋子，地出黄金”條，引劉向《孝子［圖］》，其下半已殘。又參見本部第五則“冬笋”。

［三四］按：吴猛事類可參見本卷廿三部“孝養”第五則“床下”條，唯皆不及“赬鱗”事。考諸書記載此事，并繫“王祥”下，參見本卷廿三部“孝養”第二則“守菓”條，及本部第十一則“黄雀”條。又《初學記》卷三《冬部》“温席”“叩冰”對語下，《太平御覽》卷二六《時序部・冬》，并引師覺授《孝子傳》，及《初學記》卷七《冰》“王祥魚”條則引臧榮緒《晋書》，亦繫王祥，非吴猛，疑爲編録有失。

［三五］底本“祥”字下有“曰”字，其旁加“卜”形删除符號，兹據文義徑删。

［三六］甲本“飛”字有“越處（？）”二字，後又塗去。“入”字下，底本有空缺，兹據甲本及文義補“幕”字。按：本事見《晋書》卷三三《王祥傳》，《世説新語・德行》第十四則劉孝標注引蕭廣濟《孝子傳》、《太平御覽》卷四一一《人事部・孝感》引《晋書》、卷九二二《羽族部・黄雀》、《藝文類聚》卷九二《鳥部・雀》、《北堂書鈔》卷一四五《炙》“黄雀”條，并引蕭廣濟《孝子傳》；皆及感雀入幕事，文字并近似，或有兼及他事者。參見本卷廿三部《孝養》第二則“守果”條。

［二七］孝婦

姜詩妻：姜詩字士遊，母好飲江水，妻取遲，遂弃之。母兼好食生魚［一］，妻寄在鄰家［二］，常買魚作鱠［三］，遣鄰母送之。姜感呼歸，舍傍忽有湧泉出［四］，如江水味，水中兼有鯉魚［五］。出《列女傳》［六］。

亢陽：東［海］郡有孝婦［七］，被誣煞姑［八］，吏劾之［九］，乃自引過。誅之，天大旱［一〇］，後祭其墓，方始雨［一一］。

許升妻：吴吕氏女也。升好遊誕博戲，不治家。妻勤家業以養姑[一二]，勸升學問[一三]，每曾不垂泣而言[一四]。妻父疾升[一五]，令以改嫁，妻守義不歸。升感之，尋師學，四年乃歸，遂致名譽[一六]。爲州所舉，遇劫被害。妻手刃煞升者，以首祭升[一七]。

禮脩：《列女傳》曰："漢趙高妻也。姑嚴酷無道，小怒則駡，大怒即罰[一八]，禮脩無愠色，引過自咎。"[一九]

陳孝婦[二〇]：陳之孝婦也。少寡[二一]，養舅姑，漢文帝賜黄金卅斤[二二]。

【校釋】

［一］食生，底本作"生食"，旁有鈎乙號，兹據文義徑録正。

［二］家，甲本作"舍"。

［三］常買魚，甲本無"常"字。鱠，甲本同，爲"膾"通假字。

［四］傍忽有，甲本無"忽"字。

［五］魚，甲本誤作"里"，當作"魚"。

［六］列女傳，底本脱"女"字，兹據甲本及文義補。按：《後漢書》卷八四《列女傳》載姜詩妻孝行，極爲詳明，《法苑珠林》卷六二《忠孝》"姜詩有取水之感"條、《太平御覽》卷四一一《人事部·孝感》，并引《東觀漢記》，事類同而詳。《類林雜説》卷一《孝感篇》"姜詩"條云："姜詩，字上游，廣漢人。母好食江水，詩妻取水不及，詩遂棄妻，妻便寄鄰家，供養不缺。詩母又好食生魚，每作鱠，倩人送之，陰養如故。詩母感之，遂命還舍，舍傍忽有水泉湧出，味如江水，中有鯉魚，因以奉母。後漢人。事出《列女傳》。"敦煌本《孝子傳》"姜詩"條亦引《列女傳》，又《蒙求》"姜詩躍鯉"條，皆與原卷或《類林雜説》事類同，文字互有詳略。《籯金》卷二《仁孝篇》"江泉"條引書作《漢書》，不言出妻，文字略簡。

［七］海，底本、甲本俱脱，兹據下列引書及文義補。

［八］誣，底本作"巫"，甲本殘缺，當作"誣"，兹據文義徑改正。

［九］吏，底本作"史"，甲本殘缺，此寫卷用字繁省常例，當作"吏"，兹據文義徑改正。

［一〇］大，甲本作"乃"。

［一一］按：《漢書》卷七一《于定國傳》曾載此事，文字極詳。《説苑·貴

德》、《搜神記》卷一一“東海孝婦”條，并與《漢書》近似，詳於原卷。又《太平御覽》卷四一五《人事部·孝女》引此條，但云《漢書》，義同。

［一二］勤家，底本無，玆據甲本及文義補。

［一三］“勸”字下，甲本有“曰”字，不從。

［一四］每，底本無，玆據甲本及文義補。

［一五］疾，爲厭惡、嫌怨恨之意。按：《論語·季氏》云：“疾夫舍曰欲之而必爲之辭。”《史記》卷八四《屈原賈生列傳》云：“疾王聽之不聰。”

［一六］致，底本作“置”，同音訛誤，當作“致”，玆據甲本及文義改。

［一七］按：此事見《後漢書》卷八四《列女傳·許升妻》條，文字較原卷詳明。《太平御覽》卷四四〇《人事部·貞女》、《藝文類聚》卷一八《人部·賢婦人》，并引出《列女傳》，與《後漢書》同。

［一八］“罰”字上，底本有“曰”字，其旁加“卜”形刪節符號，蓋因罰字偏旁訛誤，玆據文義徑刪。〇即，甲本作“則”，兩可。

［一九］咎，底本作“各”字，旁加一點，當作“咎”，玆據甲本及文義改正。按：《藝文類聚》卷一八《人部·賢婦人》引《列女傳》，其上半段文字與此近似，其下尚有姑死、遇賊、逼嫁諸事。《太平御覽》卷四四〇《人事部》貞女，引皇甫謐《列女傳》爲“趙高”作，且無與姑諸事。

［二〇］陳，底本無，玆據甲本及文義補。

［二一］少寡，底本誤析作“少宣之”三字，甲本殘缺，玆據下列引書及文義徑改正。

［二二］漢文，底本無“漢”字，據甲本及文義補。按：劉向《列女傳》卷四“陳寡孝婦”條，言之極詳。

［二八］喪葬［一］

蒿里［二］：死人里也［三］。

泉臺：墓名［四］。

夜臺：墓也［五］。

泉門［六］：

松風[七]：

薤露：《田横挽歌》詞曰："薤露何晞晞，死人一去不言歸。"[八]

朝露[九]：

冥泉[一〇]：

宿草：《禮記》曰："朋友之墓有宿草而不哭焉。"[一一]

遷窆[一二]：窆，下棺也。彼驗反[一三]。

窀穸：下死人也[一四]。音屯夕。

【校釋】

［一］　甲本伯四六三六號至此部類僅存數字，然斯七九號恰從此部類之"蒿里"條目開始，比對二卷行款、筆迹、紙張斷裂之形式，正可接榫無縫，乃知同卷而分藏兩地者，故仍稱甲本。詳見《研究篇》論述。

［二］　甲本斯七九號起"蒿里"條目二字，訖"阮氏"條目之"阮"字。

［三］　按：《漢書》卷六三《武五子傳》廣陵厲王自歌："蒿里召兮郭門閲"下，顔師古注曰："蒿里，死人里。"然其初始則爲挽歌，崔豹《古今注》卷中《音樂》云："薤露、蒿里，並喪歌也，出田横門人。横自殺，門人傷之，爲之悲歌。言人命如薤上之露，易晞滅也，亦謂人死魂魄歸乎蒿里，故有二章，其一章曰：'薤上朝露何易晞，露晞明朝更復落，人死一去何時歸？'其二章曰：'蒿里誰家地，聚斂精魄無賢愚。鬼伯一何相催促，人命不得少踟躕。'"又見《文選》卷二八《詩戊·挽歌詩三首（陸士衡）》李善注、干寶《搜神記》卷一六《挽歌》條，《初學記》卷一四《挽歌》叙事，亦引《搜神記》，其事義并同。《蒙求》卷上亦有"田横感歌"條、伯二六三五號所謂《類林》殘卷《音聲歌舞》第三五"田横"，并及挽歌之緣起，唯不載歌詞。《陶淵明集》卷七《祭從弟敬遠文》曰："長歸蒿里，邈無還期。"

［四］　按：《駱賓王集》卷十《樂大夫挽詞五首之五》曰："忽見泉臺路，猶疑冰鏡懸。"《岑嘉州詩》卷三《故河南尹岐國公贈工部尚書蘇公輓歌》曰："夜色何時曉，泉臺不復春。"

［五］　按：《文選》卷二八《詩戊·挽歌詩三首（陸士衡）》曰："按轡遵長薄，送子長夜臺。"《李太白詩》卷二五《哭宣城善釀紀叟》云："夜臺無曉日，沽酒

與何人。”

［六］ 按：以泉門作喪葬者恐自黄泉或泉臺之意而引伸，逯欽立輯《魏詩》卷三阮瑀《咏史詩二首·七哀詩》云：“冥冥九泉室，漫漫長夜臺。”有室則有門也。考《藝文類聚》卷四〇《禮部下·謚》：“齊虞羲與蕭令王僕射書爲袁彖求謚曰：‘袁侍中體高亮之宏姿，挺孤奇之逸操，孝友結於衡閭，忠正表於邦域……岱山委岫，崑岳摧峯，四海搢紳，誰不掩泣。明公德冠時宗，道高物表；若得横議聖時，斟酌今古，採茂實於當年，標芳流於千載，馳徽謚於山道，潤貞氣於泉門，豈非體國之至公，典謨之盛軌者哉！’”

［七］ 按：《初學記》卷一四《禮部下·挽歌》事對以“松雲”對“薤露”，所引江智泉《宣貴妃挽歌》曰：“桂襚來塵寂，筵俎竟虚存。雲松方靄露，風草以聲原。”若“松風”則有山林隱僻之意象，如南朝宋人顏延之《拜陵廟作》詩：“松風遵路急，山煙冒壟生。”唐代杜甫《玉華宫》詩：“溪迴松風長，蒼鼠竄古瓦。唐代李白《鳴皋歌送岑徵君》：“盤白石兮坐素月，琴松風兮寂萬壑。”

［八］ 按：此則爲節引，參見本部第一則“蒿里”及第一七三頁注［三］條。

［九］ 按：《文選》卷二七《詩戊·樂府二首·短歌行（曹操）》曰：“對酒當歌，人生幾何；譬如朝露，去日苦多。”

［一〇］ 按：此亦自“黄泉”或“泉臺”之義而引伸，以人死歸於幽冥之域，嚴輯《全宋文》卷四六鮑照《傷逝賦》曰：“棄華宇於明世，閉金扃於下泉。”寒山詩云：“臨死渡奈何，誰是嘍囉漢。冥冥泉臺路，被業相拘絆。”《李北海集》卷六《羽林大將軍臧公墓志銘》云：“邊也不幸，人之云亡。風沙未息，松栢已行。哀哀孝思，冥冥泉壤。高山或遷，其詞爰仰。庶石銘之可託，或蒿里之無爽。”

［一一］ 按：此爲《禮記·檀弓上》曾子之言。《文苑英華》卷八四二梁代王僧孺《從子永寧令謙誄》云：“宿草行没，宰樹方攢。”

［一二］ 甲本伯四六三六號訖本部“遷窆”條目之“遷”字。

［一三］ 按：《北史》卷三四《趙逸傳·附子琰傳》云：“慨歲月推移，遷窆無冀，乃絶鹽粟，斷諸餚味，食麥而已。”

［一四］ 也，底本無“也”字，兹據甲本及文義補。按：此詞首見《左傳》

襄公十三年。《後漢書》卷五七《劉陶傳·陳事疏》云:“死者悲於窀穸,生者戚於朝野。”《文選》卷六〇《祭文·祭古冢文(謝惠連)》云:“輪移北隍,窀穸東麓。”此釋文以直音説明音讀在全書中少有之例。

[二九]婚姻

伐柯[一]:《毛詩》曰:“伐柯如之何,匪斧不剋。娶妻如之何,匪媒不得。”[二]

同牢:《禮》曰:“共牢而食。”同尊卑也[三]。

合巹:共牢之杯也[四]。

息燭[五]:

舉樂:《禮記》曰[六]:“嫁女之家,三夜不息燭,思相離也;娶婦之家[七],三日不舉樂,思相親也。”[八]

三星:《毛詩》曰:“三星在户。”謂嫁娶之時[九]。

百兩:《田單策》曰:“既破[燕]軍[一〇],百兩以迎妻。”又《毛詩》曰:“之子于歸,百兩迓之。”百兩,百乘也。諸侯之子嫁於諸侯,送迎皆百乘[一一]。百乘[一二],象百官之盛也[一三]。

初笄:女年[十]五[一四],謂之初笄[一五]。

弱冠:男年廿曰弱冠,言始成人也[一六]。《禮》曰:“女子許嫁笄,男子壯有室。”《毛詩》曰:“廿之女,卅之男,禮雖不備,相奔不禁。”言不可失時也[一七]。

秦晋:二國爲親也[一八]。

潘楊:潘安仁、楊綏二家爲親[一九]。

禖鷰:《禮》曰:“仲春,玄鳥至[二〇],[至]之日,以太牢祀於高禖,鷰來巢堂,嫁娶之象,媒氏以爲侯。”[二一]

河魴:《毛詩》曰:“維食其魚,維河之魴;維其娶妻,必齊之姜。”喻美好女也[二二]。

齊姜[二三]:

宋子:《詩》曰:“維食其魚,必河之魴。維其娶妻[二四],必齊之姜。維食其魚,必河之鯉,維其娶妻[二五],必宋之子。”[二六]

齊體：言尊卑等也[二七]。

如賓：言相敬也。又常林夫妻相待如賓[二八]。

伉儷：言返敵也[二九]。

琴瑟：《易》曰："和如琴瑟。"言相和也[三〇]。

齊眉：梁鴻妻將食與夫，必舉桉齊眉[三一]。

比目：言夫妻相得[三二]。

六禮：納綵（采）[三三]、問名、請期、親迎、納吉、納徵[三四]。

四德：婦德、婦言、婦容、婦功[三五]。

薑桂：《韓詩外傳》曰："宋玉因其友見楚襄王，襄王待無以［異］[三六]，讓其友，友曰：'薑桂因地而生，不因地而辛；女因媒而嫁，不因媒而親。'"[三七]

承祧：《禮》言："承其宗祧。"[三八]

冰清[三九]：

璧潤：《晋諸公贊》曰："衛玠字叔寶[四〇]，河東安邑人。玠爲洗馬[四一]，娶尚書樂廣女，時論莫知優劣，裴叔則曰：'妻父有冰清之姿[四二]，子婿有璧潤之望[四三]，所謂秦晋疋也。'"[四四]

絲蘿：《古詩》曰："與君爲新婚，兔絲附女蘿。"此之謂美也[四五]。

同穴：言生死同穴[四六]。

移天：《易》曰："夫天妻地。言移東（事）中（夫）曰移天[四七]。

【校釋】

［一］伐，底本作"代"字旁加一點，即"伐"字也，兹據文義徑録正。

［二］媒，底本作"謀"，形近訛誤，當作"媒"，兹據甲本、《詩經》及文義徑改正。按：此爲《詩經・豳風・伐柯》，後乃引伸爲媒姻之指稱。

［三］按：此爲《禮記・内則》之文，又見《冠義》。唯用於婚姻當取《昏義》："共牢而食，合卺而酳"之義。

［四］也，底本無，兹據甲本及文義補。按：參見上則。

［五］按：參見下則。

［六］禮記，甲本無"記"字。

［七］婦，底本原作"嫁"，以文義不順，後在右側旁注"卜"形刪除符號，

并在眉端補一“婦”字，甲本作“婦”，兹據甲本及文義徑録正。

［八］ 按：此爲《禮記·曾子問》孔子之言，唯“相親”作“嗣視”。

［九］ 娶，底本作“女”，當作“娶”，兹據甲本及文義徑改。按：此爲《毛詩·唐風·綢繆》之句。

［一〇］ 燕，底本、甲本俱無，兹據文義增補。

［一一］ 送迎，底本作“遂迎”，形近致誤。鄭箋作“送御”，兹據甲本及文義徑改正。

［一二］ 百乘百乘，底本無後“百乘”二字，甲本有“〃”形重文符號，底本過録時，因疏忽而誤脱，兹據甲本及文義徑録正。

［一三］ 按：此爲《詩經·召南·鵲巢》之文。除原詩句外，以下文字皆爲鄭箋文字。又《田單策》已佚，《戰國策》及《史記·田單列傳》未曾見載。《金石萃編》卷一一四《唐·周遇霍夫人墓志》曰：“遂適彭城公，百兩之後，一與之齊，嚴奉舅姑，敬恭戚族。”

［一四］ 十，底本脱，兹據甲本及文義補。

［一五］ 按：《禮記·雜記下》曰：“女雖未許嫁，年二十而笄，禮之。”孔穎達疏云：“女雖未許嫁，年二十而笄禮之者，女子十五許嫁而笄，若未許嫁，至二十而笄，以成人禮言之。”

［一六］ 也，底本無，兹據甲本及文義補。

［一七］ 按：《禮記·曲禮上》曰：“男女異長，男子二十，冠而字，父前子名，君前臣名。女子許嫁，笄而字。”又曰：“三十曰壯，有室。”或“三十而有室。”又《毛詩·唐風·綢繆·序》云：“綢繆、刺晋亂也。國亂，則婚姻不得其時焉。”疏曰：“三十之男，二十之女，乃得以仲春行嫁，自是以外，餘月皆不得爲婚也。今此晋國之亂，婚姻失於正時。”《周禮·地官·媒氏》云：“令男三十而娶，女二十而嫁……中春之月，令會男女，於是時也，奔者不禁。”《毛詩·陳風·東門之楊》，孔穎達疏曾引之，故原卷所謂《毛詩》典非指詩文，乃指疏義而已。

［一八］ 按：二國世爲婚姻。《左傳》僖公二十三年“晋公子重耳之亡”云：“秦晋匹也，何以卑我！”《世説新語》卷上《言語》第三二則引《玠别傳》云：“斐叔道曰：‘妻父有冰清之姿，壻有璧潤之望，所謂秦晋之匹也。’”白行簡《李

娃傳》亦曰："明日，命媒氏通二姓之好，備六禮以迎之，遂如秦晉之偶。"

［一九］楊綏，底本、甲本俱誤作"陽經"，當作"楊綏"，茲據下引書及文義徑改正。按：《文選》卷五六《誄上・楊仲武誄（潘安仁）》曰："潘楊之穆，有自來矣。"考二族乃安仁妻爲楊綏姑，世親聯姻。《孟浩然集》卷四曰："爲維潘楊好，言過鄢郢城。"

［二〇］"至"字下，應有重文符號，底本、甲本俱脱，茲據文義及下列引書補"至"字。

［二一］媒，底本作"禖"，"媒""禖"音同意近，并可通假，當作"媒"，茲據下引書及文義徑改。按：《禮記・月令》"仲春"云："是月也，玄鳥至，至之日，以大牢祠於高禖。"鄭玄箋云："玄鳥，燕也。燕以施生時來，巢人堂宇而孚乳，嫁娶之象也。媒氏之官以爲侯。"

［二二］按：《毛詩・陳風・衡門》第二、三章曰："豈其食魚，必河之魴？豈其取妻，必齊之姜？豈其食魚，必河之鯉？豈其取妻，必宋之子？"故本則與下二則并自此引録，然語詞上有個别異文與通假字。

［二三］按：參見上則。

［二四］維其娶妻，甲本無"娶"字。

［二五］其娶，底本、甲本并作"娶其"，據《毛詩》、本部類第十三則及文義徑改正。

［二六］之子，底本作"子之"，其旁加乙正號，茲據文義徑録正。按：此目參見本部類第十三條"河魴"及本頁注［二二］條。

［二七］按：齊體即合體之謂也。《禮記・昏義》云："婦至，壻揖婦以人，共牢而食，合卺而酳，所以合體同尊卑，以親之也。"

［二八］底本、甲本"林"字下俱有"宗"字，疑爲"字"誤，節引時，又誤與名連文，茲據文義徑删。按：《左傳》僖公三十三年："初，臼季使過冀，見冀缺耨，其妻饁之。敬，相待如賓。"《三國志》卷二三《魏書・常林傳》裴注引《魏略》云："林少單貧。雖貧，自非手力，不取之於人。性好學，漢末爲諸生，帶經耕鉏。其妻常自餽餉之，林雖在田野，其相敬如賓。"伯二〇七二號所謂《類林》者《勤學篇》引《魏志》，事類大抵相同。《蒙求》卷下"常林帶經"條引《魏志》又較《類林》簡略，而事類同。又參見第十一《勤學》第八則"帶

經”及第八八頁注［一一］條。

［二九］　按:《左傳》昭公二年云:“晋少姜卒。公如晋，及河，晋侯使士文伯來辭，曰:‘非伉儷也。’”《正義》引成十一年注云:“伉，敵也。儷，耦也。言少姜是妾，非敵身對耦之人也。”《文選》卷五六《誄上·楊仲武誄（潘安仁）》曰:“既籍三葉世親之恩，而子之姑，余之伉儷焉。”

［三〇］　按:《易經》無此文句，蓋爲編録之失。《詩經·周南·關雎》云:“窈窕淑女，琴瑟友之。”《毛傳》曰:“宜以琴瑟友樂之。”《箋》云:“同志曰友，言賢女之助后妃共荇菜，其情意乃與琴瑟之志同。”又《小雅·常棣》云:“妻子好合，如鼓琴瑟。”《文選》卷五七《誄下·夏侯常侍誄（潘安仁）》云:“子之友悌，和如琴瑟。”

［三一］　按:《後漢書》卷八三《梁鴻傳》曰:“遂至吴，依大家皐伯通，居廡下，爲人賃舂。每歸，妻爲具食，不敢於鴻前仰視，舉案齊眉。”《蒙求》“孟光荆釵”條引《列女傳》，言舉案齊眉事外，尚及貌醜，三十不肯嫁諸事。詳見《列女傳》卷八〇“梁鴻妻”條。《李太白詩》卷一五《竄夜郎於烏江留别宗十六璟》云:“我非東床人，令姊忝齊眉。”

［三二］　按:《文選》卷二三《詩丙·悼亡詩三首（潘安仁）》云:“如彼遊川魚，比目中路析。”

［三三］　綵，甲本同，當作“采”，兹據《禮記》及文義徑改。

［三四］　按:《儀禮·士昏禮》曰:“昏禮。下達，納采用鴈。”《疏》云:“昏禮有六，五禮用鴈:納采、問名、納吉、請期、親迎是也，唯納徵不用鴈，以其自有幣帛可執故也。”《初學記》卷一四《禮部下·婚姻·詩》事對，引後漢秦嘉《述婚詩》曰:“敬兹新姻，六禮不愆。”

［三五］　按:《後漢書》卷八四《列女傳·曹世叔妻傳·女誡婦行》曰:“女有四行:一曰婦德，二曰婦言，三曰婦容，四曰婦功。”

［三六］　襄王，底本當脱重文符號，兹據甲本及文義補。異，底本、甲本俱脱，兹據原書補足文義。

［三七］　按:此出《韓詩外傳》卷六，偶有一二處異文。又此則重在下文，當取媒氏與婚姻相關，今取薑桂則重在“辛”味，作爲《婚姻》之標目語辭不倫，此編録之失。

［三八］ 按：《儀禮·士昏禮》曰：“命之，曰：‘往迎爾相，承我宗事。’”此蓋取義，非禮之原文。

［三九］ 按：參見下則。

［四〇］ 叔，底本作“琡”，兹據甲本及文義徑改正。

［四一］ 洗，底本、甲本俱誤作“洪”，形近致訛，當作“洗”，兹據下列引書及文義徑改正。

［四二］ 父，底本、甲本俱誤作“婦”，同音致訛，當作“父”，兹據下列引書及文義徑改正。

［四三］ 子婿，底本、甲本俱誤作“子揖”，形近致訛，《玠别傳》作“女婿”，兹據文義徑改正。

［四四］ 按：《晋書》卷三六《衛玠傳》曰：“玠妻父樂廣，有海内重名，議者以爲‘婦公冰清，女壻玉潤。’”又《世説新語》卷上《言語》第三二則劉孝標注引《玠别傳》曰：“娶樂廣女。裴叔道曰：‘妻父有冰清之姿，壻有璧潤之望，所謂秦晋之匹也。’爲太子洗馬。”《蒙求》卷中以“叔寶玉潤”和“彦輔冰清”互對。僅上則略如裴氏之言。《漢魏南北朝墓志集釋》圖版五九二《東魏·李挺墓志》曰：“太常劉貞公，一代偉人也。特相賞異，申以婚姻，僉謂冰清玉潤，復在兹日。”

［四五］ 謂，底本無，甲本作“謂”，兹據甲本及文義補。按：此爲《古詩十九首之七》“冉冉孤生竹”之第三、四句。參見《文選》第二九卷。《温庭筠集》卷三《古意詩》曰：“莫莫復莫莫，絲蘿緣澗壑。”

［四六］ 按：《毛詩·王風·大車》：“穀則異室，死則同穴。”《白氏長慶集》卷一《贈内詩》：“生爲同室親，死爲同穴塵。”

［四七］ 按：此非《易經》原文，取乾者天道、夫道也；坤者地道、妻道也。釋文難通，“東中”二字疑爲“事夫”之訛。《孟東野集》卷三《去婦詩》曰：“一女事一夫，安可再移天。”

［三〇］重妻

畫眉：漢張敞與婦畫眉［一］，帝知，問之［二］，敞謝曰：“夫妻之私，有過於此。”［三］

圖形：《説苑》曰："齊王起九重之臺[四]，募國中能畫者賜錢[五]。有敬君居貧工畫，貪賜，妻有妙色，敬君憶之[六]，乃圖畫其形，看而笑之。"[七]

熨身：《世説》曰："荀奉倩妻艷色，常患熱病，奉倩乃出庭中取冷，以身熨之。後妻亡，奉倩傷神不哭，無幾，倩亦亡。"[八]

賦詩：孫楚妻亡，至祥服，楚悼之，賦詩。王武子見其文，曰："未知文［生］於情[九]，情生於文，見此，使人增伉儷之重。"[一〇]

【校釋】

［一］ 畫眉，底本乙倒，旁加鈎乙符號，兹據文義徑録正。

［二］ 問之，底本作"問曰"，兹據甲本及文義徑改。

［三］ 按：《漢書》卷七六《張敞傳》曰："又爲婦畫眉，長安中傳張京兆眉憮。有司以奏敞。上問之，對曰：'臣聞閨房之内，夫婦之私，有過於畫眉者。'"《玉臺新詠》卷八梁朝劉孝威《郗縣遇見人織率爾寄婦詩》："新妝莫點黛，余還自畫眉。"《太平御覽》卷五二〇《宗親部·夫妻》引書同。

［四］ 齊，底本作"高"，甲本同，形近致訛，當作"齊"，兹據下列引書及文義徑録正。

［五］ 募，底本、甲本俱誤作"慕"，當作"募"，兹據下列引書及文義改正。"能"字下，底本有"同"，其旁加"卜"形删節符號，兹據文義徑删。

［六］ 敬君，底本僅有"敬"字，其上似"色"字之重文符，甲本"敬"字下殘，兹據下列引書及文義補。

［七］ 笑，底本原作"箇"字，其旁加"卜"形删除符號，并在眉端加一"笑"字，兹據甲本及文義徑録正。按：《藝文類聚》卷三二《人部·閨情》引《説苑》，文字較詳，此爲節引。

［八］ 按：此見《世説新語·惑溺》第二則，原卷爲節引，并雜劉孝標注所引之《荀粲别傳》。《蒙求》"荀粲惑溺"條亦引《世説》及《粲别傳》。《藝文類聚》卷三二《人部·閨情》僅及《世説》而已。

［九］ 生，底本、甲本俱脱，兹據引書及文義補。

［一〇］ 按：此《世説新語》卷上《文學》第七二則，義同文異。《藝文類聚》卷三二《人部·閨情》亦引《世説》，文字與原卷近似。

［三一］棄妻

蕩舟：《左傳》曰："齊侯與蔡姬乘舟於囿[一]，姬蕩舟，公變色，禁之不止。公怒歸之，未絶，蔡人嫁之，齊侯興兵伐蔡。"[二]

作賦：庾闡字仲初，潁川人。造賦未成，便棄二妻。後娶謝氏爲妻，妻夜中致燈於瓮，闡夜中思至，因出燈，賦乃成[三]。

叱狗：鮑永字君長，屯留人。至孝，妻曾於母前叱狗，永以爲非禮，便弃之[四]。

偷棗：《漢書》曰："王吉少好學，居長安，東家有棗垂吉庭中，吉妻取棗噉吉[五]，吉後知之，乃弃其婦。東家聞之，欲伐其樹。鄰里止之，固請吉[六]，婦乃得還。"[七]

採蕪：《古詩》曰："上山採靡蕪，下山逢故夫，長跪問故夫，新人復何如？"[八]

【校釋】

［一］ 囿，底本作"圓"，當作"囿"，玆據甲本、《左傳》及文義徑改正。

［二］ 伐，底本作"代"，旁加一點，俗寫也，甲本作"伐"，玆徑録正。按：此爲《左傳》僖公三年冬及經四年春文字，微有小異。

［三］ 按：此事未見《晋書》本傳，唯《類林雜説》卷七《文章篇》"庾闡"條云："庾闡：字仲初，潁川人也。作《陽都賦》未成。去妻後，更娶謝氏，使於午夜以燃燈於甕中。仲初思至索速，火來即爲出燈，因此賦成，流於後世。宋時人也。"

［四］ 按：《後漢書》卷二九《鮑永傳》曰："鮑永字君長，上黨屯留人也。……事後母至孝，妻嘗於母前叱狗，而永即去之。"《東觀漢記》卷一四《鮑永傳》《類林雜説》卷一《孝行篇》"鮑永"條云："鮑永：《東觀漢記》：鮑永，字君長，上黨人。少有志節，事後母盡心至孝，其妻於母前叱狗，即出之。"惟此條似爲後來增補《敦煌變文集·孝子傳》"鮑永"條，事類俱同，文字略異。

［五］ 吉妻，底本作"妻"字，甲本作"吉妻"，玆據甲本及文義補。

［六］ 固請吉，甲本作"固勸請"，玆不從。

［七］ 按：《漢書》卷七二《王吉傳》曰："始吉少時學問，居長安。東家有大棗樹垂吉庭中，吉婦取棗以啖吉。吉後知之，乃去婦。東家聞而欲伐其

樹，鄰里共止之，因固請吉令還婦。里中爲之語曰：‘東家有樹，王陽婦去；東家棗完，去婦復還。’其厲志如此。”《類林雜説》卷一五《果實篇》“王吉”條云：“王吉少好學，居中長安東。家有棗樹垂吉庭中，吉婦取而啖之。吉知乃去其婦。東家聞欲伐其樹，領里共止之乃已。”事同原卷，文字略簡。《太平御覽》卷九六五《果部·棗》、《藝文類聚》卷八七《果部·棗》，俱引《漢書》，文字近似。

［八］按：此見逯欽立輯《漢詩》卷一二《古詩五首》之一。

［三二］棄夫

買臣妻：漢朱買臣，會稽人也。家貧，好讀書，不事産業，妻求去。［買］臣曰[一]：“吾年四十當貴[二]，今已卅九，卿不待之？”妻曰：“如公之等[三]，終當餓死[四]，有何貴乎？我不能與君爲妻。”[五]遂去之。買臣明年上書，帝賢之，使待詔金馬門，後拜爲侍中[六]。帝復謂買臣曰[七]：“富貴不歸故鄉[八]，如衣錦夜行。”[九]又遷會稽太守，妻與後夫治道，買臣之郡見，識之，命夫妻致後園郡舍中[一〇]，供其衣食[一一]，數日，妻慙，自經而死[一二]。

覆水：姜子牙好讀書，不事産業[一三]。將行，寄妻於他舍，妻曰：“君正是儜物[一四]，我不能與君爲妻。”遂去之。子牙後爲文王師[一五]。武王伐紂，以公爲軍師[一六]，封公爲齊君[一七]。公東歸，至齊路傍[一八]，有婦人大哭。公令問之，答曰：“妾聞前夫爲齊君，是所悔也。”公曰：“我是也。”婦甚悦。公令取一杯水來至，令覆於地[一九]，又令收之。婦曰：“水入地，如何可收？”公曰：“恩義已絶[二〇]，寧宜重合？”[二一]

【校釋】

［一］買，底本、甲本俱脱，兹據下列引書及文義補。

［二］貴，甲本誤作“賞”，形近致誤，當作“貴”，兹從底本及文義。

［三］如公，底本作“公如”，兹據甲本及文義徑改正。

［四］終當，底本作“修”，兹據甲本及文義徑改正。

［五］我不能與君爲妻，底本“妻”字連“遂去之”讀，其餘數字則無，兹據甲本及文義補。

［六］“使待詔金馬門後”七字，底本無，玆據甲本及文義補。

［七］帝復謂買臣曰，底本無“復”字，“買臣”下有“妻”字，據甲本及文義改補。

［八］歸，底本作“還”，玆據甲本及文義改。

［九］衣錦，甲本“錦”字下有“衣”字。

［一〇］“園”字上，底本有“國”字，其旁加“ミ”形删節符號，因下文致衍，玆據文義徑録正。

［一一］其，底本無，玆據甲本及文義補。

［一二］自經而死，底本作“而自死”，玆據甲本及文義改補。按:《漢書》卷六四上《朱買臣傳》言其事類極詳。《類林雜説》卷二《勤學篇》“朱買臣”條云:“朱買臣：字翁子，會稽人。家貧好學，不事生産，其妻羞之，求去，買臣曰：吾年五十當富貴，今四十九年，可相待否？其妻不信而去。明年，買臣隨計吏至長安上書，待詔金馬門，值邑人嚴助薦於武帝，帝拜買臣爲會稽太守，至發民治道。妻與後夫治道，買臣見而識之，命後車載之，引至郡後舍居之，給予衣食，其妻大羞，不逾月而死。出《漢書》。”引前《漢書》，文字近似而略簡。《蒙求》卷中“買妻恥醮”條又較簡矣。《太平御覽》卷四八四《人事部・貧》、《藝文類聚》卷三五《人部・貧》，并引《漢書》，僅至“終當餓死”處止。伯二七二一號、三七一五號、四〇五二號并及此事。“不事産業”，《漢書》《蒙求》作“不治産業”，知《類林雜説》、原卷皆因諱而改文矣。

［一三］事，底本作“仕”，玆據甲本及文義徑改正。

［一四］“停”字下，底本有“師封爲齊君公東”七字，其旁加“卜”形删節符號，此爲誤抄下一行文字，後始覺而删之，玆徑删。據此衍文字距，略可查考其過録時所用之原本，每行約數在三二字加減七字左右。

［一五］子，底本脱，玆據甲本及文義補。

［一六］以公，底本作“以牙”，甲本作“以供”，當作“以公”，玆據甲本及文義徑改。

［一七］封公，“公”字底本無，玆據甲本及文義補。

［一八］傍，甲本作“旁”。

［一九］覆，底本誤析爲“西後”二字，當作“覆”，玆據甲本及文義徑改正。

［二〇］絶，底本作“重”，後旁改作“絶”字，此“重”字乃因下文而衍，兹據文義徑録正。

［二一］按：《類林雜説》卷八《貧達篇》“太公”條云：“太公，姓姜，字子牙，東海人。年十八，娶馬氏爲妻。太公但讀書，不事産業，其貧，妻馬氏見其如此，求去。太公避之，隱市賣漿，值天大凉；改販麪，又值大風起；遂屠牛，又值天大熱，凡往不遇，遂改向渭水釣魚。年八十，值周文王出獵，文王問曰：君既年老，有妻子而獨在此釣魚？公曰：不憂年老無子，唯憂天下無主。文王曰：紂爲天子，何言無主？太公曰：人主養民，紂爲淫虐，何主之有？文王知其賢，與載而歸，以師事之。文王崩，武王伐紂定天下，封太公爲齊侯。太公適齊，於路見婦人啼泣，公怪而問之，婦人曰：妾聞前夫封侯，故追悔而泣。太公問曰：前夫是誰？婦人曰：姓姜字子牙。公曰：我是也。婦人喜，再拜，欲求再合。公曰：可取一盆水傾於地。令婦人收水，唯得少泥。公乃作詩以與之曰：兩目知人意，雙眉又解愁，若言離更合，覆水定難收。婦人遂抱恨而死。今有馬母冢。”此中所載事類多則，其中部分與此相近。《後漢書》卷六九《何進傳》曰：“國家之事，亦何容易！覆水不可收，宜深思之。”《李太白詩》卷四《妾薄命》曰：“雨落不上天，水覆再難收。君情與妾意，各自東西流。”

［三三］美男[一]

潘安仁：潘岳字安仁[二]，與夏侯湛爲友，二人並美，相隨洛中，號爲“連璧”[三]。又安仁乘車入洛陽市[四]，群嫗見之[五]，競以瓜菓擲之，盈車[六]。

韓壽：潁川人也[七]。壽美貌[八]，曾詣賈充舍作客，充女美之[九]，女竊充香[一〇]，令婢送贈之[一一]。

衛玠：字叔寶，河東人。從豫章入洛，洛中聞其美，觀者塞路。玠有宿疹，發而死，時人以爲看煞[一二]。

何晏：字平叔，魏明帝疑以傅粉[一三]，賜湯餅，食之汗流，以巾拭之，面轉皎然[一四]。

董賢：美貌，漢哀帝寵之，與賢同眠，賢卧著帝衣袖，帝起，恐驚賢睡[一五]，乃以刀割袖而起[一六]。

彌子遐：衛靈公愛童也，公得桃食，分半與遐噉之[一七]。

【校釋】

［一］ 此部類六條皆以人名作條目，而非成辭，與其他部類不一。

［二］“岳”字上，底本有“安”字，其旁加“卜”形删節符號，兹據文義徑録正。○仁，底本作“人”，兹據甲本及文義徑改正。

［三］ 號，底本無，兹據甲本及文義補。

［四］ 洛陽市，底本作“市洛陽”，并加鈎乙號，兹徑録正。

［五］ 群，底本無，兹據甲本及文義補。

［六］ 按：《世説新語》卷下《容止》第九則云：“潘安仁、夏侯湛，並有美容，喜同行，時人謂之‘連壁’。”又同篇第七則云：“潘岳妙有姿容，好神情，少時挾彈出洛陽道，婦人遇者，莫不連手共縈之。”劉孝標注引《語林》曰：“安仁至美，每行，老嫗以果擲之，滿車。”《類林雜説》卷九《美丈夫篇》“潘岳”條引《世説》云：“潘岳：字安仁，滎陽人，與譙郡夏侯湛爲友，二人並有美容。相隨洛下，時人號曰“連壁友人”。魏末晋初人。《世説》。”僅及此條首段事類。《琱玉集》卷一四《美人》“潘岳雙珠”條，引《晋書》，并及“挾彈出遊”“擲果盈車”“連壁”三事。又伯二六三五號《美人篇》第十六則“潘岳”條，僅存“相隨”以上文字，其下殘損，并誤接至《祥瑞篇》矣。《蒙求》卷上僅載“岳湛連壁”事，不注出處。《初學記》卷一九《人部・美丈夫篇》“叙事”，引《語林》載擲果盈車事，“事對”則引《郭子》録連壁事，文字互有異同。《太平御覽》卷三七九、卷三八〇《人事部・美丈夫》，前引《晋書》出擲果，後引《郭子》出連壁事。

［七］ 潁川人也，底本無“也”字，兹據甲本及文義補。

［八］“壽”字上，底本有“安”字，疑鄰行“安仁”而衍，兹據甲本及文義删。

［九］ 充女美之，底本作“充之女美”，兹據甲本及文義徑改。

［一〇］ 女竊充香，甲本脱“女”字。

［一一］ 婢，底本作“婦”，兹據甲本及文義徑改。按：此事《世説新語》卷下《惑溺》第五則見載，文字亟詳，亦可參見余嘉錫《世説新語箋疏》。《類林雜説》卷九《美丈夫篇》“韓壽”條云：“韓壽，潁川人，晋武帝時爲掾，有姿容。太尉賈充有女在室，見壽美容，心悦之，遂與壽通。充有異香，女竊香

與壽，壽得，因帶之。充怪壽香，疑壽與其女通，遂問於婢，婢以實告之，充因以女妻之。晉時人。出《世説》。”則已有删節。《琱玉集》卷一四《美人》“韓壽驚香”條，與《類林》同系統文字，典出《晋抄》。《蒙求》“韓壽奇香”條近似，唯不注明出處。伯二六三五號《美人篇》第十八則僅有“韓壽”存目。《太平御覽》卷三七九《人事部·美丈夫》引不知名《晋書》，與上述互異而簡略。

［一二］ 按:《世説新語·容止》第十九則云:“衛玠從豫章至下都，人久聞其名，觀者如堵牆。玠先有羸疾，體不堪勞，遂成病而死；時人謂‘看殺衛玠。’”《晋書》卷三六《衛玠傳》曰:“以王敦豪爽不群，而好居物上，恐非國之忠臣，求向建鄴。京師人士聞其姿容，觀者如堵。玠勞疾遂甚，永嘉六年卒，時年二十七，時人謂玠被看殺。”《類林雜説》卷九《美丈夫篇》“衛玠”條云:“衛玠，字叔寶，河東安邑人。甚有姿貌，觀者塞路，玠有宿疾，因發而死，時人謂之‘看殺’。晋時人。”文字近似，卷一三《舟車篇》則尚及“璧人”。《琱玉集》卷一四《美人》“衛玠璧人”條，引《晋抄》則與《類林雜説》卷一三“衛玠”條近似。伯二六三五號《美人篇》僅有“衛玠”存目。《蒙求》卷中“衛玠羊車”條，僅至“觀者傾都”止，不及看煞。《太平御覽》卷三七九、三八〇《人事部·美丈夫》，首引《晋書》，與《琱玉集》前半同，唯文字較詳；後引《三國典略》載看煞事，字義互有詳略。

［一三］ 疑，底本及甲本并作“擬”，當作“疑”，兹據下引書及文義徑改正。

［一四］ 按:《世説新語》卷下《容止》第二則云:“何平叔美姿儀，面至白，魏明帝疑其傅粉。正夏月，與熱湯餅麫，既噉，大汗出，以朱衣自拭，色轉皎然。”《類林雜説》卷九《美丈夫篇》云:“何晏:字平叔，貌甚潔白，美姿容。魏明帝見之，謂其著粉，因命晏，賜之湯餅，晏食湯餅，汗出流面，以巾拭之，轉見皎然，帝方信。魏人。出《語林》。”伯二六三五號《美人篇》第十五則“何晏”條，并引《語林》，均較此文詳細。《琱玉集》卷一四《美人》“何晏疑粉”條，引《魏志》，與原卷近似。《蒙求》“平叔傅粉”條，不注出處，文字接近。《初學記》卷十《駙馬》事對“傅粉”條，引魚豢《魏略》，《北堂書鈔》卷一二八《衣冠部·朱衣門》“朱衣拭面”條、卷一三五《服飾部·粉》“平叔疑傅”、《太平御覽》卷三七九《人事部·美丈夫》，并引《語林》，事類雖同，文

字互有小異。

［一五］睡，甲本同，底本初作“眠”，再旁改作“睡”，兹據文義徑録正。

［一六］割袖，底本脱“袖”字，兹據甲本及文義補。按：《漢書》卷九三《佞幸傳》云：“董賢字聖卿，雲陽人也……爲人美麗自喜，哀帝望見，説其儀貌……常與上卧起。嘗晝寢，偏藉上袖，上欲起，賢未覺，不欲動賢，乃斷袖而起。其恩愛至此。”

［一七］按：《韓非子》卷四《説難》云：“昔日彌子瑕有寵於衛君……與君遊於果園，食桃而甘，不盡，以其半啗君。”《太平御覽》卷九六七《果部・桃》、《藝文類聚》卷八六《果部・桃》，并引《韓子》此段文字。原卷恰與《韓子》意義相悖，疑爲編者誤記。又上則與此條，恐爲編録時新增。又見《説苑》卷一七《雜言》。

［三四］美女

西施：越之美女[一]。

南威：晋時南方美女[二]。

碧玉：劉碧玉妙歌[三]。

緑珠：石崇家美妾[四]。

絳樹：美妾也。《魏文帝與繁欽［書］》曰[五]：今之妙舞美巧，莫過絳樹[六]。

青衣：漢蔡邕家美婢[七]。

燕姬：美女名[八]。

趙女：趙出美女[九]。

末嬉：夏桀后也[一〇]。

妲己[一一]：紂妻也[一二]。

飛鷰：漢平陽公主家婢，漢成帝寵之，納爲趙皇后，身輕舞於掌上[一三]。

陰皇后：字麗華，漢光武寵之，后兄陰識爲執金吾[一四]，車騎甚盛。帝笑曰：“仕宦當執金吾。”[一五]

黄公女：黄公，齊人也。有二女[一六]，國色。公爲人好謙，每稱女醜，遂聘失時[一七]。

梁冀妻：冀，漢桓帝時將軍也[一八]。妻妖豔，態作愁眉[一九]、啼粧、墮馬髻[二〇]、折腰步[二一]。

娥眉[二二]：

蟬鬢：言美人鬢薄如蟬翼[二三]。

鳳釵：釵上刻鳳[二四]。

瓌姿[二五]：

綺態：綺貌也[二六]。

千金笑[二七]：

雙玉啼：甄后淚流如玉下[二八]。

色似芙蓉：出《淮南國志》[二九]。

華如桃李[三〇]：《毛詩》曰："華如桃李。"[三一]

李夫人：漢武帝寵之，夫人亡，帝思之，時方士少翁能致神如生，帝令翁致神帳中觀之[三二]。

夏姬：夏徵［舒］母也[三三]，陳大夫御叔妻也[三四]，三爲王后，七爲夫人，納之，無不迷惑[三五]。

鄭袖：秦惠（楚懷）王美人，寵幸，立爲夫人[三六]。

褒姒[三七]：周幽王夫人[三八]，寵，放烽火以取夫人笑，烽火無恒。後賊至，舉烽，諸侯以爲褒姒笑，不救，遂滅國[三九]。

【校釋】

［一］按：《初學記》卷一九《美婦人》"事對"以南威、西子成對，文字較此爲詳。伯二六三五號《美人篇》"西施"條引《吴越春秋》，《類林雜説》卷九《美婦人篇》"西施"條云："西施：越之美女。越王句踐以上於吴王，王甚愛寵之。《吴越春秋》。"又《琱玉集》卷一四《美人》"西施絶倫"條，又較前者詳細，多輸金始得見事，云："出《吴越春秋》及《史説（記）》。"《文選》卷三四《七上·七啓八首（曹子建）》云："南威爲之解顔、西施爲之巧笑。"

［二］"女"字下，甲本有"也"字。按：參見上則。又李善於上則處加注，引《戰國策》曰："晋文公得南威，三日不聽朝。"

［三］按：《樂府詩集》卷四五《吴聲曲辭·碧玉歌》引《樂苑》云："《碧玉歌》者，宋汝南王所作也。汝南王妾名。"

［四］ 按:《世説新語·仇隙》第一則“孫秀既恨石崇不與緑珠”下，劉孝標注引干寶《晋紀》，言此事亟詳。《太平御覽》卷三八〇《人事部·美婦人上》，引《晋紀》同。《蒙求》卷中“緑珠墜樓”條，不注出處，文字與上引諸書近似。又見《晋書》卷三三《石崇傳》。

［五］“帝”，底本作“章”，“欽”，底本、甲本俱作“敏”，并因原字或上文形近致誤。書，底本、甲本俱脱，兹據下列引書及文義徑改正。

［六］ 美，甲本作“英”。考原文實作“今之妙舞莫巧於絳樹”，至甲本時，“莫”誤作“英”，臆改成“今之妙舞英巧莫過絳樹”，底本過録時，既襲此誤，又將“英”字改文作“美”。按:《初學記》卷一九《美婦人》事對“絳樹”條，《太平御覽》卷三八一《人事部·美婦人》，俱引《魏文帝與繁欽書》曰:“今之妙舞，莫巧於絳樹。”

［七］ 按:《藝文類聚》卷三五《人部·婢賦類》，載後漢蔡邕《青衣賦》一條，後漢張安超《譏青衣賦》一條。

［八］ 按:《李太白詩》卷七《豳歌行上新平長史兄粲》云:“趙女長歌入彩雲，燕姬醉舞嬌紅燭。”

［九］ 按：参見前則。

［一〇］ 按:《類林雜説》卷九《美婦人篇》“末喜”條云:“末喜，夏王桀之后也。爲人美貌，夏王耽之，荒淫無度，坐喜於膝。喜好聞裂帛之聲，桀順之，縱戲無息。殷湯爲侍臣，數忠諫之出，桀爲之妖言，囚殷湯於後臺。關龍逢直諫，桀殺之。出《太史公本紀》。”文字亟詳，末云:“出太史公《本紀》。”實非《殷本紀》文字，蓋私家類書之編纂體例不嚴，書名混置，故假其名耳。劉向《列女傳》卷七《孽嬖傳》“夏桀末喜”條，極其詳備。《琱玉集》卷一四《美人》首則“妹嬉滅夏”條、伯二六三五號《美人篇》首則“末嬉”條，與《類林雜説》幾近全同。

［一一］ 己，底本作“妃”，兹據文義徑録正。按：“妃”“己”二字古音同部，諧聲偏旁一同，故多通假。

［一二］ 按：劉向《列女傳》卷七《孽嬖傳》之第二則即“殷紂妲己”，文字極詳。《類林雜説》卷九《美婦人篇》“妲己”云：“妲己：蘇國侯之女也。殷紂以蘇不來進女，欲伐蘇侯，侯大懼，以進妲己。紂耽之，不恤政事，見好不懽，見恶即悦。紂爲大銅柱，燒令赤，使人抱之墮地；又作銅斗，重一百一十

斤，火燒令赤，令人抱之即爛其手，妲己乃大笑。刳剔孕婦，焚炙忠良，爲惡非一，爲周武王所滅。出《史記》。”此則文字詳備。伯二六三五號《美人篇》“妲己”條同，不注出處。《琱玉集》卷一四《美人》次則“妲己喪殷”條，則同《類林》。

［一三］ 上，底本作“中”，兹據甲本及文義徑改。按：《類林雜説》卷九《美婦人篇》“趙飛鸞”條云：“趙飛鸞：本平陽公主侍女，帝美之，遂立爲后。體輕能舞，纖輭有色，成帝甚美之。”事義文字近似。《琱玉集》卷一四《美人》“飛鸞纖腰”條、伯二六三五號《美人篇》“趙皇后”條，并引“《前漢書》”，文字一致，較原卷詳備。《蒙求》“飛燕體輕”條引《前漢書》及《西京雜記》，事義近似，文字差異大。又見劉向《列女傳》卷八“趙飛燕姊娣”條。

［一四］ 底本“金”字上有“陰”字，音近而衍，故其旁加“卜”形删節符號，兹據文義徑删。

［一五］ 按：《類林雜説》卷九《美婦人篇》“陰后”條云：“陰后，南陽宛人也。轉麗華皇后兄識爲金吾。光武每見執金吾出，車騎甚盛，帝歎曰：‘仕宦當得執金吾，娶妻當得陰麗華。’后美也。事出《漢書后傳》。”略詳。《琱玉集》卷一四《美人》“陰后感夫”條，出“《前（後）漢書》”；伯二六三五號《美人篇》“陰皇后”條，出“後漢皇后傳”，三者文字近似，較原卷詳備。今本《後漢書》卷十上《皇后紀》詳載之。《太平御覽》卷三八〇《人事部・美婦人》引《東觀漢記》，事同文異。

［一六］ 二女，底本作“女二”，旁加鈎乙符號，兹據此乙正。

［一七］ 按：《類林雜説》卷九《美婦人篇》“黄公”云：“黄公，二女皆美色，公每日稱其女醜，醜名遠矣，過時無人娶之。周人。出《尹文子》。”《琱玉集》卷一四《美人》“黄公謙女”條、伯二六三五號《美人篇》“黄公女”條，并出《尹文子》，事義與原卷近似，文字微有小異。

［一八］ 時將軍也，甲本無“時”字，底本無“也”字，兹據文義徑補。

［一九］ 態，底本、甲本俱誤作“能”，蓋脱“心”字，兹據下列引書及文義徑改正。

［二〇］ “墮”字上，底本有“墜”字，其旁加“卜”形删節號，蓋因下文形近而衍，兹據文義徑删。

［二一］ 按:《後漢書》卷三四《梁冀傳》云:“(妻)壽色美而善爲妖態，作愁眉，嗁粧，墮馬髻，折腰步，齲齒笑，以爲媚惑。”《類林雜説》卷九《美婦人篇》“梁冀妻”條，云:“梁冀妻，有美，能爲愁眉嗁妝、墮馬髻、折腰步、齲齒笑以爲媚。漢桓時人。出《後漢·梁冀傳》。”《琱玉集》卷一四《美人》“冀妻齲齒”條，則曰:“出《梁冀傳》”，伯二六三五號《美人篇》“良(梁)冀妻”條，亦曰:“出《梁冀傳》”，《蒙求》卷上“孫壽折腰”條，不注出處，蓋文字大抵與原卷近似。又《太平御覽》卷三八〇《人事部·美婦人》，引華嶠《後漢書》，與上述諸條互有詳略。干寶《搜神記》卷六第五〇則“梁冀妻”條，亦見載録。

［二二］ 按:《毛詩·衛風·碩人》二章末數句云:“螓首蛾眉，巧笑倩兮，美目盼兮。”《樂府詩集》卷二九李白《王昭君》云:“燕支長寒雪作花，蛾眉憔悴没胡沙。”

［二三］ 按:崔豹《古今注》卷下《雜注》曰:“魏文帝宫人有絶所寵愛者，有莫瓊樹、薛夜來、田尚衣、段巧笑四人，日夕在側。瓊樹乃製蟬鬢，縹緲如蟬翼，故曰蟬鬢。”《太平御覽》卷三八一《人事部·美婦人下》亦引上則事類，文字略簡。又《白氏長慶集》卷一二《婦人苦詩》曰:“蟬鬢加意梳，娥眉用心掃。”

［二四］ 按:《全唐詩》卷七二三李洞《贈入内供奉僧詩》:“因逢夏日西明講，不覺宫人拔鳳釵。”

［二五］ 按:《文選》卷一九《賦癸·神女賦(宋玉)》曰:“瓌姿瑋態，不可勝贊。”同卷曹子健《洛神賦》曰:“瓌姿艷逸，儀静體閑。”

［二六］ 貌，底本作“皃”，兹據文義徑録正。按:皃，爲“貌”俗字。《文選》卷二八《詩戊·樂府詩十七首·日出東南隅行(陸士衡)》云:“綺態隨顔變，沈姿無乏源。”

［二七］ 按:《藝文類聚》卷五七《雜文部·七》引後漢崔駰《七依》曰:“回顧百萬，一笑千金。”又逯欽立輯校《梁詩》卷一二王僧孺《詠寵姬詩》:“再顧連城易，一笑千金買。”又參見下則。

［二八］ 深，甲本作“流”。〇如玉，底本“如其如玉”，甲本同，兹據文義删。按:《樂府詩集》卷七九《近代曲辭》隋代薛道衡《昔昔鹽》云:“恒斂千金

笑，長垂雙玉啼。”

［二九］ 按：《淮南國志》一書亡佚，今據崔豹《古今注》曰：“芙蓉，一名荷花，生池澤中……一名水芝，一名水花，色有紅白紫青黄。”此形容美人顔色也。《全唐詩》卷四三五白居易《長恨歌》曰：“芙蓉如面柳如眉，對此如何不淚垂。”

［三〇］ 華，甲本作“花”。

［三一］ 按：此爲《毛詩·召南·何彼襛矣》第二章第二句。

［三二］ 按：此事見《漢書》卷九七上《外戚·李夫人傳》，《類林雜説》卷九《美婦人篇》“李夫人”條云：“李夫人，隴西成紀人，有貌，漢武帝寵之。夫人病，武帝臨之，夫人以被蒙面，不承帝顔，帝以手揭被，夫人轉面向壁，帝出後，夫人姊謂夫人曰：‘帝自臨之情不能已，今患將困，奈何不言囑其兄弟，而蒙面不承帝顔？’夫人曰：‘帝顧我者，以我昔時容貌，今抱病，形容憔悴，若見我面，當有棄我之心，心若有異，兄弟豈得榮乎？’姊伏其言。夫人死後，帝常思其顔貌，時有方士任公，能致其神靈如平生，帝見夫人於帳中，遥而視之，不得相近，出《前漢》。”《琱玉集》卷一四《美人》“李夫見影”條，伯二六三五號《美人篇》“李夫人”條，三者并出《前漢書》，文字近似，皆較原卷爲詳明。《太平御覽》卷三八〇《人事部》“美婦人”條引《漢書》，差異較大。

［三三］ 舒，底本、甲本俱脱“舒”字，兹據下列引文及文義補。母，底本無，甲本作“女”，兹據下列引文及文義補。

［三四］ 大夫，底本誤作“夫人”，當作“大夫”，兹據甲本、下列諸書及文義改正。

［三五］ 惑，底本作“或”，甲本作“惑”，蓋同音而通假，當作“惑”，兹據甲本及文義徑改。按：此條事類散見於《左傳》，《史記》卷三六《陳杞世家》俱有詳載。《類林雜説》卷九《美婦人篇》“夏姬”條云：“夏姬：夏徵舒之母，陳大夫世叔之妻，三爲王后，一爲夫人，納之者無不迷惑。陳靈公與大夫孔寧、儀行父共通於夏姬，廢失朝政，徵舒遂弑靈公。又申公盜將夏姬亡奔於晋，晋人殺巫臣，又娶夏姬。周時人。出《史記》。”則有一七之異，西夏文譯本作二，《琱玉集》卷一四《美人》“夏姬亂國”，伯二六三五號《美人篇》“夏姬”條，并引

《史記》，文字皆近似。劉向《列女傳》卷七《孽嬖傳》"陳女夏姬"一則，又更詳備矣。

［三六］ 按：鄭袖事類見《史記》卷七〇《張儀傳》及《戰國策·楚策三》，又見《史記》卷四〇《楚世家》《敦煌變文集新書》句道興《搜神記》"鄭袖"條，言之極詳。寫卷作秦惠王美人者誤記也。《太平御覽》卷三八〇《人事部·美婦人》引作《國語》。

［三七］ 姒，底本作"似"，甲本作"姒"，玆據甲本及文義徑改。

［三八］ 王，底本誤作"人"，當作"王"，玆據甲本及文義徑改。

［三九］ 按：《類林雜説》卷九《美婦人篇》"褒姒"條云："褒姒，褒國龍胎女也。褒人見其美色，遂獻周幽王，王耽之，廢申后，立褒爲后。幽王爲之舉烽火、打大鼓，諸侯聞之，謂胡賊至，皆赴殿前，幽王曰：'無賊，朕使褒姒笑耳。'如是非一，逮及犬戎來伐，幽王舉烽火、打鼓，諸侯謂之無賊，不來救。幽王獨戰敗於獻水之上，身死驪山之下，并殺褒姒。申后立幽王之子宜臼爲平王。出《帝王世紀》。"《琱玉集》卷一四《美人》"褒姒覆邦"條，伯二六三五號《美人篇》"褒姒"條，并出"《帝王世紀》"，文字俱較此詳備。足證原卷編録乃憑記憶節述，非引録全文。

［三五］貞男

顔叔子：魯人也。獨居一室，夜大雨，北舍屋崩，有女子來投宿，顔秉燭坐，燭盡[一]，撤屋續火[二]，至曉明已[三]，不二。周時人，出《史記》[四]。

柳下惠：姓展名禽，魯人也。夜歸不及，舍郭門宿。又有女子來同宿，時大寒，坐女懷中，以衣覆之，至曉，不爲淫亂[五]。

楊秉：字叔節，華陰人。爲人清白[六]，每歎曰："吾有三不惑[七]：酒、色、財。"[八]

宋弘：字仲子[九]，美貌，漢明帝時爲侍中，時湖陽公主寡[一〇]，公主私心敬弘。帝知［其］意[一一]，以弘有妻，帝難之，乃引弘，從容謂弘曰[一二]："朕聞貴易交，富易妻[一三]，人情乎？"弘曰："臣聞糟糠之妻，雖貴不忘。"去後[一四]，帝謂主曰[一五]："事不諧矣。"[一六]

【校釋】

［一］ 顔秉燭坐燭盡，底本作“秉燭坐盡”，甲本作“顔秉燭坐燭盡”，玆據甲本及文義補。

［二］ 撤，底本脱，甲本作“徹”，同音通假字，當作“撤”，玆據文義徑録正。

［三］ 至曉明已，底本作“至明”，玆據甲本及文義補。

［四］ 出，底本作“示”，形近訛誤，當作“出”，玆據甲本及文義徑改正。按：此事類詳見《毛詩·小雅·巷伯》，《毛傳》引述此事極爲詳備。《類林雜説》卷一三《燈燭篇》“顔叔子”一條，亦引作“《史記》”。唯略有殘損，且爲後來增廣，文字似較簡略。又參見下則。

［五］ 按：《孔子家語》卷二《好生》曰：“魯人有獨處室者，鄰之嫠婦，亦獨處一室。夜，暴風雨至，嫠婦室壞，趨而託焉，魯人閉户而不納。嫠婦自牖與之言：‘何不仁而不納我乎？’魯人曰：‘吾聞男女不六十不同居，今子幼，吾亦幼，是以不敢納爾也。’婦人曰：‘子何不如柳下惠然，嫗不逮門之女，國人不稱其亂。’魯人曰：‘柳下惠則可，吾固不可。吾將以吾之不可，學柳下惠之可。’孔子聞之，曰：‘善哉！欲學柳下惠者，爲未有似于此者，期于至善，而不襲其爲，可謂智乎。’”又《荀子》大略篇云：“柳下惠與後門者同衣而不見疑。非一日之聞也。”楊注曰：“柳下惠，魯賢人公子展之後，名獲，字禽，居於柳下，謚惠，季；其伯仲也。後門者，君之守後門，至賤者。子夏言：“昔柳下惠衣之敝惡與後門者同，時人尚無疑怪者，”言安於貧賤，渾跡而人不知也。”

［六］ 人，底本脱，玆據甲本及文義補。〇白，底本作“自”，當作“白”，玆據甲本及文義改正。

［七］ 惑，底本作“或”，當作“惑”，玆據甲本及文義徑改正。

［八］ 按：《蒙求》有“秉去三惑”條，其注曰：“《後漢》秉字叔節，震中子也。桓帝時，爲太尉。每朝廷有得失輒盡忠規諫，多見納用。秉性不飲酒，又早喪夫人，遂不復娶，所在以淳白稱。嘗言曰：‘我有三不惑，酒、色、財也。’”

［九］ 字，底本作“宋”，形近訛誤，當作“字”，玆據甲本及文義徑改正。

［一〇］ 湖陽，底本作“胡陽”，甲本同，玆據下列引書及文義徑改正。

［一一］其，底本脱，甲本作“主”，兹據下列引書及文義徑録正。

［一二］從，底本作“縱”，甲本同，當作“從”，兹據文義徑録正。

［一三］貴易交富易妻，甲本作“富易交，貴易妻”。

［一四］去後，甲本作“弘去”。

［一五］底本“謂”字下有“公”字，兹據甲本、《後漢書》及文義删。

［一六］按：《後漢書》卷二六《宋弘傳》曰：“宋弘字仲子……哀平閒作侍中……時帝姊湖陽公主新寡，帝與共論朝臣，微觀其意。主曰：‘宋公威容德器，群臣莫及。’帝曰：‘力且圖之。’後弘被引見，帝令主坐屏風後，因謂弘曰：‘諺言貴易交，富易妻，人情乎？’弘曰：‘臣聞貧賤之知不可忘，糟糠之妻不下堂。’帝顧謂主曰：‘事不諧矣。’”又《太平御覽》卷五一七《宗親部・姊妹》引謝承《後漢書》，《蒙求》卷中有“宋宏不諧”條，文字近似，然不言“漢明帝時爲侍中”。

［三六］貞婦

魯秋胡婦：秋胡娶之五日，往仕陳，五年始歸。懷金一餅，去家道旁，見採桑婦[一]，胡曰：“願託一湌，今有金，願贈夫人也。”婦採桑不輟[二]，謂胡曰：“妾以績紡，以仕（事）舅姑[三]，不願人之金矣！”胡至家，捧金遺母，母使人呼婦。婦至，乃採桑婦也[四]。婦曰：“君行得金忘母，乃悦道傍女婦[五]，是不孝也。君更娶矣！妾亦不嫁。”遂投河而死[六]。

息君夫人：息國君夫人也[七]。楚滅息，楚王納夫人，夫人不從，乃詩曰：“穀則異室，死則同穴。謂予不信，有如皎日。”遂自煞。息君聞之[八]，亦自死[九]。

衛恭姜：衛世子恭伯妻也。伯亡，父欲嫁之，乃作《柏舟》之詩[一〇]，以見其志[一一]。

梁高行：梁之寡婦。梁王聞之，使聘之[一二]。行曰：“妾之夫不幸而死，守養孤幼，以全貞信[一三]。若弃義而從利[一四]，無以爲人。”乃操鏡截鼻[一五]，曰：“刑餘之人，殆免矣。”時號爲“梁高行”。又曹文叔妻夏侯氏，文叔早亡，妻美皃[一六]，恐其嫁[一七]，乃截髪爲信。其家後欲嫁［之］[一八]，遂截耳割鼻以如誓[一九]。

楚貞姬：楚白公勝妻也。白公死，吴王聞其美，使操金百鎰，白璧一雙，聘之[二〇]。

貞姬守志不從，因號焉[二一]。

禮脩:《列女傳》曰:“漢趙高妻也。姑嚴酷無道，小怒則罵，大怒則罰，禮脩無愠色，引過自咎。”[二二]

陶公女：魯陶公女也。少寡，魯人競娶之，乃作頌以表心，人遂止[二三]。

【校釋】

［一］ 桑，底本形近訛誤作“貢”，當作“桑”，兹據甲本及文義徑改正。

［二］ 採桑不輟，底本無，兹據甲本、下列引書及文義補。

［三］ 仕，底本作“仕”，甲本脱，当作“事”。

［四］ 底本“桑”字上原有“貢”字，其旁加“卜”形删節符號，此因“桑”字誤衍，兹據文義徑删。

［五］ 乃悦，底本作“方始”，文義未暢，甲本模糊，諸書皆作“乃悦”，形近訛誤，兹據下列引書及文義徑改正。

［六］ 死，底本作“矣”，兹據甲本、下列引書及文義改正。按：秋胡婦事見劉向《列女傳》卷五《節義·魯秋潔婦》，言之甚詳。《太平御覽》卷四四一《人事部·貞女下》“魯秋潔婦”條，引劉向《列女傳》，略有删節，然尚近似原卷而詳備。《藝文類聚》卷一八《人部·賢婦人》引《列女傳》，則又與原卷互有詳略。

［七］ 君，底本無，兹據甲本及文義補。

［八］ 聞之，底本無“之”字，兹據甲本及文義補。

［九］ “死”字下，甲本有“矣”字。按：此條事類劉向《列女傳》卷四《貞順·息君夫人》條，詳載此則。《太平御覽》卷四四〇《人事部·貞女中》引《列女傳》，略詳於原卷。原寫卷非但較《太平御覽》簡略，其事義又因删節，失其原義矣。

［一〇］ 作，甲本殘，底本作“伯”，以下文“柏”字而誤，當作“作”，兹據《毛詩·序》及文義改正。

［一一］ 按：《毛詩·序》曰：“柏舟，共姜自誓也。衛世子共伯蚤死，其妻守義，父母欲奪而嫁之，誓而弗許，故作是詩以絶之。”《藝文類聚》卷一八《人部·賢婦人》、《太平御覽》卷四三九《人事部·貞女上》，并引《毛詩》，文義同，唯《太平御覽》尚及詩文。

［一二］ 聘，甲本作“娉”，形近訛誤，當作“聘”。

［一三］ 以全，底本作“全以”，兹據甲本及文義徑改正。

［一四］ 從，底本作“行”，義不如甲本，兹據甲本及文義徑改。

［一五］ 操鏡截鼻，甲本同，所引諸書并作“援鏡操刀以割其鼻”。

［一六］ 美皃，甲本脱。

［一七］ “恐其嫁”上，底本有“死”字，旁加“卜”字刪節號，兹據文義刪。

［一八］ 嫁［之］，底本、甲本俱無“之”字，兹據下列引文及文義補。

［一九］ 以如誓，底本作“爲誓”，義不如甲本，兹據甲本及文義改。按：“梁高行”事劉向《列女傳》曾經見載，極其詳備。《藝文類聚》卷一八《人事·賢婦人》、《太平御覽》卷四四一《人事部·貞女下》，并引同書，微有節略，然皆較原卷詳明。其次段“曹文叔妻”事甲本乃後來旁加文字，置此則標目下亦顯不倫，今底本已經過録爲正文。《太平御覽》卷四四〇《人事部·貞女上》引《列女傳》，載有此則，不似原卷簡略，事義微有差異。

［二〇］ 聘，甲本作“娉”，“娉”乃形容女子十七八歲娉婷玉立之貌，與作動詞之“聘約”義不同，因形音近而訛誤也，引文可證。

［二一］ 按：劉向《列女傳》卷四《貞順類》“楚白貞姬”條，載此事備詳。《藝文類聚》卷一八《人部·賢婦人》《太平御覽》卷四四一《人事部·貞女下》，并引同書，文字微有小異。

［二二］ 按：此則曾見載於甲本，後又圈去，以與本卷第二七《孝婦》門第四則重出，故刪節，是以底本不録。今備存聊供參考。

［二三］ 按：劉向《列女傳》卷四《貞順門》“魯寡陶嬰”條，即載此則事類。《太平御覽》卷四四一《人事部·貞女下》引書同，文字并較原卷詳備。

［三七］醜男

張孟陽：甚醜，效潘安仁乘車入市［一］，群嫗唾之，擲瓦礫盈車［二］。

賈大夫：《左傳》曰：“賈大夫醜容，娶妻而美［三］，妻惡之［四］，三年不言不笑，後御如臯射雉［五］，獲之，其妻始笑。”［六］

左太冲：容貌甚醜［七］。

【校釋】

［一］效，底本、甲本并作“効”，即效力之義，與在校學習之“效”義不同，然古書以音同義近而多通假，兹據下引書及文義改徑正。

［二］按：《世説新語》卷下《容止》第七則“左思絶醜”下，劉孝標注引《語林》曰：“張孟陽至醜，每行，小兒以瓦石投之，亦滿車。”與原卷事類同。《類林雜説》卷十《醜丈夫篇》“張孟陽”條云：“張孟陽：晋張載，字孟陽，甚醜。嘗乘車出，游市，群女競笑，争以瓦礫擲之，至於滿車。”《蒙求》“孟陽擲瓦”條，不注出處，唯事類同。《琱玉集》卷一四《醜人》“孟陽頻遭嫗瓦”條，文字近似，注“出《晋抄》”。《太平御覽》卷三八二《人事部·醜丈夫》，引作“《晋書》”。

［三］“美”字上，底本有“妾”字，乃“美”“妻”二字之誤合而衍，故其旁加“卜”形删節符號，兹據文義徑删。

［四］妻惡之，底本脱“妻”字，兹據甲本及文義徑補。

［五］皐，底本作“鼻”，形近訛誤，當作“皐”，兹據甲本及文義徑改正。

［六］底本“笑”字上有“一”字，兹據甲本及文義徑删。按：《左傳》昭公二十六年曰：“昔賈大夫惡，娶妻而美，三年不言不笑，御以如皋，射雉，獲之，其妻始笑而言。”（此魏子勉勵賈辛大夫之諭）《太平御覽》卷三八二《人事部·醜丈夫》、《初學記》卷一九《醜人》叙事欄，并節引《左傳》，文字近似。《類林雜説》卷十《醜丈夫篇》“賈大夫”條云：“賈大夫，《左傳》：賈大夫貌惡，娶妻而美，三年不言笑，御以如皋，射雉獲之，其妻於是始言笑。”《蒙求》卷下“賈氏如皐”條，并引“《左傳》”，與原卷文字近似。《琱玉集》卷一四《醜人》“賈卿善射逢歡”條，引“春秋”，備極詳明。

［七］貌，底本作“皃”，爲“貌”俗字，兹據文義及《晋書》徑録正。按：《晋書》卷九二《文苑傳》言左思“貌寢，口訥，而辭藻壯麗”。《世説新語·容止》第七則上言潘岳，下言左思絶醜，效岳遊遨，遭嫗亂唾事。劉孝標注亦引《續文章志》曰：“思貌醜頳，不持儀飾。”《太平御覽》卷三八二《人事部·醜丈夫》、《初學記》卷一九《醜人》叙事欄，并引《晋書》曰：“左思貌醜而口訥。”唯《琱玉集》卷一四《醜人》“左思容麤被唾”條曰：“左思字泰冲，晋時人也。嘗學潘岳遊遨，郡（群）嫗圍遶，齊共唾之，委頓而返。出《晋抄》。”則近《世説》一系。

［三八］醜女

嫫母：極醜，有禮德[一]，黄帝納之，使訓後宫，今之魌頭是其遺也[二]。

無鹽：齊之醜女，當代無雙。年四十[三]，嫁不售，自詃於宣王。宣王置酒漸臺，召無鹽入，鹽撫胸曰："殆哉！殆哉！"者四。王曰："願聞。"[四]鹽曰："王西有衡秦之患[五]，南有强楚之讎，外有三國之難[六]，内聚奸臣，衆賢不附，春秋四十，國嗣不立，此一殆也。漸臺五重，好飾不已，萬人疲極，此二殆也。賢者伏匿於山林，讒諛列任於左右，諫者不通，此三殆也。耽酒沉湎[七]，女樂無度，此四殆也。"宣王即停漸臺，罷女樂，進直諫，退讒諛，冊無鹽，立爲皇后[八]。

鍾離：齊之醜女也[九]。

宿瘤[一〇]：齊之醜女也[一一]。

荆釵：梁鴻妻孟光[一二]，漢時扶風孟氏之女，醜，亦有德行，力能舉石臼[一三]。

蓬頭：後漢王霸妻也[一四]。

阮氏[一五]：許允妻者，陳留阮［德］儒妹也[一六]，甚醜。允自交禮，更不復入。李（桓）範曰："阮嫁女與卿，當有意，宜察之。"允遂漸入即出，妻捉裾停之。允曰："婦有四德，卿有幾？"婦曰："有乏者容耳！"婦謂允曰："士有百行，君有幾？"允曰："［皆］備[一七]。"婦曰："好色不好德，何言皆備？"允慙，遂相崇重。魏末人[一八]。

【校釋】

［一］德，底本作"帝"，音近與下文致訛，當作"德"，玆據甲本、下列引書及文義徑改正。

［二］按：《初學記》卷一九《醜人》叙事及事對，并引何承天《纂文》曰："嫫母、醜人也，黄帝愛幸。"《類林雜説》卷十《醜婦人》篇"嫫母"條云："黄帝時人，極醜，帝納之，使訓後宫，而有婦德。出《帝王世紀》。"《琱玉集》卷一四《醜人》"嫫母鎚頭顣頞"條，文字近似，唯叙述前後不同，且誤作"出帝王世家"。

［三］四十，底本誤作"十四"，當作"四十"，玆據甲本及文義徑改正。按：《琱玉集》作"三十"，此受合文"卅""卌"一筆之差所影響。

［四］願聞，"聞"底本作"間"，此書寫筆畫之小差異，甲本作"聞願"，旁

有鈎乙符號，兹據甲本及文義徑改録正。

［五］衡秦，底本、甲本俱作“秦衛”，以形近致誤，當作“衡秦”，兹據下列引書及文義改正。

［六］國，甲本殘損模糊，似爲“禍”字，當作“國”，兹據文義徑録正。

［七］湎，底本作“醧”，甲本作“緬”，形音近而假借，當作“湎”，兹據文義及下引書徑改正。

［八］按：此則事類劉向《新序》卷二《雜事篇》末則曾有見載，極其詳備。劉向《列女傳》卷六《辯通》“齊鍾離春”條，實載無鹽事，二者文字互有異同。《太平御覽》卷三八二《人事部·醜婦人》引劉向《列女傳》，近乎全同。《蒙求》卷下“無鹽如漆”條，雖引《列女傳》，實已删節“四殆”之説。《初學記》卷一九《醜人》，則與《蒙求》同。《類林雜説》卷十《醜婦人篇》“無鹽女”條云：“無鹽女，齊邑之醜女也。有德行，極醜，臼頭深目，長指大節，昂鼻結喉，肥項少髮，折腰跌胸，皮膚若漆。年四十，不售嫁，乃拂拭短褐，謁齊宣王，願備後宫，王乃留之漸臺，左右見之，皆掩口而笑。一日，對君曰：‘殆哉殆哉！’如此者三，宣王怪而問之，答曰：‘大王有秦衞之患，南有强楚之仇，外有二國之難，内有姦臣之衆，衆賢不附，王嗣未立，三日不安，此一殆也；漸臺五重，飾以金玉，萬民疲極，此二殆也；賢者伏匿於山林，讒説竟進於左右，此三殆也。’宣王納之，乃停漸臺，退讒説，納直諫，開四門納衆賢，乃以無鹽爲后，齊國中興，諸侯來朝也。”惟不注出處，文字較寫卷簡略。《琱玉集》卷一四《醜人》“無鹽戾股亞胸”條，雖申四殆之説，却乏明文，并注：“出《新序》。”又“萬人”原作“萬民”，寫卷因諱而改文。

［九］也，甲本似脱“也”字。按：《初學記》卷一九《醜人》事對，以宿留與卬鼻作對語，卬鼻下叙事即鍾離春也。《太平御覽》則以鍾離春與無鹽女爲同人異名，與《琱玉集》《類林雜説》《新序》等略異，參見前則。

［一〇］瘤，底本、甲本并作“留”，當作“瘤”，兹據下列引書及文義改正。

［一一］“女”字下，底本無“也”字，兹據甲本及文義補。按：劉向《列女傳》卷六《辯通》“齊鍾離春”下，即“齊宿瘤女”條，事類極爲詳備。《蒙求》“宿瘤採桑”條引書同，文字略有删節。《初學記》一九《醜人》事對“宿瘤”條，引書亦同，然節略更甚。唯《太平御覽》卷三八二《人事部·醜婦人》，

引書既同，文字十分近似。

［一二］ 孟，底本、甲本并作“馬”，當作“孟”，兹據下列引書及文義徑改正。

［一三］ 按:《後漢書》卷八三《逸民列傳》“梁鴻”下曰:“梁鴻字伯鸞，扶風平陵人……埶家慕其高節，多欲女之，鴻並絶不娶。同縣孟氏有女，狀肥醜而黑，力舉石臼，擇對不嫁，至年三十。父母問其故。女曰:‘欲得賢如梁伯鸞者。’鴻聞而娉之。”不及力大舉臼事。又劉向《列女傳》卷八《續列女傳》“梁鴻妻”條，文字雖亦詳備，却乏舉臼事。《蒙求》“孟光荊釵”條，已經删節。唯《初學記》卷一九《醜人》叙事，引同書則曰:“梁鴻之妻孟光，醜黑而肥，力能舉石臼。”《太平御覽》卷三八二《人事部·醜婦人》，引《東觀漢記》近似，略詳原卷。《類林雜説》卷九《壯勇篇》，伯二六三五號《壯勇篇》，二者文字幾近全同，曰:“梁鴻字伯鸞，扶風人也。鴻妻孟光，字德糴，有大力，能舉石臼。出《後漢書》。”《琱玉集》卷一二《壯力》第九則，無序文，作“梁鵠妻孟氏，名先，字德糴，力能舉大石臼也。出《後漢書》。

［一四］ 按:此條編録有失，考《後漢書》卷八四《列女傳》“王霸妻”一則曰:“太原王霸妻者，不知何氏之女也。霸少立高節，光武時，連徵不仕。霸已見《逸人傳》。妻亦美志行。初，霸與同郡令狐子伯爲友，後子伯爲楚相，而其子爲郡功曹。子伯乃令子奉書於霸，車馬服從，雍容如也。霸子時方耕於野，聞賓至，投耒而歸，見令狐子，沮怍不能仰視。霸目之，有愧容，客去而久卧不起。妻怪問其故，始不肯告，妻請罪，而後言曰:‘吾與子伯素不相若，向見其子容服甚光，舉措有適，而我兒曹蓬髮歷齒，未知禮則，見客而有慙色。父子恩深，不覺自失耳。’妻曰:‘君少修清節，不顧榮禄。今子伯之貴孰與君之高?奈何忘宿志，而慚兒女子乎!’霸屈起而笑曰:‘有是哉!’遂共終身隱遯。”又宋玉《登徒子好色賦》曰:“登徒子則不然，其妻蓬頭攣耳。”《太平御覽》卷三八二《人事部·醜婦人》，亦引此文。

［一五］ 甲本斯七九號訖本部“阮氏”條目之“阮”字。

［一六］ 德，底本脱，兹據文義及下引諸書補。

［一七］ 皆，底本脱，兹據文義及下引諸書補。

［一八］ 按:此則事類見《世説新語》卷下《賢媛》第六則，《類林雜説》

卷十《醜婦人》篇“阮氏”條云：“阮氏，陳留阮德儒之妹也。阮氏甚陋，嫁許允一宵後，允竟不入房。却出次婦捉衣裾留之，允謂曰：婦有四德，卿有幾何？答曰：所乏者容耳。婦曰：士有百行，君有幾何？允曰：俱備。婦曰：君好色不好德，何謂俱備？允大慙，後以禮待。魏人。出《語林》。”又“允竟不入房”之後刻本脱落“友人李範謂允曰：‘阮氏與卿，故當有意，卿宜察之。’允不答，允暫入房。”一行文字，發覺後又補於本則末。本條卷文與原卷近似。《琱玉集》卷一四《醜人》“出《魏志》”，文字亦大同小異。又斯七九號所謂甲本者，訖“阮氏”條目下“許”字止，以下再無寫卷可資校勘。

[三九] 閨情

南國：《古詩》曰：“南國有佳人，華容若桃李。”[一]

東鄰：東王（宋玉）名賦曰：“臣東鄰有女，增之一分太長，減之一分太短[二]，施粉太白，施朱太赤，登垣窺臣三年矣，臣不許之。”[三]

北方：漢武帝使李延年歌曰：“北方有佳人，絶代而獨立；一顧傾人城，再顧傾人國。”[四]

西施：吴之美女也。晋有驪姬、南威，楚有鄭袖。[五]

巫山：宋玉《高唐賦》曰：“楚王遊於高唐，晝寢，夢見神女，請薦枕，王因幸之而去，曰：‘妾在巫山之陽，高丘之阻，朝爲行雲，暮爲行雨，朝朝暮暮，陽臺之下。’王乃立朝雲廟於巫山。慙於暝雨。”[六]

洛浦：洛水神女名也，[曰]“宓妃”[七]。曹子建賦曰：“髣髴兮若輕雲之蔽[月]，飄飖兮若流風之迴雪。”[八]

秦樓：《古詩》：“日出城南隅，照我秦氏樓。秦氏有好女，自[名]爲羅敷[九]。羅敷善蠶桑，采桑南陌頭[一〇]。使君從南來，五馬立踟躕。”[一一]

下機：《史記》曰：“蘇秦字季子，洛陽人。説秦不遇而迴[一二]，妻不下機，嫂不爲炊。”[一三]

哭室：魏文帝《典論》曰：“王琰有功，當封侯，其妻哭於室，恐娶妾也。”[一四]

韓壽：壽美貌，爲客於賈充座上，充女慕之，竊充香，令婢送贈壽[一五]。

文君：司馬相如過卓王孫家宴，彈琴，王孫女文君聽之。相如知，因以琴調（挑）

之。其夜，文君奔相如，爲夫妻[一六]。

恒娥：《淮南子》曰："羿於西王母求不死之藥，其妻恒娥竊服之而奔月。"[一七]

織女：《石氏星經》曰[一八]："織女星爲牽［牛］星妻也[一九]。"

贈金：《列女傳》曰："魯秋胡妻貞潔，秋胡納之五日，仕陳。後還，婦采桑於路，胡不識，愛其姿容，乃贈金。婦不受，乃歸家，命婦至，乃是采桑婦也。"[二〇]

解佩：《神仙記》曰："江妃二女，不知何許人也。出遊湄，有鄭交甫者誂之，不知其神也。女乃解佩與之，交甫悦，授（受）其佩。相去數十步，懷中無佩，女亦不見。"[二一]

姧淫：任永君，犍爲人也。王莽簒位，避世，遂乃詐盲。妻以爲實，乃行姧於［目］前[二二]，永君乃亦不言。後世清，目還明，妻怪之，［曰］[二三]："時清目明。"妻慙死[二四]。

淇水：《毛詩》曰："送我於淇水上。"[二五]

桑陌：《毛詩》曰："邀我於上宫，期我於桑中。"[二六]

燕趙[二七]：

淚竹：江妃哭夫，以淚灑竹，竹盡成斑[二八]。

【校釋】

［一］按：此詩見載於《文選》卷二九《詩己·雜詩六首（曹子建）》前二句。李善注引《楚辭》曰："受命不遷生南國。"

［二］减，底本作"咸"，形近致脱偏旁，此寫卷常例，當作"减"，兹據文義徑録正。

［三］按：《文選》卷一九作宋玉《登徒子好色賦》，文字微有不同。原文云：玉曰："天下之佳人，莫若楚國；楚國之麗者，莫若臣里；臣里之美者，莫若臣東家之子。東家之子，增之一分則太長，减之一分則太短，著粉則太白，施朱則太赤，眉如翠羽，肌如白雪，腰如束素，齒如含貝，嫣然一笑，惑陽城，迷下蔡。然此女登牆窺臣三年，至今未許也。"《李太白詩》卷二四《效古之二》云："自古有秀色，西施與東鄰。"又卷四《白紵辭》云："揚清歌，發皓齒，北方佳人東鄰子。"

［四］按：逯欽立輯校《先秦漢魏晋南北朝詩》，此爲《漢詩》卷一《李延

年歌》首四句。“絶世”二字因避諱改文作“絶代”。又參見前則。

［五］ 按：西施事見《吴越春秋》或《越絶書》，《文選》卷三四《七上・七啓八首（曹子建）》云：“南威爲之解顔，西施爲之巧笑，此容飾之妙也。”南威事見《戰國策・魏二》，作“南之威”。李善注即云：“晋文公得南威，三日不聽朝。”驪姬事見《左傳》《國語》，又《列女傳》卷七《孽嬖》有“晋獻驪姬”條，文字極詳。鄭袖事見《戰國策・楚三》，參見本卷第三四部《美女》第二六則“鄭袖”條及第一九四頁注［三六］條。以上四人當分屬四條，今混而爲一，體例不純。

［六］ 按：《文選》卷一九《賦癸・高唐賦（宋玉）》云：“昔者楚襄王與宋玉遊於雲夢之臺，望高唐之觀，其上獨有雲氣，崪兮直上，忽兮改容，須臾之間，變化無窮。王問玉曰：“此何氣也？”玉對曰：“所謂朝雲者也。”王曰：“何謂朝雲？”玉曰：“昔者先王嘗遊高唐，怠而晝寢，夢見一婦人曰：‘妾巫山之女也，爲高唐之客。聞君遊高唐，願薦枕席。’王因幸之，去而辭曰：“妾在巫山之陽，高丘之阻，旦爲朝雲，暮爲行雨，朝朝暮暮，陽臺之下。”旦朝視之，如言，故爲立廟，號曰：‘朝雲。’”李善注引《襄陽耆舊記》，言之極詳。《太平御覽》卷三八一《美婦人下》《初學記》卷一九《美婦人・賦類》，并引此賦。《樂府詩集》卷一六《巫山高下》引《樂府解題》曰：“若齊王融想像巫山高，梁范雲巫山高不極。雜以陽臺神女之事，無復遇望思歸之意也。”

［七］ 曰，底本無，玆據文義補。〇宓，底本作“密”，當作“宓”，玆據《文選》及文義改。

［八］ 月，底本脱，玆據《文選》及文義補。按：此見《文選》卷一九《賦癸・洛神賦（曹子建）》，《初學記》卷一九《美婦人・賦類》亦曾見引。又《文選》卷一五《賦辛・思玄賦（張平子）》曰：“載太華之玉女兮，召洛浦之宓妃。”

［九］ 名，底本誤脱，玆據《文選》及文義補。

［一〇］ 桑，底本皆先作“乘”字，後旁改作“桒”，俗寫異體也，又書一字於眉端，玆據文義徑録正。

［一一］ 按：此詩見載於《玉臺新詠》卷一，即《古樂府・日出東南隅行》，一名《陌上桑》。《李太白詩》卷六《子夜吴歌》之一云：“秦地羅敷女，採桑緑

水邊。"

［一二］ 遇，底本作"通"，當爲"遇"字之形訛，兹據本書十一部《勤學》第四條引書及文義徑改正。

［一三］ 按：此條非《史記》文字，参見本卷十一部《勤學》第四條"刺股"。

［一四］ 按：《太平御覽》卷四八七《人事部·哭》引魏文《典論》曰："上洛都尉王琰獲高幹以封侯，其妻哭於内，爲琰富貴，更取妾故也。"

［一五］ 按：此條参見本卷第三三部《美男》"韓壽"條。

［一六］ 按：此條参見本卷第一六部《貧賤》第十五則"四壁"及第廿則"當爐"條。

［一七］ 按：此事見載於《淮南子·覽冥訓》，唯非原文。参見本卷第二部《公主》"仙娥"條。

［一八］ 氏，底本作"室"，音同訛誤，當作"氏"，兹徑録正。

［一九］ 牛，底本脱，兹據下列引書及文義補。按：此書亡佚。《文選》卷一《賦甲·西都賦（班固）》曰："臨乎昆明之池，左牽牛而右織女。"又卷一九曹植《洛神賦》"詠牽牛之獨處"下，李善注引曹植《九詠》注曰："牽牛爲夫，織女爲婦，織女牽牛之星，各處河鼓之旁，七月七日，乃得一會。"

［二〇］ 按：此則参見本卷第三六部《貞婦》第一則"魯秋胡婦"條。

［二一］ 按：《文選》卷一二《賦己·江賦（郭景純）》云："感交甫之喪珮。"李善注引《韓詩内傳》曰："鄭交甫遵彼漢皋臺下，遇二女，與言曰：'願請子之珮。'二女與交甫，交甫受而懷之，超然而去，十步，循探之，即亡矣。回顧二女，亦即亡矣。"然原典當出漢代劉向《列仙傳》卷上文字所云："江妃二女者，不知何所人也，出遊于江漢之湄。逢鄭交甫，見而悦之，不知其神人也。謂其僕曰：'我欲下請其佩。'僕曰：'此間之人皆習於辭，不得，恐罹悔焉。'交甫不聽，遂下與之言曰：'二女勞矣。'二女曰：'客子有勞，妾何勞之有？'交甫曰：'橘是柚也，我盛之以笥，令附漢水，將流而下，我遵其旁，采其芝而茹之，以知吾爲不遜也。願請子之佩。'二女曰：'橘是柚也，我盛之以莒，令附漢水，將流而下，我遵其旁，采其芝而茹之。'遂手解佩與交甫。交甫悦，受而懷之，中當心，趨去數十步，視佩，空懷無佩，顧二女，忽然不見。詩曰：'漢有遊女，不可求

思。’此之謂也。”

［二二］ 目，底本脱，兹據下列引文及文義補。

［二三］ 曰，底本脱，兹據下列引書及文義補。

［二四］ 按：王朋壽《類林雜説》一書乃自唐代于立政《類林》一書而改編，將五十類擴編爲百類，且因殘缺，故偶有部類誤混，如卷二《勤學篇》雜有《高士篇》事類，如今皆可據敦煌本伯二六三五號及西夏文本等予以復原。又此一“任永君”條《類林雜説》云：“任永君：武陽人也。王莽簒位，不仕莽世，故託青盲。其妻謂之實，乃與人姦於目前，永不言。見子墮井，忍不救。及莽亡，世祖中興，永君曰：世治矣！目即明。淫者自殺。光武時人。”文字較此詳細。又“世”字首字寫卷因避諱而作“廿”，二“清”字因避諱“治”字改文。

［二五］ 按：《毛詩·鄘風·桑中》一詩每章之末三句皆云：“期我乎桑中，要我乎上宫，送我乎淇之上矣。”

［二六］ 期，底本作“其”，當作“期”，兹據文義徑録正。按：此爲編者誤記，參見前則。

［二七］ 按：《太平御覽》卷三八〇《人事部·美婦人上》引《漢武故事》曰：“又起明光宫，發燕趙美女二千人充之。”又參見本卷三四部《美女》第七則“燕姬”、第八則“趙女”。

［二八］ 斑，底本作“班”，兹據下列引書及文義徑録正。按：張華《博物志》卷八《史補》第二則云：“堯之二女，舜之二妃，曰湘夫人。舜崩，二妃啼，以涕揮竹，竹盡斑。”《太平御覽》卷九六三《竹部》引任昉《述異記》事同文異。《文苑英華》卷二七二郎士元《送李敖湖南書記》曰：“入楚豈忘看淚竹，泊舟應自愛江楓。”

［四〇］神仙

蓬萊[一]：

方丈[二]：

瀛州：此三神［山］者[三]，在渤海中，諸仙不死之藥在焉[四]。

青磎：郭璞《遊仙詩》曰："青磎千仞餘[五]，中有一道士。"[六]

赤城[七]：

玄都[八]：

紫府[九]：

碧洞[一〇]：

黄庭：並仙人所居處也[一一]。

丹臺：仙人名字皆在丹臺[一二]。

玄圃：《神仙傳》曰："崑崙山三角：一角正北，名閬風嶺；一角正西，名玄圃臺；一角正東，名崑崙宫。其一處有積金，爲大城，城面千里，中有金臺。"[一三]

金壇：茅君待客於金壇[一四]。

石室：王烈引嵇康於石室中[一五]，看樑上書[一六]。

玉闕：《山海經》曰："西王母居崑崙山，有金臺玉闕。"[一七]

九府：《神仙經》曰："崑崙山有銅柱，其高入天，所謂天柱。下有仙人九府，與天地同休。"[一八]

玄霜[一九]：

絳雪：並西王母仙藥名[二〇]。

瓊英[二一]：

玉液[二二]：

金芝[二三]：

石髓：王烈於太行山食[二四]，得仙[二五]。

雲飛散[二六]：

石流丹[二七]：

沆瀣漿：古《遊仙詩》曰："帶我瓊瑶珮，飡我沆瀣漿。"[二八]

三真：術也[二九]。

九芝：蓋也[三〇]。

雲服[三一]：

霓裳[三二]：

鸞驂[三三]：

鳳駕[三四]：

白鶴：《搜神記》曰："遼東城門華表柱，忽有白鶴集柱上，徘徊曰：'有鳥有鳥丁令威，去家千歲今始歸[三五]，城郭如故人民非。何不學仙［去，空伴］塚壘壘[三六]。'遂冲天而去。"又王子晋得仙乘白鶴，七月七日於維城山頭遥别家人，舉手謝而去[三七]。

赤龍：陶安公者，冶師也。冶火紫氣衝天，有朱雀來止冶曰[三八]："安公安公，冶與天通；七月七日，迎汝［以］赤龍[三九]。"至時，安公乘龍而去[四〇]。

石羊：黄初平放羊於金華山，初平得仙，其羊亦化爲石。初［平］叱之[四一]，石復爲羊[四二]。

玉舄：安期［生］[四三]，阜鄉人。賣藥海邊，時人云："千歲翁"。秦始皇見，與語三日三夜，賜金璧數十［萬］[四四]。出於阜，並置而去，留書以赤玉舄爲報[四五]。

金案：《神仙傳》曰："沈義爲仙所遇，見老君，與金案玉盤賜義。"[四六]

【校釋】

［一］ 按：參見本部第三則"瀛州"。《後漢書》卷八〇下《邊讓傳·章華賦》曰："舉英奇於仄陋，拔髦秀於蓬萊。"

［二］ 按：參見本部第三則"瀛州"。

［三］ 山，底本誤脱，兹據下列引書及文義補。

［四］ 按：《史記》卷二八《封禪書》曰："自威、宣、燕昭使人入海求蓬萊、方丈、瀛洲。此三神山者，其傳在勃海中，去人不遠……諸僊人及不死之藥皆在焉。"《藝文類聚》卷七八《靈異部上·仙道》、《初學記》卷二三《道釋部》、《太平御覽》卷六六三《道部五·地仙》，并引此條。《李太白詩》卷一五《夢遊天姥吟留别》云："海客談瀛洲，煙濤微茫信難求。"

［五］ 磎，底本作"溪"，《文選》作"谿"，三字皆可通假，唯此作山谷解，則以"磎"字爲佳，兹據條目及文義徑改。

［六］ 按：此詩見載於《文選》卷二一《詩乙·詠史》，"千仞餘"作"千餘仞"。《藝文類聚》卷七八《靈異部》，曾引此詩。《初學記》卷二三《道釋部·觀》，引陳朝陰鏗《遊始興道館詩》："紫臺高不極，青溪千仞餘。"

［七］ 城，底本作"成"，當作"城"，兹據文義及下列引書改正。按：《庾子山集》卷四《道士步虚詞》云："五春芬紫府，千燈照赤城。"《藝文類聚》卷七八《靈異部上·仙道》，曾引此詩。

［八］ 按:《初學記》卷二三《道釋部·道》，語對中有“蒼腎青肝”條，引《列記經》曰:“玄都丹臺有皇皇金字者，則青肝紫絡，蒼腎綾文。”

［九］ 按：參見本部第五則“赤城”條及二〇九頁注［七］條。

［一〇］ 按:《太平御覽》卷六六三《道部五·地仙》，引《茅君傳》曰:“霍林司命治赤城丹山玉洞之府。”

［一一］ 按:《初學記》卷二三《道釋部·僊》引崔玄山《瀨鄉記》曰:“或以黄庭乘僮人。”道經亦有“《大洞黄庭經》”。又此則并可釋“赤城”以下數標目。

［一二］ 按：參見本部第六則“玄都”及本頁注［八］條，又《李太白詩》卷二《題隨州紫陽先生壁》:“復聞紫陽客，早署丹臺名。”

［一三］ 按:《藝文類聚》卷七八《靈異部·上仙道》引《十洲記》，文字大略近似。又同上卷引《道士步虚詞》曰:“丹丘乘翠鳳，玄圃馭班麟。”

［一四］ 君，底本誤作“居”，形近訛誤，當作“君”，兹據文義徑改正。壇，底本作“臺”，其旁加“卜”形删節符號，并於眉端加一“壇”字，兹據文義徑録正。待，底本作“侍”，此寫卷偏旁時混之例，當作“待”，兹據文義徑改正。按:《太平御覽》卷六六三《道部五·地仙》，引《茅君傳》曰:“句曲山洞周一百五十里，秦時名爲句金之壇，漢時三茅君得道，來治此山。”又《雲笈七籤》卷二七“洞天福地”引文近似。

［一五］ 烈，底本作“列”，形近訛誤，當作“烈”，兹據下列引書及文義改。

［一六］ 按:《晋書》卷四九《嵇康傳》曰:“又遇王烈，共入山，烈嘗得石髓如飴，即自服半，餘半與康，皆凝而爲石。又於石室中見一卷素書，遽呼康往取，輒不復見。”《藝文類聚》卷七八《靈異部·仙道》引《神仙傳》，言此事極爲詳細。

［一七］ 臺，底本作“堂”，形近訛誤，當作“臺”，兹據文義及下引《水經注》改。按:《水經注》曰:“西王母告周穆王：去咸陽三十六萬里，山高地平，上有金臺玉闕，亦元氣之所含，天帝所治也。”“治”字因諱而删。

［一八］ 按:《太平御覽》卷三八《地部·崑崙山》引《神異經》曰:“崑崙有銅柱焉，其高入天，圍三千里，員周如削。銅柱下有屋壁，方百丈。”卷

一八七《居處部·柱》引《神異經》曰："崑崙山有銅柱，其高入天，所謂天柱也。圍三千里，圓迴如削，下有仙人［九］府，與天地同休息。男女名曰玉人，男即玉男，女即玉女，無爲配疋，而仙道成也。"蓋此文同出一典，并可互補闕文。

［一九］按:《初學記》卷二《天部·雪》叙事，引《漢武帝内傳》云："仙家上藥有玄霜、絳雪。"《太平御覽》卷六六一《道部·真人下》引《尚書帝驗期》言及西王母謂漢武帝曰："其次藥有九丹金液、紫虹華英、太清九轉、五雲之漿、玄霜絳雪……此飛仙之所服，非地仙之所聞也。"又《雲笈七籤》七七《方藥部》載《帝女玄霜掌上録》亦曾言及。

［二〇］按：參見上則。

［二一］按:《十洲記》曰："東海有不死之草，生瓊田中。"又《十洲記》曰："崑崙山上有瓊華之室。"

［二二］按:《楚辭》王逸《九思·疾世》云："吮玉液兮止渴，齧芝華兮療飢。"注曰："玉液瓊蕊之精華。"《文選》卷三一《詩庚·雜體詩·郭弘農璞（江文通）》曰："道人讀丹經，方士鍊玉液。"

［二三］按:《漢書》卷八《宣帝紀·神爵元年三月詔》云："金芝九莖，産於函德殿銅池中。"《抱朴子·外篇·任命卷》云："金芝須商風而激耀。"

［二四］烈，底本作"列"，形近訛誤，當作"烈"，兹據文義及下列引書徑改。

［二五］按：參見本部第十三則"石室"條及二一〇頁注［一六］條。又《太平御覽》卷六六三《道部·地仙》，引《道學傳》，言之亟詳。《劉夢得集》卷八《桃源行》:"筵羞石髓勸客湌，燈爇松脂留客宿。"

［二六］按:《太平御覽》卷三八《地部·崑崙山》，引《神仙傳》曰："東郭延者，山陽人也。服雲飛散，能夜書。有數十人乘虎豹來迎，比鄰盡見之，與親友辭别而去，云：'詣崑崙山。'"

［二七］按:《太平御覽》卷九八七《藥部·石流赤》引《神仙傳》曰："許由、巢父服箕山石流丹。抱子曰：'石流丹者山之赤精，蓋石流黄之類也。'"又卷三九《地部·泰山》，亦引《神仙傳》曰："劉馮者，沛人，學道於子，服石桂花及中岳石流黄，年三百歲，而有少容，後入泰山中。"

［二八］ 二“瀣”字，底本并作“歺”，此寫卷偏旁時略之例，當作“瀣”，兹據文義徑録正。按：《楚辭》屈原《遠遊》曰：“飡六氣而飲沆瀣兮，漱正陽而含朝霞。”又《藝文類聚·靈異部·仙道詩》，引此詩作曹植《五遊詠》詩句。

［二九］ 按：《本際經》云：“洞真以不雜爲義。”又云：“《洞真》者，靈秘不雜，故得名真。”梁元帝《和鮑常侍龍川館詩》曰：“珍臺接閒館，迢遞山之旁。多解三真術，俱善四明方。玉題晝仙篆，金牓燭神光。桂影侵檐進，藤枝遶檻長。苔衣隨溜轉，梅氣入風香。”當爲本則所出典處。

［三〇］ 蓋，底本作“盖”，兹據文義徑録正。按：盖，爲“蓋”字俗寫。《藝文類聚》卷九一《鳥部中·鴨》，引梁朝劉孝儀《爲晋安王謝賜鵝鴨啓》曰：“出九芝之池，去千金之沼。”

［三一］ 按：參見下則，即雲衣也。

［三二］ 按：《楚辭》屈原《九歌·東君》云：“青雲衣兮白霓裳，舉長矢兮射天狼。”

［三三］ 按：即鸞輿者也。參見下則。

［三四］ 按：《藝文類聚》卷四《歲時部·九月九日》，引梁朝何遜《爲西豐侯九日侍宴遊苑詩》云：“鸞和馳八襲，鳳駕啓千群。”又《七夕詩》曰：“仙車駐七襄，鳳駕出天潢。”

［三五］ “千”字下，底本有“里”字，其旁加“卜”形删除符號，兹據文義删。

［三六］ “何不學仙［去，空伴］塚壘壘”，底本作“何不學仙塚壘壘”，兹據下列引書及文義徑補。

［三七］ 按：《藝文類聚》卷九〇《鳥部上·白鶴》，引此文出《續搜神記》，文字近似。又《藝文類聚》卷四《歲時中·七月七日》，引《列仙傳》曰：“王子喬見柏長曰：‘告我家，七月七日，待我於緱氏山頭。’至時，乘白鶴在山頭，望之不得到，舉手謝時人，數日而去。”《初學記》卷四《歲時部下·七月七日》《太平御覽》卷三一《時序部·七月七日》類、卷三九《地部·嵩山》，并引《列仙傳》，文字近似。

［三八］ 朱，底本原作“珠”，又在其右側旁注“朱”字，表示校改，兹據

文義徑録正。

［三九］以，底本無，文義不順，兹據引書及文義補。

［四〇］按：《太平御覽》卷九二九《鱗介部・龍上》引《列仙傳》曰："陶安公者，六安鑄冶師也。數行火，一旦散上，紫色衝天，安公伏冶下求哀，須臾，朱雀止冶上㬓號：'安公！冶與天通，七月七日，迎汝以赤龍。'至期，赤龍來，安公騎之，大雨，東南上而去。"《初學記》卷四《歲時部下・七月七日》，引同書，文字近似。

［四一］平，底本無，文義不順，兹據引書及文義補。

［四二］石，底本作"名"，形近訛誤，當作"石"，兹據文義及引書改正。按：《蒙求》卷中"初平起石"條，引《神仙傳》，言此事極詳。又《太平御覽》卷六六三《道部・地仙》，引《真誥》，文字近似。參見葛洪《神仙傳》卷二"黄初平"條。

［四三］生，底本無，兹據《太平御覽》等引書及文義補。

［四四］萬，底本無，兹據《太平御覽》等引書及文義補。

［四五］按：《太平御覽》卷三八《地部・蓬萊山》，引劉向《列仙傳》曰："安期生、琅琊阜鄉人，時人皆言千歲。秦始皇與語，賜金璧數千萬，出阜鄉亭，皆置去，留以赤玉舃一量爲報，曰：'後千歲，求我蓬萊山下。'"又見卷四七八《人事部・贈遺》。

［四六］按：《太平御覽》卷六七七《道部・几案》，引《神仙傳》曰："黄老遣仙官玉女持金案玉杯盛藥，以賜沈羲。"

圖録

一　伯二五二四號

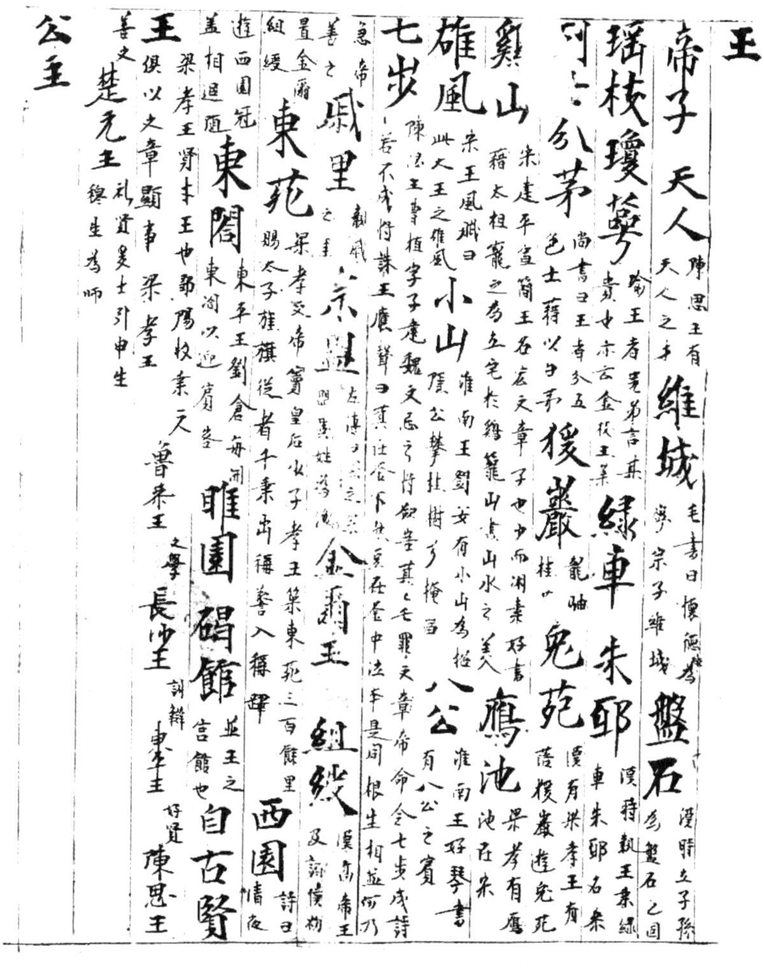

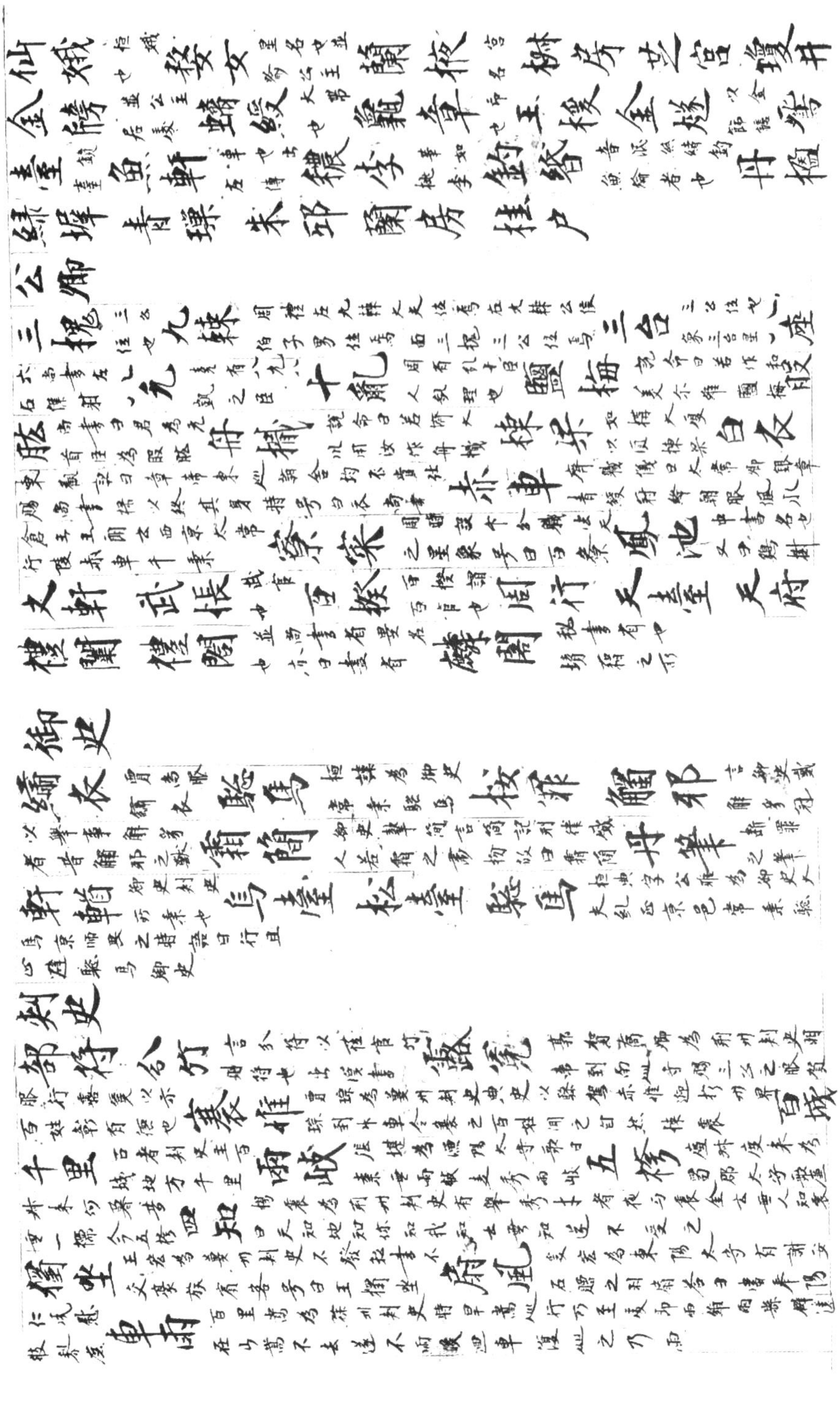

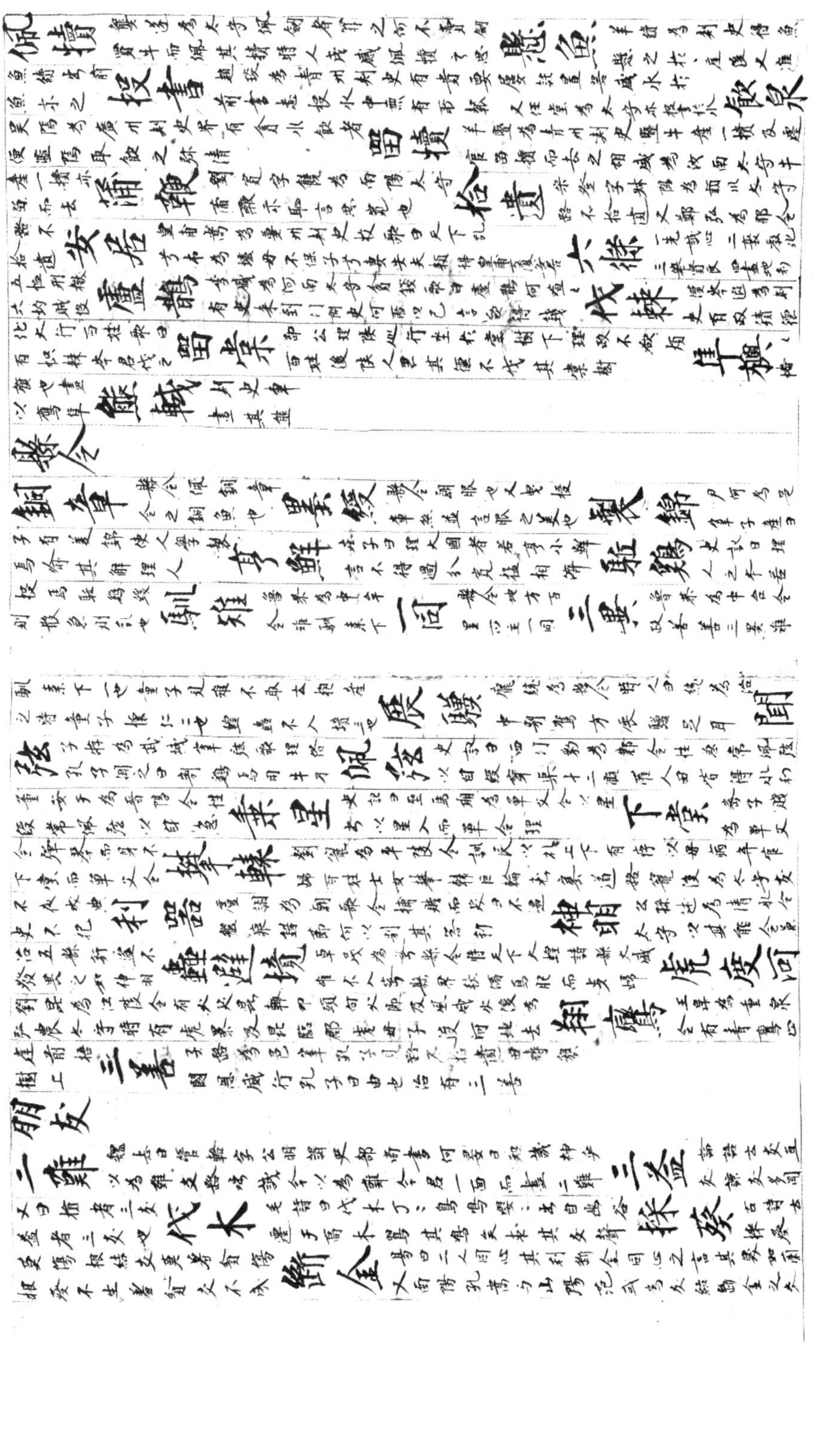

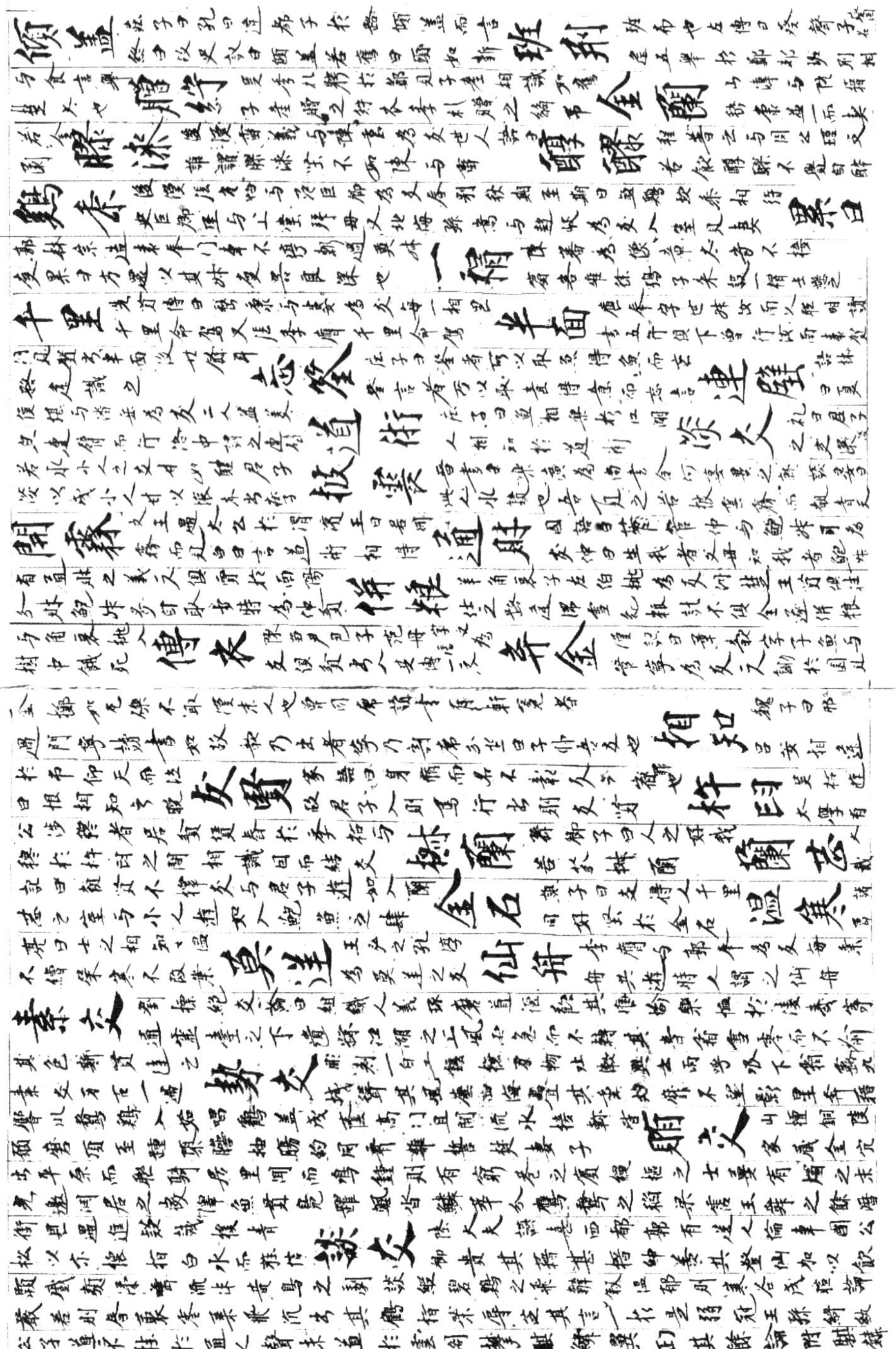

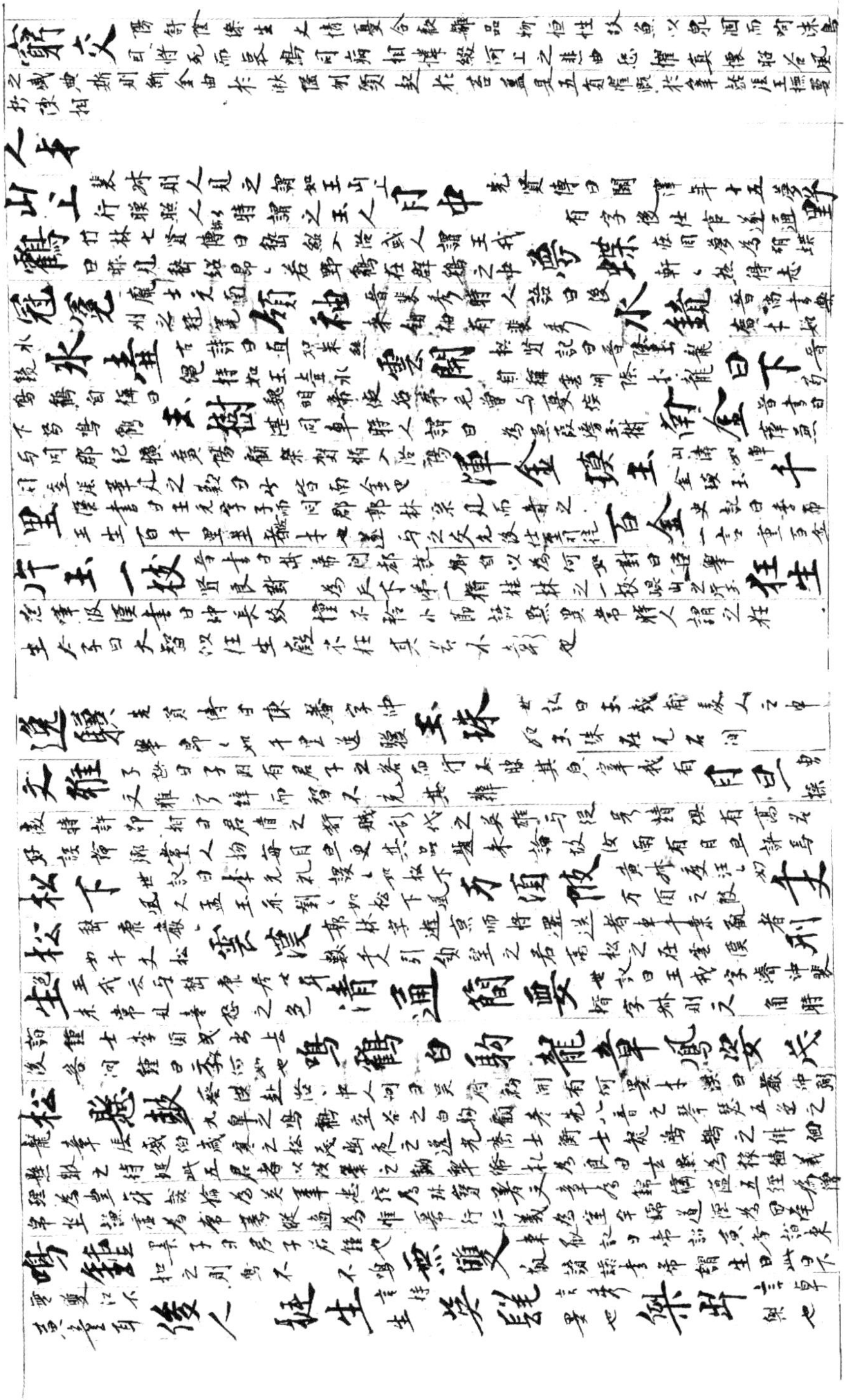

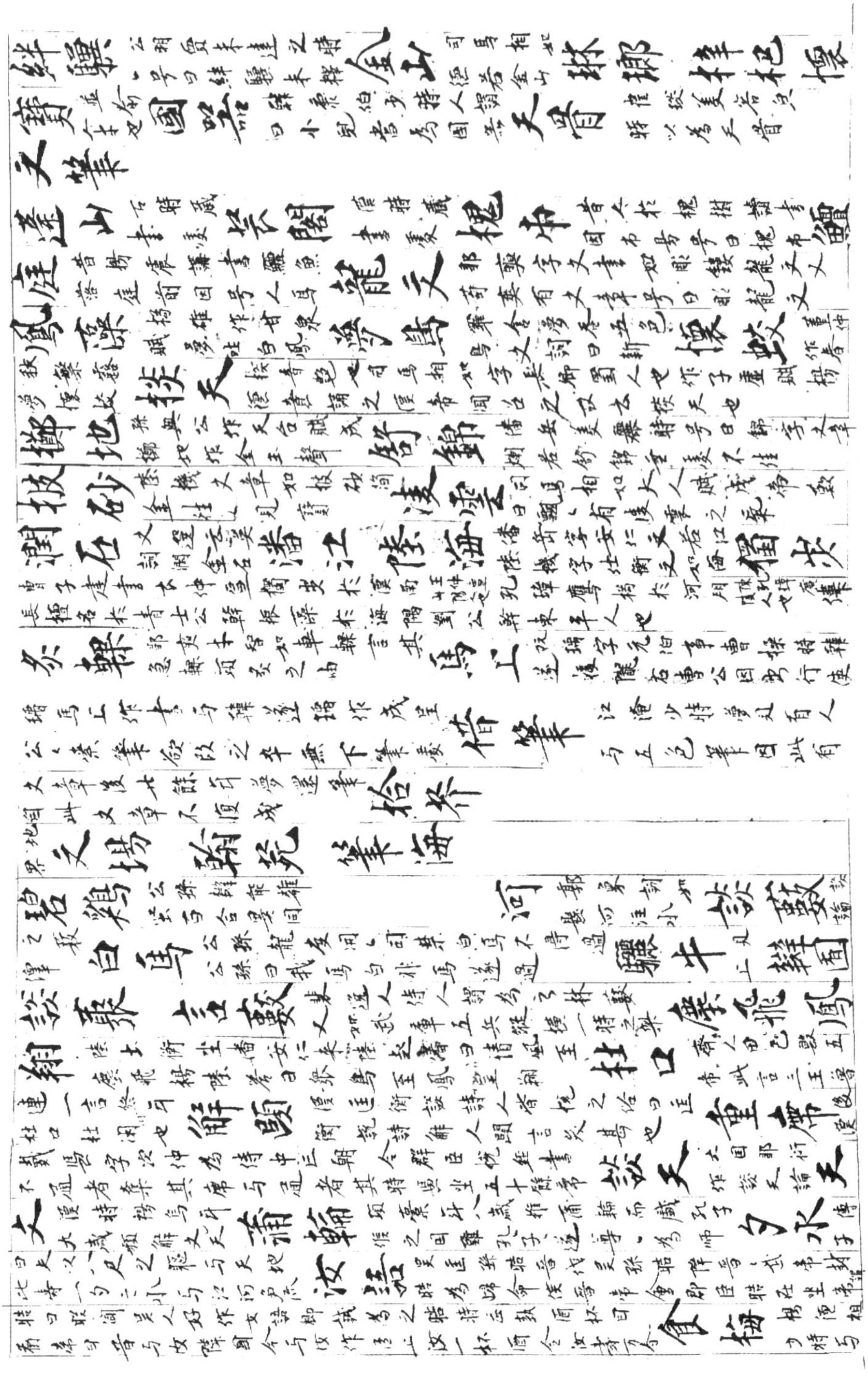

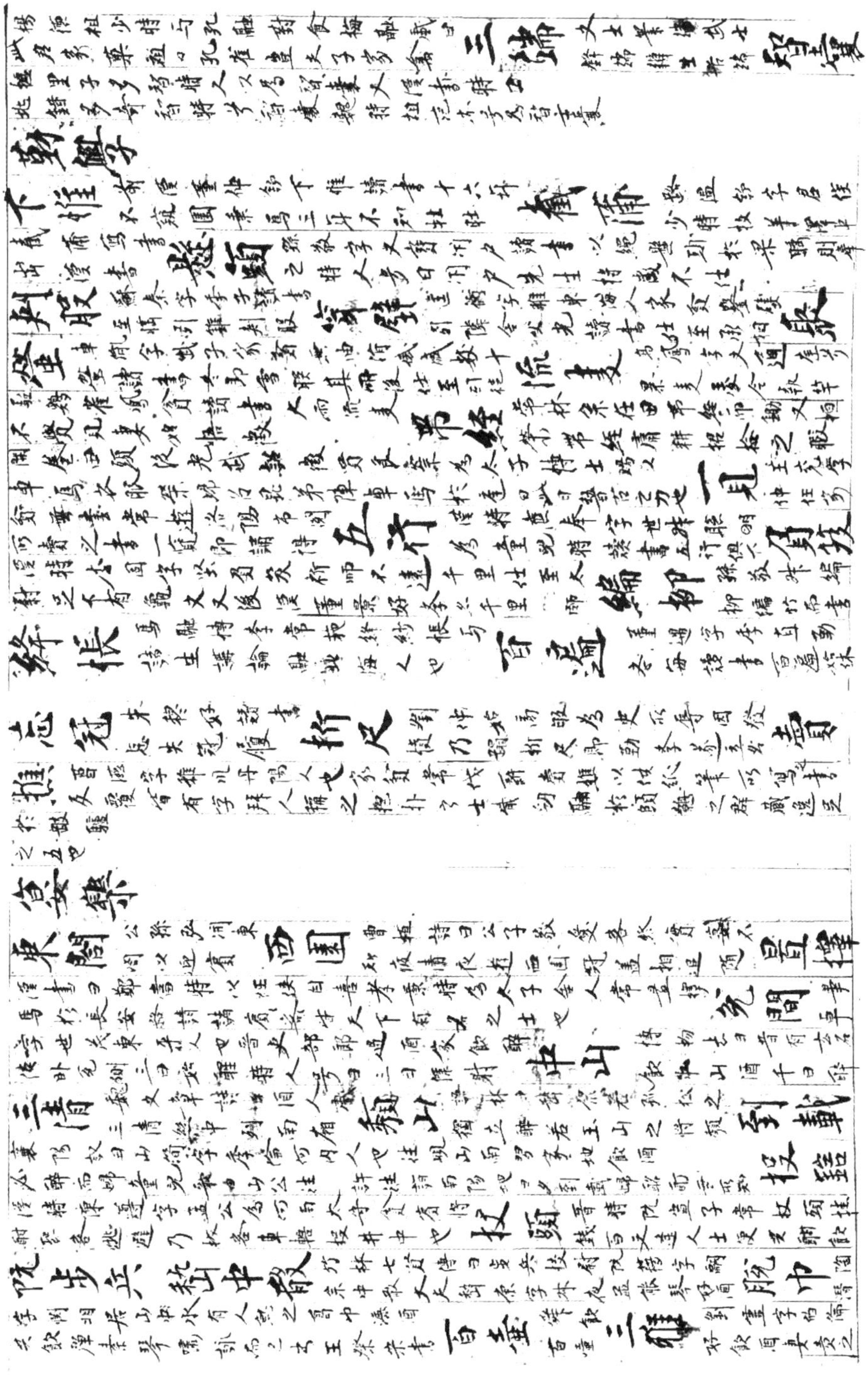

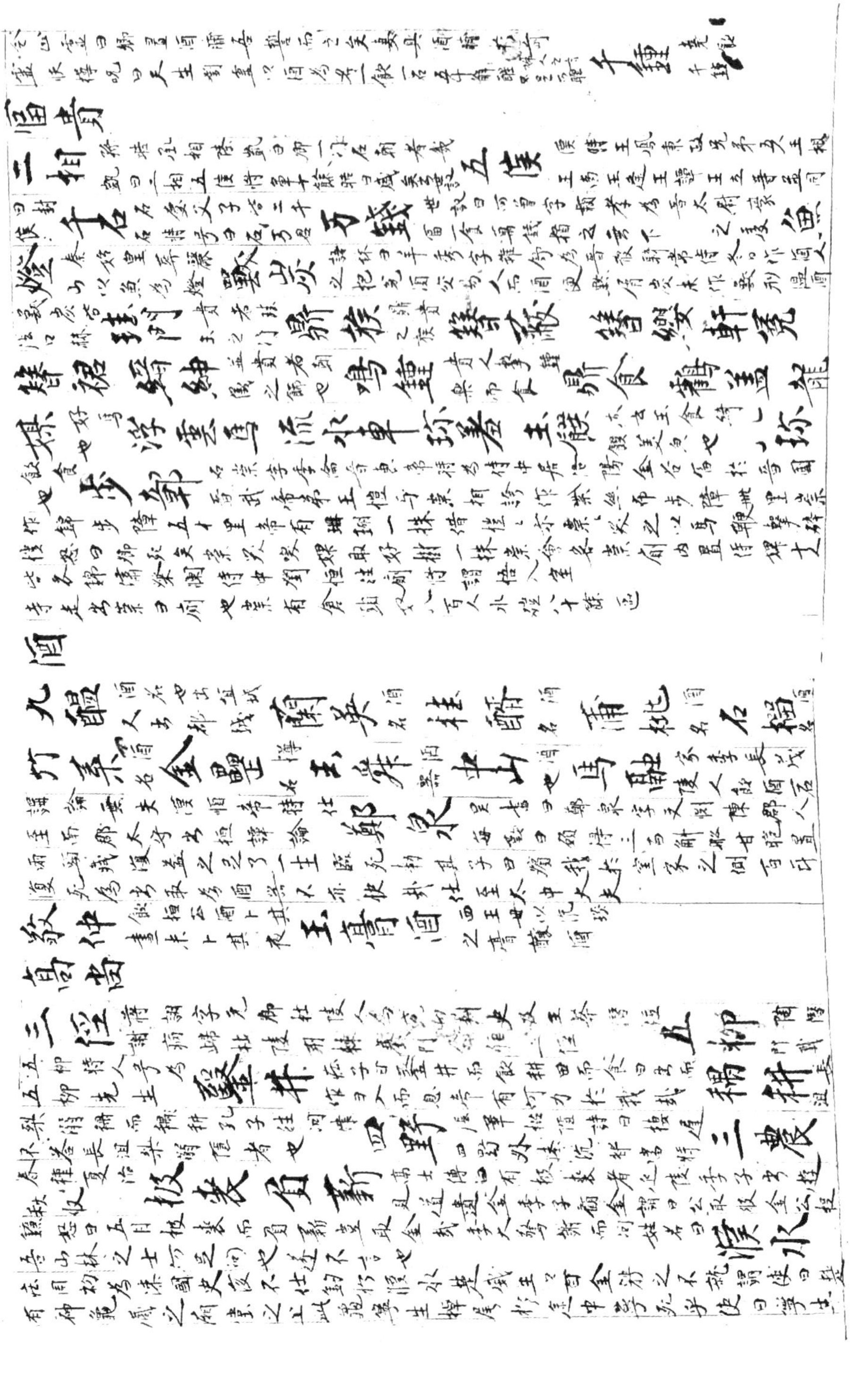

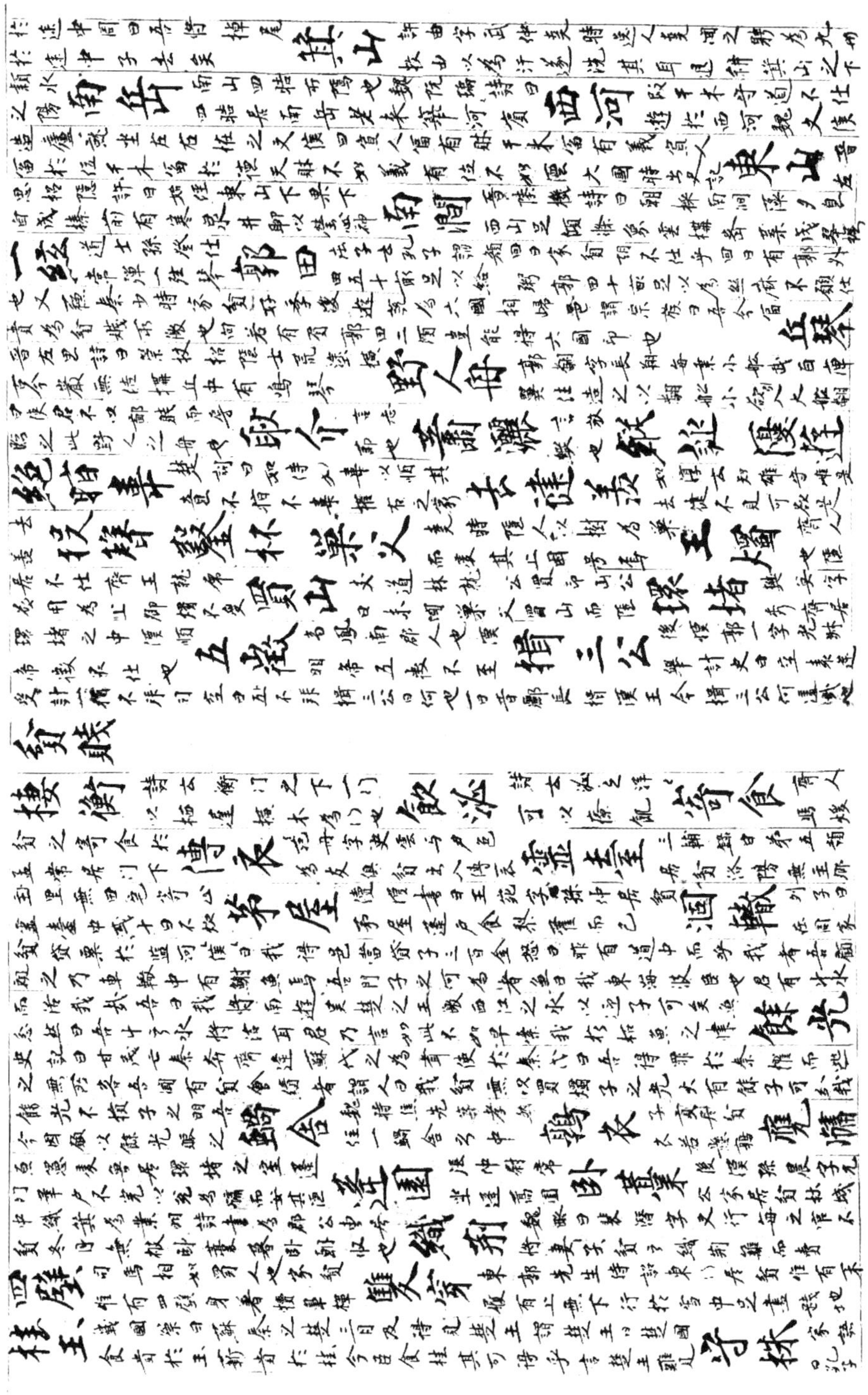

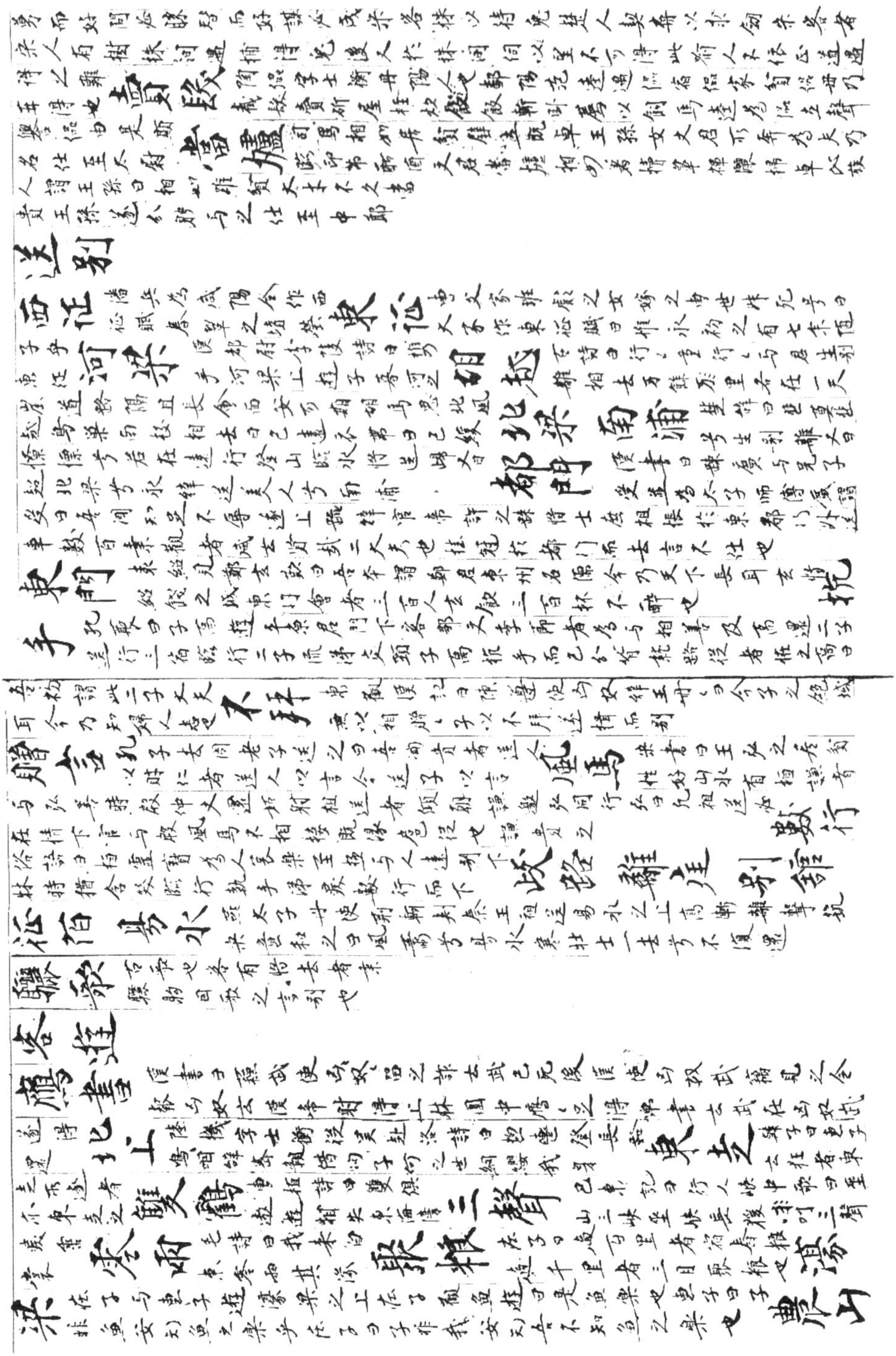

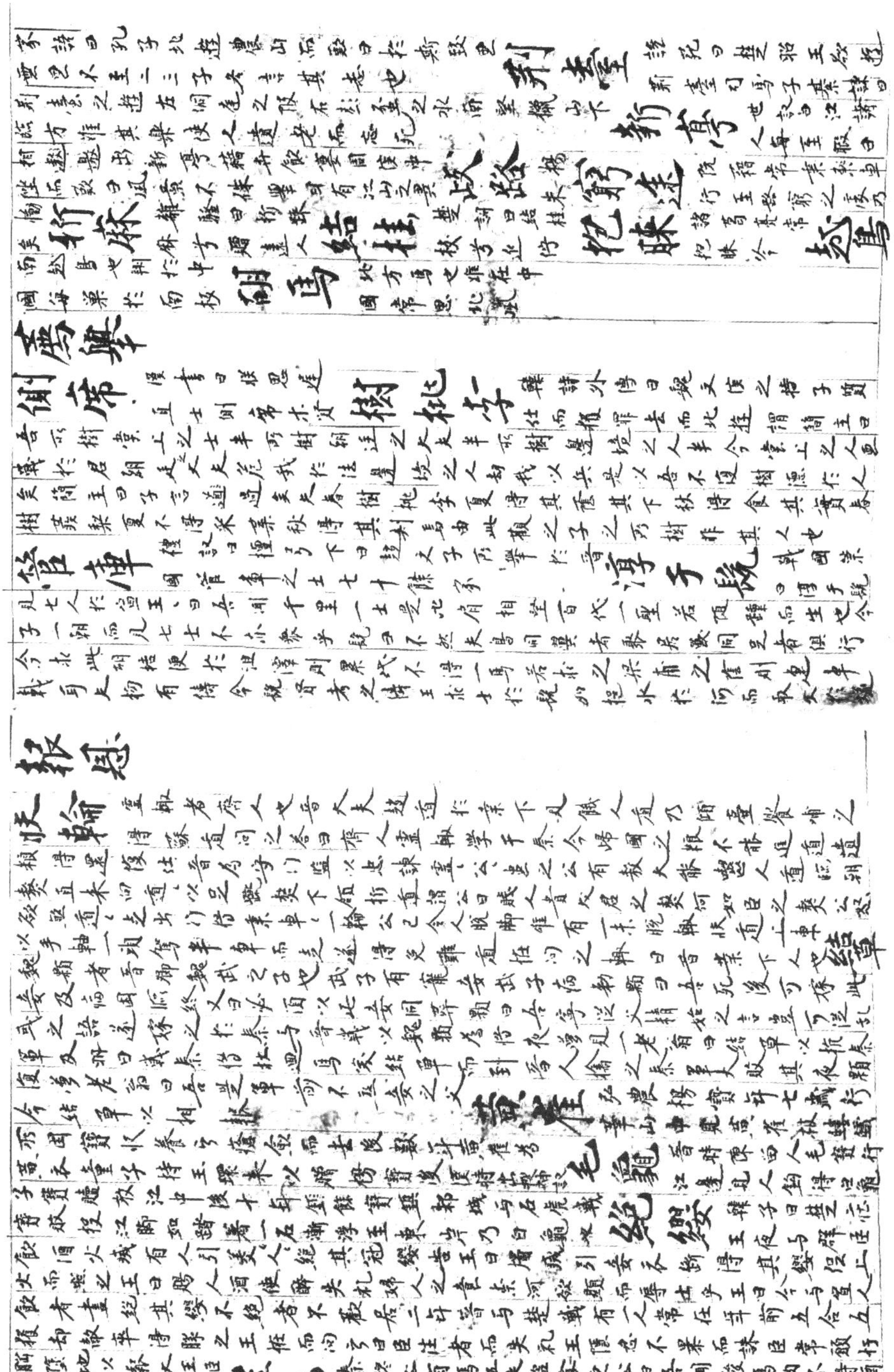

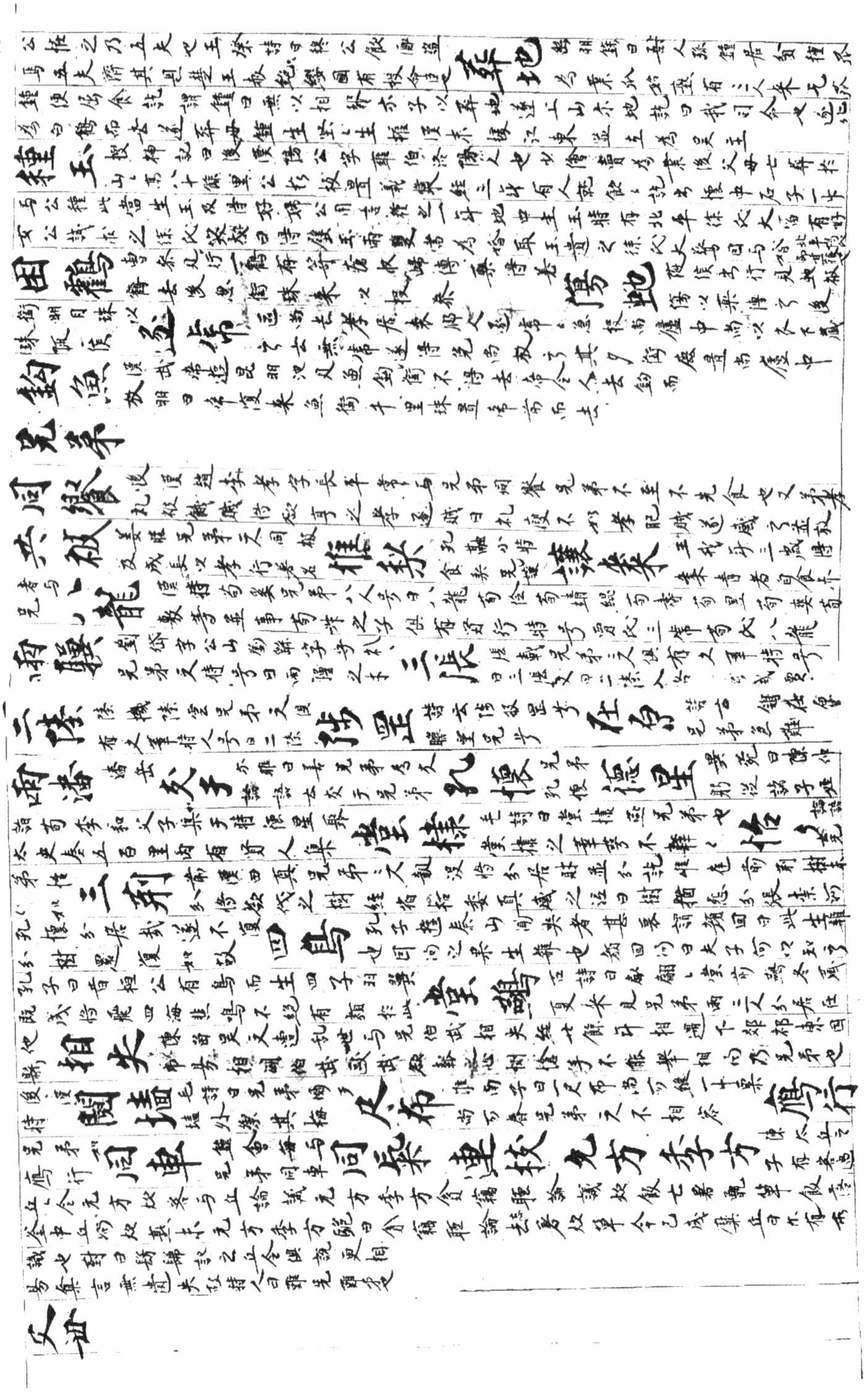

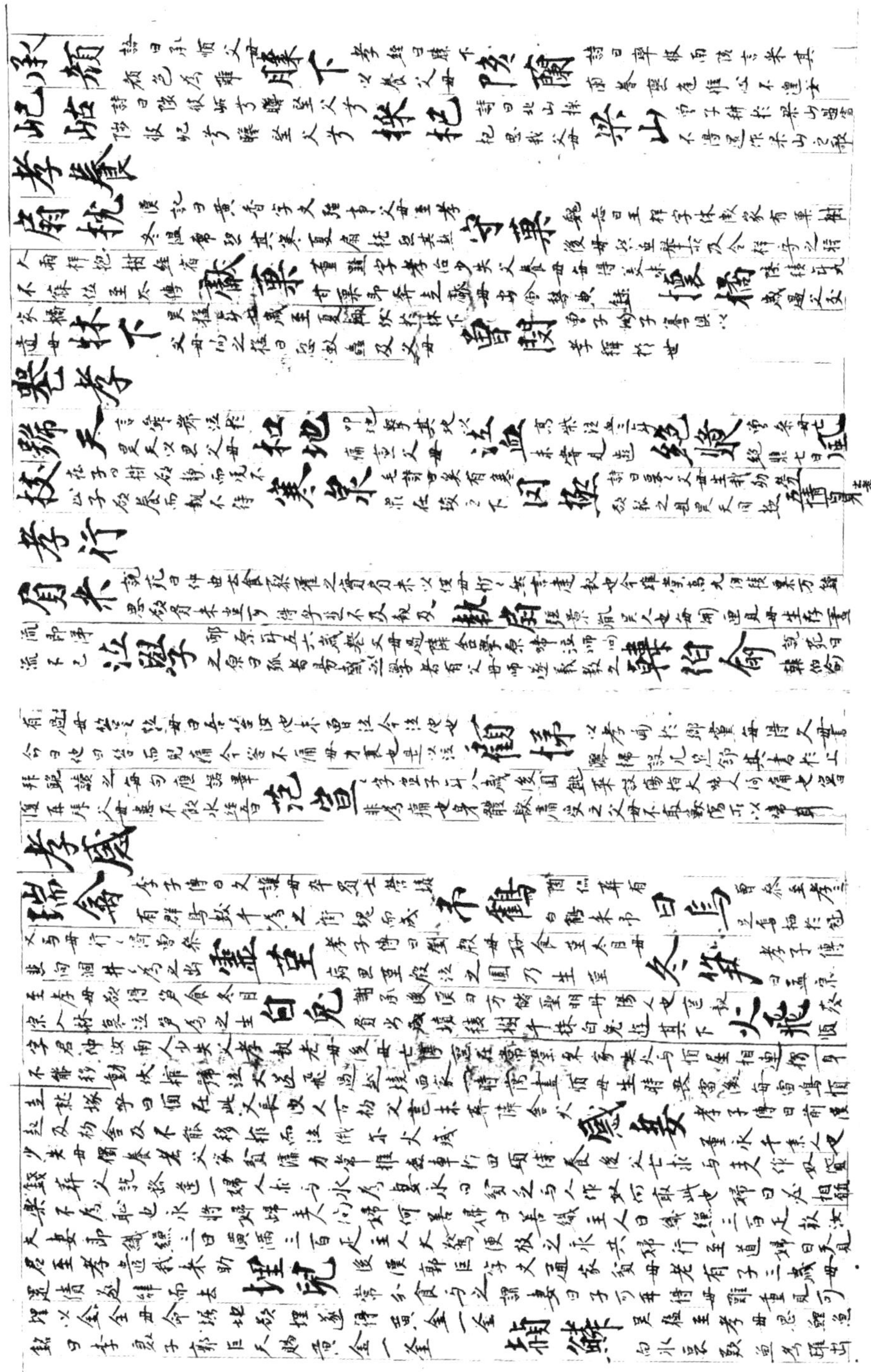

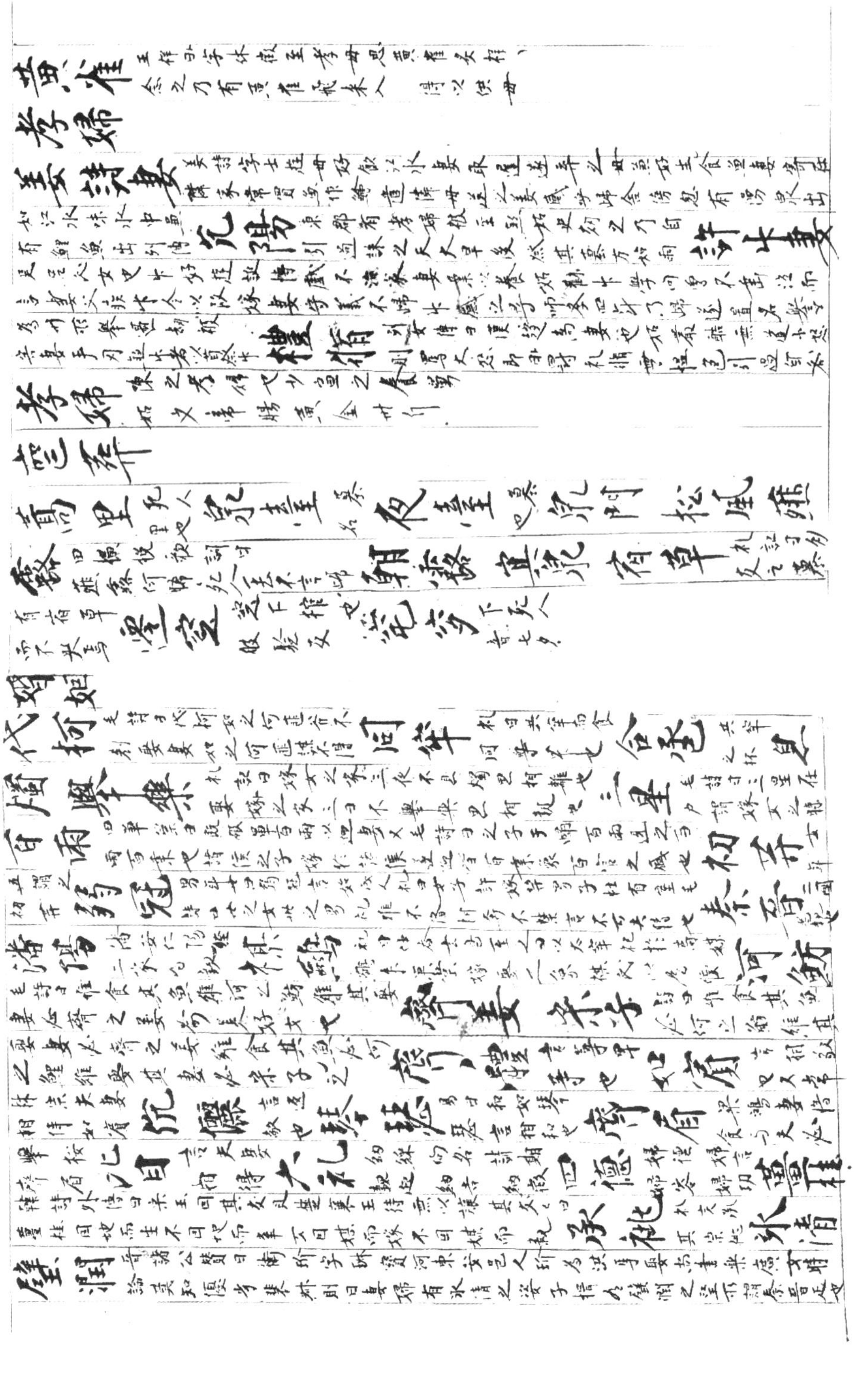

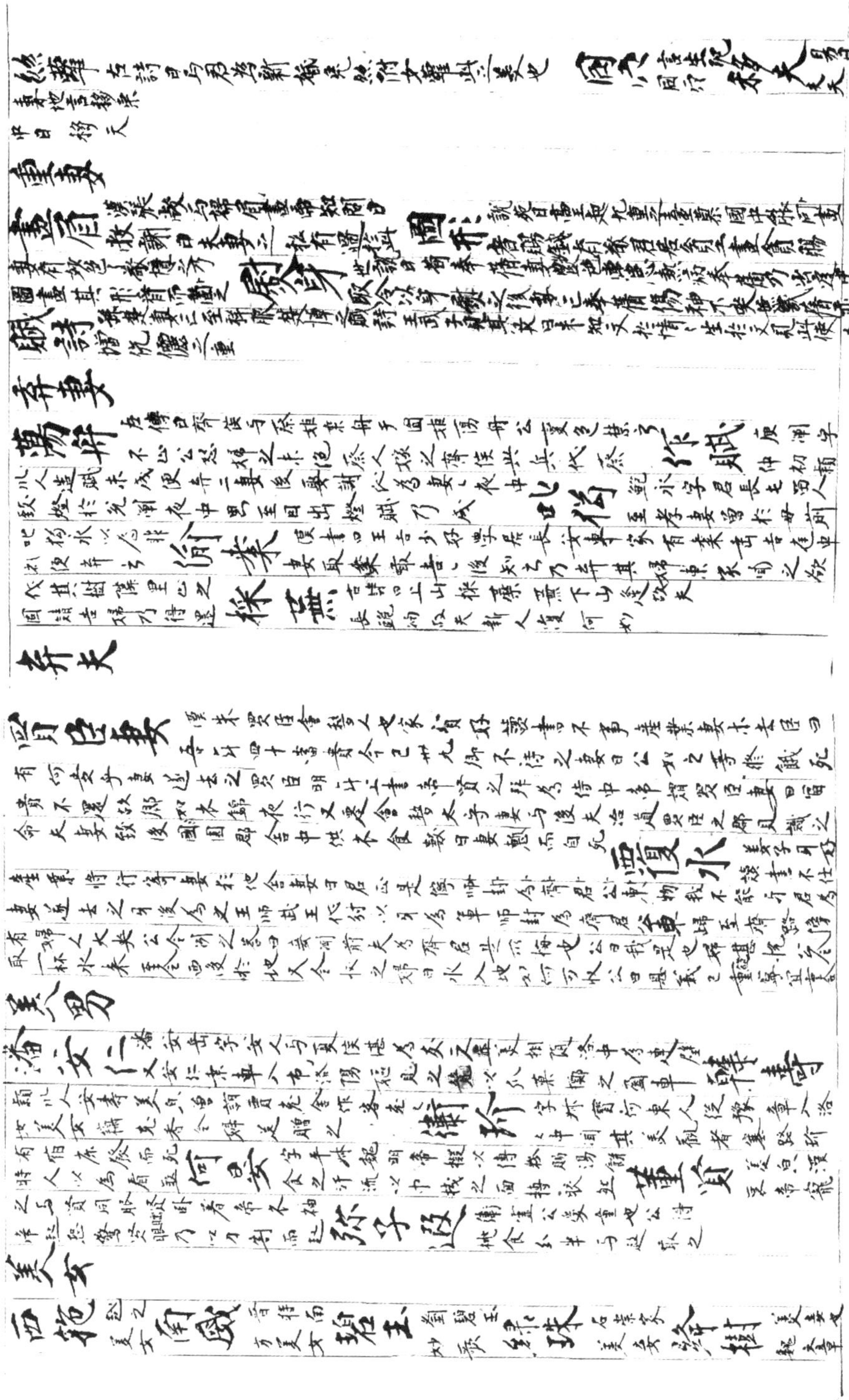

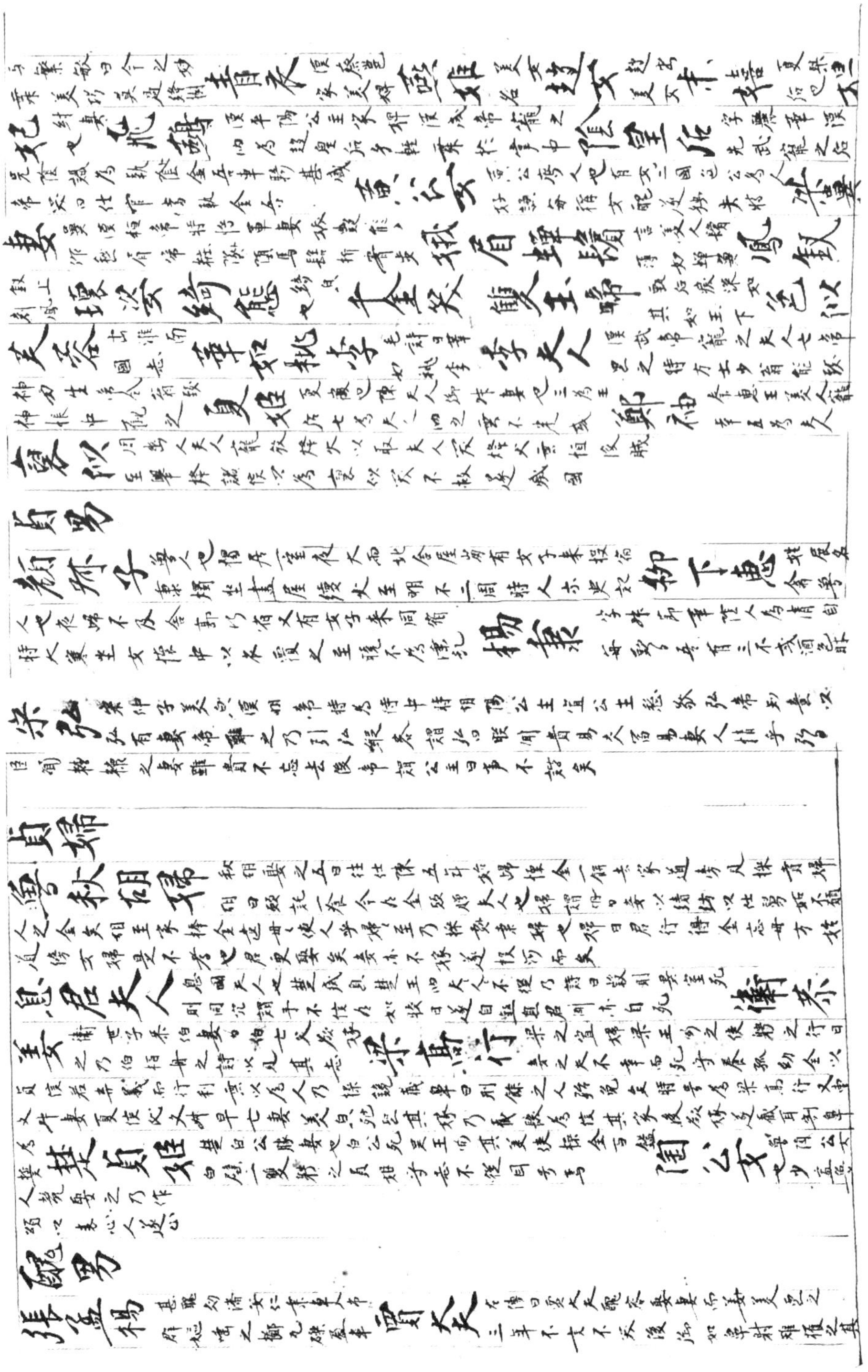

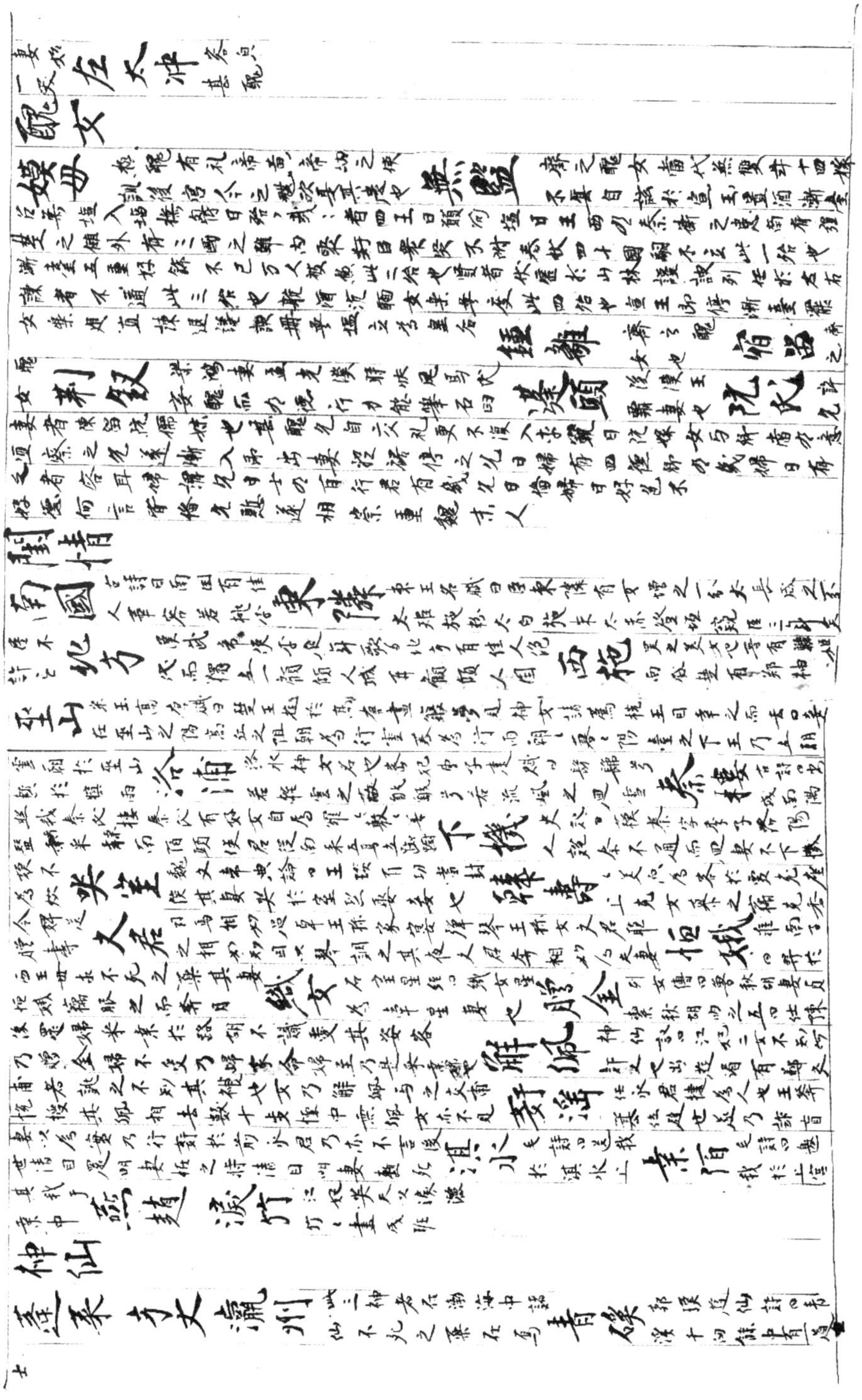

壇

赤城 玄都 紫府 碧洞 黃庭 並仙人所居處也 丹臺 仙人名字在丹臺

玄圃 神仙傳曰崐崘山三角一角正北名閬風嶺一角正西名玄圃臺一角正東名崐崘宮其一處有積金為天城城面千里中有金臺 金壇 所居

侍客於金臺 石室 王烈引嵇康於石室中看撿上書 玉闕 山海經曰西王母居崑崙山有金臺玉闕 九府 神仙經曰崑崙山有銅柱其高

入天所謂天柱下有仙人九府與天地同休 玄霜 絳雪 並西王母仙藥名 瓊英 玉液 金芝 石

髓 王烈於太行山食得仙 雲飛 散 石流 丹 沆瀣 漿 古遊仙詩曰帶我瓊瑤琳餐我沆瀣漿

三真 術也 九芝 蓋也 雲服 霓裳 驂騄 鳳駕 白鶴 授神

記曰遼東城門華表柱忽有白鶴集柱上徘徊曰有鳥有鳥丁令威去家千年歲今

始歸城郭如故人民非何不學仙塚壘壘遂沖天而去又王子喬得仙乘白鶴七月

七日於緱氏山頭返別家人舉手謝而去 赤龍 陶安公者冶師也冶火紫衝天有朱雀來止冶曰安公安公冶與天通七月七日迎汝赤龍至時安

公乘龍而去 石羊 黃初平放羊於金華山初平得仙其羊並化為石初比之名復為羊 王舄 安期生鄉人賣藥海邊時人云千歲翁

秦始皇見與語三日三夜賜金璧數十萬於阜並置而去留書以赤玉舄為報 金案 神仙傳曰沆義為仙所迎見老君與金案玉盤賜義

二　斯二五八八號+伯四八七〇號+伯四六三六號+斯七九號

1.斯二五八八號

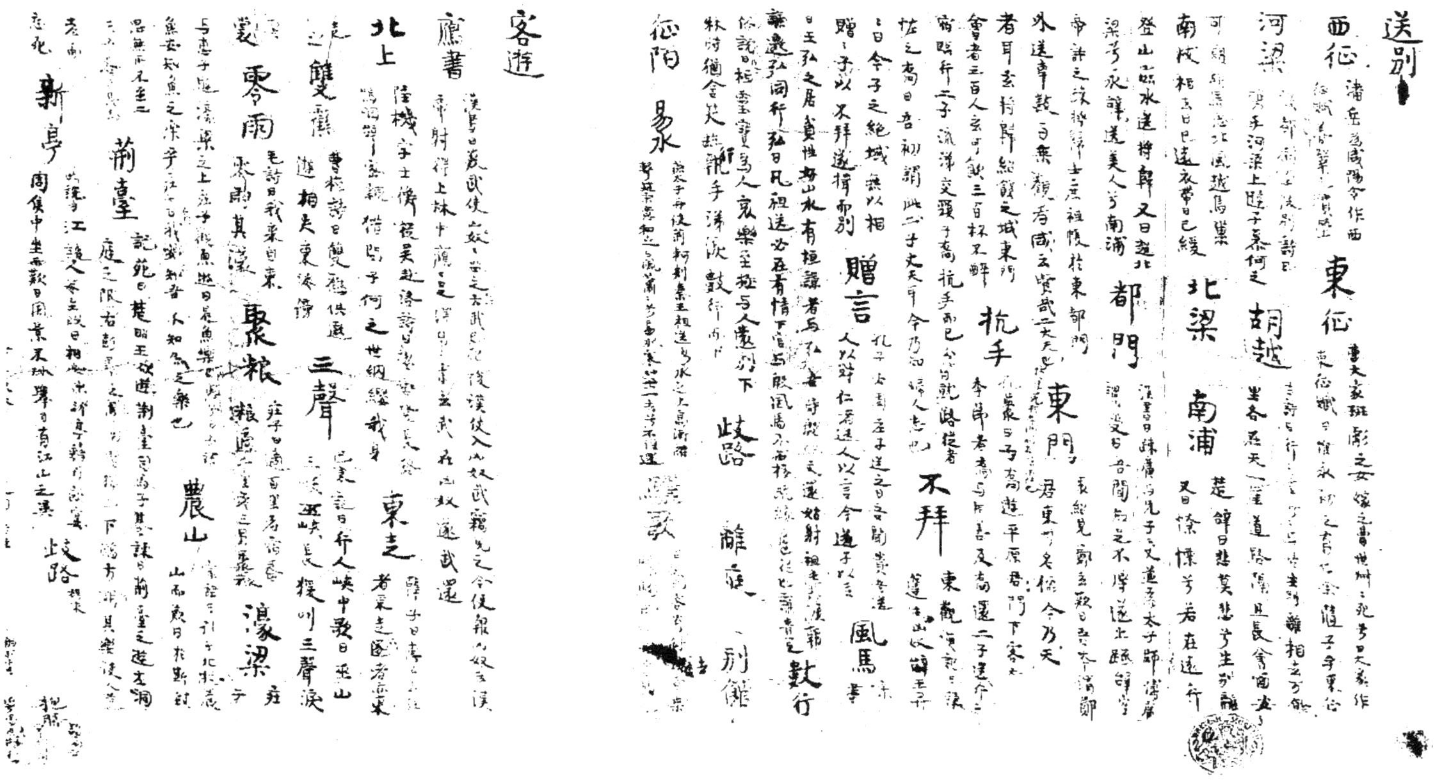

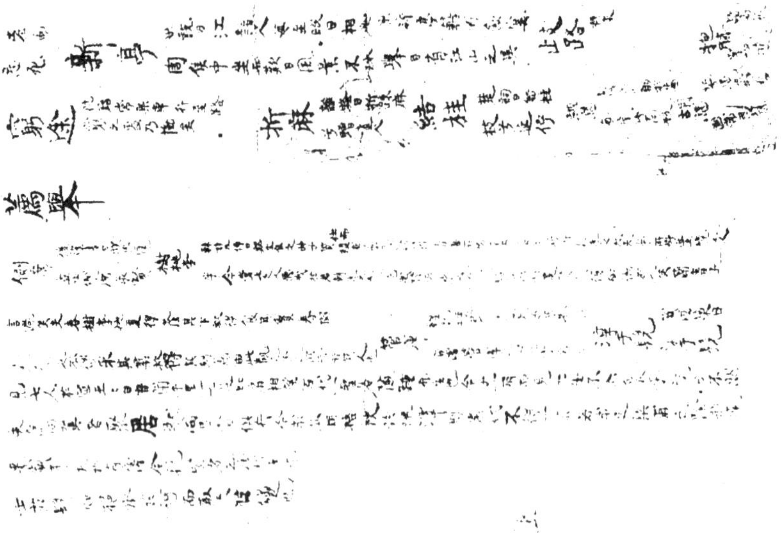

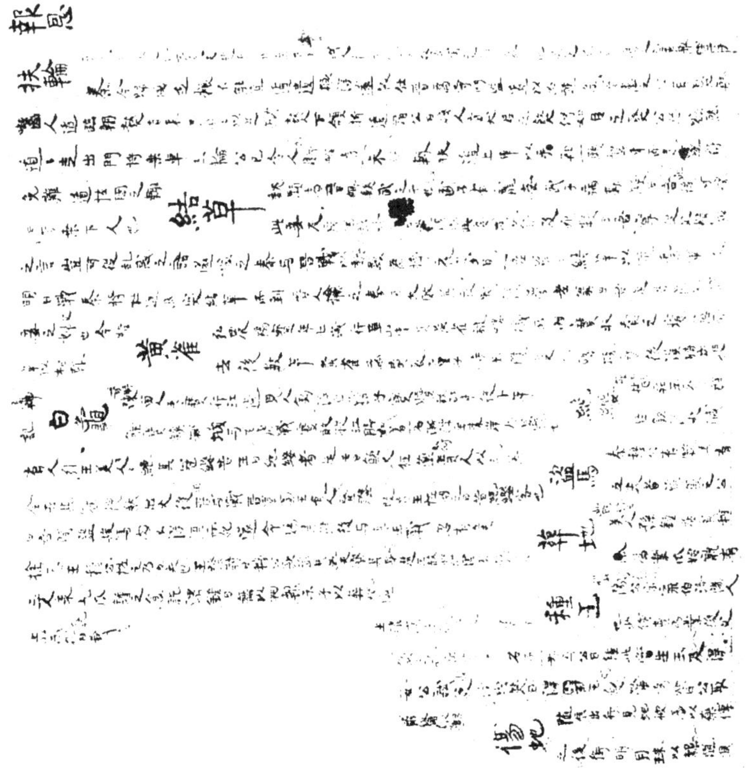

2.斯二五八八號背

3.伯四八七〇號

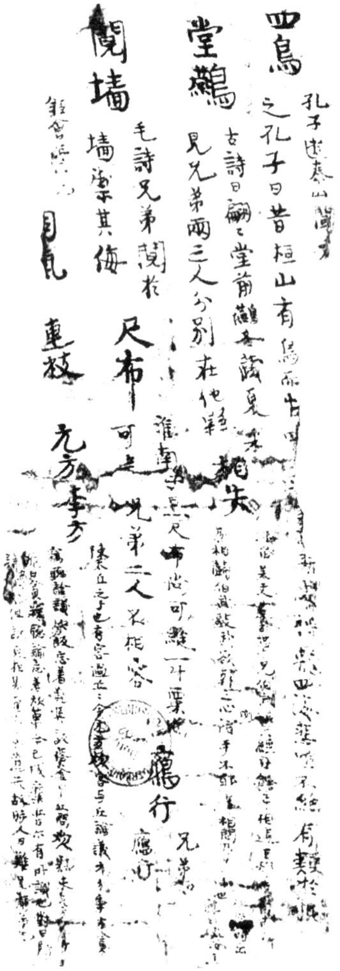

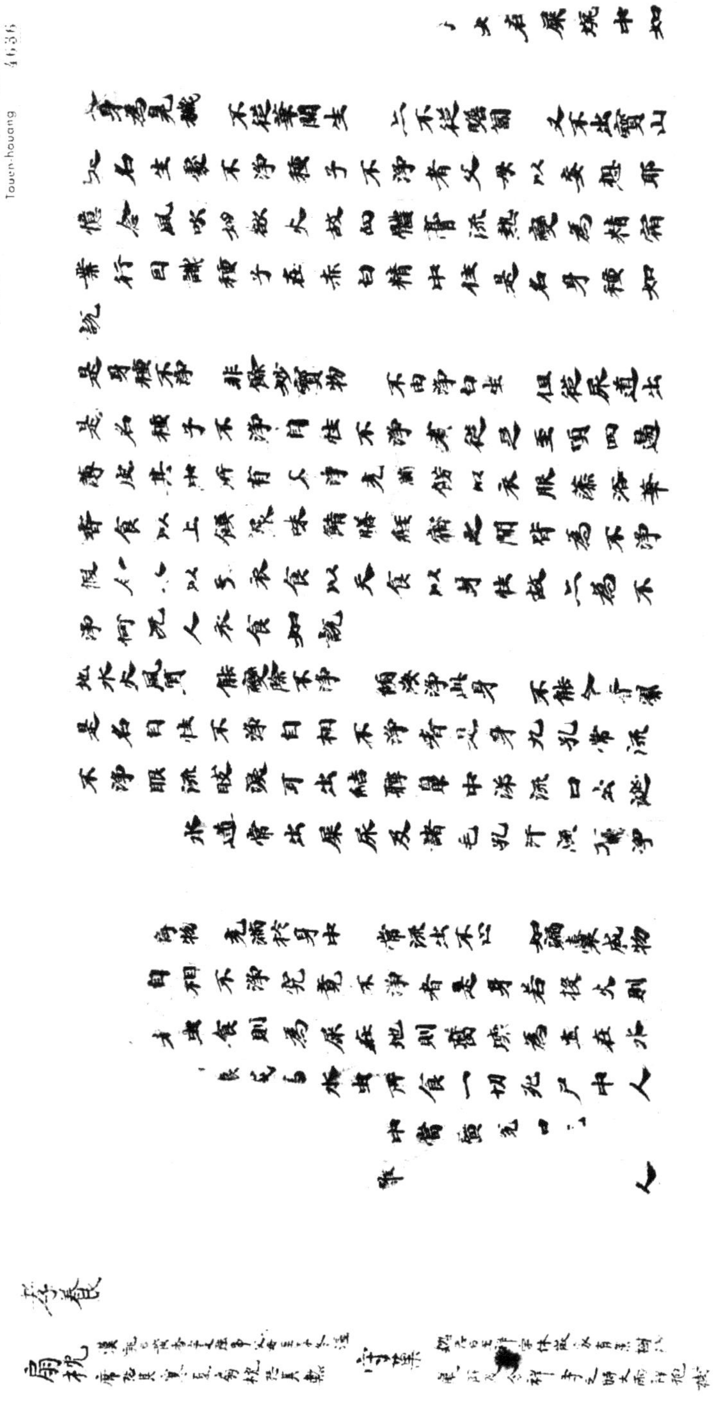

4.伯四六三六號

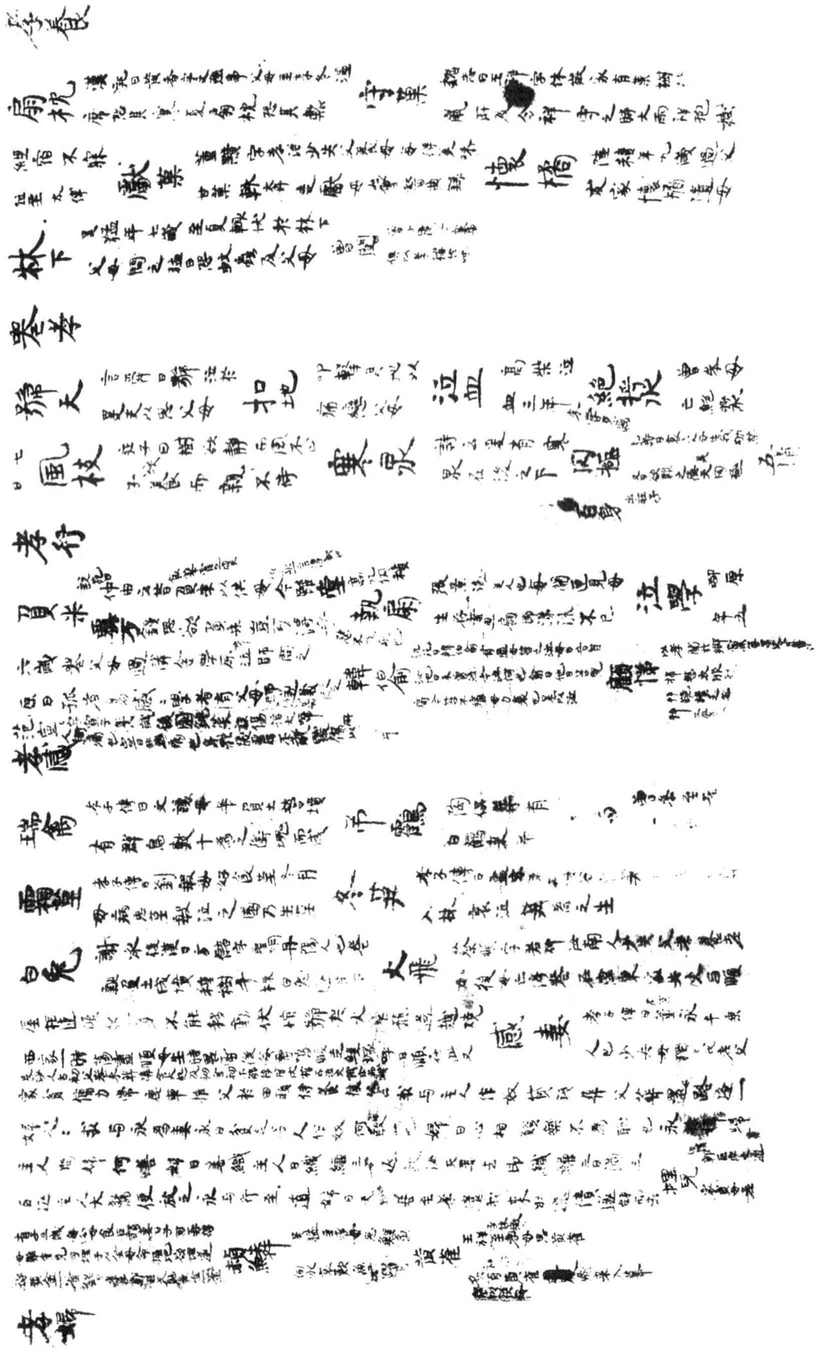

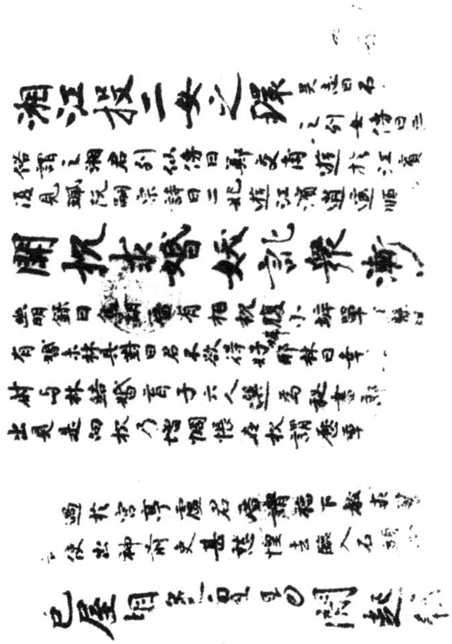

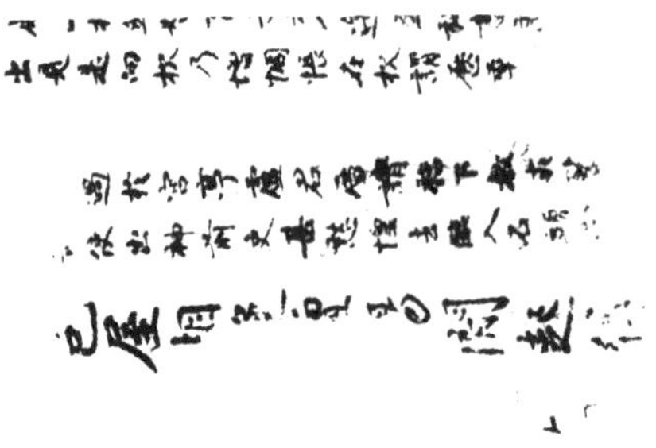

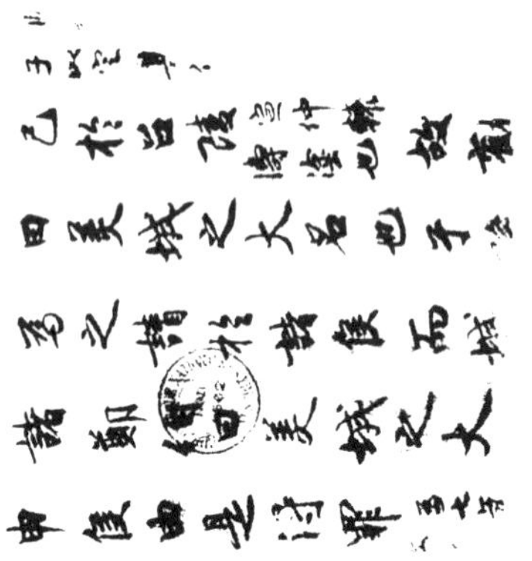

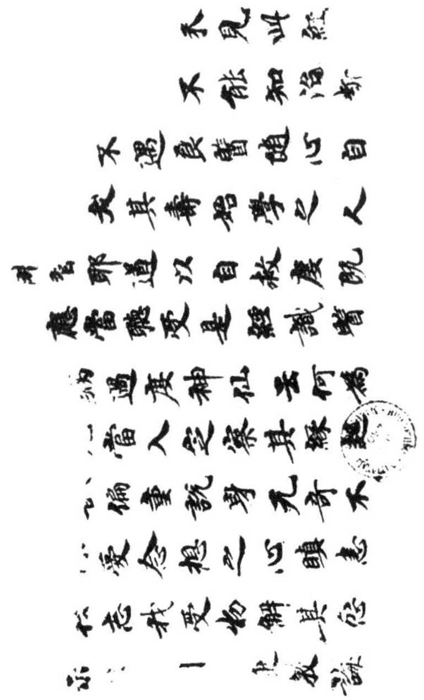

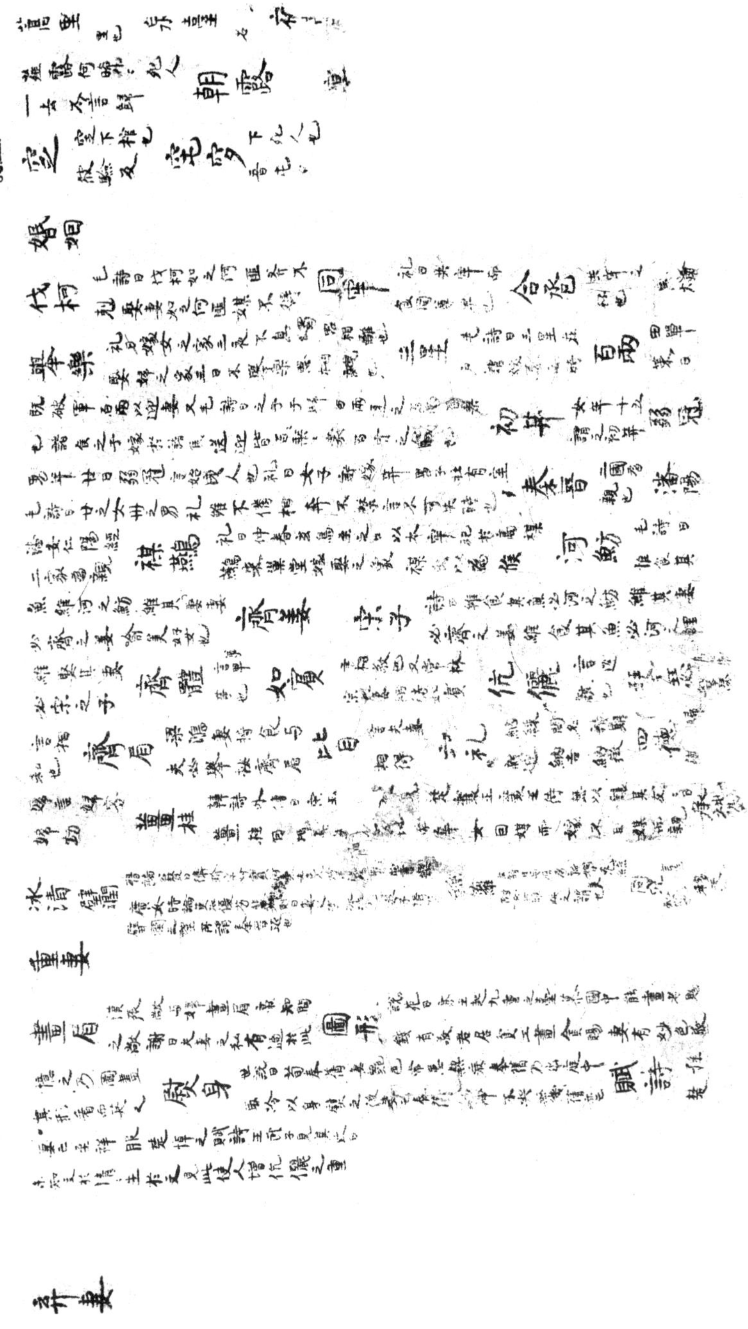

5.斯七九號

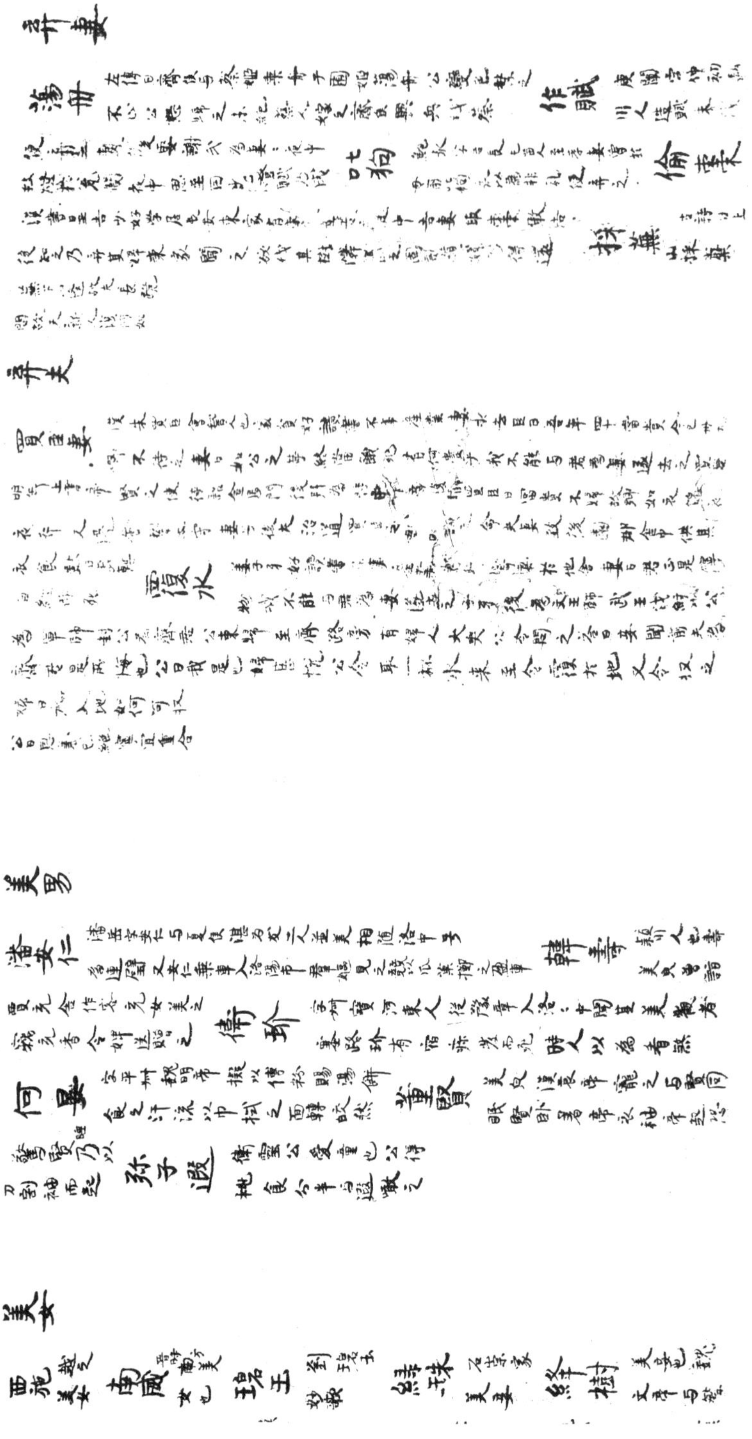

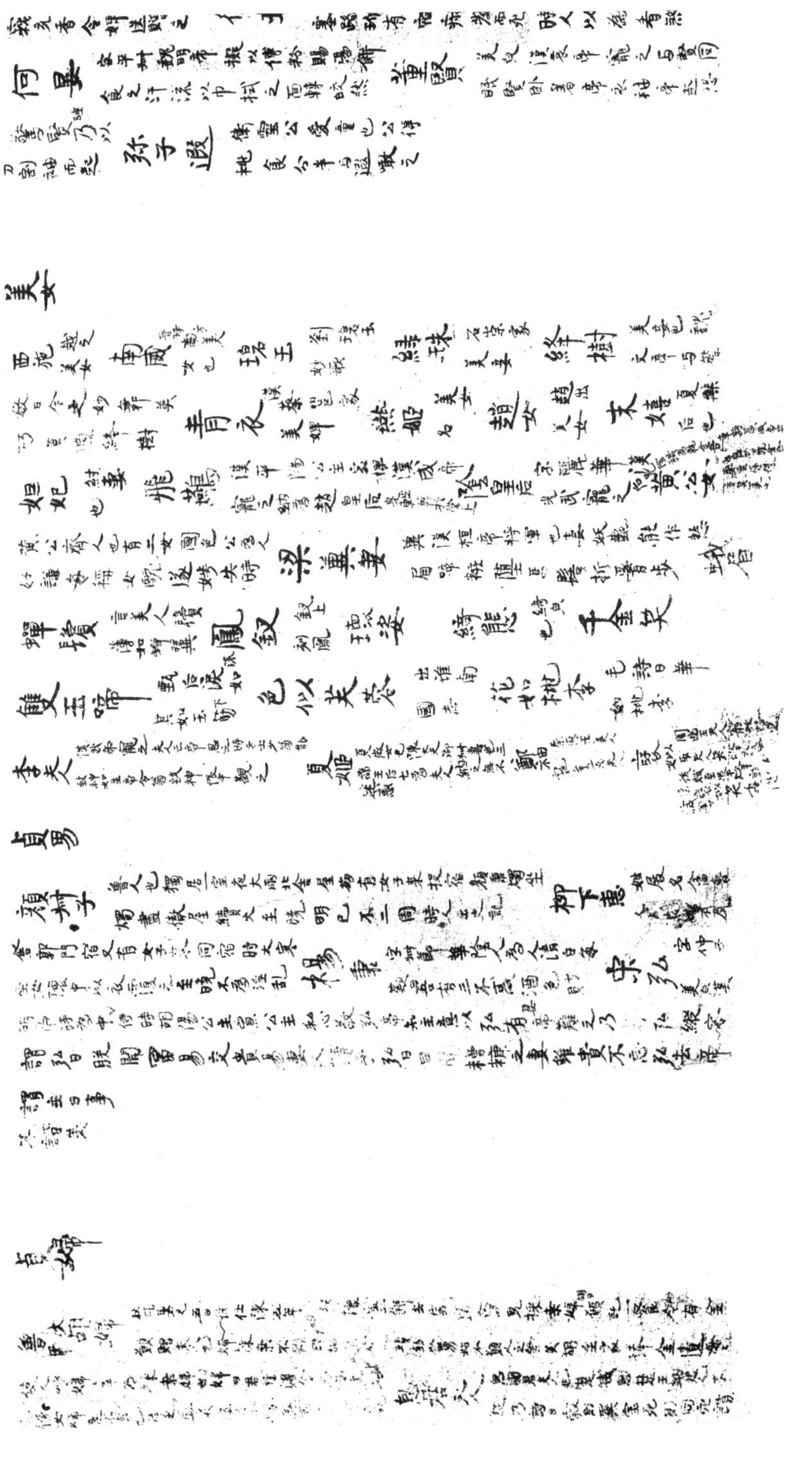

竊充香令婢送賂之 [illegible]

何晏 家平叔魏明帝擬以傅粉賜湯餅食之汗流以巾拭之面轉皎然

董賢 美兒漢哀帝寵之与暫同眠賢臥著帝衣袖帝起恐驚賢乃以刀割袖而起

孫子遐 衛靈公愛童也公得桃食分半与遐啖之

[illegible] 路珍有宿痾發而死時人以為香熱

美女

西施 越之美女 效曰今之妙舞莫巧於緑珠絳樹

南威 晉侍文公美女也

琩玉 劉琨妙妓

緑珠 石崇家美妾

絳樹 美妾也魏文帝与繁欽 [illegible]

青衣 漢蔡邕家美婢

燕姬 名美女

趙女 趙出美女

末嬉 夏桀后也

妲妃 紂妻也

飛鷰 漢平陽公主家伴漢成帝寵之納為趙皇后身輕能於掌上 [illegible]

陰皇后 宋麗華漢光武寵之也

黃公女 [illegible]

黃公齊人也有二女國色公為人好謙每稱女醜遂婢失時

梁冀妻 冀漢桓帝將軍也妻妖艷能作愁眉啼粧墮馬髻折腰步

蛾眉

蟬鬢 言美人鬢薄如蟬翼

鳳釵 釵上刻鳳

瓌姿

綺態 綺良也

千金笑

雙玉啼 甄后淚如玉筯下

色似芙蓉 出淮南國志

花如桃李 毛詩曰華如桃李

李夫人 漢武帝寵之夫人亡帝思之時方士少翁能致神如生帝令翁致神帳中觀之

夏姬 夏徵舒母也陳大夫御叔妻也三為王后七為夫人 [illegible]

鄭袖 [illegible]

褒姒 [illegible]

貞男

顏叔子 魯人也獨居一室夜大雨北舍屋崩有女子来投宿顏秉燭坐燭盡徹屋續之至曉明己不二同時人美之記

柳下惠 姓展名禽 [illegible] 魯郭門宿又有女子来同宿時大寒坐女懷中以衣覆之至曉不為淫亂

楊秉 字叔節華陰人為人清白每歎吾有三不惑酒色財

宋弘 字仲子美容 [illegible] 明帝時為中侍時湖陽公主寡公主私心欲弘帝知主意以弘有妻難之乃謂弘曰朕聞富易交貴易妻人情乎弘曰臣聞糟糠之妻雖貴不忘弘去帝謂主曰事不諧矣

貞婦

魯 [illegible] 大明婦 [illegible]

息君夫人 [illegible]

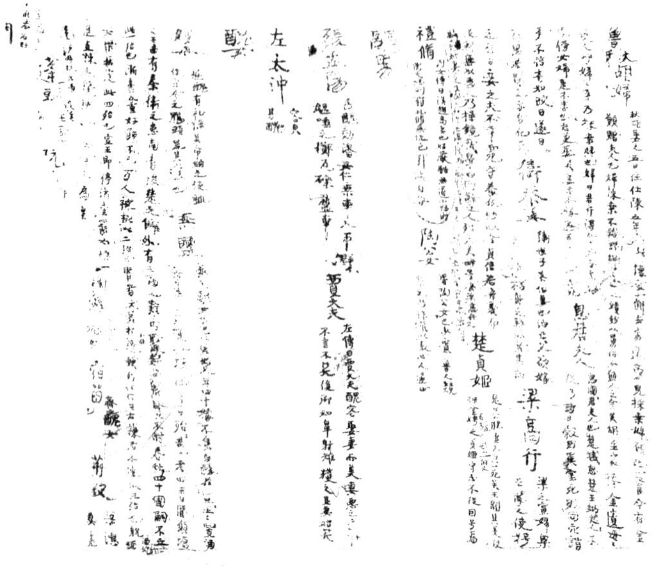

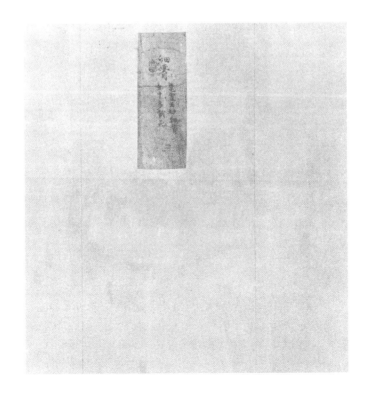

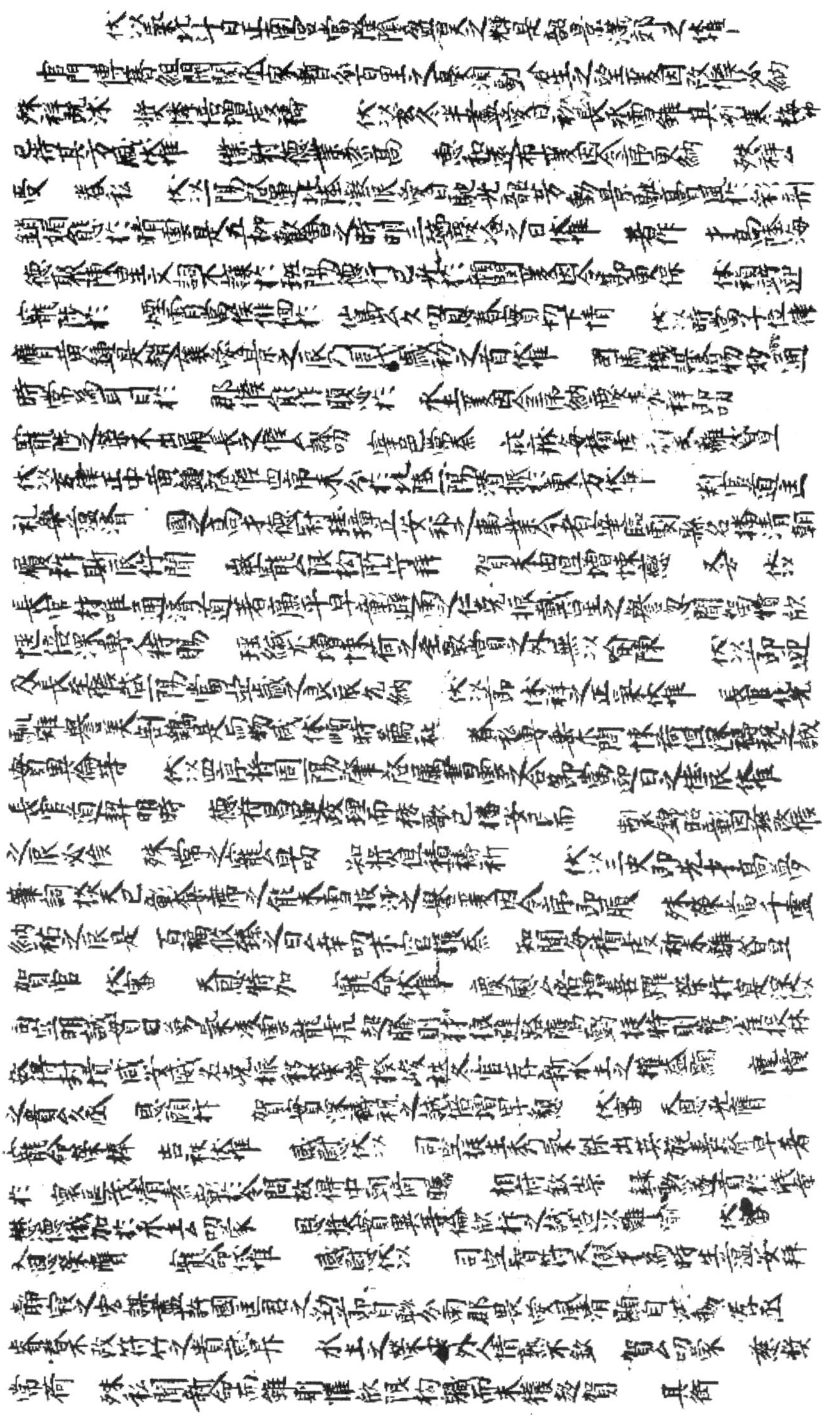

三　斯七八號

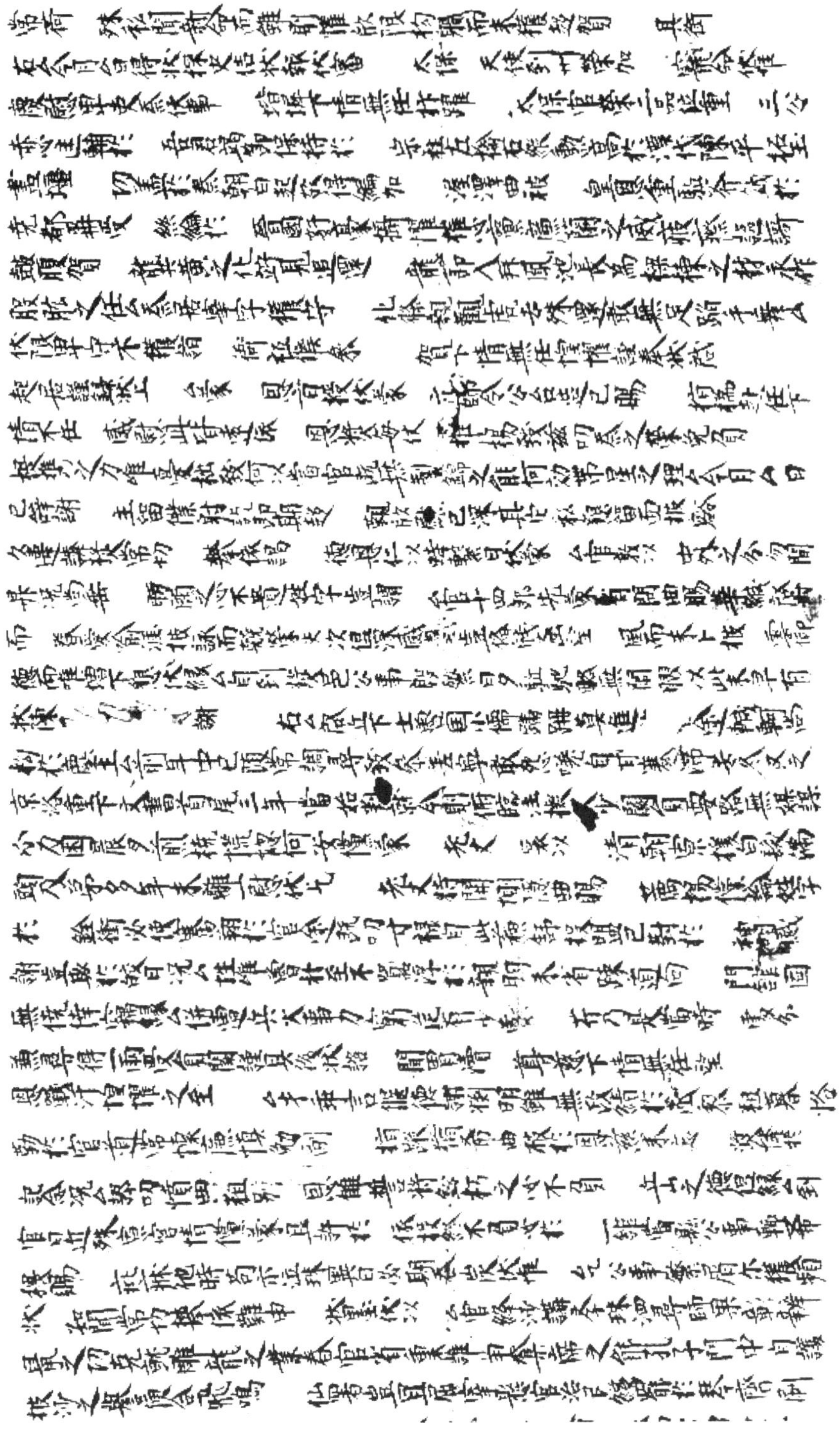

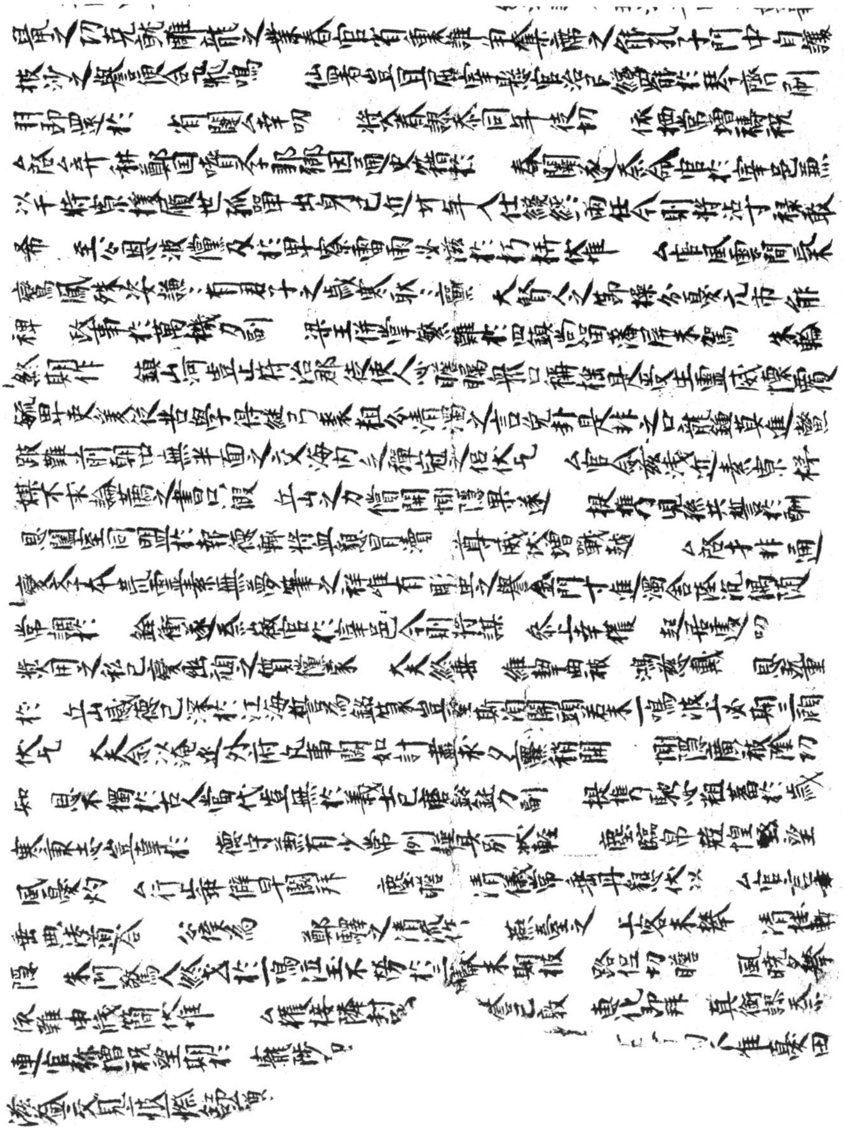

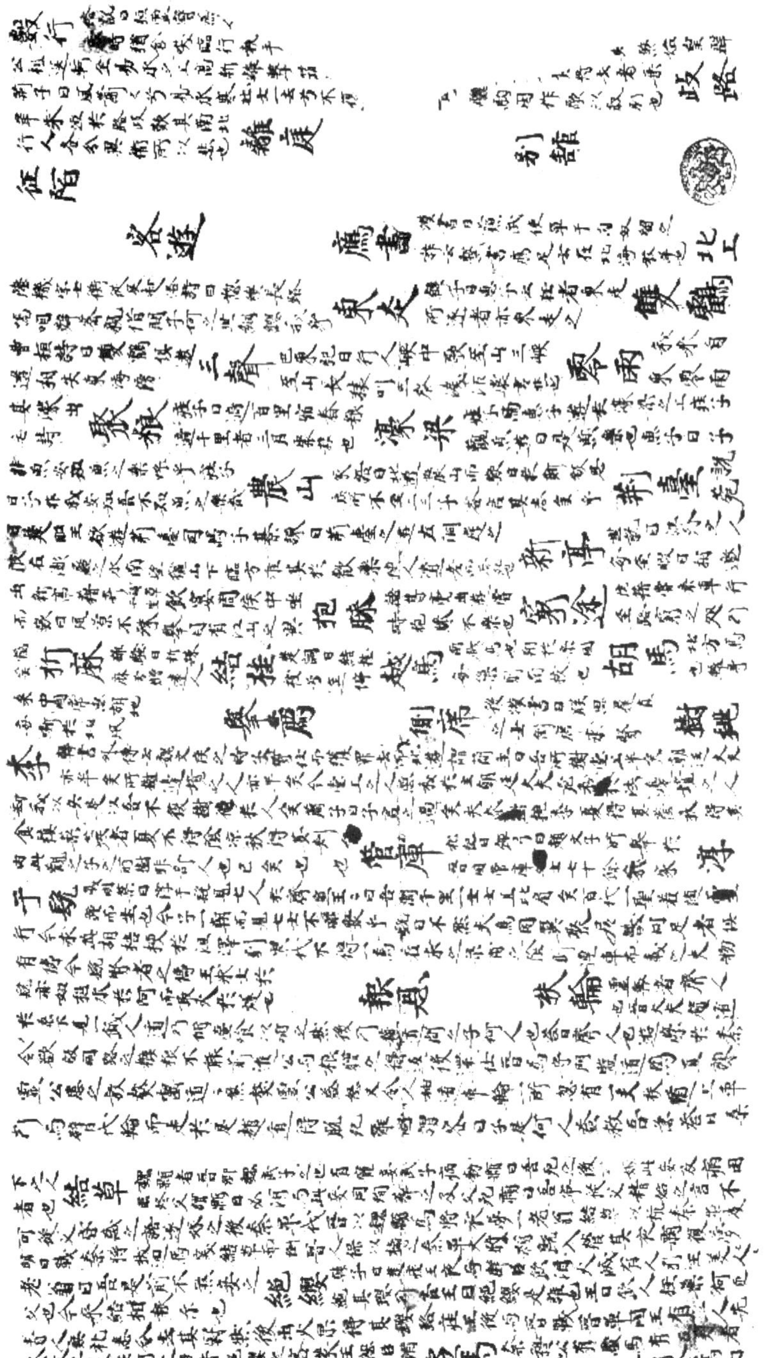

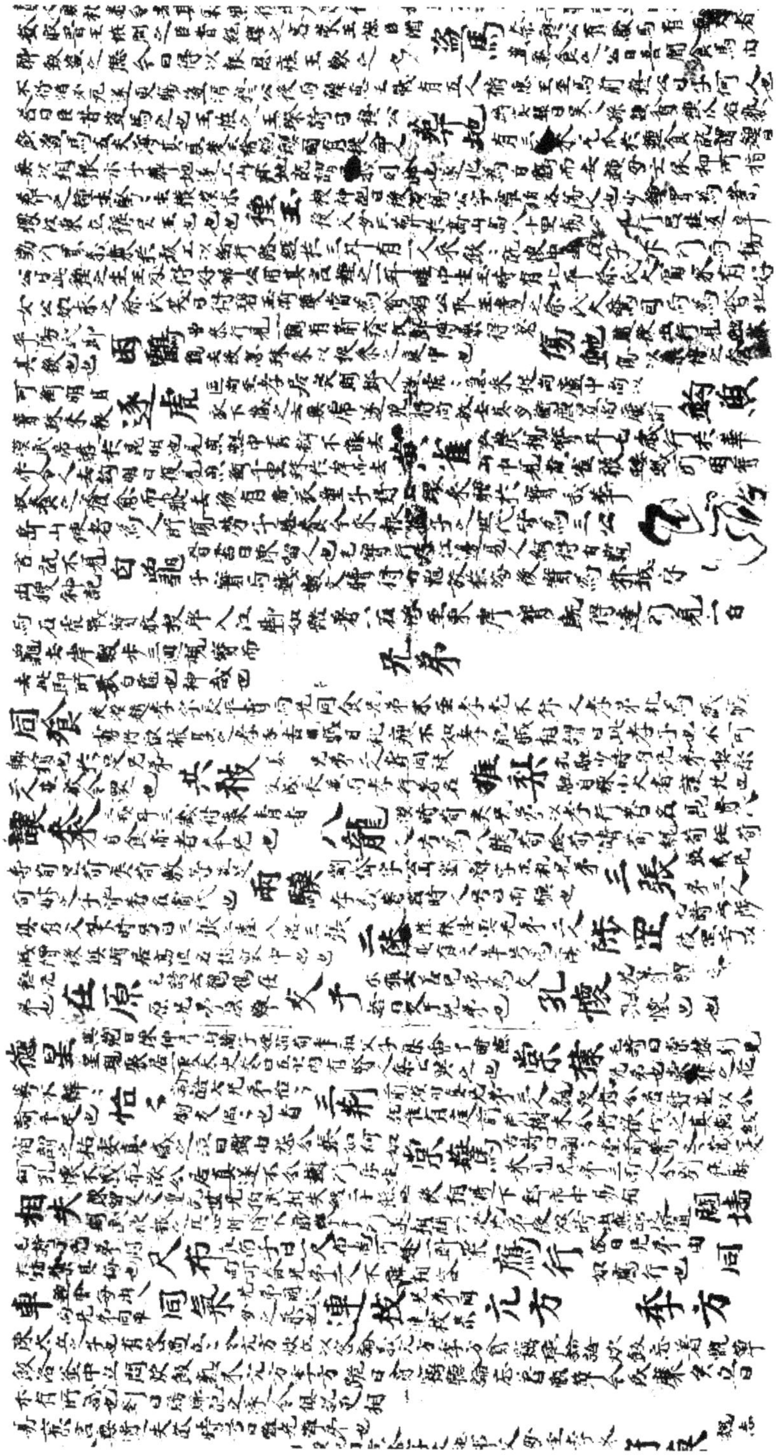

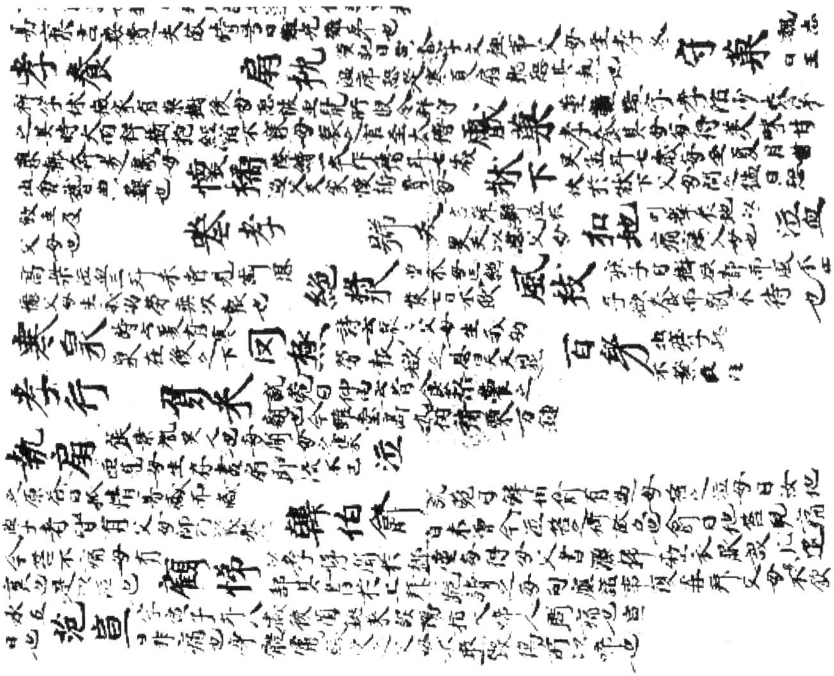

S78

下編　《語對》研究篇

第一章　從書鈔到類書體制的流變看《語對》的定位

人類知識的傳承，在文房四寶等書寫工具還未全然具備之前，一般都止於口頭的相互傳授，形成周秦以訖兩漢所謂王官之學或經學的特色。由於没有統一的課本廣泛提供給社會大衆學習，於是學生每多遵隨業師的口授章句及詁訓誦讀，不敢輕易改字或易動章句。這也是造成學術分歧的主要原因，而石經則爲樹立官方權威的標志，亦爲統一思想的工具；故今日考察昔時的學術脈絡，所重必在探尋師承源流。然而隨着造紙技術的演進，紙張得以大量生産，知識又因文明而繁衍，於是篇章著作乃大量出現。如何閲讀消化這些繁復的知識與篇章，誠非人類有限的生命可以做到，在此情況之下，編纂有用或一己需要的知識，彙録成册，則是書鈔體制的開端。只是爲了更方便於閲讀，以及條理式的吸收，乃進而有類書的編製，斯爲《語對》編纂之先聲。

第一節　從書鈔到類書體制的流變

中國歷經秦漢，隨着國力的日漸强盛，拓土開疆，以中原爲中心，向周邊地區不斷地發展，加上近悦遠來，從生活到文化上的相互融合，交流倍勝於往昔，此據地下出土文物，諸如玻璃、銀幣以及人俑樂器的出現，即可證明。何況若再探尋今日指稱當時孳生的新造詞語，證明非番即胡的食物名稱或器物，全是來自於域外，已可略知中外交流的實況。至於作爲文化的輸出國，漢字曾經有段時間也被周邊國家所借用，以至於儒家文化及各類典籍都爲各國學者研讀及加以翻譯，成爲東亞文化的核心成分。不止此也，隨着佛教僧人的東來及佛典的漢譯，先後融入中國文化的内裏核心，以至於成爲東亞各國共同擁有的宗教信仰與核心文化之一部分。這些裏裏外外的交融，小至於百姓所碰到的日常生活，如衣食住行及精神上的娱樂，擴大到儒家經典的闡釋，子史相關的論述或佛典的輸入等，在顯示各國之間文化的相互受容。其中所呈現的現象，既有東西南北四方的交通往來，也隨着人類的脚步在周邊各國留下了蛛絲馬迹。相對的作爲文化記號重要標志的漢字，爲了如實呈現這些裏裏外外新增的文化現象，以及各國及族群生活的種種描述，前面提過的九千多個單字已不足以完全表意及載録。以至於兩漢以後出現了："晋有吕忱，更按群典，搜求異字，復撰《字林》七卷，亦五百四十部，凡一萬二千八百二十四字。"〔一〕可惜吕書已經亡佚，無從詳知内容。稍後則有梁顧野王根據楷書增編的《玉篇》，雖説今日傳本已失原樣，然而全貌透過宋人的增益本及九世紀前期日本空海所編著的《篆隸萬象名義》，尚依稀可見。以上二書都是沿襲許慎《説文解字》體例，依部首而編纂，卷數則擴充爲三十，部類五百四十左右，收字凡一萬六千九百六十七字。細究文字的遞增，幾近《説文解字》收字的倍數。這也恰好印證了中西交通之後的文明演進，需要的載體記號自然纍積倍增，何况這衹限於文字的形符，若再計較新增復合詞彙的數目，或者字義的繁衍借用；甚至諸如民間字書《開蒙要訓》《俗務要名林》等一類俗寫字書的編纂，或者字樣形體由篆改隸，或由隸變楷，以及書法家增省筆畫的異體字，林林總總，則文字詞彙的總樣豈止此數而已。也因歷朝王政之始重在統一文字，雖然政局有着南北分裂，東西割據，如戰國時期般的林立，却都隨着漢字文化的共同根源，在一壺濁酒之下，多少古今往事便隨着流逝的長江浪花，盡付予笑談，終歸於一統的局面。

〔一〕（唐）封演撰，趙貞信校注：《封氏聞見記校注》卷二《文字》，中華書局，二〇〇五年，第七頁。

再者，文字既是記録語言，也是表達意志的工具。就物理現象而加以解析，原不過就是一連串聲音的組合，因此一個完整的文字具有形、音、義三個要件。其發展過程則是先有其義，後有其音，再有其形。漢字在象形、指事、會意幾種造設形符的方法後，遇到了形符象意能指的局限性，於是不得不取用更簡易的組合方式，以現有的符號，取其歸屬的意義作爲部類，另外選擇同音字用以表記語言，亦即有形有聲，又便於視覺分辨的合成文字。奈何時有古今，地有南北，語言的變化往往難以掌握，何況語言文字既是約定俗成，也衹能順其自然，於是以字記音的獨體漢字，便會隨着歷史語言與地理語言的變異，失去貼切的原始標音，造成後人無法完全掌握或記録語言文字聲音的現象，甚至對着形體無法讀出字音的情形，故有審音之書作焉。

關於漢字的審音，從早期的形聲構件，部分用形符表意，部分則以近似音符記録音讀，甚至音符中還帶有與組合字相同或近似的意義，的確解決了漢字能够及時追上人類文明演進的脚步。衹是隨着歷史時序的遷移，偏旁構件的音讀發生了變異，於是據以標音的文字便失去了原來讀音的規律變化，也就失去了記音的準確性；加上南北或東西地域之間的差異，以及人爲的誤讀既成典範之後，自然會有一些形聲字難以表音的困境。甚至對於初學者而言，在不知構件的音讀之下，也就讀不出組合字的讀音。也因如此，漢儒在先秦經典上的研讀詮釋，特别重視師承的統緒及章句的段落，并用“急讀”“緩讀”，以及“讀作某”“讀曰某”“音作某”“讀若”“讀如”“一曰”等直音字，或音近字標注該字的讀音，這種釋音方式和用簡易字母拼音的印歐語文的確大不相同，因爲所釋字音如果無法解讀，以未知字音想求所要知道的字音，字音仍然不知從何讀起，而直音的注解方式也便失去了意義。隨着中亞交通的開展，絲路上各民族的交通往來，梵文佛典的傳入東土，印歐語系的字母拼音方式開啓了中土士人的視野，提示漢字音讀的分析，故悉檀字母的拼音影響了漢字的反切音讀絶非空談，從李登的《聲類》到陸法言《切韻》，下至孫愐的《唐韻》、王仁煦的《刊謬補缺切韻》，以訖陳彭年奉命編修的《大宋重修廣切韻》等審音諸書，不斷隨着時空的遞進而出現，也不斷地被增修改編，甚至更有韻分等第的《韻鏡》和《七音略》諸書的新變。反切的音讀雖然未如字母拼音的便利，但已初步解決了漢字表音的問題。這些老少咸宜的字書或音韻典籍，既是教育童蒙學習語言，認識字様形體書寫的初階媒介，更是終身受用，成爲撰文作詩的參考工具，故歷來圖書分類都編入"小學"一門。

儘管漢語的音讀標記及書寫問題初步解决，但是在義務教育尚未普及的時代，接受教育者大都局限於帝王貴族，或者向來重視家庭教育的世族豪門，一般平民百姓能够獲取温飽已是不易，哪有閑錢可以千里負笈，從師接受教育，而這也是開啓平民教育，有教無類，偉大的至聖先師孔子令人肅然起敬的主要原因。至於知識的傳播，在有了文字之後，已從最原始的口語相傳，進化到山野摩崖、龜甲獸骨、鐘鼎彝器、石頭玉版、簡牘絹帛、貝葉獸皮等各種物質材料的書寫。可是這些書寫材料對於知識的傳播若非笨重，即是昂貴或不易保存，所以人類知識的傳承仍然一綫如縷，文明的進步還是有如龜速。直到東漢蔡倫改進了造紙技術〔一〕，紙張進入了大批量的生産，書寫成本的價格降低，取得也變得容易，終於使知識能够及時載記，并且隨着人類的足迹，傳遍各個角落〔二〕；也因既輕靈又方便携帶的書寫品出現，人類的知識傳播乃無脛而走，再無五車之重的負擔〔三〕，成爲容易流播的知識載體，於是知識也

〔一〕 紙張的發明傳説是東漢的蔡倫，然而根據考古的成果，證明西漢時代已有紙張出現。今存最古的紙樣是一九五七年西安灞橋漢武帝時代的墓中殘紙，一九三四年中國西北考察團曾於羅布淖爾烽燧臺廢墟發現殘紙，據黄文弼考證後，證明爲公元前四十九年的紙張，其後類似的紙樣發現，更有多處，皆爲蔡倫之前遺物。（參見錢存訓著，劉拓、汪劉次昕譯：《造紙及印刷》，《中國之科學與文明》第十三册，（臺北）商務印書館，一九九五年，第五二～五七頁）

〔二〕 古書常云："鏤之於金石。"金者指鐘鼎彝器，在此器物上鏤刻文字，需要冶煉技術發展到某一階段後纔能配合鑄造，非帝王公侯難以具備。至於殷商出土的龜甲，也還有朱筆書寫而未鏤刻的情形，説明契書仍非易事；玉版除了《侯馬盟書》的簡短誓文外，實不多見，以物珍貴難得。石刻巖畫是人類從石器時代以來最普遍的書寫材料，但是還有一定的硬度需要克服。絹帛、獸皮等作爲禦寒衣物猶恐不足，與簡牘、貝葉等也都不容易保存。

〔三〕 王先謙注：《莊子集解》卷八《天下第三十三》云："惠施多方，其書五車，其道舛駁，其言也不中。"蓋言其博學外，實亦源於古籍爲簡牘書寫，極爲笨重，携帶時需以車載隨行。（中華書局，一九八七年，第二九六頁）

就普及社會上下各個階層。此後人類的進步自然一日千里，造就了知識時代的來臨。

由於各種形色知識的日漸增多，幾千個單字不足以完全承載，於是在中西交通的過程中，印歐語系的多音節組合和書寫，就音以別義的方式，無疑給了漢語不少的啓示。漢語原爲獨立的方塊字，既不便於了解讀音，同音字又特別多，衹好用不同的聲調予以别異。四聲中儘管又有陰陽作爲依音别義的方式，還是無法解决存在很多同音字的問題，縱有視覺輔助的部首群，聽覺上仍然受到不少的干擾。於是爲了解决這點困境，漢語單字詞的可塑性給予極大的便利，它既可由前後字詞的增加與綴屬，增廣其短語特性或擴大它的指涉範疇；更可因爲前後字的加入後，限制了該字的字義範疇或更爲精確的表意，以至於東漢以後，連緜詞句或雙字構辭大量的出現。根據語言學家索緒爾（Ferdinand de Saussure）的研究，指出人類用語言表意的過程每每受到支配語言的聯想軸（語義）、毗鄰軸（語序）此一兩軸理論的支配，所以教導童蒙學習語言也是根據此一理論設計，這和古今中外學習語言的理論或發展過程的確不謀而合。因爲從語義軸理論上設計相似詞、相反詞一類的教學，或者由聯想軸發展的短語復句或填充，或重組新詞的教學方式，乃是基於兩軸理論實踐下自然産生的訓練方式。尤其隨着文明的繁衍與知識的暴增，紙張又比較容易取得的條件下，儒林及佛道經典的傳播，以及臨文書寫的表意，無形之中倍勝於前漢。故劉師培在《論文雜記》一文中曾云：

> 由漢至魏，文章變遷，計有四端。西漢之時，箴銘賦頌，源出於文；論辯書疏，源出於語；觀鄒鄒陽。枚枚乘、枚皐。楊子雲。馬司馬相如。之流，咸工作賦，沈思翰藻，不歌而誦，旁及箴銘騷七，咸屬有韵之文。若賈生作論，《過秦論》之類是。史遷報書，劉向、匡衡之獻疏，雖記事記言，昭書簡册，不欲操觚率爾，或加潤飾之功，然大抵皆單行之語，不雜駢驪之辭。或出語雄奇，如史遷、賈生之文是出於《韓非子》者也。或行文平實，如晁錯、劉向之文是出於《吕氏春秋》者也。咸能抑揚頓挫，以期語意之簡明。東京以降，論辯諸作，往往以單行之語，運排偶之詞，載於《後漢書》之文，莫不如是；即專家之文集，亦莫不然。而奇偶相生，致文體迥殊於

西漢。東漢之儒，凡能自成一家言者，如《論衡》《潛夫論》《申鑒》《中論》之類，亦能取法於諸子，不雜排偶之詞。《論衡》語意尤淺，其文在兩漢中，殆別成一體者也。建安之世，七子繼興，偶有撰著，悉以排偶易單行，如加魏公《九錫文》之類，其最著者也。即非有韵之文，如書啓之類是也。亦用偶文之體，而華靡之作，遂開四六之先，而文體復殊於東漢，其遷變者一也。西漢之書，言詞簡直，故句法貴短，或二字成一言，如《史記》各列傳中是也。而形容事物，不爽錙銖。且能用俗語方言，以形容其實事。東漢之文，句法較長，即研鍊之詞，亦以四字成一語。未有用兩字即成一句者。魏代之文，則合二語成一意。或上句用四字，下句用六字；或上句用六字，下句用四字；或上句下句皆用四字，而上聯咸與下聯成對偶；誠以非此不能盡其意也，已開四六之體。由簡趨繁，此文章進化之公例也。昭然不爽，其變遷者二也。西漢之時，雖屬韻文，如騷賦之類。而對偶之法未嚴；西漢之文或此段與彼段互爲對偶之詞，以成排比之體；或一字（句）之中，以上半句對下半句，皆得謂之偶文，非拘於用同一之句法也，亦非拘拘於用一定之聲律也。東漢之文，漸尚對偶。所謂字句之間互相對偶也。若魏代之文，則又以聲色相矜，以藻繪相飾，靡曼纖冶，致失本真。魏晋之文，雖多華靡，然尚有清氣；至六朝以降，則又偏重詞華矣。其遷變者三也。西漢文人，若楊馬之流，咸能洞明字學，相故如（三字當作“故相如”）作《凡將篇》，而子雲亦作《方言》。故選詞遣字，亦能古訓是式，所用古文奇字甚多，非明六書假借之用者，不能通其詞也。非淺學所能窺。故必待後儒之訓釋也。東漢文人，既與儒林分列，《文苑》《儒林》范書已分二傳。故文詞古奥，遠遜西京。此由學士未必工作文，而文人亦非真識字。魏代之文，則又語意易明，無俟後儒之解釋，此由文章之中，奇字古文用者甚少。其遷變者四也。要而論之，文雖小道，實與時代而遷變。故東京之文殊於西京，魏代之文復殊東漢文章之體，在前人不能强同。若夫去古已遠，猶欲擇古人一家之文，以自矜效法，吾未見其可也。〔一〕

〔一〕 劉師培：《論文雜記》，劉師培：《劉申叔先生遺書》，第八五三～八五四頁。

劉師培就遷變的歷史潮流，解析文人既要預流，用以因應時勢；又自覺生也有涯的情況下，不得不利用有限的光陰，想方設法，從大量又龐雜的新舊載籍中，去其糟粕，汲取知識菁華。於是摘抄書本上有用的精粹句段，强化學習的方法於焉出現，根據《史記·十二諸侯年表》云：

鐸椒爲楚威王傅，爲王不能盡觀《春秋》，采取成敗，卒四十章，爲《鐸氏微》。〔一〕

這種摘取重點學習的方式古今皆然，也爲大家所接受，故此書歷經兩漢，下訖六朝，并未被大家所捐棄，故孔穎達《春秋左傳正義》卷一曾引劉向《别録》説：

左丘明授曾申，申授吴起，起授其子期。期授楚人鐸椒，作《抄撮》八卷，鐸椒授虞卿；虞卿作《抄撮》九卷，授荀卿；荀卿授張蒼。〔二〕

從司馬遷的《史記》到劉向《别録》一書，在證明了戰國後期鐸椒爲楚王傅時所摘録的《鐸氏微》，傳到後來被稱之爲“《抄撮》八卷”，并且歷經虞卿、荀卿、張蒼等的師承傳授，故班固特在《漢書·藝文志》中著録了鐸椒的《鐸氏微》三篇，存藏於秘閣。再者，書鈔之問世也是爲了彌補無暇閱讀全書的人，或者能够快速抓到全書重點的讀者所設計的一種過濾閱讀行爲，尤其抱着某種目的性而讀書，或者想導引讀者關注某些焦點，勢必先行删棄無關緊要的段落，選讀適當的重點文字予以摘録彙編。在書籍尚未進入雕版印刷，及書寫紙張仍未大量生産之前，節省抄寫的時間及避免受到物質條件的限制，同時又能獲得需要的知識，無疑都是書鈔産生的重要原因。等到紙

〔一〕（漢）司馬遷撰：《史記》卷一四《十二诸侯年表第二》，中華書局，一九五九年，第五一〇頁。

〔二〕（晋）杜預注，（唐）孔穎達等正義：《春秋左傳正義》卷一《春秋序》，《十三經注疏》委員會整理：《十三經注疏》，北京大學出版社，第二頁。

張大量生産之後，著作彌繁，知識爆炸，在無暇遍讀天下書的情況下，鈔録書中一己需要的重點，進行深入地研讀，更有絶對的必要，所以《隋書·經籍志二·雜史》即大量存載這類的作品，并云：

> 自後漢已來，學者多鈔撮舊史，自爲一書，或起自人皇，或斷之近代，亦各其志，而體制不經。〔一〕

清代姚振宗《補後漢書·藝文志》也説：

> 史鈔之學起於後漢，而其書則自衛颯《史要》始。《隋志》附之《雜史篇》，而隱分其類，侯瑾《漢皇紀德》亦是類之屬也。〔二〕

凡此，足以説明這段時間正是書籍大量鈔撮産製的時代。衹是這批書籍在知識的學習或運用上，仍然未盡理想，畢竟辨别異同乃是人類認識宇宙生來具有的邏輯本能，所謂“物以類聚，事以群分”，本來就存在每個人的意識之中。因此歷代書籍，如《詩經》即有風、雅、頌體，各體又有類别；《爾雅》則有釋訓、釋詁、釋器等井然有秩的分類，雖然無“類書”之名，却是具有邏輯辨異的分類歸屬功能。這種編書體例的確與一些隨興式，或漫無條理的擺置各事文等書鈔稍有不同，也是古書篇名何以多取之於首句二字，然後纔逐漸進化到篇名必與内文相互呼應的過程。這也促成後來分門别類書鈔的編製，甚至分門别類的類書即肇基於此。故魏文帝授命劉劭、王象、桓範、韋誕、繆襲等這一批臣下爲他編纂的《皇覽》，便成爲中國第一部類書，其編纂目的毫無疑義是爲了讓身爲帝王的曹丕，在辦公處理政務之餘，希望能够

〔一〕（唐）魏徵等撰：《隋書》卷三三《經籍志二》，中華書局，一九七三年，第九六二頁。

〔二〕（清）姚振宗撰：《補後漢書·藝文志》卷二《史部·史鈔》，《二十五史補編》第二册，開明書店，一九五九年，第二三五六頁。

參與西園雅集，并追上駢儷文學體裁，用典成辭的詩文風尚。因此，如何節省魏文帝的讀書時間和精力，又便於掌握大量的新增知識，以應急需，不被排斥，乃是這批受命大臣編纂圖書時所必須遵循的原則和用心處。所以初期的類書有如書鈔，乃是依類鈔繫各書有關之人事叙述；其後爲了閲讀醒目或撰文指稱，則或拈出人名，下繫其事；或約化成辭，説明事典的内容，有如《北堂書鈔》一書。

由於這些依據分類而彙録群書菁華的圖書工程，需要花費長久的閲讀時間與龐大的財力、物力、人力等種種資源，纔可能編纂出動輒百卷的内容與籠括宇宙萬象的複雜體制與知識内容，故每多出自皇家詔命或權勢貴族的資助，纔有足够的條件及資源，進行這等龐大費時的編寫工作。如仿效《皇覽》體例編纂，由梁武帝蕭衍在天監十五年（五一三）下令華林園學士編纂的《華林遍略》；或者武平三年（五七二）八月編成的《修文殿御覽》（初名《玄洲苑御覽》，後來又改《聖壽堂御覽》），以訖宋太宗年間編纂的《太平覽御》等，大半是假借供給"皇帝乙夜之覽"而成書，其實另一個目的也是爲了安撫前朝文士，或者出於國家政策，趁機過濾一些違礙政治時局的思想而編纂，最足以説明此點的莫過於清朝編録的幾部大書，尤以《四庫全書》爲然。若似出於梁代劉孝標一人之手的《類苑》二百卷；或者虞世南在隋秘書省北堂讀書所抄録，而號稱現存中國四大類書之首的《北堂書鈔》，似此厚實的内容，卷數龐大的著作，若非個人具有堅實毅力，的確不易完成。不過從書籍的命名，恰好見證了早期類書帶着書鈔特性的進化痕迹，已經由抄録書篇文字，走向根據人事而標舉辭目的編寫方式。其後，《藝文類聚》有感於"九流百氏，爲説不同"，"欲摘其菁華，采其指事"，因此在既有原來依類録寫之書篇"事""文"之外，又將歷來文士運用此類事文入寫篇章之詩文典範，也加以一并存録，於是體制又爲之一變。至於《初學記》一書，乃唐玄宗命臣下徐堅等爲教育諸皇子初學作文，檢查事類而編作，共三十卷，每類體例先爲叙事，次爲事對，最後則存録典範詩文，則又與前述類書有著不同的體制變化。蓋從杜公瞻之《語對》以訖《初學記》之"事對"，皆爲駢儷文章及近體律詩而設。故《四庫全書總目提要》評之曰："在唐人類書中，博不及《藝文類聚》，而精則勝之，若《北堂書鈔》及《六帖》，則出此書之下遠矣。”〔一〕反而從日本回傳的唐本古佚《群書治要》，雖是依據治理國家方略而分類鈔録治國要文，從形式來看，每就整篇文章加以迻寫或大段式的鈔録，既是類書，又與叢書性質更爲接近。這與官方編纂的《帝範》《臣軌》等圖書，或者成於馬總之手的《意林》，以及敦煌本的《勵忠節鈔》等類書更爲接近。

有唐一代編纂的類書，除了上述猶存的四大類書外，其他都已亡佚不見，幸好絲綢之路上的敦煌莫高窟出土了一批宋以前的文獻，恰好彌補紙本印刷未曾盛行前的書籍真象，其中除了上階層的部分論著外，更多的是庶民百姓日常課讀與相互來往的生活史料。似此性質的一類作品，歷代也都存在過，却在歷史的大洪流中，被水火兵蠹等諸多災難所湮没而流失殆盡。尤其民間文物及童蒙初學圖書，在文士眼底每被視爲三家村學究所編輯的初階讀物，往往在有權掌管國家圖書文獻的官僚或士大夫的心目中，難以得到他們的青睞，因而不被收録存藏，於是散佚也就特別嚴重，如今絲路上的這批出土文物，恰好彌補了這方面的缺失。

除了“何論體”式類書外〔二〕，勿論聯類排比事文的類書，或者根據類語、類句、文賦體、詩體所編纂的類書，主要作用大抵都是爲了增長知識以及撰寫文章而設。蓋類書之興，與六朝整體的文藝思潮息息相關。西漢文章原來祇是單行之語，不雜駢儷之詞；到了東漢以後，始運排偶，文體與前迥殊。逮及建安，七子繼興以後，又將單行之句易爲排偶。至徐、庾一出，儷風蔚盛。然而是時文律尚疏，精華特渾。自“唐興以來，體備法嚴，然格未免稍降矣”〔三〕。此中關鍵，實乃事類之運用。若無意象，勉强爲文，徒藉事類與文辭的湊合，其結果自然流於餖飣之學，此點聞一多已多所批

〔一〕（清）永瑢等撰：《四庫全書總目》卷一三五《子部・類書類一》，第一一四三頁。

〔二〕 按：所謂“何論體”，可參閲拙著《敦煌類書》上册曾云：“本體之興，實自文賦體中之策問進化，亦即董仲舒天人三策或答客難之流變；再者乃是適應當時括帖活套，并窮究事物之源，故爲文賦體之變也。”（麗文文化事業股份有限公司，一九九三年，第九頁）

〔三〕（清）程杲撰：《識孫梅四六叢話・序》，世界書局，一九六二年，第二頁。

評矣〔一〕。

也因就類書的發展歷程來看，從書鈔體式演化之後，如何將書本上有關的人、事、地、物等文字，按照個人對宇宙間主客觀的分類而予以編排，然後將書中事文抄録於各體類别中。一旦有了檢索上的需求，則可依據類别進行搜索，自然容易找到需要的材料，予以準確的運用。再者，對於學習者而言，也因這是比較具有條理脈絡的知識系統，自然容易放在腦海中的記憶倉庫。對於這些人、事、時、地、物有關的文字，最初不過依時序或經史子集的分類系統給予排列，這是從書鈔進入類書編纂的第一階段，《皇覽》《修文殿御覽》《太平御覽》可説都是依據這種體例。可是這種編排仍然不够醒目，於是又有依人繫事，或者依事繫文，也有據地或隨物而録文者，并且摘録人、事、地及器物等之名稱，或者摘録顯著詞條以標記，使讀者一目了然，而且容易檢索。甚至將歷來使用此一成詞或事典的詩文收入第二部分，以見如何運用此類人、事、地及器物等之典範文章，向後學顯示可以學習套用的方式，此即《藝文類聚》之體例。但是這麽長的叙事不便於入文，亦不便於學習，如何化繁爲簡，甚至於爲了因應六朝以來，講究唯美偶句的駢儷文體以及永明以來，因新興聲律的近體詩頷腹聯對的需要，於是出現了《蒙求》《語對》等類書著作，而比較大型的《初學記》類書，第一部分有如今日所見之百科全書叙事，第二部分則是語詞對句之標目，其下纔叙述事文及典故出處，第三部分則爲典範詩文。故敦煌所見個人編纂之小型類書雖然不能全備衆體，却還具有其中的一二體例。

事實上，類書初始爲觀書不足及作文需要而設，面對着浩瀚的典籍，有限年壽豈能畢覽。因此，自魏文帝基於需要參與頻繁的“西園雅集”這一聚會賦詩的時尚，特命臣下編纂了《皇覽》，彌補無暇閲書，以求快速尋求事典之方式。其後諸如《華林遍略》《修文殿御覽》，以訖宋太宗年間編纂的《太平御覽》，都是官方詔命臣下，按照類别，排比舊文故事的體式製作。這種類書體式最初僅是爲了上等聰明，又没時間的文人方便查考、取用事典而編

〔一〕聞家驊：《類書與詩》，聞家驊：《詩選與校箋》，九思出版社，一九七八年，第六～七頁。

輯。尤其詩文在貴用新奇的風氣下，要求文章能够作到既求廣博，又要精微，使用事典足以副力，腴而不枯，華實并見的地步，方稱勝境。因此，博極群書，撮其機要，廣録而儲備爲文需用之類書，自然應運而生。所以，“《流别》《文選》，專取其文；《皇覽》《徧略》，直書其事”〔一〕。這種事文兼具的體裁，先後并出。然而也因“文義既殊，尋檢難一”〔二〕，於是又有根據個别需要而編纂的别體類書，即《編珠》形式影響下的“類語”體類書。

此體之興，究其伊始，當然跟佛典語言的傳入，以及僧人的東來息息相關。蓋不同文化間的交流，促使中土士子了解到漢語與印歐語系之間的差異，尤其周顒、沈約等關注到聲律與文學之間的結合，特别提出了“四聲八病”之説，注意到作詩爲文時聲律的抑揚頓挫，并藉着當時文學界領袖《謝靈運傳》史臣之論云：“夫五色相宣，八音協暢，由乎玄黄律吕，各適物宜。欲使宫羽相變，低昂互節，若前有浮聲，則後須切響。一簡之内，音韻盡殊；兩句之中，輕重悉異。妙達此旨，始可言文。”〔三〕同時，《文心雕龍·麗辭篇》也有“故麗辭之體，凡有四對：言對爲易，事對爲難，反對爲優，正對爲劣”的主張〔四〕，既要成詞，也要事典，兩詞意義相反，自然喧染成面；正對則鞭辟入裏，强化加深讀者的印象，此中難易優劣，各有不同。文學上既然有了這種要求，則不再是光憑記憶事類即可順利爲文，如何將衆多的事類書文材料，融鑄成爲美句新辭，又能雙雙成對，有如吃盡了桑葉後的春蠶，吐絲成繭的過程，這是重要的先行工作。於是就有爲中等之資而設，將本事隱括成辭，或擷取上等文人所創作之美句，以備爲文者蹈襲取用的著作出現。因此適用更廣範圍的《北堂書鈔》體式書籍於焉出現。甚至爲了對偶排比、駢儷撰文賦詩的需要，則又編輯了《編珠》體式的書籍。故《四庫提要》在宋代吴淑

〔一〕（唐）歐陽詢撰，王紹楹校：《藝文類聚·序》，上海古籍出版社，一九八二年，第二七頁。

〔二〕（唐）歐陽詢撰，王紹楹校：《藝文類聚·序》，第二七頁。

〔三〕（梁）沈約撰：《宋書》卷六七《謝靈運傳·史臣曰》，中華書局，一九七四年，第一七七九頁。

〔四〕（梁）劉勰撰，王志彬譯注：《文心雕龍·麗辭篇第三十五》，第四〇六頁。

《事類賦》三十卷爲之解題云：

> 類書始於《皇覽》。六朝以前舊笈，據《隋書·經籍志》所載，有朱澹遠《語對》十卷，又有《對要》三卷、《群書事對》三卷，是爲偶句隸事之始。然今盡不傳，不能知其體例……今所見者，唐以來諸本，駢青妃白，排比對偶者，自徐堅《初學記》始；鎔鑄故實，諧以聲律者，自李嶠《單題詩》始；其聯而爲賦者，則自淑始。嶠詩一卷，今尚存，然已佚其注，如《桂》詩中"俠客條爲馬，仙人葉作舟"之類，古書散亡，今皆不知爲何語，故世不行用。淑本徐鉉之婿，學有淵源，又預修《太平御覽》《文苑英華》兩大書，見聞尤博，故賦既工雅，又注與賦出自一手，事無舛誤，故傳誦至今。〔一〕

以上所提到的朱澹遠《語對》十卷，或者另有《對要》三卷、《群書事對》三卷，皆爲偶句隸事之始，可惜今都不存，難以知其體例。唯有敦煌文獻中尚存這類排比成對的作品多種，其中既有盛行一時的《文場秀句》，更有幾盡完篇的册子本《語對》伯二五二四號及多種的復本寫卷，頗有值得讓我們探究之處。

第二節　《語對》前導之一：《類林》

作爲一部類書的編纂，其使用的知識或參考的資料，必非簡單的幾本經籍即可完事，必然經過長時間用心的蒐羅抄録，過濾材料，然後予以分别歸屬於各門類。儘管前面曾將類書發展的歷程與背景作過分析，説明類書的編纂，常有疊床架屋的舊習或書抄的特性，然而若是身處邊陲的知識分子，或者是一般民間文士，想要編纂類似百科全書内容的作品，其能够具備的人力、物力、財力與時間等條件，的確有些困難。畢竟他無虞世南那麽優渥的北堂讀書環境，可以從容閲讀，摘鈔書籍中的有關事文；或者身受誥命，得到國家全力支援的

〔一〕《四庫全書總目》卷一三五《子部·類書類一》，第一四四五頁。

張説，能够充分利用宫中藏書及運用大批的後備資源，進行資料的迻寫。那麽，徒以私人一己之力，大概衹能從事小型類書的編纂工作，而且就地取材，依據設想需求，改寫摘録傳世可以入手的經典著作而已。《語對》一書既然出現於敦煌一地，可能來到敦煌，或敦煌當地的本地文士所編纂，則所能利用的書籍材料，也必定是敦煌當地流傳的文獻，而向爲大家所重視的唐代于立政《類林》十卷，無疑是編纂過程中最重要的參考著作之一，故特探討溯源如下。

一　唐代于立政《類林》的著録與發現

在敦煌類書群中，十卷本《類林》毫無疑問是部亟爲重要的著作，歷來書志如：《新唐書》卷五九《藝文志三・類書類》〔一〕、《崇文總目》卷三《類書上》曾經著録〔二〕；《日本國見在書目・子部・雜家類》則作"五卷"〔三〕，《三教指歸》覺明注亦有援引，足證唐時已經東渡日本，惜書不傳。僅見陳騤編《中興館閣書目》時加以解題云：

> 唐于政立（立政）《類林》十卷：分五十目，記古人事迹（《玉海》五十五）。〔四〕

又《宋史》卷二〇七《藝文志・類書類》誤作"于政立"，其後尟有著録，故當亡於北宋末期〔五〕。詎料莫高窟十七號洞出土的敦煌文獻中伯二六三五

〔一〕（唐）歐陽修撰：《新唐書》卷五九《藝文志三・類書類》，中華書局，一九七九年，第一五六四頁。

〔二〕（宋）王堯臣等編輯：《崇文總目》卷三《類書上》，商務印書館，一九三九年，第一七六頁。

〔三〕［日］藤原佐世：《日本國見在書目・子部・雜家類》，新文豐出版公司影印本（據黎氏古逸叢書本），一九八四年，第五三頁。

〔四〕（南宋）陳騤編：《中興館閣書目》卷三《子部・類書類》，見南京圖書館編：《南京圖書館藏朱希祖文稿》第六册，鳳凰出版社，二〇一〇年，第四六六頁。

〔五〕（元）脱脱等撰：《宋史》卷二〇七《藝文志・類事類》，中華書局，一九七七年，第五二九四頁。

號，居然題有“類林卷第九”，於是王重民才加以“敘録”〔一〕，説明該卷大概情況及書志上載録之相關源流，以及作者家世、該文獻在輯佚學上之價值，是爲本卷首發而最稱重要的篇章。其後日本學者西野貞治撰寫《琱玉集と敦煌石室の類書——スタイン蒐集漢文文書中の琱玉集殘卷をめぐって—》一文〔二〕，因見《琱玉集》卷一二有“劉向”“荀倫”“鄒衍”，卷一四有“滿舊”“陳遵”“易牙”“周幽王”等，總共七條事文援引出於《類林》；另見斯二〇七二號（以下簡稱節本《琱玉集》）“田夫”“偃師”“馬鈞”“公輸般”“孔明”“蓟子訓”“郭玉”“管輅”“符融”“淳于智”“王濬”“江文通”等十二條，出典著録《類林》，并據王氏《敘録》探討敦煌本《類林》殘卷相關問題，且將斯一三三號、斯五七七六號也擬作“類林殘卷”。凡此，約略可見他所要研究的架構藍圖，可惜因爲不能親眼目覩敦煌本《類林》，以致判斷多誤，而《敦煌類書集》的研究計劃亦未見兑現。不過，他將王朋壽《重刊增廣分門類林雜説》（以下簡稱《類林雜説》）與《琱玉集》、節本《琱玉集》進行比對，認爲《類林雜説》卷十以前，大抵爲于氏《類林》原物，偶有增廣；卷一一之後，皆爲王氏增補，除了《四夷門》外則是相當中肯的推測，只是缺少堅實的論證而已。

到了川口久雄撰寫《敦煌本類林と我が國の文學》〔三〕，又將《類林雜説》與《類林》系類書加以比勘，認爲《類林雜説》是傳承原型本《類林》的本文，而稍作簡化，且假設類林系諸本的傳承系統如下：

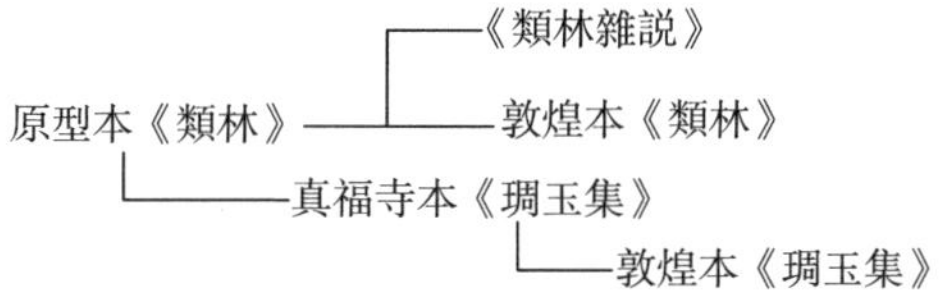

〔一〕王重民：《敦煌古籍敘録》，第二〇六頁。

〔二〕［日］西野貞治：《琱玉集と敦煌石室の類書——スタイン蒐集漢文文書中の琱玉集殘卷をめぐって—》，《人文研究》第八卷第七號，一九五七年，第六〇～六九頁。

〔三〕［日］川口久雄：《敦煌本類林と我が國の文學》，《日本中國學會報》第二二集，一九七〇年，第五二～七一頁。

可惜原型本《類林》僅是一個假設，誰都無緣目覩。因此，藉着幾種日本古寫殘本及敦煌殘卷，試圖復原《類林》的整體面貌，仍然存有不少困難。尤其《類林雜説》既經王朋壽加以增廣重刊，大家也不敢充分信任，自然無法針對各本之間的關係給予合理的解説。同年夏天，川口氏訪問了列寧格勒，獲悉東方院藏有彼得・庫兹米奇・科兹洛夫（俄語：ПётрКузьми́чКозло́в）於黑水城掘獲之西夏文本《類林》，正由克平女士進行翻譯及研究〔一〕。因此特在文末加以追記。同年底，又撰《ソヴェートにある敦煌資料——日本文學との關係——》〔二〕；翌年三月，復撰《敦煌本類林系類書と日本文學》〔三〕，這兩篇文章都提到列寧格勒藏本俄敦九七〇號爲《類林雜説》之原型本《類林》殘卷；并涉及西夏文本《類林》的報導，并期待不久的將來，能够目覩克平的翻譯及研究成果，用以彌補中國類書的欠缺，進而了解中國民間説話的傳承及日本説話文學研究所根據的原資料。同年十月，又寫了一篇《唐の類林の全容——西夏語に變身、傳わる》〔四〕。凡此，在説明敦煌本《類林》、西夏文本《類林》以及《類林雜説》三書已經受到學界的關注。

也因川口久雄訪問了列寧格勒後，面告克平《類林》系統的相關資料，解决她研究西夏文本《類林》的疑難，後來發表了完成的譯注和研究成果，第一部分爲研究，其次則爲《類林》之擇要性譯文及對事文之注釋；末有各卷篇條次、人名、官職、字彙、刻工索引表等，成果卓著〔五〕。筆者因研究伯二五二四號《語對》及其相關類書寫卷，上溯至《類林》系類書。初期，藉

〔一〕 克平，Ксения Борисовна Кепинг，一九三七～二〇〇二年。

〔二〕［日］川口久雄：《ソヴェートにある敦煌資料——日本文學との關係—》，收入《文學》第三八卷第十二號，一九七〇年十二月，第一一三～一一八頁。

〔三〕［日］川口久雄：《敦煌本類林系類書と日本文學》，《金澤大學法文學部論集・文學篇》第十八號，一九七一年三月，第一～一七頁。

〔四〕［日］川口久雄：《唐の類林の全容——西夏語に變身、傳わる》，《朝日新聞》一九七一年十月二十九日夕刊第二版。

〔五〕 K.B.Кепинг.ЛЕСКАТЕГОРИЙ*УТРАЧЕННАЯКИТАЙСКАЯЛЗЙШУВТАНГУТСКОМПЕРЕВОДЕ*ЛАМЯТНИК ИПИСЬМЕННОСТИВОСТОКАXXXVIIIMOскBA.1983.共有一四三頁。

着《類林雜説》的研究，仍然難以跨越西野、川口兩位先生的藩籬，直到吴其昱先生寄贈克平研究西夏本《類林》的相關資料後，始能有所突破，對於《類林》的復原問題纔能較清楚地認識和解決，并持與相關類書作一比較，除了部分殘缺文字外，可以發現于立政《類林》一書的確存載於《類林雜説》之中，而西夏本《類林》全書的解讀更需要《類林雜説》的覈校〔一〕，敦煌本《類林》相關文獻的價值也於焉確立。再者，在《類林研究》漢譯猶未發表之前，筆者也曾參閲《國立北平圖書館館刊西夏文專號》上的兩則西夏文《類林》的漢譯〔二〕，續對《類林雜説》的版本傳承，以及于立政《類林》到王朋壽《類林雜説》，降及劉承幹《嘉業堂叢書》刊刻時的沿革情形，進行仔細的考辨，而有《"重刊增廣分門類林雜説"傳本考及其價值試論》一文的發表〔三〕。尤其在親訪從事翻譯西夏文本《類林》的龔煌城院士時，經其助理徐育琦小姐進行了譯文的對比後，證實《類林雜説》與西夏文本《類林》兩本間的條目事文，幾乎呈現規律性的對應，確認它是西夏文翻譯時的母本，因此又撰寫了《西夏本類林據譯原典之發現》〔四〕。最可惜者，龔院士後來居然未曾刊行已經漢譯過半的西夏文本《類林》的後續工作，僅完成多篇精湛的西夏語音研究，後來彙集成《西夏語文研究論文集》一書〔五〕。至於全書漢譯的出版，猶待史金波、黄振華、聶鴻音三人等後來合譯出版的《類林研究》一書〔六〕，對於原本《類林》相關問題纔作出比較深入完整的總結。

由於《類林》一書已經亡佚，唐宋以來著録："于政立（立政）《類林》十卷，分五十目，記古人事迹。"與東傳日本的五卷本卷數已有不同，内容事

〔一〕 王三慶：《敦煌本古類書〈語對〉研究》，第三三～八九頁。

〔二〕 聶斯克：《類林釋文》，《國立北平圖書館館刊》第四卷第三號，一九三二年，學生書局，第二四五～二四六頁。

〔三〕 王三慶：《〈重刊增廣分門類林雜説〉傳本考及其價值試論》，《"中研院"第二届國際漢學會議論文集》，"中央研究院"，一九八九年，第五〇九～五六八頁。

〔四〕 王三慶：《西夏本類林據譯原典之發現》，《書目季刊》第二〇卷第一期，中國書目季刊社，一九八六年，第三三～三七頁。

〔五〕 龔煌城：《西夏語文研究論文集》，"中研院"民族研究所，二〇〇六年。

〔六〕 史金波、黄振華、聶鴻音合著：《類林研究》，寧夏人民出版社，一九九三年。

文如何，因無傳本，難以判斷。那麼，敦煌寫卷中也存有三個卷號，分屬兩個不同的書迹系統，今分别説明如下：

其一，俄敦〇〇九七〇號+俄敦〇六一一六號，此二卷號書迹相同，原藏單位已經綴合爲一，中題"報恩第廿五"，那麼此題之前所殘存應爲《感應第廿四》的事類。

其二，伯二六三五號，中題"《類林》卷第九"，書迹與上二卷號不同，録有如下的標目及事類：

《善射第三十三》：羿、甘繩、飛衛、養由基、婁煩、李廣、王濟、魏舒、《善射》《壯勇》。

《壯勇第三十四》：共工、羿奡、殷紂、古冶子、秦武王、石番、秦始皇、項籍、梁鴻、許褚、典韋、張飛、張遼。

《音聲歌舞第卅五》：師涓、雍門周、高漸離、諸姬、韓娥、漢高祖、項羽、田横、天馬歌、李延年、長沙王、司馬相如、蔡邕、石崇、王敬伯、嵇康。

《美人第卅六》：末嬉、妲己、褒似（姒）、夏姬、西施、唐公女、黄公女、李夫人、王昭君、趙皇后、陰皇后、馮貴人、梁冀妻、江充、何晏、潘岳、[夏侯湛、韓壽、衛玠、魏舒、裴秀]。

[《醜人第三十七》：無鹽、嫫母、阮氏、張孟陽]。

《怪異篇第卌》：夏桀、殷紂、周幽王、周靈王、石勒、石虎、秦始皇、漢惠帝、漢文帝、漢景帝、漢梁孝王、漢武帝、[漢]昭帝、漢成帝、漢哀帝、漢平帝、漢冲帝、漢靈帝、獻帝、公孫淵、司馬冏、晋恭帝、李勢。

[《祥瑞第三十九》：黄帝、堯帝、舜帝、大禹]、周武王、秦獻公、孫叔敖、漢高祖、漢武帝、漢昭帝、漢光武帝、楊震、孫權。

[《歌謡第四十》]：晋惠帝、符堅、秦始皇、董卓、吴太皇帝、孫皓。

據此標目可以考知，卷九之前殘文乃屬卷第八《攻書第三十二》：[倉頡]、史籀、李斯、張芝、[杜度]、崔實、梁鵠、蔡邕、韋誕、師宜官、鍾繇、胡昭、王羲之、羊欣、［諸葛］長民、索静（靖）諸名人事類。末數紙自《美人第三六》"潘安仁"條後，尚有"夏侯湛、韓壽、衛玠、魏舒、裴秀"諸條目，以及《類林卷第十》《醜人第三十七》篇則有無鹽、嫫母、阮氏、張孟陽等事類，今皆脱佚而勉强粘合爲一，以至於原《怪異篇第卌八》與《祥瑞第卅九》《歌謡第四十》錯亂，或失篇題，事類也多混置，作《怪異篇第卌》。

從這兩個殘卷的篇第來看，伯二六三五號雖是十卷本形式，然篇次已經到了卷末，故就總篇數而言，與"分五十目"不合，僅爲四十篇的内容而已。再有一證，俄敦〇〇九七〇＋俄敦〇六一一六號中題《報恩第廿五》，此一篇次在西夏文本作"第卅五"，增廣本《類林雜説》增編後，則作《報恩篇第卌二》。凡此二證，足以説明敦煌文獻中所存的二個系統，三個卷號，此前都已删棄至少十篇左右的簡本。所以如此推斷，實因靖康之亂（一一二七），汴京殘破，宫中文物流散十分嚴重，《類林》一書或在此時流出，散入民間。這種情形和故宫藏本《唐人十二月相聞書》流入金國的途徑類似〔一〕。至於王朋壽得到《類林》殘本十卷，然後增廣爲十五卷本的《類林雜説》，并交予李子文付刻，留下序題"時大定己酉歲（一一八九年，金世宗完顔雍）"；再者，同一時段，西夏國仁宗李仁孝取得十卷本《類林》，以國書文字翻譯完成，並於四年後題署"乾祐癸丑十二年（一一九三）六月二十日　字刻司印"完成印製，時間也是相距不遠。也因增廣本和黑水城西夏文本《類林》的幸存，在此多重證據的交集之下，不但確認了敦煌本二系是簡本系統，而《類林》一書也藉此數種不同的系統得以完整地予以復原。

二　《類林》一書的傳承與流變

在敦煌藏經洞與黑水城文物尚未出土公佈之前，《類林》一書完全消聲匿迹。然而坊間却有一本"（金世宗）時大定己酉歲（一一八九）夏晦，平陽王朋壽魯老序"的《重刊增廣分門類林雜説》流傳，其序文云：

〔一〕此卷留有金章宗"明昌"數印，證明曾入其手。

傳記百家之學，率皆有補於時，然多散漫不倫，難於統紀，故前賢有區别而爲書，號曰《類林》者，其來尚矣！惜乎次第失序，門類不備。予因暇日，輒爲增廣，第其次叙，將舊篇章之中，添入事實者加倍，又復增益至一百門，逐篇俾之以贊，爲十五卷，較之舊書，多至三倍。若夫人君之聖智聰明，臣子之忠貞節義，父子兄弟之孝慈友愛，將相之權謀大體，卿士之廉潔果斷，隱遁之潛德幽光，文章之麗藻清新，風俗之好尚，陰德之報應，酒醴之耽沉，恩怨之報施，形軀之長短，容貌之美惡，男子之任俠剛方，婦人之妍醜賢慝，神仙之清修，鬼神之情狀，宫室之華靡，屋宇之卑崇，天地之運移，日星之行度，山海之靈潤，醫筮之精專，草木之奇秀，金玉之精良，蠻夷之頑獷，禽魚之巨細，凡六合之内所有，無不概舉。雖不敢謂之知所未知，亦可謂之具體而微矣。其於善者不敢加於褒飾，惡者不敢遂有貶斥，姑取其本所出處，芟其繁，節其要而已。覽者味其雅正，則可以爲法；視其悖戾，則可以爲戒，豈止資談柄而詫多聞？不爲無可取也！鄉人李子文一見曰：專門之學，不可旁及；至如此書，無施不可。好學通變之士之所願見，我爲君刊鏤，以廣其傳，如何？予謹應之曰諾。於是舉以畀之，并爲之序，時大定己酉歲夏晦，平陽王朋壽魯老序。〔一〕

據此序文，王朋壽得到的《類林》“次第失序，門類不備”，似非完璧，特利用閑暇，將舊有篇章添入事文，擴充新的門類，逐篇增加贊文，擴編爲十五卷，百篇門類，號稱較舊書多了近三倍，并交由鄉人李子文刊鏤，改名爲《重刊增廣分門類林雜説》。此後，《類林》消失，而爲增廣本所取代，踏上歷來原本典籍被後來增編廣本所取代的常態命運。

可是“時大定己酉歲夏晦，平陽王朋壽魯老序”，由李子文刊行的原本却無人目覩，明清以來流傳的兩個本子，可能都是同出一源的原刊影鈔，并

〔一〕（金）王朋壽輯：《重刊增廣分門類林雜説・重刊增廣分門類林雜説序》，文物出版社，一九八二年，第一筒頁。

且有過相互的補校，因此文字差異不大。衹是書志學著録頗多錯誤，如陽士奇《文集志》以爲明初人編纂〔一〕；錢曾《也是園目》誤爲王朋壽據陽休之《類林》增補〔二〕；王聞遠《孝慈堂書目》或題葉嵩月撰〔三〕；明代蔣以忠《藝圃琳瑯》等〔四〕，皆以訛傳訛，不值一辯。倒是民國九年（一九二〇）嘉業堂根據張蓉鏡抄本鏤刊後，底本則隨嘉業堂後人的捐獻，入藏北京國家圖書館中。如今根據二本有關的序跋文字，理清其系統源流如下：

其一，海虞張蓉鏡（伯元、芙川）系統本：根據此本所留題識印記，凡經沈民則、王仲山、華山席氏、周穆、孫士鎔、錢謙益、錢曾、趙思蘇、張蓉鏡等人收藏，故在卷末留下識跋文字，劉承幹則據此本雕印，且將諸識語刊於卷末，原書可能已隨劉家後代捐獻入藏中國國家圖書館。由於張蓉鏡收藏時，曾經敦請黄丕烈爲之題識，故有道光元年（一八二一）元夕前一日，宋廛一翁跋及附手札，是爲考鏡此書源流脈絡最稱清楚之一篇，故“道光元年臘月，海虞張蓉鏡芙川氏識”所題文字不出此文範疇〔五〕。此後，舉凡莫友芝《郘亭知見傳本書目》、瞿鏞《鐵琴銅劍樓藏書目録》、管庭芬與章鈺兩氏之《讀書敏求記校證》、張鈞衡《適園藏書志》等〔六〕，均一改過去錯誤之説。

〔一〕（清）邵懿辰等撰：《四庫簡明目録標注》，世界書局，一九七七年，第五七〇頁。

〔二〕（清）錢曾撰，管庭芬、章鈺校證：《讀書敏求記校證》，廣文書局，一九六七年，第六九六～六九七頁。按：字遵王，號也是翁，又號貫花道人、述古主人。

〔三〕（清）邵懿辰等撰：《四庫簡明目録標注》，第五七〇頁。按：王聞遠，清目録學家、藏書家，字聲宏，一字叔子，號蓮涇居士，晚號灌稼村翁、右軍後人等，吴縣（今江蘇蘇州）人。

〔四〕（清）邵懿辰等撰：《四庫簡明目録標注》，第五七〇頁。按：蔣以忠，字子孝，直隸蘇州府常熟縣人，軍籍，明朝政治人物。應天府鄉試第二十三名舉人。隆慶二年（一五六八）中式戊辰科三甲第二百二十八名進士。

〔五〕 参見吴興劉氏嘉業堂刊本《重刊增廣分門類林雜説》中《道光元年元夕前一日，宋廛一翁跋》及《道光元年臘月海虞張蓉鏡芙川氏》識跋。

〔六〕（清）莫友芝撰：《郘亭知見傳本書目》卷一〇，第三九九頁；（清）瞿鏞撰：《鐵琴銅劍樓藏書目録》卷一七，第九九一～九九二頁；（清）錢曾撰，管庭芬、章鈺校證：《讀書敏求記校證》卷三下，第六九六～六九七頁；張鈞衡：《適園藏書志》卷九，廣文書局，一九六七年，第四二九～四三〇頁。以上分見《書目叢編》《續編》《五編》（廣文書局版）。

至於此系另有復寫本，即静嘉堂文庫所典藏者，根據書中的一篇跋文，蓋爲錢天樹借閱張蓉鏡藏本時，特囑咐其内弟陸石湖予以過録，故多出錢天樹識跋一篇外，其他序跋全是張蓉鏡本的轉録，衹是抄録時，已失原書行款樣式。今已隨陸氏後人售予日本岩崎氏，而入藏静嘉堂文庫。

其二，琴川張月霄（金吾）系統本：此本經過吴方山、雅廉等收藏，後來流入張月霄手中。黄丕烈爲張蓉鏡本作跋及所附信札始透露此一系統之傳承始末及藏書紀事，是爲釐清二書關鍵之首篇。根據鐵琴銅劍樓的典藏始末，瞿氏後人已將所藏圖書捐獻中國國家圖書館，然未公之於世，原樣無由考索。不過却有兩種過録傳本可據以判斷底本的原來面貌：

（一）鐵琴銅劍樓影鈔本：此本中國國家圖書館（原藏臺北"中央"圖書館善本室）典藏，蓋爲"張芹伯"根據原書形式之影鈔過録，所用紙型爲"鐵琴銅劍樓"之專用格紙。由於此本仍據原鈔本影寫，故最忠實於原書面貌。

（二）古籍善本專場（二〇一五秋）西泠印社拍賣有限公司官方網站"西泠印社2015年秋季拍賣會"所公佈的拍賣本：根據二〇二〇年三月三十一日網址http://www.xlysauc.com/auction5_det.php?id=109472&ccid=811，公佈了此書的拍賣資料（西泠拍賣網：http://www.xlysauc.com/auction5_det.php?ccid=811&id=109472&n=2665），從提供的書影圖樣來看，應是海寧陳氏司榷長興時，得到鐵琴銅劍樓瞿良氏以家藏專用紙迻録後所贈的復本，然而盡失原樣，似有僞造嫌疑。

三　西夏文本《類林》的發現與復原

因王朋壽得到殘缺亂次的《類林》，將它擴編爲十五卷，較舊篇號稱多了近三倍，并交由鄉人李子文鏤刊，改名《重刊增廣分門類林雜説》（簡稱《類林雜説》），於是原書從此消失，而被增廣本所取代。直到敦煌本出現以後，經過日本學者福田俊昭的整理，以訖川口久雄等的研究纔有所突破，而筆者則接續諸賢之後，有了更進一步的探討。尤其黑水城西夏文譯本《類林》的出土，初步藉着聶斯克的兩篇譯文，確認了西夏文本的價值，於是請託吴其昱先生寄贈克平之研究譯作，再持與《類林雜説》比較，有了簡單的復原論述。然而西夏文或俄羅斯語文對筆者而言，非所專擅，因此更精細的工作還是有待史金波、黄振華、聶鴻音等人合著的《類林研究》問世，該書纔有較圓滿的研究成果。唯一遺憾的是西夏文譯本殘缺的部分，再予復原補闕時不免還有商榷之處。

根據現存俄藏西夏文本《類林》影本，原書品相大致如下：

紙高25公分，寬15.5公分，版框18.4公分，寬12.7公分，左右雙邊，蝴蝶裝。每半葉七行，行十六字。版心有題書名、卷第及葉次，唯數卷版心已經磨損。每卷都有書名卷第，品名及品次，各品先列該品總目，再分録各條目及事文。先人名，再叙事，末録時代及事典出處。除非殘損，否則各卷并同。有尾題書名卷第終，卷三、四、七更有刻書題記。

卷一、二闕，僅存第二十葉，録有《孝友篇》尹伯奇、鮑山二條事類，前後皆有殘闕，未知隸屬於何卷。

卷三：起"類林第三卷，實信品十"，本卷共三十七葉，版心殘損。尾題："類林三第卷終，乾祐癸丑（一一九三）十二年六月日。"

卷四：起類林第四卷，智謀品十六，共三十五葉，每葉雙面。尾題："類林四第卷終，乾祐癸丑（一一九三）十二年六月二十日，字刻司印。"

卷五：首闕十二葉，自第一三～二四葉止，末仍闕葉。

卷六：起類林六第卷，志清品二十八第，共三十六葉，尾題："類林六第卷終。"

卷七：起類林七第卷，文章品三十三第，共三十三葉，尾題："類林七……乾祐癸丑（一一九三）十。"

卷八：起類林八第卷，味别品三十七第，共二十三（上）葉。

卷九：起類林九第卷，射善品四十二第，共二十五葉，其後闕損。

卷十：起類林十第卷，怪異篇第四十八，首闕三葉，存四～一五葉，以下仍有闕文。

據此看來，卷一、二西夏文本殘損，僅存《孝友》第二十葉，凡有尹伯奇、鮑山二則事類。《類林雜説》置之卷一《孝友篇第四》，先鮑山，後尹伯奇，如今兩人編次恰好相反；而《類林研究》復原本在無絲毫證據之下改置於"類林卷第二孝友篇第九"，似從克平之説，却也未必正確。因爲此一殘葉前不着村，後不着店，版心雖有卷二次第，豈可就此付予《孝友品第九》，而放置在“類林第三卷　實信品十”之前。尤其六朝以來編纂孝友一類内容者衆，本卷若是此前僅闕十九葉，則二十葉爲最後一葉，必如各卷末之形式有加尾題，如今未見，顯然其後必有續頁也未可知。再從幾份完整的各卷總葉數來看，每卷至少都在三十葉以上，最少的卷八也有二十三葉，則此殘葉更難斷其歸屬爲卷二的最後一葉。至於其他細微文字的考訂，也有少數須待修正者，尤其增廣本與譯本《類林》没有交集部分，復原的情況還需更爲慎重；而各條目文字也有後來抄本或譯本上的個别的錯誤，在没有悉數還原的情況下，難免未盡改正，使用時務要多加小心。不過整體而言，他們對西夏文本的翻譯和復原、諟正，能够站在前人的基礎上，發揮群體的專業能力，又掌握了所有的相關文獻，自然後出轉精，故《類林研究》成果十分優異，應該給予肯定。

四　《類林》與《語對》之關係試論

于立政《類林》一書的編作，無疑受到時代風氣及家學淵源的影響，蓋于父曾有《諫苑》三十卷，書今不傳，然而就體例、部類及内容事迹而言，相復重者必然不少。考之《舊唐書·經籍志》“雜家七十一部”中也著録了何望之撰《諫林》十卷、虞通之撰《善諫》二卷、魏徵撰《諫事》五卷、于志寧撰《諫苑》三十卷、孟儀撰《子林》二十卷、沈約撰《子鈔》三十卷、又庾仲容撰《子鈔》三十卷、薛克構撰《子林》三十卷；《新唐書·藝文志》“儒家類六十九家”中也著録于志寧《諫苑》二十卷、王方慶《諫林》二十卷等〔一〕。如此衆多非苑即林的鈔本擺在當前，又是傳承家學淵源及身受教養的顯赫世族，若要編寫十卷本的《類林》，祇要體例類别一定，依人繫事，據事録文，再舉時代及出典，并不困難。然而此類充作學問知識可也，若要運用於臨場就筆的駢儷辭章或律體詩文，則是需要將有關的人事典故加以化約，運用於詩文，否則唯有上等作手纔有臨場隨機的運用能力。對於能力稍下者則需出示歷代文人如何虛擬

〔一〕（後晋）劉昫等撰：《舊唐書》卷四七《經籍志》，中華書局，一九七五年，第二〇三四頁；《新唐書》卷五九《藝文志三》，第一五一三頁。

成辭，濃縮入典，以成優異的詩文典範，纔算是具體明確的指示或告訴讀者如何加以套用，因此，如《藝文類聚》第二部分的具體詩文也就在此背景之下從事編作。祇是讀了這些典範作品，臨場表現難免受到固有作品所囿限，難免出現生吞活剥，不能消化的現象，於是纔有更進一步爲童蒙初學設想而編製的作品，從幼學開始，給予辭彙養分，烙刻在腦海記憶的倉庫中，隨時可以拿出來運用，《初學記》的第二部分或《語對》即在此一需求下而產生，至於《文場秀句》則是以此成辭事典作爲學習外，更給予虛擬示範入文的寫作。

也因從這些類書的編製過程，我們可以想象，處在西北的敦煌文士，如果試圖編寫一部童蒙初學的作品，在人力、物力、財力備感不足的條件下，祇能就地取材，參考傳入當地已有的著作，而今日可見的敦煌文獻，或者絲路草原上所傳承的《類林》，必然是可以參考運用的珍貴材料。就以原來的五十部類，如《清吏》《酷吏》之與《語對》中《御史》《刺史》《縣令》之對應；《仁友》《友人》之與《語對》之《朋友》；《孝行》《孝感》《孝悌》《孝友》之與《語對》之《父母》《孝養》《喪孝》《孝行》《孝感》等部類，甚至《報恩》《美人》《醜人》等部類之引書或事文，皆十分接近，縱使不是全文抄録，也是互有承襲。如《報恩》，《類林》編録第六至二十條："靈輒""魏顆""隋侯""漢武帝""伍員""翟母""蒯參""糜竺""秦穆公""楚莊王""楊寶""樊曄""孫鍾""楊公""毛寶"，其中凡有十一條亦載録於《語對》中，文字出處皆出同源，如：

《類林·報恩》	《語對·報恩》
靈輒：齊人也。晋大夫趙盾出遊，於桑下見一餓人，盾乃傾壺飧以哺之，曰："君何人也？"餓人曰："我是齊人，姓靈名輒，遊學三年，今欲歸去，糧食乏盡，不能前進。"盾更遺之食，遂得歸，爲晋靈公守門者。盾以直諫靈公，公欲殺盾，盾乘車，公先令人脱車輪，乃呼獒齩盾，盾車无輪，靈輒乃扶車輪而行，盾既免難，問之，輒曰："我便是昔日桑下餓人也。"	**扶輪**：靈輒者，齊人也。晋大夫趙盾於桑下見餓人，盾乃傾壺饗哺之，得蘇。盾問之，答曰：齊人靈輒，學於秦，今歸國乏糧，不能進。盾遺糧得還。後仕晋，爲守門監。盾以忠諫靈公，靈公患之。公有獒，能囓人。盾臨朝，獒直來向盾，盾以足蹴獒，下頷折。盾謂公曰：賤人貴犬，君之獒何如臣之獒？公怒，欲煞盾。盾走出門，將乘車，車一輪公已令人脱却，唯有一未脱。輒扶盾上車，以手軸一頭，駕車而走，遂得免難。盾怪問之，輒曰：昔桑下人也。

續表

《類林·報恩》	《語對·報恩》
魏顆：晋大夫魏武子之子。武子有愛妾，武子初患疾，敕顆曰："吾死之後，可嫁此妾。"及疾重，又曰："吾死之後，可以殺此妾殉葬。"武子死，顆計曰："從父始言，以嫁此妾。"後顆爲將，與秦戰，秦將杜回，陣欲相接，見一老人在陣前結草，回躓而倒，軍大敗。顆夜夢一老人語顆曰："我是汝嫁妾之父，故結草相報也。"	**結草：**魏顆者，晋卿魏武之子也。武子有寵妾，武子病，敕顆曰：吾死後，可嫁此妾。及病困臨終，又曰：必須以此妾同葬。及死，顆曰：吾寧從父精始之言，豈可從亂惑之語。遂嫁之。秦與晋戰，以魏顆爲將，夜夢見一老翁曰：結草以抗秦軍。及明日戰，秦將杜迴馬突結草而倒，晋人擒之，秦軍大敗。其夜，顆復夢老翁曰：吾是君前不煞妾之父，今結草以相報。

由於兩本類書一是以人繫事，一爲就事撰詞，編録成對，編纂體例稍異，故事雖同而領辭已改易矣。凡此，全書可比者極多，這裏衹能嘗鼎一臠，略爲證明二書間之關係，説明遠在絲綢之路上，草原一帶盛行之《類林》，在圖書難得之下，必爲各種小型類書編纂時的重要參考著作。

第三節　《語對》前導之二:《文場秀句》

《語對》編纂時，所參考的用書難得有中央典藏的大部頭類書給予支援，應該都是地方性私家收藏的小型寫本書籍，除了上節提到于立政的《類林》之外，也還可能參考過傳存於絲綢之路上的作品，尤其在此之前當地已經出現的類書，纔是最有可能藉用的參考書，也因如此，這裏還需提到另外一本更爲切近的類書:《文場秀句》。

一　唐代語辭類書《文場秀句》在日本的蛛絲馬迹

根據筆者的調查，隋唐五代編著的類書共有五十五部，這還不包括此前的舊作和可以放寬定義的《文選》一類的作品，以及史志目録存疑的五十二部，或者民間編撰未被記録的小型類書和敦煌文獻中的出土類書〔一〕。可是這

〔一〕 王三慶:《敦煌類書·研究篇》，第一四二頁。

些著作最受稱許者莫過於四大類書，其中除了《藝文類聚》和《初學記》兩部保存較完整的官方著作外，《北堂書鈔》和《白氏事類集》兩部個人編纂的作品都已殘損而非完璧了，其他較小型的私家類書僅存殘篇佚文，多數是完全消失。也因如此，隋代儘管出現杜公瞻《編珠》五卷，朱澹遠爲駢儷文體編撰的《語對》（《崇文總目》作《語麗》）十卷，進入唐代以後，隨着近體律詩的盛行，使用對句的機率更高，也更爲講究，因而相繼出現《燕公事對》《對林》《對要》《衆書事對》《王氏屬對》《經史事對》等以"對"爲名的語詞類書，可惜這些書都消失不見了。然而我們從受命於玄宗，爲皇子皇孫教育而編纂的《初學記》，其内容的第二部分"事對"，則是兩兩成對的事文語詞，不難理解在駢儷文體或律詩頷腹聯對的需求下，聲律既要合乎平仄，也需講究詞性及意義的虛實對應，因此承繼劉彦和《文心》的義對與沈約的聲病要求，兩相結合之後，促使隋唐以來，先後出現了上官儀的六或八對，同時的元兢也有六對之説，崔融則有三種對，皎然也有八種對，然而以上諸家對説，在對名或意義上也許有些不同或相似者，經過日本僧人遍照金剛空海《文鏡秘府論》的彙集，共有廿九對之説〔一〕。足見當日參與文場科考，學子既取決於詩賦策論，顯然都有學習的必要，也才會出現這麽衆多的著作。何况根據費爾迪南·德·索緒爾《普通語言學教程》中表意的兩軸理論，無論是語序軸，還是語義軸，就形式上長短等量的構辭對句，在語意表達上的相似詞義或相反詞義，都有擴張語義涵蓋的範疇，或者針對語義的深刻强化，用以增强一唱三嘆的重復表義的功能〔二〕。這對一個初識之無、啞啞學語的孩童而言，無疑具有學習語言，訓練語言表意及撰寫文章的作用。如果大家能够了解這個道理，上頭那麽多對語類書的出現，以及各式對法的整理，也就不令人意外了。

其實，還有一類爲大家所忽略的書籍，并非以對語分類名稱而編纂，却

〔一〕 按：空海撰、盧盛江校考《文鏡秘府論彙校彙考·附文筆眼心抄》凡有《論對》《二十九種對》（中華書局，二〇〇六年，"東卷"，第六六六～六七八頁）；亦有《論對屬》，已臻亟詳矣（"北卷"，第一六七五～一六九一頁）。

〔二〕［瑞士］費爾迪南·德·索緒爾（Ferdinand de Saussure）：《普通語言學教程》（*Course in General Linguistics*），弘文館出版社，一九八五年，第一六四～一八〇頁。

是以科場優美的文句或其他書名形式而存在。《舊唐書・文苑傳上》云："元思敬者，總章中爲協律郎，預修《芳林要覽》，又撰《詩人秀句》兩卷，傳於世。"〔一〕元氏另有《詩格》一書〔二〕。似此一類的作品已時過境遷，消失於歷史的洪流巨浪中，偶爾一鱗半爪，幸存於出土文獻，讓我們能够了解當時的真實情况。如就以筆者整理的敦煌類書，舉凡羅列了七種、近三十來個寫卷的對語或類辭文獻，除了上節討論的《語對》外，還有如下數種：

《籯金一部・并序》——小室山處士李若立撰（伯二五三七號+伯二九六六號+伯三三六三號+伯三六五〇號+伯三九〇七號+伯四八七三號+斯二〇五三號背+斯五六〇四號+斯四一九五號背+斯七〇〇四號）〔三〕

[《對語甲》]（伯三九五六號+伯二六七八號）

[《對語乙》]（伯三八九〇號）

[《類辭甲》]（伯三六六一號）

[類辭乙]（伯四七一〇號）

[《類辭丙》]（伯三七七六號）

以上除了擬題的《語對》，是前後完整的册子本外，其餘盡是不全的殘

〔一〕《舊唐書》卷一九〇上《文苑傳上》，第四九九七頁。

〔二〕（唐）元兢：《詩格》，見（元）脱脱等撰：《宋史》卷二〇九《藝文八》，中華書局，一九八五年，第五四〇九頁。《新唐書》卷六〇《藝文四》作"《宋約詩格》一卷"（中華書局，一九七五年，第一六二五~一六二六頁），另有《古今詩人秀句》二卷，《日本國見在書目》及遍照金剛空海《文鏡秘府論》并稱《詩腦髓》（第六七八頁）。

〔三〕首題底本已"略出"，二字，兹據伯三三六三號（以下簡稱甲本）、伯三九〇七號（以下簡稱乙本）删去。又乙本無"并序"二字，"小"作"少"。斯五六〇四號（簡稱丙本）此行僅題"籯金卷第一"。案：本書過録概以伯二五三七號爲底本，各寫卷爲校本。由於底本及各校本簡繁歧出，正訛紛雜，故凡可校正底本或與底本兩可并存之文字，則加以斟酌録入，并出校記説明。此外各卷訛誤者不再一一指明，以省校文。又此卷作者"李若立"，未詳。

卷；而且衹有《籯金一部・并序》録有書名及作者“小室山處士李若立撰”之題稱和序文，甚至還可考知該書經過陰庭誡處士的删節、張議潮宗人張球的抄略〔一〕，作爲兒童啓蒙的課讀教材。不過最值得注意，且在書志學中曾經留下記録者，當以［《對語甲》］（伯三九五六號+伯二六七八號）一書。過去在未被考知書名的情况下，衹能虚擬作《對語甲》，如今已經筆者確認該書爲《文場秀句》〔二〕，是絲綢之路上這類書籍的先行者。

根據近十餘個寫卷整理成完整一卷的《雜抄》（斯六二二七號），一名《珠玉抄》，又名《益智文》，又曰《隨身寶》或《珠玉新抄》，其清本文字的第十八類第十則中，曾經談及《文場秀句》一書爲“孟憲子作”。可是這是一本什麽書，孟憲子又是何許人，爲何這裏需要談到他，則必有原因存焉。蓋《文場秀句》是一部已經佚失的唐代著作，李銘敬曾經用心探究，將日本平安朝時期徵引該書的材料一一檢討羅列，涉及者凡有注本《遊仙窟》《倭名類聚抄》《注好選》《仲文章》《言泉集》等五部作品〔三〕。《遊仙窟》中土已經佚失，日本却十分風行，且有注本流傳，文中“絳樹青琴，對之羞死”一句之下即有注文云：

> 《魏文帝與繁欽書》曰：“今之妙舞，莫過絳樹。”孟獻忠《文場秀句》曰：“絳樹者，古美妾也。”引司馬相如《上林賦》曰：“美夫（人）青琴、宓妃之徒。”伏儼曰：“青琴，古神女也。”〔四〕

〔一〕北敦七四三三號、伯二五三七號、伯四六六〇號都留下了他的題名；而伯二一九三號則題作“張景球”，職銜相同，應爲同人。

〔二〕王三慶：《〈文場秀句〉之發現、整理與研究》，王三慶、鄭阿財合編：《2013敦煌、吐魯番國際學術研討會論文集》，成功大學中國文學系，二〇一四年，第一～二二頁。

〔三〕李銘敬：《日本及敦煌文獻中所見〈文場秀句〉一書的考察》，《文學遺産》二〇〇三年第二期，第六二～六八、一四三頁。

〔四〕（唐）張文成著，［日］一指鈔并注：《遊仙窟鈔》卷一，群鳳堂，元禄三年（一六九〇），第一四頁上。書前有文禄三年（一五九二）二序及文保三年（一三一九）序一，注爲舊有。

至於《倭名類聚抄》爲歌人源順於平安朝（七九四～一一九二）中編成的一部漢字辭書，現有十卷和二十卷兩種傳本，《序文》中自云："先舉本文正説，各付出於其注。"其徵引《文場秀句》則見十卷本第一卷《人倫部》"朋友"釋文中。另有《仲文章》一卷是由七篇漢文對句及序跋所構成，徵引《文場秀句》則分見《學業篇》第二和《貴賤篇》第四。最後《言泉集》徵引了"共被""同餐""推梨""讓棗""八龍""兩驥""二陸""三張"等，則依《語對》的形式特徵加以編排。此外，還有用漢文形式編撰成爲童蒙教育的幼學教材《注好選》，現存仁平二年（一一五二）東大寺觀智院等數種寫本，其中、下卷之第一、二篇所徵引的文字更爲重要。以上數處，雖然僅是一鱗半爪，無法窺見全貌，却已能够説明《文場秀句》是以辭語形式編纂的一部書籍，還存有對句的形式。在平安朝時期東傳日本，并且徵引非一，説明了當日學習漢文者衆，自然成爲大家課讀的熟練著作。

二 《文場秀句》在中國及日本的書志記録

根據中國及日本書志學的記録，有關《文場秀句》所見者數處，而且還有一些疑點需待確認。如以中國書志而言，此一書名凡有兩位不同的作者：

其一，《新唐書》卷六〇、《藝文志四》"總集"，在殷璠《丹陽集》一卷、又《河岳英靈集》二卷，以及姚合《極玄集》一卷、高仲武《中興閑氣集》二卷之間，夾有王起《文場秀句》一卷。既然王起書與諸秀句同列於總集或詩文評中，其前後雜入"元思敬《詩人秀句》二卷"、"黄滔《泉山秀句集》三十卷：編閩人詩，自武德盡天祐末"、元兢"古今詩人秀句二卷"等，則此書或録唐人詩文秀句爲主〔一〕。考宋代鄭樵《通志》卷七〇《藝文略八・詩評》，亦有"王起《文場秀句》一卷"，成書約在（八三五～八三八）爲太子侍讀時〔二〕。

〔一〕《新唐書》卷六〇《藝文志四・總集》，第一六二三頁、第一六二五～一六二六頁。

〔二〕（宋）鄭樵撰：《通志》卷七〇《藝文略八》，浙江古籍出版社，一九八八年，志八二八。

其二，《秘書省續編到四庫闕書目》卷二"類書"有"孟獻子撰《文場秀句》一卷，闕。"〔一〕至於《雜抄一卷》之第十八類曾云："經史何人修撰製注？"其中第一〇則云："《文場秀句》：孟憲子作。"〔二〕二者雖有"獻""憲"之異，視爲同音通假的俗寫字可也。

據此看來，《文場秀句》凡有兩本，一本爲被收入詩文總集類中的王起之作，另有一本編入類書中的孟憲子作品，二者同名異書，屬性及作者各不相同。那麼東傳日本的《文場秀句》到底是何人所作？又是哪一性質的書籍？根據藤原佐世編纂之《日本國見在書目·小學家》，收録此書，未署作者，《宋史·藝文志·類事類》著録同〔三〕，顯然東傳日本之書與《宋史·藝文志》所載者性質比較接近，也更符合《遊仙窟》"孟獻忠"，或者《秘書省續編到四庫闕書目》及《雜抄一卷》指稱的"孟獻子"之説。其實《日本國見在書目·總集》也録有不知名作者之"秀句一卷"，是否爲王起作品，這裏没有任何可資討論的證據，僅能説明東傳日本而被《日本國見在書目·小學家》所注録的應該是孟憲子或孟獻忠的作品比較符合。

三　《文場秀句》在《敦煌秘笈》中的被發現

既然東傳日本或被引用的《文場秀句》是孟獻子的作品，而《雜抄》中也在"經史何人修撰製注？"一題中的第一〇則，以問答的方式説明："《文

〔一〕（清）葉德輝考證：《秘書省續編到四庫闕書目》卷二《子類·類書》，見中華書局編輯部編：《宋元明清書目題跋叢刊·宋代卷》，中華書局，二〇〇六年，第三二七頁。

〔二〕本卷據伯二七二號一+伯三六四九號+斯五七五五號+斯四六六三號+伯三三九三號+伯二八一六號+伯三六七一號+斯五六五八號+伯三七六九號諸寫卷整理而成，以伯二七二一號首尾俱全爲底本，其它寫卷爲校本，以上諸條文分見王三慶：《敦煌類書》上册，《録文篇》，第五四〇、五五三頁。又鄭阿財、朱鳳玉《敦煌蒙書研究》，第一六六～一六九頁，復增斯九四九一號+伯三六六二號+伯三六八三號+伯三九〇六四號。

〔三〕［日］藤原佐世：《日本國見在書目·小學家》，新文豐出版公司影黎氏古逸叢書本，一九八四年，第二六頁；《宋史》卷二〇七《藝文六·類事類》，第五二九五頁。

場秀句》：孟憲子作。"[一]則我們能否在敦煌出土的龐雜文獻中找到相關的資料？在偶然的機緣下，二〇〇九年出版羽田亨購自李盛鐸後人的舊藏品杏雨書屋《敦煌秘笈》中編號第七二bノ二"道教齊儀之二"的第七行，居然出現"文場秀句"四字，上下各自留有一點小空缺，内容既與上文不相連屬，也與以下數行的道教齋儀願文完全無關。在這一小段文字内另有"日月第二"這個標題，不禁令人想起類書中時常出現"天地第一"的編目。若再從内容加以驗證，自"乾象""圓清"，以訖"高天""厚地""九天"與"圓清上廓，懸日月以爲綱；方濁下凝，列山河而作鎮。圓蓋上信，耀七星於乾紀；方輿下闢，列五鎮於坤維"的確全屬上天下地的内容，因此應該補上"天地第一"；纔能與往後的"日月第二"相接續，也與"金烏""玉兔"，以訖"杳杳""輝輝"，以及"金烏旦上，散朱景於遥空；玉兔宵臨，騰素花於迴漢。[蟾暉]東上，烏景西傾"的編輯體例及内容完全相符。可以看出，本卷首出類目，再出對語小目，目下則有釋文，兩句成對。部類及對語後則又統括其詞，撰寫成一段四六優美的文例，以示學習者寫作的實用範本。這種編纂體例與筆者上述列舉的《語對》或《籯金》十分接近，若論淵源，應該出之於隋代杜公瞻的《編珠》一類[二]。因此我們將這部僅有的殘卷加以整理，并持與日本《注好選》所徵引的《文場秀句》佚文，兩相對照，居然若合符節，且足以證明出於孟憲子之作。如今特將引文作表如下：

〔一〕 本卷據伯二七二一號+伯三六四九號+斯五七五五號+斯四六六三號+伯三三九三號+伯二八一六號+伯三六七一號+斯五六五八號+伯三七六九號諸寫卷整理而成，以伯二七二一號首尾俱全爲底本，其它寫卷爲校本，以上諸條文分見王三慶：《敦煌古類書研究》上册《録文篇》，第五四〇、五五三頁。又鄭阿財、朱鳳玉《敦煌蒙書研究》，復增斯九四九一號+伯三六六二號+伯三六八三號+伯三九〇六四號（第一六六～一六九頁）。

〔二〕 王三慶：《敦煌類書》上册，第三五五～四四四頁。

表一：

《新日本古典文學大系本》《注好選》引文	杏雨書屋"敦煌秘笈"藏本的第七二號bノ二"道教齊儀之二"第七行"文場秀句"（案凡對應者《天》以粗斜體顯示，《地》則加底綫。）
抱朴子曰：大極，初構者。是以知萬物之初、二儀之首。 《文場秀句》云：天云円（圓）清。天刑円（形圓），氣之輕清者上爲天。又天云玄蓋，即天色玄故也。《易》云：天有九重之霄，又天有九卿，又陽數九也……（中卷《天名曰大極第一》） 《抱朴子》云：清濁始分，故天先成而地後定。 《文場秀句》云：地云方濁。地之方濁（四字衍）地之方氣重濁者下爲地。又地云方輿。地方在下爲輿。《易》云：地云黄輿：地色黄故也。地有十洲，又陰數十也……（中卷《地》稱爲《清濁第二》）	《文場秀句》"[天地第一]" 一　乾象：天文也。 二　坤元：地理。 三　圓清：天形員（圓），炁之清者上爲天也。 四　方濁：地形方，炁之重濁者下爲地也。 五　圓蓋：天圓在上，如蓋也。 六　方輿：地方，如在下輿。 七　玄蓋：天色玄也。 八　黄輿：地色黄也。 九　高天： 一〇　厚地： 一一　九天：天有九重之霄，地有九野，陽數九也。 一二　十地：地有十洲，又陰數十。 一三　穹隆：天形穹隆然也。 一四　磐礴：地形磐薄，言廣大也。 一五　圓清上廓，懸日月以爲綱；方濁下凝，列山河而作鎮。圓蓋上信，耀七星於乾紀；方輿下闢，列五鎮於坤維。

以上《注好選》所録四則文字一再標明出於《文場秀句》，這種標注方式和《倭名類聚抄》《仲文章》《言泉集》等書的引文形式相同，但是條目或内容却在杏雨書屋"敦煌秘笈"藏本的第七二號bノ二"道教齊儀之二"第七行中的"文場秀句"找到幾乎對應的文字，説明流傳日本已近千年的幼童課學抄本值得信任，同時也可以看出敦煌出土文獻的重要性。

四　《文場秀句》一書的再追索確認

既然日本杏雨書屋《敦煌秘笈》第七二號寫本確認是《文場秀句》一書存有兩類殘文，缺標題的一類應該根據内容擬題《天地第一》，有標題也有明確内容的則是順從原題作《日月第二》。那麽，在衆多敦煌文獻中體例近似，又有這兩類標題及内容者有無相互關涉的寫卷或内容？由於筆者曾經整理《敦煌類書》，在第三章第一節《類語體之類書》中曾經羅列七種，其中的《對語甲》一卷居然出現了熟悉對應的文字，當時整理此卷曾經留下如此的一段說明：

> 此卷凡有伯三九五六，伯二六七八二號，兩面接書，伯二六七八有《風雲》《雷電》《煙霧》《春》《夏》《秋》《冬》《帝德》《瑞應》等第三到第十一門；伯三九五六有《天地》《日月》《王》等門；二卷書迹同，原爲一卷，分編二號，今已由原藏單位綴合。故本卷可以整理成《天地第一》《日月第二》《風雲第三》《雷電第四》《煙霧第五》《春第六》《夏第七》《秋第八》《冬第九》《帝德第十》《瑞應第十一》《王第十二》等門，抄録未完。每門以事類爲對，後爲範例叙文，與《籯金》體例近似，部類微有不同。條次和條文内容與《語對》頗多對應，三者關係極爲密切。王重民擬作《類林》，非是。又《瑞應》門"天馬歌"之"天"字，猶作武后新字。《雷電》門"隆"字可能因諱而空闕，故過録時佚失。全卷書法猶帶盛唐風味，足以證明成書時代距離盛唐不遠。至於引書、編次則與《白帖》近似，不注出處，可供校勘輯佚資料不多。此卷作者、書名全缺，無法詳考，姑擬其名爲《對語甲》。〔一〕

顯然伯三九五六號+伯二六七八號的内容與杏雨書屋"敦煌秘笈"藏本的第七二號bノ二之《文場秀句》近似，因此將此兩卷對應的部類文字羅列比較，便可看出兩者是屬同一書籍的復本文獻，并且也可以據此將《對語甲》定名爲《文場秀句》。今特將二部類文字列表比較如下：

〔一〕 王三慶：《敦煌類書》上册，第一〇八～一〇九頁。

表二：

"對語甲"伯三九五六號+伯二六七八號	杏雨書屋"敦煌秘笈"藏本的第七二號 b ノ二"道教齊儀之二"第七行"文場秀句"
《天地第一》	《文場秀句》[天地第一]
一　乾象：天文。 二　坤元：地理。 三　圓清（青）：天形。 四　方濁：地形。 五　圓蓋：天圓在上，如蓋。 六　方輿：地方在下，如輿。 七　玄[蓋]：天色玄。 八　黄輿：地色[黄]。 九　高天： 一〇　厚地： 一一　九天：天有九重之霄，地有九野，有陽數九。 一二　十地：地有十洲，又陰數十。 一三　穹隆：天形穹隆然也。 一四　石盤礴：地形石盤礴，言廣大也。 一五　圓清上朗，懸日月以爲綱；方濁下凝，列山河而作鎮。圓蓋上[信]，耀七星於乾紀；方輿下辟，列五鎮於坤維。	一　乾象：天文也。 二　[坤元：地理。] 三　圓清：天形員（圓），炁之清者上爲天也。 四　方濁：地形方，炁之重濁者下爲地也。 五　圓蓋：天員（圓）在上，如蓋也。 六　方輿：地方，如在下輿。 七　玄蓋：天色玄也。 八　黄輿：地色黄也。 九　高天： 一〇　厚地： 一一　九天：天有九野，陽數九也。 一二　[十地：地有十洲，又陰數十。 一三　穹隆：天形穹隆然也。 一四　□□（石盤）礴：地形□□（石盤）薄，言廣大也。] 一五　圓清上廓，[懸]日月以爲綱；方濁下凝，列山河而作鎮。圓蓋上信，耀七星於乾紀；方輿下辟，列五鎮於坤維。
《日月第二》	《日月第二》
一　金烏：日色赤，故云金烏。日中有三足烏。 二　玉兔：月色白，故云玉兔。月中有兔如玉。 三　陽烏：日有陽精。 四　陰兔：月有陰精。 五　朝曦：和爲日禦。 六　夜魄：十五日已（以）後，明霄（宵）而魄生。 七　曦光：日也。 八　娥影：月也。 九　扶光：日出於扶桑也。 一〇　桂影：月中有桂樹。	一　金烏：日色赤，故云金烏。日中有三足烏也。 二　玉菟：月色白，故云玉[兔]。又月中有菟也。 三　陽烏：日爲陽清（精）。 四　陰精：月爲陰精。 五　朝羲：羲和爲日禦。 六　夜魄：十五日已（以）[後]，月清（精）而魄生。 七　羲光：日也。 八　娥影：姮俄（娥）有月禦也。 九　扶光：日月出於扶桑也。 一〇　桂影：月中有桂樹。

續表

《日月第二》	《日月第二》
一一　烏影蟾暉：日中有烏，月中蟾蜍。蟾蜍，蝦蟆。 一二　朝輝：日也。 一三　夜景：月也。 一四　耀氣：日也。 一五　望舒：月也。 一六　日烏： 一七　月兔： 一八　杲杲：日光。 一九　皎皎：月光。 二〇　杳杳：日將夕。 二一　輝輝：月正圓也。 二二　金烏旦上，散朱景於遥空；玉兔霄臨，騰素花於迥漢。 二三　［蟾輝］東上，烏景西傾。	一一　烏影蟾暉：月中蟾蜂。［蟾蜂］，蝦蟆。 一二　朝輝：日也。 一三　夜景：月也。 一四　輝靈：日也。 一五　望舒：月也。 一六　日烏： 一七　月菟： 一八　杲杲：日光。 一九　［皎皎：月光。］ 二〇　杳杳：日將欲夕没也。 二一　輝輝：月正中也。 二二　金烏旦上，散朱景於遥空；玉菟霄懸，騰素華于向（迥）漢。 二三　蟾輝東上，烏景西傾。

表格二中這兩份寫本的内容除了微小的文字差異外，幾乎全同，於是有關《文場秀句》一書除了《天地第一》《日月第二》兩個部類的内容外，應該還可以根據伯三九五六號+伯二六七八號卷上没得對應的部分擴充爲更完整的十二部類。

五 《文場秀句》一書的作者及時代

根據以上書志和日本傳存的徵引材料，以及敦煌本的類書文獻，可以證明現在可見的《文場秀句》一書的作者非王起，而是孟獻忠，又美稱爲孟憲子。此人在長安三年（七〇一）曾經任職申州司户，開元六年（七一八）爲梓州司馬，撰有《金剛般若集驗記》。書存日本，已編入《卍續藏經》第一四九册中。全書分爲三卷，含有救護、延壽、滅罪、神力、功德、誠應等六大篇類。所録事文皆是有關持誦《金剛經》之靈驗故事，而其所録事蹟多是自身相識者，如縣令、司户、地方僧人等的直接叙述或間接傳聞，故知他是一位篤信佛教的地方文士官員。李銘敬曾有詳細考證云：

依據孟獻忠的著作《金剛般若集驗記》得知，他在長安三年（七〇一）時任申州司户，開元六年（七一八）任梓州司馬時期撰成此《集驗記》。此作品中收録的《金剛經》靈驗故事中很多屬於獻忠稱之爲親自記録的，這些自録的故事中所記人物多爲獻忠直接或間接相識的縣令、司户、地方僧人。由此推知他應屬於一個敬信佛教的地方文人官吏。他的這一身份也是極符合爲啓蒙用書《文場秀句》作者的。正因爲獻忠屬於一地方文人，他的作品及文名自然莫如在京師長安有影響力，最終不爲人知、不爲史書所著録亦在情理之中。《集驗記》上卷的《救護篇》中有一則記述梓州福會寺僧人神晏於萬歲通天元年（六九六）所經歷的誦經靈驗故事，其末尾處附有獻忠採録此故事的記事："獻忠親自追問，具説源流。神晏當時始年三十八也。"照此推算，開元六年時神晏應爲六十歲。如果獻忠與其同齡，當屬他的晚年期。另外，本書所收的獻忠自採故事亦多發生在萬歲通天年間至開元五年之間。據此大致可以推知，獻忠大抵是一位生活於武則天時代至唐玄宗時代的人物，其《文場秀句》亦當撰成於他成年以後的某一時間。〔一〕

以上推論完全符合事實，尤其在載録的六篇故事中，數則曾經著録是出於一己的親自聞問，如前陵州仁壽縣尉陳惠妻王氏者與表兄褚敬懷鬼胎事，因轉念《金剛經》，於是即自散滅，"崇福寺僧釋惠遠者其兄于翽，時任梓州司户，親所知見而具録"。又載梓州郪縣人唐晏受持《金剛般若波羅蜜經》，開元二年（七一四）避禍事蹟，"獻忠時任梓州司馬，親問其人"。至於梓州玄武縣福會寺僧釋神晏，俗姓劉氏，至心誦經，斷壞枷鎖神驗，又逢神龍元年（七〇五）二月十五日，制放迴本州還俗，"此獻忠親自追問，神晏具説者"。又博陵崔善冲者，先天初載（七〇一）時，任梓州銅山縣丞，常受持《金剛般若經》，因蠻落反叛，而奔竄迷途，遥見一火，引投縣城，蓋"獻忠

〔一〕 李銘敬：《日本及敦煌文獻中所見〈文場秀句〉一書的考察》，《文學遺産》二〇〇三年第二期，第六二～六八、一四三頁。

任梓州司馬崔善冲親説”〔一〕。

凡此數事，上從長安三年（七〇一）任職申州司户，以訖開元六年（七一八）爲梓州司馬，故可推斷書或完成於此時，而孟獻忠生平也當以此爲中心，即前後推三十年左右（約六七一～七四八）。此一推論不但具有事實根據，也與拙著在《敦煌類書》中《對語甲》的推論，兩相合符，證明《文場秀句》成書必在年過五十左右。

至於另一位王起雖然也有《文場秀句》之作，畢竟二書在史志中置放的類别不同，故拙著亦云：

> 據此而論，孟憲子之有《文場秀句》似乎居前，而王起之作乃增廣之本，當在兼太子侍讀之後。〔二〕

蓋因史傳知名之王起生於唐肅宗上元元年，卒於宣宗大中元年（七六六～八四七），歷任要職，《舊唐書》卷一六四本傳云：

> 文宗好文，尤尚古學。鄭覃長於經義，起長於博洽，俱引翰林，講論經史。起僻於嗜學，雖官位崇重，躭玩無斁，夙夜孜孜，殆忘寢食，書無不覽，經目靡遺。轉兵部尚書。以莊恪太子登儲，欲令儒者授經，乃兼太子侍讀，判太常卿，充禮儀詳定使……爲太子廣《五運圖》及《文場秀句》等獻之。〔三〕

王起作《文場秀句》之動機，在於獻給太子，欲令其誦讀，增廣識見，或受《初學記》一書的啓發；然而是否爲孟獻忠所撰《文場秀句》的增廣或改編，已無文獻資料可以討論，僅能存疑而已。衹是書志學分類既已不同，

〔一〕 以上分見《金剛般若經集驗記》卷一，收入新文豐編審部編輯：《卍續藏經》第一四九册，新文豐出版公司，一九八三年，第七五～八〇頁。

〔二〕 王三慶：《敦煌類書》上册，第一二四頁。

〔三〕《舊唐書》卷一六四《王播傳》，第四二七九～四二八〇頁。

性質當有別異，體例或亦不同矣。無論如何，王起之生平都要晚於孟獻忠近半個世紀以上，兩人生平毫無交集，一在敦煌陷蕃之前，一則陷蕃之後。尤其後者之編寫呈獻又在兼太子侍讀之後，《新唐書》卷一六七云："李訓爲宰相，起門生也，欲引與共政，即加銀青光禄大夫，復以兵部尚書召判户部。訓敗，起素長厚，人不以訓諉之，止罷其判。俄加皇太子侍讀。"〔一〕考之李訓以太和九年（八三五）十一月壬戌日被殺〔二〕，則王起之任侍讀必在此段時間之後。又太子卒於開成三年（八三八）十月庚子日，則進書當在此前。故推測撰述年代必在此三年之間〔三〕，晚於孟獻忠的作品至少八十年左右。

六 《文場秀句》一書的性質

至於《文場秀句》一書性質，根據史志放置於小學或類書的行列中，無可或疑應屬於童蒙初學讀物或應用之書；以現存敦煌本的實物内容來看，與該書的編纂内容十分接近，絶非列入總集或詩文評中的王起之作。蓋當時律化詩作已經盛行，編寫此類對語正符合學童的學習或聯類背誦的需要。

有關這點，筆者已在前文根據語言學家費爾迪南·德·索緒爾的兩軸理論討論過了，因此不再重復叙説，這裏所要强調的是，敦煌文獻諸如《語對》《籯金》一類的書籍，無疑是見證學童賦詩爲文時，需要吸收的基本元素，也是文化内涵中的初階知識。也因如此，《文場秀句》一書傳到日本後，平安朝中期，以漢文編撰作爲童蒙教育之幼學教材的《注好選》便多所援引了。

七 《文場秀句》與《語對》關係試論

本節討論《文場秀句》并非徒增篇幅而已，其實它纔是敦煌語詞分類書籍的淵源所在，甚至唐代開元十六年（七二八）徐堅等奉敕爲教育皇子皇孫編纂的《初學記》三十卷，若持與孟獻忠編纂《文場秀句》及撰寫完成《金剛般若集驗記》親聞數事，從任職申州司户起的長安三年（七〇一），以訖

〔一〕《新唐書》卷一六七《王播傳》，第五一一七～五一一八頁。

〔二〕《舊唐書》卷一七下《文宗本紀下》，第五六二頁。

〔三〕《新唐書》卷八《文宗本紀》，第二三八頁。

開元六年（七一八）爲梓州司馬時的這段時間，兩相對照，可以證明《文場秀句》的編纂完成的時間要早於《初學記》一書，甚至也可據此推論《初學記》一書的對語部分所以編纂，可能受到《文場秀句》之影響。可是四庫館臣由於不曾見過孟獻忠所編纂的《文場秀句》，特在《四庫提要》作了如此的推斷：

> 類書始於《皇覽》。六朝以前舊笈，據《隋書・經籍志》所載，有朱澹遠《語對》十卷，又有《對要》三卷、《群書事對》三卷，是爲偶句隸事之始。然今盡不傳，不能知其體例……今所見者，唐以來諸本，駢青妃白，排比對偶者，自徐堅《初學記》始……故傳誦至今。〔一〕

把唐代偶句隸事的"事對"體例或内容推始於徐堅等奉敕編纂的《初學記》一書誠然不符事實，更將後來同一書名的作者王起的著作也混淆了。如今，我們看到唐代孟憲忠和王起的著作，兩部作品居然同一書名，也同時東傳日本，并在平安朝後期被載記於《日本國見在書目・小學家》中留下了記録。可惜同書名而時代稍後的王起著作僅見於詩話及書志，没有留下任何蛛絲馬迹足資可供考證的文字内容；反而孟憲忠一書在日本成爲學習漢文的課讀教材，也被文章注釋家多所援引。由於如此，拙著在《敦煌類書》的《對語甲》中根據避諱推論云："又《瑞應》門'天馬歌'之'天'字，猶作武后新字。'雷電門''隆'字可能因諱而空闕，故過録時佚失。全卷書法猶帶盛唐風味，足以證明成書時代距離盛唐不遠。"〔二〕這點推論完全符合事實。

故談《語對》一書時，窮源溯流，必將涉及《文場秀句》一書。尤其從《箋注倭名類聚抄・人倫部》"朋友"條目下釋文引用"《文場秀句》云：知音得意（《朋友篇》事對也，故附出）"。〔三〕在《語對》的第七類目的確存有《朋

〔一〕（清）永瑢等撰：《四庫全書總目》卷一三五《子部・類書類》，第一一四五頁。

〔二〕 王三慶：《敦煌類書》上册，第一〇八～一〇九頁。

〔三〕［日］狩谷掖齋著，東京帝國大學文學部、國語學國文學研究室編：《箋注倭名類聚抄》卷一《人倫部・朋友》，全國書房，一九四三年，第五三頁。

友篇》類，雖然未見“知音、得意”的對目，却有相關的條文。

再如原爲東大寺北林院所藏的《言泉集》，在《兄弟姊妹帖》中則有八則故事引證典出《文場秀句》一書，在伯三九五六號+伯二六七八號這個綴合的寫本及杏雨書屋《敦煌秘笈》藏本的第七二號bノ二無法找到對應的文字，但是在拙著以七種寫本校對整理後的敦煌本《語對》的《兄弟》篇類中，即連續解釋“共被”“同餐”、“推梨”“讓棗”、“八龍”“兩驥”、“二陸”“三張”等四對八個條目，條目之下的事文也十分接近，今試作列表如下：

表三：

《言泉集》之《兄弟姊妹帖》	《語對》之二一《兄弟》
共被：《文場》云：共被：美服（姜肱）兄弟共被而眠，雖有房室，不忍分胸也。《蒙求》云：“姜肱共被”注云：“後漢姜肱，字伯淮。與弟仲海、季江并以孝友聞於世。每共被成歡。” 同餐：《文場》云：“同餐：趙孝常與兄弟四（同）食，兄弟不在（至）不食也。” 推梨讓棗：孔融字文舉，四歲便知禮。《文場》云：“推梨讓棗：孔融兄弟讓梨，王戎兄弟推棗。《蒙求》云：“孔融讓果”，注云：《魯國先賢傳》云：“讓與兄食梨棗，輒以擇小者耳。”	同飡：後漢趙孝字長平，常與兄弟同飡，兄弟不至，不先食也。又孝弟禮被餓賊虜，將欲烹之。孝逐賊曰：禮瘦不如孝肥。賊遂感之，并放。 共被：姜肱兄弟二人同被，及成長，以孝行著名。 推梨：孔融小時，食梨讓兄。 讓棗：王戎年三歲，得棗，青者自食，赤者與兄。
八龍：《文場》云：“八龍，荀氏有子八人，時號爲八龍：語曰：時人荀氏八龍，慈明無雙也。”《蒙求》云：“慈明八龍”注云：《魏志》：葛夾字慈明，十二通《春秋》《論語》，潁川爲之語曰：荀氏八龍，慈明無雙。後果徵拜，九十日爲司空。	八龍：漢時荀爽兄弟八人，號曰八龍。荀儉、荀靖、荀緄、荀汪、荀燾、荀昱、荀爽、荀敷等，并是荀淑之子，俱有賢行，時號賈氏三虎，荀氏八龍。
兩驥：《文場》云：“兩驥：劉王生禮兄弟兩人，號爲兩驥。” 二陸：《文場》云：“二陸：陸機、陸雲兄弟二人并有文筆：機有贈弟詩也。” 三張：《文場》云：“三張：張風兄弟三人俱有文章。”俗云：“二陸入洛、三張減價也。”	兩驥：劉岱字公山，劉繇字正禮，禮兄弟二人，時號曰：兩驥之才。 三張：張載兄弟三人，俱有文華，時號曰三張。又曰：二陸入洛，三張減價。 二陸：陸機、陸雲兄弟二人俱有文華，時人號曰二陸。

以上這八個條目的次序有些異動，但是辭條名稱完全一樣，事文内容也大同小異。何況《言泉集》《兄弟姊妹帖》中八則事文在《語對》的《兄弟》

類中，都祇稍作簡化，足見三書關係密切。另有一證，《遊仙窟》注本所徵引典出《文場秀句》的文字雖然有些錯誤，但是在拙著《語對》《美女》類的第五、六兩則的對句中也是恰好近似〔一〕。凡此，説明《語對》一書的確保有不少與《文場秀句》相對應或近似的部類條文；换句話説，也可證明這個四十個部類的《語對》近六百七十條的事文，可能是、或者是删去了《文場秀句》的四六體範文，然後再加以重整改編的本子。另外，以十來號寫本整理而成，署名"小室山處士李若立撰"的《籯金一部・并序》，其内容繁複到近百門類，編寫的方式則有事叙，且又經過陰庭誡處士的删節，張球的經手抄録，則其原始體例或更爲近似，保留更多《文場秀句》的内容。此從前面所引三則無所對應的佚文，約略可以了解《文場秀句》之範圍及内容應該更爲豐富，也更復雜纔是，可惜這些都已失去太多可以追索的實證，僅存天地日月風雲等自然及職官等相關的部類，然而從類書每每疊床架屋的編撰方式推測，真相或許如此。

〔一〕王三慶：《敦煌類書》上册，第三八七頁。

第二章　敦煌本童蒙課讀類書：《語對》

類書的編纂最初是依内容直録成詞或根據事相分類，衹是成詞首重語源及語意的説明，纔能使人了解；而事類則需標注何人、何事，以人名或事義等簡明語詞加以標注，纔能讓人一目了然，條理清楚，也便於運用。這類以簡明語詞標目的分類書籍，即稱語詞類書，而《語對》即是以同類語詞安排成對，便於駢儷文賦及律詩寫作的一種訓練童蒙的初學課本，類書的發展方向也是遵循此一規律前進。

第一節　童蒙課讀類書《語對》的編纂

敦煌文獻中啓蒙書籍的編纂，除了認識形音義爲主的小學字樣及音學初階書籍外，再進一程則是復合詞組或事類書籍的學習，而伯二五二四號《語對》應是較爲完整且重要的童蒙課讀教材。就《語對》的編纂目標來看，仍然偏重學童在語詞上的初階學習和道德知識上的傳承，猶未進入利用事文詞彙正式聯屬作文的階段，不像《籯金》或《文場秀句》之編纂體例，還多出叙文部分，以便告訴學習者如何綴聯這些記憶資料庫中的辭條，編織成一篇錦繡文章。也因如此，三書之中的確存在不少疊床架屋、相互抄録，或增補删節的部類及相關事文。

如果我們從語言學的角度進行探討，語言文字代表的不衹是人類表意溝通的符號工具而已，更是使用族群裏整體深層文化意識與一套文化系統。

小孩呀呀學習母語的階段，有如電腦已經開始灌輸整套的程式語言軟件，有如C、C++或Java、SQL等各式各類的語言，然後神秘又萬能的大腦在自我學習下，逐漸進化，將語言資料形態分成陣列、列表、堆疊、檔案，以及物件導向式的復雜語言。一旦人類學習母語成熟到足以表意，衹要兩眼一張，便有如接上電源，按下開機鍵，則已灌輸的軟件便開始運作，於是整套語言內在深層的文化系統自然控制了我們的思維，并且在腦皮灰質層中刻劃下深刻的紋路，永遠不可輕易地被抹去，成爲我們思維意識的邏輯運作。隨着歲月的增長，縱使有機會再次學習第二套語言，也不過是基於原來設計或輸入的語言軟件，在其架構之下，加以翻譯或兩相嫁接，互相配合運作而已。如果兩套軟件的設計良好，自然相輔相承，密合無間；否則難免會出現語言文化對衝，不能完全密合的現象：小者有如電腦程式上的小Bug，使文章呈現不順暢或思維上有些小障礙；大者則形成思維或文章的前後矛盾。就人來説，則話語不一，行爲矛盾，亦即目前所謂的“文化衝突”現象。所以要了解文化系統的內涵，以及文化系統的消長流變，分析語言字詞內外構成的種種要素，以及了解其衍發運用上的諸多問題，便是教學上的一項必行途徑。

根據語言學家費爾迪南·德·索緒爾的研究，人類語言的表意過程每每受到聯想軸（語義）、毗鄰軸（語序）的支配，因此教導童蒙學習語言也是由此出發。也因漢語是典型的孤立語，虛詞和語序主導了表達的意義，而實詞却是意義中的重要核心部分。所以學習語言的過程，通常由單字詞的認識入手，勿論是名詞、動詞、形容詞、數詞、量詞、代詞及副詞等。如果要再進一步的表達，則須進入復合詞的階段，唯有如此，纔能使意義的指稱更爲精確明白，或者所含攝的範疇更爲廣衺復雜。如果要再進入短語的表述，則更要與虛詞搭配，意義的表達纔能完全。所以復合實詞的出現可説是隨着人類文明的演進，以及民族文化的複雜化，已經發展到某一程度之後，自然産生的必然結果。故在《千字文》《俗務要名林》等爲童蒙設計初識字詞的讀物之後，接着是由復合實詞的方向發展，然後纔有短句更進一程的組合及更完整復雜句式的表達訓練。也因如此，單字實詞的認識接着必是相似詞、相反詞等復合語詞一類的教學内容，或者再有重組構造各種句式的訓練。所以復合實詞的語言或寫作訓練即是《初學記》中的“事對”，或者是“語對”的形式或意義上的相似及相反，更是駢體儷文或律詩頷腹聯對中的重要構件。尤其表義的過程不祇是簡單的字詞而已，從短語進入復合句式，配合各種語境及條件，以至於各種文學體裁下的語言要求，可説都是在這兩軸理論中語序軸的運用，在文章排比的過程中逐漸發揮其實詞作用，有如羅曼·雅各佈遜（又譯作：雅克慎，俄語：Рома́н О́сипович Якобсон）詩學理論當中的詩篇表達〔一〕，以至於後來的結構主義文學批評或解結構的理論及詮釋學等，幾乎都從此出發，各逞所能。所以敦煌文獻所存的《語對》這類書籍，無疑是見證學童賦詩作文需要吸收的基本實詞要素，也是文化内涵中初階的基本知識。

第二節　編纂分類目次、事文内容及意義

本書所著録和研究的《語對》，在敦煌文獻中僅有部類，而無書名，爲了指稱方便，筆者乃根據形式及内容性質而擬定。從紙張及書迹推斷，應爲中唐編定的作品，共有六個卷號，全部存藏於國外。法國巴黎國家圖書館東方寫本部所典藏者有伯希和編號伯二五二四號、伯四六三六號、伯四八七〇號三個卷號，英國圖書館收藏的編號則有斯七八號、斯七九號、斯二五八八號三個卷號，這六號中除伯二五二四號册子本内容完整外，其餘卷號盡是殘缺不完，而與伯二五二四號内容重復之卷子本，因此根據書寫筆迹、行款及紙張形式可以歸納綴合成三個不同的抄本系統，詳見本書“叙録”部分。

至於三系之間，根據各寫卷内容之部類子目可以作成如下一幅簡表：

〔一〕 高辛勇:《形名學與敘述理論——結構主義的小説分析法》，聯經出版事業公司，一九八七年，第七〇～八二頁。

卷號	部次	（一）伯二五二四號	（二）斯二五八八號＋	（三）伯四八七〇號＋?＋	（四）伯四六三六號＋	（五）斯七九號	（六）斯七八號	各部類條數
一	諸王	全						三〇
二	公主	全						二一
三	公卿	全						二三
四	御史	全						一〇
五	刺史	全						二六
六	縣令	全						二〇
七	朋友	全						四〇
八	人才	全						四九
九	文筆	全						二四
一〇	談講	全						二一
一一	勤學	全						一七
一二	宴樂	全						一六
一三	富貴	全						二三
一四	酒	全						一三
一五	高尚	全						三二
一六	貧賤	全						二〇
一七	送别	全						一九
一八	客遊	全	殘				殘	一八
一九	薦舉	全	全				全	四
二〇	報恩	全	殘				全	一二
二一	兄弟	全		全			全	二八
二二	父母	全		殘			全	六
二三	孝養	全			全		全	六
二四	喪孝	全			全		全	九
二五	孝行	全			全		殘	六
二六	孝感	全			全			一一
二七	孝婦	全			全			五

續表

部次 卷號		(一)伯二五二四號	(二)斯二五八八號+	(三)伯四八七○號+?+	(四)伯四六三六號+	(五)斯七九號	(六)斯七八號	各部類條數
二八	喪葬	全				全		一一
二九	婚姻	全				全		三〇
三〇	重妻	全				全		四
三一	棄妻	全				全		五
三二	棄夫	全				全		二
三三	美男	全				全		六
三四	美女	全				全		二七
三五	貞男	全				全		四
三六	貞婦	全				全		七
三七	醜男	全				全		三
三八	醜女	全				殘		七
三九	閨情	全						二〇
四〇	神仙	全						三五
總和	四〇							六七〇

本書經過整理後，有四十個部類題名，然而第九類“文筆”第二三、二四條“翰苑”“筆海”詞條之後，似乎接着另行書寫“碧雞”“懸河”二條目，詞條性質也似乎有所不同。考之伯二五二四號之編寫行款，每一部類標題都有明顯的空白分界，也因如此，當予以獨立分出，增置第一〇類《談講》，含括二十一條文，而全册也應由此成爲四十大類。再者，這四十類也非完全雜亂無次，而是有些連屬及邏輯排列的内容次序，如今在部類當中再予概括如下幾個大篇類:

其一，貴族公卿類:《諸王》三十條、《公主》二十一條、《公卿》二十三條、《御史》十條、《刺史》二十六條，《縣令》二十條，共六大類一百三十條，盡是以王公大臣等官僚集團爲首的條文事類，但是缺少大型類書中的帝王及武官階級，可以想像此一編書者所設想的立場與身份與“帝王”皇家的位階不同。

其二，人事社交類：從《朋友》四十條起，經《人才》四十九條、《文筆》二十四條、《談講》類二十一條、《勤學》十七條、《宴樂》十六條、《富貴》二十三條、《酒》十三條、《高尚》三十二條、《貧賤》二十條、《送別》十九條、《客遊》十八條、《薦舉》四條，到《報恩》十二條，蓋爲個人社交的養成或涉及世情的共同價值或觀念問題，共有十四大類三百零八條。

其三，孝悌倫常類：又《兄弟》二十八條、《父母》六條、《孝養》六條、《喪孝》九條、《孝行》六條、《孝感》十一條、《孝婦》五條、《喪葬》十一條，共有八大類八十二條，則屬家庭五倫及中華文化核心的孝道問題。

其四，兩性姻親類：由《婚姻》三十條起，經《重妻》四條、《棄妻》五條、《棄夫》二條、《美男》六條、《美女》二十七條、《貞男》四條、《貞婦》七條、《醜男》三條、《醜女》七條、《閨情》二十條止，共十一大類一百一十五條，爲男女婚姻、美醜及閨情等問題。

其五，神仙類：最後是獨自一類的《神仙》五十三條。

以上四十大類六百七十條對語，內容含括五倫之中做人的基本道理，從國家官員的當行表現，到身爲人子應盡的孝道，或兄弟之間的友愛，家庭夫妻之間的情感，以及朋友恩義等一些事蹟和用語，凡是人處世間，立足社會，爲人處事及個人所應具有的基本行爲和修養，幾乎反映在這些類目的個別事文中，而且都是有益學習者的正面身心，很少是帶着負面教育。每條事文的體例，首先標立事文詞目二或三字，下則解釋詞目所指涉的意義，或者指稱的內容，然後指明此事出典或發生時代。詞目的安排每成或正或反的對句形式，偶而也有三條不等的互對情形，或者彙集零星同類不對之條文，只是這種情況較少。因此，整體的編輯方式類似今日之辭典，爲後來辭典編纂之先行者。至於其作用乃爲增加語言資料庫中的詞彙，不但出口能够成章，也能表現自己的知識和身份所應具有的內在修爲與教養。這些詞條也是撰寫駢儷文體及創作律體詩文時，不可或缺的初階養分，若是讀書遇到疑問時，也可藉此一書查詢詞彙的意義。如《勤學》篇即有：

> 下帷：前漢董仲舒下帷讀書十六年，不窺園；乘馬三年，不知牝牡。
>
> 截蒲：路温舒字君侯，少時牧羊澤中，截蒲寫書。出《漢書》。

懸頭：孫敬字文寶，閉户讀書，以繩懸頭於梁，睡則牽之，時人號曰：閉户先生。特徵不仕。

刺股：蘇秦字季子，讀書至睡，引錐刺股。

這種編輯方式顯然是在學習單字詞彙之後，進步到復音構詞組合的學習，了解其意義，并且直接聽受一些有趣味的故事，從中又能認識文字和學習詞組。至於構詞所含的事類或意義，必與該類篇題密切關聯，有時兩條事類意思相同，加深强化所要表述的意義；有時則兩事的意思完全相反，正可以擴大所要表述的範疇。這種編輯理念還是與費爾迪南·德·索緒爾的兩軸論述完全相符。甚至同一時期，李翰所撰述的《蒙求》一書〔一〕，號稱爲童蒙學習而編輯，其詞組則似《千字文》的形式，以四字韻語組合成詞外，更是兩兩對句的叙事組合，如："王戎簡要，裴楷清通。孔明卧龍，吕望飛熊。楊震關西，丁寬易東。謝安高潔，王導公忠。"這種編輯方式是從《蒼頡篇》《千字文》以來，即用傳統四言賦體表達的形式更爲進步。尤其押以一東韻語給予貫串後，既可朗朗上口，也容易誦記，并且在各句之下加注歷史事件，可説是《語對》這類書籍的增訂，而其功能旨在用於兒童學習造語作文的初階啓蒙。故《四庫全書總目》云：

《蒙求集注》二卷……其注不著撰人名氏。案陳振孫《書録解題》曰：補注《蒙求》八卷，徐子光撰，以李翰《蒙求》句爲之注，本句之外兼及他人事，所言與此書相合……其書以《蒙求》原文冠於卷首，後以每二句爲一節，各爲之注。注雖稍嫌冗漫，而頗爲精核……然大致淹通，實初學之津筏也。〔二〕

似此一類的編纂，不止是《語對》兩三個字復合成詞條的對句，其實已經進入了成語對句的復合詞組或短語，其在語言上的傳播功能，就聽覺來

〔一〕唐代李翰，籍貫、生平俱不詳，僅知唐昭宗龍紀元年（八八九）己酉科狀元及第。

〔二〕（清）永瑢等撰：《四庫全書總目》卷一三五《子部·類書類一》，第一一四四頁。

説，已與西方的多音節語言没什麽兩樣，這也是中國漢字符號增加的速度緩慢，而復合詞組不斷增多的主要原因，同時也呈現了漢語發展中極具鮮明的特性。

由於本書作者生平、籍貫不詳，亦無書名，今稱呼爲《語對》，衹是依據內容而虛擬，方便稱呼而已。最早閱讀此本册子者爲羅振玉，曾爲之叙録云：

> 其體例略如《初學記》之事對，摘二字爲目，兩兩相對，而注事實於下……唯所徵引逸書甚多，若《東觀漢記》《魏略》《齊職儀》……并爲採輯古佚者之鴻寶也。〔一〕

該文説明本册之編纂體例類如《初學記》之事對，并肯定內容具有輯佚價值。其後，儀徵劉師培研閲此一册照片，發表了更爲重要的文章，又作了如下的考訂：

> 古類書四百五行，前無書名，末有空行二，亦不標書名卷第。此書之例，亦依事區類。首行標題類名，次按類隸事，集爲對偶，由二字至三字，其非對偶者十之三。每條之下，均有夾行小注。無注者十之一。捨不採詩文外，略與徐堅《初學記》同。唯注例弗一軌，或詳注其事，或并引所出之書，或解字義，或僅云見某書，略與今本《白帖》相似。此卷字數不齊，約在廿五字三十字之間。所存各類，首《王》十二行、次《公主》五行……次《神仙》十二行，下有缺卷與否，今弗可知；上有缺文，固碻然可信。然神仙以上各類，亦第次失倫，又無總部之名，其爲何書，今不克考。以《崇文總目》《晁氏讀書志》及《玉海》所引《中興書目》證之，惟虞世南《兔園册》十卷，纂古今事爲四十八門，皆偶儷語。陸贄《備舉文言》二十卷，摘經史爲偶對類事，共四百五十二門。李途《記室

〔一〕 羅振玉：《古類書三種跋》，《鳴沙石室古籍叢殘》，參見《敦煌古籍叙録》，第二〇二頁轉引。

新書》三十卷,採掇故事,綴爲偶儷之句,分四百餘門,略與此書相似。然卷中"治"及"世民"字均不諱,各類之中,有"月旦、恒娥、射虎"之文,不類唐人所撰,或成於唐末紛割之時。觀書中所引他籍,"治"或改"理"……"世"或改"代"……則所據之書,仍避唐諱,不得以不避唐諱疑爲唐代以前書也。注中所述舊事,凡不標所出者,大抵本漢魏六朝各史,亦間本他籍……其標注書名者,或係誤引……或經改竄……然所據仍係舊本,有足校經傳異文者……有足校史籍異文者……有足校子書異文者……有足校詩文異字者……即非明注書名,考其所出之書,互相勘合,亦足證字文殊異……此均有資於校讎者也。若夫已佚之書,此書所引有《齊職儀》一則……《先賢傳》三則……《語林》三則……《譙子》一則……《招賢記》一則……《竹林七賢傳論》二則……《傅子》一則……《襄陽記》……《三輔録》……《魏略》……《續漢書》……《巴東記》……《幽明録》……《異苑》……各一則、《孝子傳》四則……《謝承後漢書》……《列女傳》……《晋諸公贊》……《魏文帝典論》……《石室(當作氏)星經》……《神仙經》……各一則,其有標出王粲……《宋書》……出《淮南國志》……者又各一則……或與他籍所引同,或爲他籍所未引,攟拾佚籍,不得不資於斯編,惜乎書名之莫可徵也。〔一〕

也因本册經過劉氏題跋後,價值已告確定,祇是倉促下筆,述及引書尚有不少闕漏,而且考訂之時,持與虞世南《兔園册》十卷四十八門、陸贄《備舉文言》二十卷四百五十二門、李途《記室新書》三十卷四百餘門等,諸大型類書相比,期許未免過高。之所以如此,主要原因是他主觀認定此卷前有殘闕,卷末抄録也未必完整,因而判斷非完整無闕的類書原樣。

姑且不論是否曾有如此的原編類書來到敦煌,至少所公佈的敦煌文獻是不存在的。何況本卷第一行從"王"抄起,至最後一葉第四十類的"神仙",

〔一〕　劉師培:《敦煌新出唐寫本提要·古類書殘卷之二》,《劉申叔先生遺書》,第二二八七~二二八九頁。又參見《敦煌古籍叙録》,第二〇二頁轉録。

悉屬人事類，已經有頭有尾，是略具完整性編制的自足寫本，此從抄寫格式即可確認。蓋第一葉首行即從“王”類抄寫起，按照人事類的編纂，前面最多是擺置“帝王”“后妃”二類，然而若要湊到恰好整葉，然後再接抄“王”類，顯然機會不大。所以，這裏衹能推測開首起於“王”類，前面不該再有其他的部類文字，最多也衹能説，因爲編給一般初學者所用之課讀，缺乏大型類書編纂的恢弘氣勢，故非從“帝、后”開編。也因如此，本册是帶有地方性格局背景而編纂的一部類書。至於最後一葉屬“神仙”類，從人間世事類轉向方外，也是很自然的收尾，何况事文“金案”一條結束後，還留下兩行空白，説明其後再無接抄任何文字，或擬續抄其他的部類。這種抄寫的行款格式完全和前面連續接抄後續的類别方式不同。凡此，足以説明本抄册前後應無缺葉，中間也算完整，衹是部類不够全面或類别排列失次的小型類書而已。

再從部類的形式及内容而論，每則全以成辭領頭，每兩則又各自形成對句，偶有數則同義詞條置放一處，并不成對的情形。如《公主》：“蘭掖：宫名。”其後“椒房”“芝宫”“瓊井”，并無釋文，直到“金牓：並公主居處”，則以集解方式簡化釋文，然其條目仍然不失以對句形式編纂。因此，書名擬作“《語對》”，應該是可被容許的，這點劉師培在提要中也都已經説明了。何况考之《新唐書・藝文志》和《宋史・藝文志》著録之對語類書多家，我們也很難落實是否其中的某一家，縱使朱澹遠有《對語》十卷及《語麗》十卷，號稱四十門類之書稍或近似，也無十足把握可以確認。唯其受到于立政《類林》及孟獻忠《文場秀句》等類書影響至大，上一章中已經討論，其後《籯金》一系又據以加工改編，約略可以推斷其編纂時間下限或在中唐左右。

劉師培認爲是晚唐，乃從他所看到的册子本而論，可是今日我們可以看到的三個系統共六個卷號，甲系四個卷號應該最早，其次是乙系一卷，而册子本無疑是最晚的本子。根據校文而言，甲系文字絶對早於乙系和伯二五二四號所録的文字，此在校勘記中已多説明。文中諱世、民、治，亦兼用改字空缺之法，如月旦：曹操微時，許邵相曰：“君清［平］之奸賊，亂代之英雄。”“亂世”之改文“亂代”等，似此因避諱改文或缺筆之類，凡有四十七處，已在校勘記中給予指明，衹能説諱法不够嚴謹，而書迹已近中晚唐書風，乃中唐以後抄寫之類書。衡之事實背景，或當在張議潮推翻吐蕃前後不久，故部類并無《帝后》部分，僅以《諸王》爲起始。

第三節　《語對》的性質及功能

敦煌本語詞類書《語對》若以最完整的寫卷伯二五二四號一系來看，當是一册十七葉裝、四十部類的小型語詞類書，其編纂目的乃在供給學子啓蒙課讀之用，或者臨文賦詩時易於查核尋檢的"隨身寶"。由於當日的編纂受到物質條件的限制，紙張難以得到充分的供應，印刷技術也還未普及，編輯過程中，一切都靠着個人的典藏或閱讀書籍以後記憶所及的知識，因此不能與號稱唐代四大類書相比擬，更不能持與宋以後版刻流通後印製的類書作比較。平心而論，《語對》既爲民間編纂的啓蒙類書，内容不足處顯而易見，可是勿論在當日具有的啓蒙功能，或其載録的事文價值，猶有不可忽視或抹滅者。故本節擬就此一册葉本語詞類書之性質、功能，以及所具備的價值，加以分析。

一　敦煌本語詞類書《語對》的性質

《語對》一書作者未知，就形式來看，它是一部對語式的類書，可是編纂這類書册之目的何在，受益對象到底是誰？效果能否達到預設，以及如何評斷其價值？凡此，都有再討論的必要，故試説如下：

（一）《語對》是不知名作者爲學子啓蒙課讀所編纂的分類辭書

敦煌寫卷文獻大部分缺頭斷尾，或者天地頭已經斷裂，也有中間數紙脱佚，無法接續的情况，這是出土文物每常具有的共相，也是歷史文物流傳過程中的一個必然結果，何况這批文物離開莫高窟藏經洞時，并非一體按照原樣遷移到一個固定而適當的場所典藏置放，更非一五一十如實地進行考古挖掘，預留可以逆向復原的抄作，而是在慌亂之下，漫無規則、毫無記録，就被私人偷偷地搬離原地，故其所遭遇的命運也就四散世界各地，也很難説清楚原本的真相了。《語對》一書也就在這樣的情况下，前後分藏到英法兩地。如以斯七八號而論，前後斷裂，已經無法找到分裂出去的寫本；而斯二五八八號、伯四八七〇號、伯四六三六號、斯七九號等四卷，雖然筆迹紙型完全相同，原屬同一系統可以粘合成接續的長形寫卷，却斷成五個片段，分藏兩地，而散編成四個卷號。這四個卷號根據最稱完整的伯二五二四號所載録的類目文字，前三卷應該可以綴合爲一，這應該是移動過程中，造成不幸的斷裂。斯二五八八號存二紙餘，起《送别》二字，訖《報恩》類"傷蛇"條之"隋侯"二字。伯四八七〇號存半紙餘，起《報恩》之"鈎魚"至《兄弟》《父母》二類止，起《兄弟》類之"四鳥"條目二字，訖《兄弟》類"季方"條目之"難弟也"三字書風與上卷相同，文字也相互承接，爲可綴合的同一寫卷斷片，唯以下尚缺了部分文字，無法銜接，顯然還有未曾發現或未經著録之小殘片。伯四六三六號存一紙餘，起《孝養》"扇枕"至《喪葬》類之"松風、薤露……遷"止，起《父母》類"孝養"條目二字，訖《喪葬》類"遷窆"之"窆"字書風及紙張形式與上卷同，但文字不相接續，中間約殘斷半紙左右，故仍屬此系之斷裂殘卷。斯七九號存三紙餘粘合成卷，起《喪葬》類之"蒿里"二字，訖《閨情》"類之"閨"字右側殘部，首尾二目俱殘，書風與上卷相同，文字也相接續，應屬同一寫卷可資綴合之部分〔一〕。

以上三個系統仍然無法具體解决本書作者及書名的問題，或者提供編纂及抄寫時代的堅實證據。不過該書的完整在敦煌啓蒙類書中十分少見，幾份復本寫卷，除了少數個别文字的差異外，没有節本或節抄的情形出現，彌足珍貴。

（二）《語對》因編纂條件的限制，引書行文未盡完善

《語對》一書既然可以認定是絲綢路上一位民間士子的個人作品，爲了因應童蒙初學臨文賦詩而編纂，也就不必過分苛求内容上的完整性。畢竟遠離中原政經文教中心的大西北，又在華戎交會的復雜情况下，如此艱困的地區還有具備如此學養的文士，爲學子編纂此類文籍，已屬不易。何况當日在有限的人力、財力和物力下，能够編寫四十類的内容，縱使體制上稍缺系統性，

〔一〕 此外，筆者近來發現兩號之間的殘片實爲李木齋搬運過程中所劫走，因此五個殘段可以綴合爲一，讀後原載録於筆記，今未尋着，姑記於此。若然，本系統更可合成比較完整之長卷，衹是類目文字還不如伯二五二四號完整罷了。

編纂的部類也有失次，引書録文不够嚴整，還是足以讓我們佩服其工作成果。

仔細勘對事文之後，便會發現很多是删節式的援引。一般類書援用事文的公式，除非如《藝文類聚》等官方編纂的類書，引用書中的詩文通常都是完整無缺，不輕易改動。否則，難免多所節略，原因無他，蓋憑記憶的載録，則多意引；或者疊床架屋，沿襲前部類書的材料，又無力還原，自然脱衍不全。事實上，《語對》和其他敦煌文獻中的類書一樣，都較這些官修或傳統的類書删節得更嚴重。尤其在無法獲得一份完整的參考書籍用以校對，憑着個人手邊收藏有限的經典圖册，或者倚靠作者過去的閲覽記憶，進行聯類撰集，既乏引書的出典，也常把書名、人名張冠李戴；内容體例更是詳略不一，文字與出典的原書，自然存在着一些差異；加上有些事類條文來自轉録，在無法予以一一復按的情况下，衹好憑空杜撰。那麼，想要求部類的邏輯性和嚴整性，或者每部類之間的事文或多或少，便有些苛求了。也因存在着這些復雜性的因素，自然造成敦煌本《語對》類書内容上編纂的不完整和體制的不完善，這是私家類書常有的現象。不似《華林遍略》經《修文殿御覽》到《太平御覽》的演化過程中，一再疊床架屋，層層的積累下，又能集中大批人力，重新加以還原或增補，改進原書的缺陷，終於編纂完成《太平御覽》每部類分爲兩截式的引文，而各有時序的不統一體例。

從書籍的發展歷史來看，因爲書寫紙張製作的技藝有了長足的進步，私家著述自然日漸增多；而知識的傳遞，也變得輕薄容易携帶，自然無脛而走，而且變得更加經濟實惠，成爲大家容易獲到，又買得起的消費品。既然有此供需的因果條件，當然促發了私家著述的增多。如果大家不信，衹要統計《漢書·藝文志》和《隋書·經籍志》收録的書籍内容，便可一目了然。從漢儒對精簡的經書給予箋注詁訓，到了南北朝以後，發展成爲長篇大論的義疏體例，無疑是時代語言轉變的必然，也是物質給予了充分發展條件下的結果。

再者，著述既然隨着知識的爆發而龐雜，在“生也有涯”的時限内，如何吸收自己想用，或者有用的知識，用以發揮最大的經濟效益，這是大家都想要取得一套嶄新的設計方式，於是彙集有觀點、有立場、有理想的書抄體於焉出現。初時的書抄體衹是任意性的聯類抄集。抄集之時，或依書類，或據内容加以排比，雖無分類之名，却已具分類之實。因此，就内容而論，有如《群書治要》；就以“鈔”或“抄”字爲名，如《北堂書鈔》一類。所以，無論從任何角度來看，它們恰好介於傳統書鈔與類書之間，即是早期書鈔在分類體制未十分盛行時，猶未編成類書的一種混合體。如果用類書的嚴格標準要求這等混合體制的書鈔，其編纂的體制自然不完整，内容也不完備。

何况敦煌文獻類書的作者，不過是小地方的大人物，身份有如後人批評的三家村學究，地位高不過爲官居宦的于立政、杜嗣先。因此，憑一己之力和個人的自覺，從事私人撰著之時，既無大量的人力、物力配備和支援，也没有太過嚴肅的長遠目標，又受見聞囿限，自然有所不足，以至於體制未臻完善。除了杜嗣先的《兔園策府》是奉唐高宗的兒子蔣王惲的誥命編集外，其餘都不是奉承帝王公侯的詔命而作，難以與《藝文類聚》《初學記》《太平御覽》《册府元龜》等書相互比擬；甚至連居於北堂著作，而有兩脚書橱稱號的虞世南所編纂的《北堂書鈔》，或命令學生搜集事類，存放於陶瓶的元和體白話詩人白居易編集的《白樸事類集》，還有一段差距和規模。

二 《語對》編纂時所預設的功能

類書編纂的初始目標，原供皇帝乙夜之覽，以利尋檢；而人臣對策，文士撰述，亦得便於參考。等到蔚爲大國之後，其功能更得到大家充分的認識，并被廣泛地使用，於是又成爲童蒙初學時，依類誦讀，便於知識吸收的教科書。甚至發展到後來，還成爲一般大衆日常閲讀，遇到困難之時，作爲應急備用的辭典，或便於尋檢查閲的百科全書。這些作用，舉凡探討類書的篇章或專書，皆能言之〔一〕。然而以《語對》編纂的預設目標，固然没有作者的序言可作判斷，但是不具提供皇帝乙夜閲覽的遠大目標，是可以確認的。如果參考與其具有密切關係的《文場秀句》，或者性質相近的類書序文，約略可以一窺究竟。如以李若立的《籯金》即云：“採摭諸經，參詳衆史，纂當時之行事，

〔一〕 如鄧嗣禹等編《燕京大學圖書館目録初稿·類書之部·叙録》（燕京大學出版，一九三五），張滌華《類書流別（修訂本）》（商務印書館，一九五八），劉葉秋《類書簡説》（中華書局，一九七九），胡道静《中國古代的類書》（中華書局，一九八二）等，都曾言及。

緝隨物之恒務，庶無煩博覽，而卒備時需。”《新集文詞九經抄》也説：“故以群書纂義，且濟時需。”凡此都在説明這些書的編纂主要還是提供當時大家對於知識的需求，畢竟在中原文物無法大量遠傳絲綢之路上的時候，這等小型的百科全書，必然成爲童蒙初學，以及大家撰文、應急備用的參考資料。所以《應機抄》一書的命名即説明抄録的文字是爲了應機而用；《珠玉鈔》則雜抄衆文，串聯珠玉，既可益智，又可作爲隨身寶用，因之又名《益智文》，也叫《隨身寶》，便説明了這些書籍的編纂功能。敦煌本類書《語對》十七葉一册的編纂，也不外如此；而留下三個不同系統的寫卷，説明都是爲了因應童蒙初學、或應急尋檢，以供撰文而備用的需要。因此以下就這兩點來論：

（一）童蒙初學之教科書

中國歷代的童蒙教育，史籍語焉不詳。根據敦煌現存寫卷的顯示，如果真能體現當日的實際情況，則童蒙初學必起於識字，故有《千字文》《俗務要名林》這類的識字課本；審音則從《切韻》系韻書入手。逮及初識文字之後，始如《舜子變》一文中的啓示，先讀儒家經典，由《孝經》《論語》等小經入手，然後再讀《禮記》《毛詩》等大部經典。不過現存的敦煌類書群裏，仍有提供初識文字爲童蒙記誦的類書，如《應機抄》《蒙求》《文詞教林》《新集文詞九經抄》或《古賢集》《珠玉鈔》等，這些作品都是當日爲了撰文賦詩學習課讀的著作。所以寫卷上往往留下拙劣書迹，偶而還有學童的題名，證明盡是他們當日課讀的抄本，或者是讀誦默寫所留下的復抄本。有些寫卷還題下了二到四句的詩文，反映出這群學子讀書、抄書時候的苦悶心情，或者對於未來功名利禄的一綫希望及人世間的冷暖感觸，有如校園内的流行歌謡。

事實上，現存的類書就有一類供初學者習用，如《初學記》一書，是爲王子初學目的而編設。至於《蒙求》一系，顯然是民間編纂的啓蒙教材，以敦煌《蒙求》類書而言，蓋有蒙以養正之意，故《四庫提要》允爲初學之津筏〔一〕。

至於《兔園策府》雖是杜嗣先奉王命而編纂，晁公武《郡齋讀書志》則

〔一〕 聞家驊:《類書與詩》，收入聞家驊:《詩選與校箋》，第六～七頁。

有提要云：

> 唐虞世南撰，奉王命纂古今事爲四十八門，皆偶麗語。至五代時，行於民間村野，以授學童，故有遺下《兔園策》之誚。〔一〕

晁氏之説雖有小誤，却可證明唐五代時，這麽多門類的大部頭作品，又如此典雅的篇章，都可作唐五代童蒙課讀之用，則《語對》是童蒙之學習用書，更無疑義。蓋類書從書鈔、文選式的大段抄寫分類，而有《皇覽》《修文殿御覽》《北堂書鈔》《藝文類聚》一系列的編纂。但是這種類書體式不便於初學，於是進而有了《編珠》一體的編纂，如《文心雕龍·事類》一篇所説，將其美文秀句或成辭事典從中拈出，作爲撰文者活套之用，亦爲童蒙初學的記誦而編設。故類書之編纂，上焉者如《初學記》，下焉者如《蒙求》或《琱玉集》，并有四六對句，編成韻語，隱括事類，實際上都是爲童蒙初學者設。使其了解事義，并在記誦學習之後，需要撰寫文章之時，自成活套運用。因此，《四庫提要》對數本類書曾下如此評語云：

> 《春秋經傳類對賦》："文繁詞縟，學者往往緯以儷語，取便記誦。"
>
> 《璧水群英待問會元選要》："大抵當日時文活套，不足以資考證。"
>
> 《玉海》："此書即爲詞科應用而設。"
>
> 《新箋决科古今源流至論》："宋自神宗罷詩賦，用策論取士，以博綜古今，參考典制相尚，而又苦其浩瀚，不可猝窮，於是類事之家往往排比聯貫，薈粹成書，以供場屋採掇之用。"〔二〕

所以，《古賢集》八十韻這類的東西，有如佛經之偈語，取其易誦易記之

〔一〕（宋）晁公武撰，孫猛校證：《郡齋讀書志校證》卷一四《類書類·兔園策十卷》，上海古籍出版社，一九九〇年，第六五〇頁。

〔二〕（清）永瑢等撰：《四庫全書總目》卷一三五《子部·類書類》，第一一五一、一一六一頁。

優點，又足以爲初學勵德之模範。至於《語對》一類的作品，也當如此。

（二）撰文備用應急

敦煌寫本中的類書，除了《何論》體外，勿論聯類排比事文式的類書，或者類語、類句、文賦體、詩體等類書，其主要的作用，大半是爲撰文而設。原來類書之興與六朝以來整個文藝風氣息息相關。蓋西漢文章，大抵單行之語，不雜駢儷之詞；東漢以後，始運排偶，文體與前迴殊。逮及建安，七子繼興，悉以排偶易單行〔一〕。至徐、庾一出，儷風蔚盛，然而其時文律尚疏，精華特渾。自唐興以後，體備律嚴，文格亦未免稍降〔二〕。此中關鍵，實乃事類之運用。若無意象，勉强爲文，徒藉事類與文辭以湊合，結果自然流於餖飣之學。

事實上，類書初始爲觀書不足而設，典籍浩瀚，有限之軀豈能一生畢覩。因此，自魏文帝之命臣下編纂《皇覽》，其後《華林遍略》《修文殿御覽》到宋太宗年間編纂的《太平覽御》，并爲官方詔命臣下依類排比舊文故事的體式而設。這種類書體式最初僅是爲那上等聰明，又没時間的文人方便查考而編製，尤其詩文貴用新奇的風氣下，要求文章能够做到既博且專，使事足以副力，腴而不枯，華實并見，方稱勝境。因此，博極群書，撮其機要，廣録而儲用之類書，自然應運而生。所以，“《流别》《文選》，專取其文；《皇覽》《遍略》，直書其事”〔三〕，這兩種體裁，先後并出。然而，也因“文義既殊，尋檢難

〔一〕劉師培《論文雜記》云：“由漢至魏，文章變遷，計有四端：西漢之時……大抵皆單行之語，不雜駢儷之詞……東京以降，論辯諸作，往往以單行運排偶之詞，而奇偶相生，致文體迴殊於西漢。建安之世，七子繼興，偶有撰者，悉以排偶易單行；即非有韻之文，亦用偶文之體；而華靡之作，遂開四六之先，而文體復殊於東漢，其遷變者一也。西漢之書，言詞簡直，故句法貴短，或二字成一言，而形容事物，不爽錙銖。東漢之文，句法較長，即研煉之詞，亦以四字成一語。魏代之文，則合二語成一意。由簡趨繁，昭然不爽，其變遷者二也。西漢之時，雖屬韻文，而對偶之法未嚴；東漢之文，漸尚對偶。若魏代之文，則又以聲色相矜，以藻繪相飾，靡曼纖冶，致失本真，其變遷者三也。”（《劉申叔先生遺書》，第八五二頁）

〔二〕（清）程杲撰：《識孫梅四六叢話》，世界書局，一九六二年，第二頁。

〔三〕（唐）歐陽詢撰，王紹楹校：《藝文類聚·前言》，第七頁。

一”〔一〕，於是又有根據個別需要而編纂之類書體裁，即《編珠》形式影響下之“類語”體類書。此體之興，實就中等之資者設，勿論將本事隱括成辭，或擷取上等文人創作之美句，以備爲文蹈襲之用，雖非良策，其適用範圍則或更廣。逮及《北堂書鈔》式的類句繫事，則又爲《編珠》體更進一步的發展。甚至《藝文類聚》則在《皇覽》《遍略》的基礎上，加入了《流别》和《文選》的優點，使直書其事和專取其文兩種體制彙爲一書，形成新的類書體式。至於更爲後出的《初學記》，乃將以上諸體悉爲採入，成爲總集衆體大成之類書，是以《四庫提要》云：

纂經史文章之要，以類相從……其例前爲叙事，次爲事對，末爲詩文。其叙事雖雜取群書，而次第若相連屬，與他類書獨殊……其所採摭，皆隋以前古書，而去取謹嚴，多可應用。在唐人類書中，博不及《藝文類聚》，而精則勝之；若《北堂書鈔》《六帖》，則出此書下遠矣。《春明退朝録》及温公《詩話》，并稱中山劉子儀愛其書，曰：“非止初學，可爲終身。”〔二〕

誠非虚譽。然而勿論《藝文類聚》或者《初學記》，顯然皆爲撰文之用而設。另外，從《編珠》之類辭體式與《北堂書鈔》類句體式之發展極至，則爲“文賦體”類書，即就事類與辭句之運用，作一現身説法，而不取用過去《文選》以範文爲主體的方式，主要原因是當日記室職務産生的《錦帶書》體所影響，故《四庫提要》云：

陳振孫《書録解題》又云：“梁元帝撰，比事儷語在法帖章草月儀之類，詳其每篇自叙之詞，皆山林之語……案月令集爲駢句，以備箋啓之用，後來附會，題爲統作耳。”〔三〕

〔一〕（唐）歐陽詢撰，王紹楹校：《藝文類聚·前言》，第七頁。

〔二〕（清）永瑢等撰：《四庫全書總目》卷一三五《子部·類書類》，第一一四二、一一四三頁。

〔三〕（清）永瑢等撰：《四庫全書總目》卷一三七《子部·類書類》，第一一八四頁。

再者，受到射策一科的影響。在敦煌諸類書中，其排比故事舊文者固然方便撰文取事；即以類語、類句之縈事，撰文者可以徑自參考取用，不必處處自鑄偉詞，亦有其方便。下焉者更有範文足以法式，又爲詩體、文賦體類書之用也。就此兩點原因來看，文賦體式的《兔園策府》一書，仍然是爲文而設，序中言之頗詳，今録如下：

《易》曰："利用賓於王。"《書》曰："明試以功，議事以制。"斯則昇賢之大執，辨政之嘉謀。採其奥，則薪楢之詠興；選其精，則桂林之響發。自周徵造士，漢辟賢良，擢高第以登庸，懸甲科而入仕：劉君詔問，吐河洛之詞；仲舒抗答，引陰陽之義；孫弘則約文而切理，杜欽則指事以陳謀，魯丕以雅素申規，馬融以儒宗獻可，斯乃對問之大體，詢問之良圖。求之者期於濟時，言之者期於適務，使文不滯理，理必會文，削諛論以正辭，剪浮言而體要，非夫宏才博古，達正通機，無以登入室之科，徒用踐高門之地。自魏晋之後，藻麗漸繁；齊梁以還，文華競軼，構虚詞而飾巧，穿異辨以邀能，文皆理外之言，理失文中之意。將陳正道，掩巢燧於毫端；欲叙昇平，擯唐虞於字末。境巉臻於九服，遠述幽冥之荒；德未静於一戎，先動雲雷之氣。奏諛言而竊位，假繁論以豐詞，匪窮理之大猷，乖得賢之雅訓。大唐奮庸庶績，拂蓮兆於滋川，納蘭圖於滎浦，淹中碩藝，并列三雍之官；平府遺編，咸歸七門之史，執禹麾而進善，坐堯衢以訪賢，故事則南宫之賓，待詔則東館之客，秀異之薦，并躡長途之龍；孝廉之徵，俱振充庭之鷺。故得能官同於濟巨，多士茂於基邦，草澤無遺，英奇必進。〔一〕

其實，詩體式類書亦爲科舉應試者所作之範文，聞一多即説：

章句家是書簏，類書家也是書簏。章句家是"釋事而忘意"，類書

〔一〕 王三慶：《敦煌類書》上册，第五一九頁。

家便是“採事而忘意”了。我這種説法并不苛刻。衹消舉出《群書治要》來和《北堂書鈔》或《藝文類聚》比一比，你便明白。同是鈔書，同是一個時代的産物，但拿來和《治要》的“主意”的質素一比，《書鈔》《類聚》的質素便顯着格外分明了。章句家與類書家的態度，根本相同，創作家又何嘗兩樣？假如選出五種書，把它們排成下面這樣的次第：

《文選注》—《北堂書鈔》—《藝文類聚》—《初學記》—初唐某家的詩集

我們便看出一首初唐詩在構成程序中的幾個階段。劈頭是“書簏”，收尾是一首唐初五十年間的詩，中間是從較散漫、較零星的“事”，逐漸的整齊化與分化。五種書同是“事”（文家稱爲“詞藻”）的徵集與排比。同是一種機械的工作，其間衹有工作精粗的程度差别，没有性質的懸殊。這裏《初學記》雖是開元間的産物，但實足以代表較早的一個時期的態度。這部書的體裁，看來最有趣。每一項題目下，最初是“叙事”，其次是“事對”，最後便是成篇的詩、賦或文。其實這三項中减去“事對”，就等於《藝文類聚》，再减去詩、賦、文便等於《北堂書鈔》。所以我們由《書鈔》看到《初學記》，便看出了一部類書的進化史，而在這類書的進化史中，一首初唐詩的構成程序也就完全暴露出來了。你想，一首詩做到有了“事對”的程度，豈不是成功了一半了嗎？餘剩的工作，無非是將“事對”裝潢成五個字一幅的更完整的對聯，拼上韻脚，再安上一頭、一尾罷了。這樣看來，若説唐初五十餘年間的類書是較粗糙的詩，他們的詩是較精密的類書，也許不算是强詞奪理吧？

《舊唐書·文苑傳》裏所收的作家，雖有着不少的詩人，但除了崔信明的一句“楓落吴江冷”是類書的範圍所容納不下的，其餘作家的産品不乾脆就是變相的類書嗎？

（中略）

講到這裏，我們許要想到時人批判李善“釋事而忘意”，和我批評類書家“採事而忘意”兩句話。現在我若給那些作家也加上一句“用事而

忘意”的案語，我想讀者們必不以爲過分。〔一〕

當然，聞氏之言未免過分强調唐詩與類書的共性，有如典故事類的堆砌與套用，可是文學作品仍有它的美感直覺，“詩有别裁，非關書也”，豈是任意拼湊事類和盗取作家的美詞秀句就可以擠入名家作品之中。然而尋之初唐諸作，倒有幾分符合當日的文風實情。這種觀念入了盛唐，并未就此絶迹，從《文場秀句》以迄《語對》，都具備如此功能。直到今日，有些人撰述著作，還是憑依着巡檢《詩韻集成》或《佩文韻府》中的秀句湊成篇章。

（三）初學爲人處世、進德修業的行爲典範

中國爲政者首重“三和”。《尚書·大禹謨》云：禹曰：“於！帝念哉！德惟善政，政在養民。水火金木土穀惟修，正德、利用、厚生，惟和。”《孔傳》曰：“正德以率下，利用以阜財，厚生以養民，三者和，所謂善政。”〔二〕

故正德、利用、厚生，所謂三和者乃上位爲政者正其德以率下，故季康子問政於孔子。孔子對曰：“政者，正也。子帥以正，孰敢不正！”“其身正，不令而行。其身不正，雖令不從。”〔三〕從政者本然如此，一般庶民百姓進德修業，冀求所謂三不朽者亦然，如《左傳》襄公二十四年曰：

> 豹聞之：太上有立德，其次有立功，其次有立言，雖久不廢，此之謂不朽。若夫保姓受氏，以守宗祊，世不絶祀，無國無之。禄之大者，不可謂不朽。
>
> 孔穎達疏云：“立德，謂創制垂法，博施濟衆，聖德立於上代，惠澤

〔一〕聞家驊：《類書與詩》，聞家驊：《詩選與校箋》，第六～七頁。

〔二〕（漢）孔安國撰，（唐）孔穎達等正義：《尚書正義·大禹謨》，北京大學出版社，二〇〇〇年，第一〇六頁。

〔三〕（魏）何晏等注，（宋）邢昺疏：《論語注疏·顔淵》，第一八七頁；（魏）何晏等注，（宋）邢昺疏：《論語注疏·子路》，第一九六頁。

> 被於無窮，故服以伏羲、神農，杜以黄帝、堯、舜當之，言如此之類，乃是立德也……立功，謂拯厄除難，功濟於時……立言，謂言得其要，理足可傳。"〔一〕

凡舉世所謂的三不朽，首重立德，蓋能創立制度，垂法後世，博施以助庶民百姓；其次立功，則在拯救庶民災厄，有助時人之功業；最後立言，則是説話能够切合要點，道理足以傳範後世。故一般世人若非兼善天下，必也獨善其身，而所能者莫如"百行以德爲首"〔二〕，故《世説新語》以"德行第一"作爲開篇，蓋《易經·文言》亦曾有説：

> 九三曰："君子終日乾乾，夕惕若厲，无咎，何謂也？"子曰："君子進德修業。忠信所以進德也。修辭立其誠，所以居業也。知至至之，可與幾也。知終終之，可與存義也。是故居上位而不驕，在下位而不憂。故乾乾因其時而惕，雖危无咎矣。"〔三〕

凡此，有關歷代著述及聖賢之言，莫不持此標的，進行立言之編纂。若是無關於勸告世人進德修業之言，在一紙難求的時代，恐難以載録而傳世。故《語對》之部類事文如此，《勤學書抄》《文詞教林》《新集文詞九經鈔》等亦然。蓋以部類而言，以《王》高懸，次列公主、公卿等位高而可嘉行者，作爲初學模仿對象。然後繼之以人才、文筆、勤學；再次則是家庭倫理，兄友弟恭，以及養生送死等孝行相關之事，所謂傳統之五倫，莫不具備。蓋各部類大抵從正面和性善的觀點出發，收集資料，編纂教材，尤其唐代中葉《孝經》地位提高，故父母生時則必盡孝，往生之後，仍然不忘慎終追遠之大

〔一〕（晉）杜預注，（唐）孔穎達等正義：《春秋左傳正義》，第一一五二頁。

〔二〕（南朝宋）劉義慶撰，劉孝標注，余嘉錫箋疏：《世説新語箋疏·賢媛》，中華書局，二〇〇七年，第六七二頁。

〔三〕（魏）王弼、韓康伯注，（唐）孔穎達等正義：《周易正義·文言》，第一八～一九頁。

意。凡此内容，無不期許給予初學者得到善知識，作爲立身處世爲人所需具備的基本道德修養。

三　講唱文學故事情節汲取材料之源頭

類書的編纂，肇自《皇覽》，初始取材經史，旁涉稗乘。但是較爲嚴整的類書通常有所取捨，如《册府元龜》之編纂,《四庫提要》談到其所用材料説：

> 惟取六經子史，不録小説；於悖逆非禮之事，亦多所刊削，裁斷極爲精審。洪邁《容齋隨筆》謂其時編修官上言："凡臣僚自述，及子孫追叙家世，如《鄴侯傳》之類，并不採取，遺棄既多，故亦不能賅備。"袁氏《楓窗小牘》亦謂"開卷皆目所常見，無罕覯異聞，不爲藝林所重"。〔一〕

也因如此，其書向爲史界所重，直以爲信史取資之所；反之，亦失載極多罕覯異聞材料而受到批評。如以敦煌類書而論，如《類林》或《琱玉集》等，因受《笑林》《語林》《諫林》諸書的影響，使雜家、雜史、小説等文字交相雜揉，充斥於類書中，造成類書義界的混淆；却也成爲有宋初《太平廣記》等通俗類書編纂的前導先行。尤其盛唐以後，嚴格的講經逐漸通俗化，變文蔚起，并出現講史、話本等講唱文學。勿論講唱合體，或講或唱，并亟需大量的通俗題材爲其骨幹或作遣詞造句的參考材料。於是，敦煌寫本中的這批類書自然成爲俗講經文、講史或話本小説汲取材料的參考源頭，以致於《舜子變》的韻文部分和斯三八九號背、斯三五三六號背中的韻文部分完全相同。王重民等編輯《敦煌變文集》時，看到這種現象，更將《孝子傳》《搜神記》等列入該書卷八中作爲附録，也使類書系統和變文系統混編爲一。雖然，這是整理時候體例之失，却也足以説明彙集敦煌寫本講唱大成的《敦煌變文集》及其後續的《新書》，在各篇文章中從用典造句的過程到故事情節的

〔一〕（清）永瑢等撰:《四庫全書總目》卷一三五《子部·類書類》，第一一四五頁。

鋪叙，以及母題（MOTIF）的構思，都和這批類書群密切關聯。《韓憑賦》中《貞夫寄韓朋書》與《貞夫答宋王言》以及故事中的部分情節，若持與在此之前的《搜神記》、《玉臺新詠》、西夏文《類林》相互比較，從諸書一路衍化的諸端痕迹，并承襲《類林》或《語對》等類書的情形極爲清楚〔一〕。其他如舜子、董永、伍子胥、秋胡、項託諸人，在情節上略有淵源，以及《中興殿應聖節講經文》等諸多語彙或用詞，皆可見諸《語對》事類或其詞條之中。此外，各變文中的遣詞造句，勿論俗講文學或是涉及宗教性的講經文字，有的是嚴整的四六駢文對句，有的則是或吟或唱與押座文式的韻語文字，或是講述的散文，就修辭來説，仍然免不了要從《語對》等書籍中取材，衹要稍作比對，即可一目了然。

第四節　敦煌本語辭類書《語對》的現存價值

敦煌的這批寫本類書，已經完成了過去的歷史任務，其有幸留存到今天，提供了當日作者意想不到的作用，則有如下數點：

一　復現亡佚類書的面貌

從魏晋以後，迄於五代年間，史志及各書目所著録之各式類書，共七十五部，兹枚舉如下〔二〕：

魏：《皇覽》（孫輯本、馮輯本）。

晋：《要覽》（説郛、玉函山房輯本）。

宋：《合皇覽》。

齊：《史林》《四部要略》。

〔一〕 參見陳麗卿：《韓憑故事研究》，臺北中國文化大學中國文學研究所碩士論文，一九八七年，第三、四章。

〔二〕 按：以下所録諸書參見張滌華《類書流别·存佚》（商務印書館，一九四三年），并補入其認爲非類書而缺失之部分。

梁:《皇覽鈔》《類苑》《華林遍略》《壽光書苑》《法寶聯璧》《學苑》《鴻寶》《語對》《語麗》。

陳:《書圖泉海》。

北魏:《帝王集要》。

北齊:《修文殿御覽》。

隋:《長洲玉鏡》、《玄門寶海》、《編珠》(存、疑)、《鈔書》(存)。

唐:《兔園策》、《藝文類聚》(存)、《麟角》、《群書治要》(存四七卷)、《文思博要》、《纍壁》、《摇山玉彩》、《策府》、《兔園册府》、《平臺秘略》、《玄覽》、《李嶠雜詠》、《三教珠英》、《碧玉芳林》、《玉藻瓊林》、《筆海》、《翰苑》、《錦帶書》、《玄宗事類》、《燕公事對》、《珠玉鈔》、《初學記》(存)、《十九部書類語》、《韻海鏡源》、《金鑾秀集》、《青囊書》、《備舉文言》、《警年》、《詞圃》、《元氏類集》、《白氏經史類集》、《起予集》、《集類》、《集類略》、《金鑰》、《學海》、《記室新書》、《雙金》、《皮氏鹿門家鈔》、《戚苑纂要》、《戚苑英華》。

五代:《玉府新書》《史海》。

十國:《新修唐朝事類》《四庫韻對》《十經韻對》《屬文寶海》《備忘小鈔》《名苑》《資談》《群書麗藻》。

存疑目:《袖中記》、《袖中略集》、《珠叢》、《采壁》、《對林》、《對要》、《衆書事對》、《要録》、《檢事書》、《帝王要覽》、《王氏千門》、《事鑒》、《穿楊集》、《十三家帖》、《瀛類》、《應用類對》、《修文海》、《錦繡谷》、《麟角抄》、《唐書類苑》、《群書治類》、《九經類義》、《雕金集》、《王氏屬對》、《經史事對》、《文鑒》、《内範要略》、《文華心鑒》、《玉英》、《經典正要》、《修文異名録》、《子談論》、《白氏傳家記》、《王論家要》、《玉屑》、《廣略新書》、《琱玉集》、《碎金鈔》、《繡囊》、《儒林碎寶》、《羊頭山記》、《書判幽燭》、《典要》、《詔書事類》、《春秋要類》、《春秋義鑒》、《略玉字》、《寶鑒絲綸》、《群書解題》、《青宫懿典》、《縉紳集》、《稽瑞》(存)。

從這七十五部的類書及存疑目五十二部來看，宋代以前的現存類書不到十部，足見書籍亡佚之甚，如今敦煌文獻存有六體四十一種，除爲大家所知之《類林》《兔園册府》《李嶠雜詩》《蒙求》等數部外，其他勿論斷簡殘篇或書志未曾記録者，如《應機抄》、《珠玉鈔》、《新集文詞九經鈔》、《籯金》、《古賢集》、王伯璵的《勵忠節鈔》等，皆可補闕歷代書籍之遺佚。若此本《語對》雖是中唐不知名作者所撰，其亦具有補苴童蒙類書課讀之作用，而嘗鼎一臠，亦足資品味時代面貌。

二　提供遺佚書籍的殘文

雕版及數位未行之前，史志著録典籍，以鈔寫復製侷限，百不存一，《隋志》之視《漢志》，已多亡佚，傳至今日，復經種種災厄，此陳登原《中國典籍史》言之詳矣〔一〕。然而因爲類書具有百科全書及資料彙編兩種性質，内容則非經、非史、非子、非集，百樣雜陳，因此時常從類書中得以輯出甚多亡佚的古籍和史料篇章，雖是一鱗半爪，亦有補闕舊文，解釋些許書籍亡佚之憾事。是以歷代學者對於輯佚之學，甚爲重視，其發端始乎宋代王應麟之《三家書考》及《周易鄭氏注》，明代則有孫瑴之《古微書》，至有清一代則爲鼎盛期，最著者乃爲《四庫全書》館臣自《永樂大典》中，先後輯出經部六十六種、史部四十一種、子部一百零三種、集部一百七十五種已經佚失之圖書。然《永樂大典》所録僅至明初所存之載籍，是以清代學者猶借用唐宋之類書及古注或金石刻文，進行漢唐載籍書篇之輯録。有清一代的輯佚學者對於唐、宋類書之重視可以從《四庫提要》對於《藝文類聚》的批評中一窺端倪：

> 於諸類書中，體例最善。凡爲類四十有八，其中門目，頗有繁簡失宜，分合未當。如山水部五岳存三，四瀆闕一……如斯之類，皆不免叢脞少緒……然隋以前遺文祕籍，迄今十九不存。得此一書，尚略資考證。宋周必大校《文苑英華》多引是集；而近代馮惟訥《詩紀》、梅鼎

〔一〕 陳登原：《中國典籍史》，樂天書局，一九七一年。按：此書共六卷，其首卷叙引，卷一政治，記典籍受厄於獨夫之專斷；卷二兵燹，記典籍受厄於兵匪之浩劫；卷三藏弆，記歷代藏書家之聚書及散書；卷四人事，記典籍之以人謀不善而聚散。

祚《文紀》、張溥《百三家集》從此採出者尤多。亦所謂殘膏賸馥，沾溉百代者矣!〔一〕

也因清代以後的學者能够重視與利用此等材料，故有嚴可均《全上古三代秦漢三國六朝文》七百四十六卷。其後，馬國翰之《玉函山房輯佚書》七百六十卷、王謨之《漢魏遺書鈔》、黄奭之《逸書考》、洪頤煊《經典集林》、孔廣森《通德遺書所見録》、袁鈞《鄭氏逸書》、任大椿《小學鈎沉》、陳鱣《論語古訓》等，亦各有所獲。直至清末民初，斯風未泯，如《全唐文》《古小説鈎沉》《玉函山房輯佚書續編三種》《魏晋南北朝詩》等，并爲輯佚之續作。尤其敦煌、吐魯番文獻出土後，可供輯佚之古籍甚多，如王重民、任二北、饒選堂、潘石禪、黄永武等諸位先生之輯詩、詞曲、賦和變文，皆有重大之成就；晚近學人，利用此方輯佚，進而研究，倍勝於前代，此亦大家所共曉，不再贅言。如今僅就《語對》一書，即可看到其所引用數種亡佚之古籍，如:《大戴禮記》、《三輔决録》、《巴東記》、《孝子傳》、《田單策》、《先賢傳》、《招賢記》、《竹林七賢傳》、諸家《後漢書》、《淮南國志》、《續後漢書》、王隱《晋書》、《晋諸公贊》、《齊職儀》、《後漢紀》、《東觀漢記》、《神仙傳》、《魏略》、《傅子》、《襄陽記》、《語林》；以及各家詩、文、論、引、俗諺等數十種，大都是宋以前未有刻本之遺佚古籍，在輯佚上所具之重要性，不言而喻。

三　校勘古籍的參考資料

文獻典籍傳寫之訛，“魯魚亥豕”一詞最足以形容。因此能够利用古本、異本材料校勘者，肇自劉向、劉歆父子之校書宫中，廣集異本，審定篇次，校正文字，於是有《七略》《别録》之作。其後，“鄭玄括囊大典，網羅衆家，删裁繁誣，刊改漏失，自是學者略知所歸”〔二〕。因此，不拘繫於今古文之争，兼採衆

〔一〕（清）永瑢等撰:《四庫全書總目》卷一三五《子部・類書類》，第一一四一、一一四二頁。

〔二〕（南朝宋）范曄撰，（唐）李賢等注:《後漢書》卷三五《鄭玄傳》，中華書局，一九七〇年，第一二一三頁。

説，而得成就碩偉之鄭氏學。此後，則有裴松之、劉孝標、顔之推、陸德明等，利用古本、異本材料，勘證史志經典諸書之異文，亦能斐然成章。惟最稱善於利用古本、異本材料，從事學術研究，且成就卓著者，則以清儒推爲第一。

清儒之校勘，大底凡有二派之區别。一派以盧文弨、顧千里爲代表，基本上是承繼岳珂《沿革例》、彭叔夏《辨證》之校勘系統：這一系統的主要觀點是注重古本、善本、舊本、宋本等版本依據，比較異文，説明異文之正誤，而不隨意改動原文面貌；一派則以戴震、段玉裁、王念孫、王引之及俞曲園爲代表，乃承繼漢學或理校學派之系統：主張不據版本而據義理，不重版本而重異文，不尚異文數量而尚異文之質量，因此，方法上不僅止於對校工夫，還要利用種種學養加以分析、推理、考證，判斷上要求明確是非，勇於改字〔一〕。然而，二派理論、方法及見解儘管不同，校勘發掘異文則爲兩派共同之首要任務，然後才根據異文作出種種不同的推理判斷及詮釋，形成不同的研究畛域。也因敦煌類書具有資料彙編的特性，抄録了衆多的四部書籍，勿論原書存佚與否，既然經過宋、元、明、清的刊刻轉寫，難保不失原樣，而從事校勘研究者就廣集版本而言，或發掘各種載籍異文，或講究古本等校勘觀點來看，實皆不可或缺與不能任意忽視的校勘材料。縱使有些類書衹是摘録節引，然而從各書異文到字義的判斷，還是頗具斟酌參考的餘地，此在箋注中并已個别説明，今再試舉數條説明如下：

《王》部："西園"引《詩》曰："清夜遊西園，冠蓋相追隨。"一句，蓋出《文選》卷二〇曹子建《公讌詩》，然而"冠蓋"則作"飛蓋"，一言人車衣冠之衆，一説車移往來之速。《籯金・叙》有"西園飛蓋"之句。足見兩者皆有斟酌餘地。

《朋友》"採葵"條釋文引《古詩》云："採葵莫傷根，結交莫羞貧。傷根葵不生，羞貧交不成。"考之《太平御覽》卷四〇六《人事部・交友一》文字相同，《先秦漢魏晋南北朝詩・漢詩》卷一二《古詩二首》亦作無名氏古詩，唯二、三句互置，作交互韻。《籯金》卷二《朋友篇》雖僅録首二句，却作吴

〔一〕倪其心：《校勘學大綱》，北京大學出版社，一九八七年，第四九～五一頁。

均詩，若非誤記作者，或詩句之次序有所變動，則可資考證也。

《朋友》“一榻”條云：“陳蕃爲豫章太守，不接賓客，唯徐孺子來，設一榻；去懸之。”考之《後漢書》卷六六《陳蕃傳》云：“郡人周璆，高絜之士。前後郡守招命莫肯至，唯蕃能致焉。字而不名，特爲置一榻，去則懸之。”則此榻實爲豫章太守時爲郡人高絜之士周璆而設，然同書卷五三《徐稺傳》云：“時陳蕃爲太守……蕃在郡不接賓客，唯稺來特設一榻，去則懸之。”則蕃禮遇者前後凡有二人，本則所講者徐稺，《世説新語箋疏上·德行》第一條“吾之禮賢”下，孝標注引袁宏《漢紀》曰：“蕃在豫章，爲稺獨設一榻，去則懸之，見禮如此。”《蒙求》卷下“陳蕃下榻”條、《勵忠節鈔·善政部》“陳蕃”條，仍作徐稺，因此亦有助於辨别。

《朋友》“道術”一則釋文云：“《莊子》曰：魚相樂於江湖，人相知於道術。”出於《莊子·大宗師第六》，唯“樂”“知”二字并作“忘”。諸引書如《藝文類聚》卷二一《人部五·交友》《淮南子集釋·俶真訓》引文并同《莊子》。則此引文誤引明矣，然而未始不能解，蓋如楚人誤解舉燭入書之例，今日之所謂誤讀理論，又生歧義新解也。

《朋友》“披雲”條云：“《晋書》曰：樂廣爲尚書令，何晏異之，就談。晏曰：‘此人水鏡也，吾一見之，若披雲霧而覩青天。’”然而此事《晋書》卷四三《樂廣傳》所載云：“尚書令衛瓘，朝之耆舊，逮與魏正始中諸名士談論，見廣而奇之，曰：‘自昔諸賢既没，常恐微言將絶，而今乃復聞斯言於君矣。’命諸子造焉，曰：‘此人之水鏡，見之瑩然，若披雲霧而睹青天也。’”顯然二書指涉不同，《語對》是何晏與樂廣談後對樂廣之評價，晋書則作衛瓘評樂廣，二者并出《晋書》，差異若此。考《世説新語箋疏中·賞譽》第二十三則及劉孝標注引《晋陽秋》及王隱《晋書》、《藝文類聚》卷二《天部下·霧》引王隱《晋書》、《蒙求》卷中“彦輔冰清”條，并作“衛瓘”，此爲一系。然而《初學記》卷一一《侍郎郎中員外郎》事對“睹天”條引王隱《晋書》亦作樂廣、何晏等談講，衛瓘見奇而嘆。

《談講》“勺水”條云：“《傅子》曰：夫以八尺之軀與天地比壽，一勺之水與江河争流。”蓋此條諸書不見，《太平御覽》卷六〇《地部·江》引《傅子》曰：“江海所以能爲百谷王者，以其不逆之，苟有所逆，衆流不至多矣。”

則此文又爲傅玄增一殘文矣。

《談講》“天文”一條云“漢時揚［子］烏，年九歲，預解天文”此條諸書不載，未明所出，唯《太平御覽》卷三八五《人事部·幼智下》引《劉向别傳》曰：“楊信字子烏，雄第二子。幼而明慧，雄筆《玄經》不會，子烏令作九數而得之；雄又疑《易》‘羝羊觸藩，彌日不就’，子烏曰：‘大人何不云荷戟入榛。’”人事近似，當爲一人。又考揚子《法言》云：“或曰：述而不作，玄何以作？曰：其事則述，其書則作，育而不苗者，吾家之童烏乎。注云：童烏，子雲之子也。仲尼悼顔淵苗而不秀，子雲傷童烏育而不苗。”

《送别》“數行”條云：《俗説》曰：“桓靈寶爲人，哀樂至極：與人遠别，下牀時，猶含笑；臨行執手，涕淚數行而下。”按：此條諸書不見，《俗説》又已亡佚，雖有輯本，未録此條，則可補諸書之缺。

凡此類文字，勿論或同或異，縱使是《語對》一書的誤植，或不慎而誤抄，在古書百不存一的今天，縱使一鱗半爪，幸賴其載録見存，則珍貴自不待言，然而也因有這類異文存在，考據學者則可藉以校勘古籍，且有可資參考之處矣。

結　語

語言是人類社會的契約行爲，常隨族群的意識形態而不同，又因地理空間及時間的遞變自然别異。爲了固定語言或追述記憶，於是有了文字符號的産生。印歐語系走向了以字母記録語言，不同的拼合聲音即具别義的作用，一但遇到同音，則多加音節以别義；漢語因爲是孤立語種，固守單音節的語言，而口腔能够發出的聲音有限，故多同音字，於是不得不增加陰陽四聲，藉着不同聲音的組合及聲調作爲區别意義的輔助方式，後來發展到以文字符號固定語言時，初由象形、指事、會意的造字，在遇到瓶頸之後，不得不走向一邊以形歸其義類，一邊則借用原有初造文字之音，記録其口語，甚至形成固定的書面語和口語兩套漢語系統的獨有特色。

秦始皇一統天下，深知文字的重要性，因此命令臣下李斯等整理文字，即所謂的《蒼頡篇》。後來因官獄職務繁多，而有了簡省的隸書産生。兩漢時期，先後有司馬相如、揚雄諸人，不斷地受命整理文字，甄選公務人員也以八體及九千字作爲測試的標準，許慎的《説文解字》乃據此而編釋。衹是隨着造紙技術的改進，紙張得以大量生産，知識的書寫變得容易，傳播更爲快捷。尤其中西文化的交通，促進了知識量體的增衍爆發，於是單字詞彙不足以完全記録新增的知識或精確表意的要求，便有更新的解决方法問世，如擴大實詞的範圍，强化或加深其義的複合詞組及短語出現。尤其西園雅集，知識學問的競賽風氣既已形成，賦詩爲文要求裝載知識學問，而“文章經國之大業，不朽之盛事”，從書法到文章的寫作，處處都是檢驗個人才華和治國能力的標準，因此詩文必需承載無窮罕見的成詞或事典，用以表現自己的知識素養。這對當時忙於處理政務的帝王官員，的確是個負擔，於是有了爲他們編纂的《皇覽》等類書的出現。或又因印歐語系的影響，學者也留意漢語的構造，注意到四聲八病的漢語規律，於是産生了駢儷文風及近體詩的律對，因而有《編珠》《語對》一類的語詞類書。

所以從類書體制來看，最初衹就一書或群書中聯類匯抄各書中的相關材料，以作精讀，或充分利用自己有限的時間，吸收無窮之知識，發揮最大的研讀記誦和檢索功能。因此編纂需要邏輯條理的分類順序，如《修文殿御覽》《類林》，依類條叙其事，後録人物時代，末附出典。或者就書名連續鈔録，如書鈔形式一般。或者就人名爲條目，下叙其事，再説時代及出處。然此等編纂對於中下之資仍感不便，於是不得不有歷代用此事典之範文，羅列其中，供給學習者模仿；甚至拈出事類重點之語詞或成語，編成對語形式，讓作者直接於詩文中活套，蹈襲運用，更附使用範文或有關事例之緣起流變的叙述。也因如此，《語對》一書便可就其體制爲之定位，蓋以類書成熟之後的私家著作。

《語對》既是中唐以來西北一地編録的類書，以當時的人力、物力、財力及時間而言，無法與現存的唐代四大類書相比擬，衹能就當地可及的流傳文獻中加以取資，因此敦煌文獻中現存兩部盛唐作品：如《類林》及《文場秀句》，無疑都是《語對》一書編纂時重要的參考材料。又因是爲了供給兒童啓蒙的課讀用書，故有三個系統七個不同的卷號，足見非僅一家私藏的著作而已。

《語對》是不知名作者爲了學子啓蒙課讀的需要，所編纂的一部虚擬名稱的分類辭書。就其分類，凡有四十，起“王”迄於“神仙”，當爲首尾完具的小型類書，體例先出詞條，次叙事或詩文，出處則或有或無，編纂并不嚴謹，文字趨於簡化。此乃受限於編纂條件，故引書行文未盡完善。蓋當時該書所預設功能只是童蒙初學的教科書，希望學了以後撰寫詩文時能够備用應急，亦可作爲處世進德修業的學習典範。衹是在印刷術猶未發達之前，古書鈔本有限，書籍受到各種災難之摧殘，亡佚特甚，而今日幸好有敦煌吐魯番文獻的出土，恰足以補闕。至於敦煌本語辭類書《語對》的出現，爲唐代保存了一部史志未曾著録的遺佚古籍。其中引文雖有節略，嚴謹度不足，然而這也是一般類書疊床架屋、互相抄襲的常有現象。如今在諸多書籍亡佚的情況下，所引事文資料還是頗具輯佚或校勘價值，在考證功能上，是值得給予肯定的。

參考文獻

傳世文獻

《白虎通疏證》,（清）陳立撰，吴則虞點校，中華書局，一九九四年。

《白孔六帖》,（唐）白居易撰，（宋）孔傳續撰，上海古籍出版社，一九九二年。

《白氏長慶集》,（唐）白居易撰，上海古籍出版社，一九九四年。

《抱朴子外篇校箋》,（晉）葛洪撰，楊明照校箋，中華書局，一九九一年。

《北齊書》,（唐）李百藥撰，中華書局，一九七二年。

《北史》,（唐）李延壽撰，中華書局，一九七四年。

《北堂書鈔》,（唐）虞世南撰，中國書店，一九八九年。

《博物志校證》,（晉）張華撰，范寧校證，中華書局，一九八〇年。

《補後漢藝文志》，收入《二十五史補編》,（清）姚振宗，開明書局，一九五九年。

《册府元龜》,（宋）王欽若等編，中华書局，一九六〇年。

《岑嘉州詩箋注》,（唐）岑參著，廖立箋注，中華書局，二〇〇四年。

《崇文總目》,（宋）王堯臣等編輯，商務印書館，一九三九年。

《初學記》,（唐）徐堅等著，中華書局，一九六二年。

《楚辭集注》,（宋）朱熹撰，上海古籍出版社，二〇〇一年。

《春秋左傳正義》,（晉）杜預注，（唐）孔穎達等正義，收入《十三經注疏》，李學勤主編，北京大學出版社，二〇〇〇年。

《琱玉集》，（宋）佚名撰，收入《叢書集成初編》，王雲五主編，中華書局，一九八五年。

《丁卯集》，（唐）許渾撰，罗時進箋，中華書局，二〇一二年。

《東皋子集》，（唐）王績撰，上海古籍出版社，一九九二年。

《東觀漢記校注》，（漢）劉珍等撰，吴樹平校注，中華書局，二〇〇八年。

《杜甫全集校注》，蕭滌非主編，人民文學出版社，二〇一四年。

《杜詩詳注》，（唐）杜甫著，（清）仇兆鰲注，中華書局，一九七九年。

《爾雅注疏》，（晋）郭璞注，（宋）邢昺疏，收入《十三經注疏》，李學勤主編，北京大學出版社，二〇〇〇年。

《法苑珠林校注》，（唐）釋道世著，周叔迦、蘇晋仁校注，中華書局，二〇〇三年。

《樊川詩集注》，（唐）杜牧著，（清）馮集梧注，上海古籍出版社，二〇一九年。

《樊川文集》，（唐）杜牧撰，上海古籍出版社，二〇〇九年。

《封氏聞見記校注》，（唐）封演撰，赵貞信校注，中華書局，二〇〇五年。

《風俗通義校注》，（漢）應劭撰，王利器校注，中華書局，二〇一〇年。

《高士傳》，（晋）皇甫謐，收入《叢書集成初編》，王雲五主編，中華書局，一九八五年。

《古今詩話》，（明）稽留山樵撰，廣文書局，一九七三年。

《古今注校箋》，（晋）崔豹撰，牟華林校箋，綫裝書局，二〇一五年。

《韓非子集解》，（清）王先慎撰，鍾哲點校，中華書局，一九九八年。

《韓詩外傳》，（漢）韓嬰撰，許維遹校注，中華書局，一九八〇年。

《漢書》，（漢）班固撰，（唐）颜師古注，中華書局，一九六二年。

《後漢紀校注》，（晋）袁宏撰，周天遊校注，天津古籍出版社，一九八七年。

《後漢書》，（南朝・宋）范曄撰，（唐）李賢等注，中華書局，一九七〇年。

《華陽國志》，（晋）常璩撰，劉琳校注，巴蜀書社，一九八四年。

《淮南子集釋》，何寧撰，中華書局，一九九八年。

《黄氏集千家注杜工部詩史補遺》，（宋）黄鶴集注，收入《叢書集成初編》，王雲五主編，中華書局，一九八五年。

《金石萃編》，（清）王昶編，中國書店，一九八五年。

《舊唐書》，（後晋）劉昫等撰，中華書局，一九七五年。

《郡齋讀書志校證》，（宋）晁公武撰，孫猛校證，上海古籍出版社，一九九〇年。

《孔叢子校釋》，傅亞庶校釋，中華書局，二〇一一年。

《孔子家語》，（三國·魏）王肅注，上海古籍出版社，一九九〇年。

《老子校釋》，朱謙之撰，中華書局，二〇一七年。

《樂府詩集》，（宋）郭茂倩編，中華書局，二〇一七年。

《李北海集》，（唐）李邕撰，上海古籍出版社，一九九二年。

《李德裕文集校箋》，（唐）李德裕撰，傅璇琮、周建國校箋，中華書局，二〇一八年。

《李太白全集》，（唐）李白撰，（清）王琦注，中華書局，一九七七年。

《李義山文集》，（唐）李商隱，上海古籍出版社，一九九九年。

《禮記正義》，（漢）鄭玄注，（唐）孔穎達等疏，收入《十三經注疏》，李學勤主編，北京大學出版社，二〇〇〇年。

《梁書》，（唐）姚思廉撰，中華書局，一九七三年。

《列女傳》，（漢）劉向撰，劉曉東校點，遼寧教育出版社，一九九八年。

《列子集釋》，楊伯峻撰，中華書局，一九七九年。

《劉長卿詩編年箋注》，儲仲君撰，中華書局，二〇一七年。

《劉禹錫集箋證》，（唐）劉禹錫撰，瞿蜕園箋證，上海古籍出版社，一九八九年。

《吕氏春秋集釋》，許維遹撰，梁運華整理，中華書局，二〇〇九年。

《論衡校釋（附劉盼遂集解）》，黄暉撰，中華書局，一九九〇年。

《論語注疏》，（魏）何晏注，（宋）邢昺疏，收入《十三經注疏》，李學勤主編，北京大學出版社，二〇〇〇年。

《駱賓王集》，（唐）駱賓王撰，陳熙晋箋注，浙江古籍出版社，二〇一八年。

《毛詩正義》，（漢）毛亨傳，（漢）鄭玄箋，（唐）孔穎達疏，收入《十三經注疏》，李學勤主編，北京大學出版社，二〇〇〇年。

《孟東野詩集》,（唐）孟郊撰，上海書店出版社，一九八七年。

《南齊書》,（南朝·梁）蕭子顯撰，中華書局，一九七二年。

《南史》,（唐）李延壽撰，中華書局，一九七五年。

《钱起诗集校注》,（唐）錢起著，王定璋校注，浙江古籍出版社，一九九二年。

《全北齊文》,（清）嚴可均輯，商務印書館，一九九九年。

《全陳文》,（清）嚴可均輯，商務印書館，一九九九年。

《全後漢文》,（清）嚴可均輯，商務印書館，一九九九年。

《全梁文》,（清）嚴可均輯，商務印書館，一九九九年。

《全宋文》,（清）嚴可均輯，商務印書館，一九九九年。

《全唐詩》,（清）彭定求等編，中華書局，一九六〇年。

《三輔黄圖校注》，何清谷校注，三秦出版社，二〇〇六年。

《三國志》,（晋）陳壽撰,（宋）裴松之注，陳乃乾點校，中華書局，一九五九年。

《山海經校注》,（清）袁珂校注，上海古籍出版社，一九八〇年。

《尚書正義》,（漢）孔安國傳,（唐）孔穎達等正義，收入《十三經注疏》，李學勤，北京大學出版社，二〇〇〇年。

《申鑒注校補》,（漢）荀悦撰,（明）黄省曾注，孫啓治校補，中華書局，二〇一二年。

《詩品集注》,（南朝·梁）鍾嶸撰，曹旭集注，上海古籍出版社，一九九四年。

《識孫梅四六叢話》,（清）程杲撰，世界書局，一九六二年。

《史記》,（漢）司馬遷撰，中華書局，一九五九年。

《史通通釋》,（唐）劉知幾著,（清）蒲起龍通釋，王煦華整理，上海古籍出版社，二〇〇九年。

《世説新語箋疏》,（南朝·宋）劉義慶撰，劉孝標注，余嘉錫箋疏，中華書局，二〇〇七年。

《述異記》,（南朝·梁）任昉，收入《叢書集成初編》，王雲五主編，中華書局，一九八五年。

《水經注校證》，（北魏）酈道元著，陳橋驛校證，中華書局，二〇〇七年。

《説郛三種》，（明）陶宗儀等編，上海古籍出版社，一九八八年。

《説文解字注》，（漢）許慎撰，（清）段玉裁注，藝文印書館影經韻樓本，一九六六年。

《説苑校證》，（漢）劉向撰，向宗魯校證，中華書局，一九八七年。

《四庫簡明目録標注》，（清）邵懿辰等撰，上海古籍出版社，二〇〇〇年。

《四庫全書總目》，（清）永瑢等撰，中華書局，一九六五年。

《宋秘書省續編》，（清）葉德輝輯，收入《四庫闕書目二・類書》，觀古堂書目叢刻，葉氏觀古堂，光緒二十九年。

《宋史》，（元）脱脱等撰，中華書局，一九七七年。

《宋書》，（南朝・梁）沈約撰，中華書局，一九七四年。

《宋之問集》，（唐）宋之問撰，收入《沈佺期宋之問集校注》，陶敏、易淑瓊校注，中華書局，二〇〇一年。

《搜神記》，（晋）干宝撰，汪绍楹校注，中華書局，一九七九年。

《隋書》，（唐）魏徵等撰，中華書局，一九七三年。

《太平御覽》，（宋）李昉等撰，中華書局，一九六〇年。

《陶淵明集》，（晋）陶渊明撰，逯钦立校注，中華書局，一九七九年。

《通志》，（宋）鄭樵撰，中華書局，一九八七年。

《王右丞集》，（唐）王維撰，（清）趙殿成箋注，上海古籍出版社，一九六一年。

《王子安集注》，（唐）王勃撰，（清）蔣清翊注，上海古籍出版社，一九九五年。

《魏書》，（北齊）魏收撰，中華書局，一九七四年。

《温庭筠全集校注》，（唐）温庭筠撰，劉學鍇校注，中華書局，二〇〇七年。

《文鏡秘府論彙校彙考（附文筆眼心抄）》，［日］空海撰，盧盛江校考，中華書局，二〇〇六年。

《文心雕龍》，（梁）劉勰撰，王志彬譯注，中華書局，二〇一二年。

《文選》，（南朝・梁）蕭統編，（唐）李善注，中華書局，一九七七年。

《文苑英華》，（宋）李昉等編，中華書局，一九六六年。

《吴越春秋輯校匯考》,（漢）趙曄撰，周生春輯校，中華書局，二〇一九年。

《西京雜記》,（晋）葛洪撰，周天遊校注，三秦出版社，二〇〇五年。

《先秦漢魏晋南北朝詩》，逯欽立輯校，中華書局，一九八三年。

《孝經注疏》,（唐）李隆基注,（宋）邢昺疏，收入《十三經注疏》，李學勤主編，北京大學出版社，二〇〇〇年。

《新書校注》,（漢）賈誼撰，閻振益、鍾夏校注，中華書局，二〇〇〇年。

《新唐書》,（宋）歐陽修、宋祁撰，中華書局，一九七五年。

《新序校釋》,（漢）劉向撰，石光瑛校釋，陳新整理，中華書局，二〇一七年。

《續談助》,（宋）晁載之撰，收入《叢書集成初編》，王雲五主編，中華書局，一九八五年。

《荀子集解》,（清）王先謙撰，沈嘯寰、王星賢點校，中華書局，一九八八年。

《顔氏家訓集解（增補本）》，王利器撰，中華書局，一九九三年。

《一切經音義經三種校本合刊》，徐時儀校注，上海古籍出版社，二〇〇八年。

《儀禮注疏》,（漢）鄭玄注,（唐）賈公彦疏，收入《十三經注疏》，李學勤主編，北京大學出版社，二〇〇〇年。

《異苑》,（南朝·宋）劉敬叔撰，收入《叢書集成初編》，王雲五主編，中華書局，一九九一年。

《藝文類聚》,（唐）歐陽詢撰，王紹楹校，上海古籍出版社，一九八二年。

《殷芸小説》,（南朝·梁）殷芸編纂，周楞伽輯注，上海古籍出版社，一九八四年。

《盈川集》,（唐）楊炯撰，上海古籍出版社，一九九二年。

《遊仙窟鈔》,（唐）張文成著,［日］一指鈔并注，群鳳堂刻本。

《庾子山集注》,（北周）庾信撰,（清）倪璠注，中華書局，一九八〇年。

《玉海》,（宋）王應麟撰，上海書店出版社，一九八七年。

《玉臺新詠》,（南朝·陳）徐陵編，吴兆宜注，上海書店出版社，一九八八年。

《玉谿生詩集箋注》,（唐）李商隱撰，馮浩箋注，上海古籍出版社，一九八八年。

《元氏長慶集》,（唐）元稹撰，上海古籍出版社，一九九四年。

《越絶書校釋》，李步嘉校釋，中華書局，二〇一三年。

《雲笈七籤》,（宋）張君房纂輯，華夏出版社，一九九六年。

《戰國策箋證》,（漢）劉向集録，范祥雍箋證，上海古籍出版社，二〇一一年。

《昭明太子集校注》,（南朝·梁）蕭統撰，俞紹初校注，中州古籍出版社，二〇〇一年。

《中説校注》,（隋）王通撰，張沛校注，中華書局，二〇一七年。

《重刊增廣分門類林雜説》,（金）王朋壽，文物出版社，一九八二年。

《周禮注疏》,（漢）鄭玄注,（唐）賈公彦疏，收入《十三經注疏》，李學勤主編，北京大學出版社，二〇〇〇年。

《周書》,（唐）令狐德棻等撰，中華書局，一九七一年。

《周易正義》,（三國·魏）王弼、韓康伯注,（唐）孔穎達疏，收入《十三經注疏》，李學勤主編，北京大學出版社，二〇〇〇年。

《竹書紀年》,（清）陳逢衡撰，上海古籍出版社，一九九六年。

《莊子集解》,（清）王先謙撰，中華書局，一九八七年。

《莊子集釋》,（清）郭慶藩撰，王孝魚點校，中華書局，二〇〇六年。

出土文獻

《敦煌變文集新書》，潘重規編著，文津出版社，一九九四年。

《敦煌變文選注》，項楚著，中華書局，二〇〇六年。

《敦煌秘笈：影片册》第一册，武田科學振興財團杏雨書屋、[日] 吉川忠夫編，はまや印刷株式會社，二〇〇九年。

《俄藏敦煌文獻》第一～一七册，俄羅斯科學院東方研究所聖彼得堡分所、俄羅斯科學出版社東方文學部等編，上海古籍出版社，一九九二～二〇〇一年。

《法藏敦煌西域文獻》第一～三四册，上海古籍出版社、法國國家圖書館編，上海古籍出版社，一九九五～二〇〇五年。

《漢魏南北朝墓志集釋》，收入《石刻史料新編》第三輯，趙萬里編，新文豐出版公司，一九八六年。

《英藏敦煌文獻》第一～一四卷，中國社會科學院歷史研究所、中國敦煌吐魯番學會敦煌古文獻編輯委員會、英國國家圖書館、倫敦大學亞非學院合編，四川人民出版社，一九九〇～一九九五年。

中文著作

陳登原：《中國典籍史》，樂天書局，一九七一年。

高辛勇：《形名學與敘述理論——結構主義的小説分析法》，聯經出版事業公司，一九八七年。

龔煌城：《西夏語文研究論文集》，中研院民族研究所，二〇〇六年。

李銘敬：《日本及敦煌文獻中所見〈文場秀句〉一書的考察》，《文學遺産》二〇〇三年第二期。

劉師培：《劉申叔先生遺書》，京華書局，一九七〇年。

南京圖書館編：《南京圖書館藏朱希祖文稿》，鳳凰出版社，二〇一〇年。

倪其心：《校勘學大綱》，北京大學出版社，一九八七年。

史金波、黄振華、聶鴻音合著：《類林研究》，寧夏人民出版社，一九九三年。

王三慶：《〈重刊增廣分門類林雜説〉傳本考及其價值試論》，《"中研院"第二屆國際漢學會議論文集》，"中研院"，一九八九年。

王三慶：《敦煌本古類書語對研究》，文史哲出版社，一九八五年。

王三慶：《敦煌類書》，麗文文化事業股份有限公司，一九九三年。

聞家驊：《詩選與校箋》，九思出版社，一九七八年。

張滌華：《類書流別》，商務印書館，一九四三年。

鄭阿財、朱鳳玉：《敦煌蒙書研究》，甘肅教育出版社，二〇〇二年。

外文著作

［英］R.R.K.哈特曼、F.C.斯托克著，黄長著、林書武、衛志强、周紹珩譯：《語言與語言學詞典》，上海辭書出版社，一九八三年。

［瑞士］費爾迪南·德·索緒爾：《普通語言學教程》，弘文館出版社，

一九八五年。

［日］今野達等校注:《注好選》，收入《新日本古典文學大系》第三十一册，岩波書店，一九九七年。

［日］那波利貞著:《唐代社會文化史研究》第二編，創文社，一九七四年。

［日］狩谷掖齋著，東京帝國大學文學部、國語學國文學研究室編:《箋注倭名類聚抄》，全國書房，一九四三年。

［日］藤原佐世:《日本國見在書目》，新文豐出版公司，一九八四年。

［日］畑中榮編:《言泉集》，收入《古典文庫》第六三九册，東京古典文庫，二〇〇〇年。

［日］幼學の會編:《諸本集成・仲文章注解》，勉誠社，一九九三年。

中文論文

白化文:《敦煌遺書中的類書簡述》，《中國典籍與文化》一九九九年第四期。

常鏡海:《中國私塾童蒙所用課本之研究》(上、下篇)，《新東方》(上海)，一九四〇年第一卷第八期和第九期。

陳麗卿:《韓憑故事研究》，(臺灣)中國文化大學中國文學研究所碩士學位論文，一九八七年。

陳志勇:《唐宋家訓發展演變模式探析》，《福建師範大學學報(哲學社會科學版)》二〇〇七年第三期。

鄧文寬:《敦煌寫本〈百行章〉述略》，《文物》一九八四年第九期。

高天霞:《敦煌寫本〈籯金〉系類書整理與研究》，復旦大學博士後研究工作報告，二〇一七年。

韓昇:《科舉制與唐代社會階層的變遷》，《厦門大學學報(哲學社會科學版)》一九九九年第四期。

韓昇:《南北朝隋唐士族向城市的遷徙與社會變遷》，《歷史研究》二〇〇三年第四期。

胡寄塵:《蒙書考》，《震旦雜志》一九四一年第一期。

黄正建:《蒙書與童蒙書——敦煌寫本蒙書研究芻議》，《敦煌研究》

二〇二〇年第一期。

金瀅坤:《敦煌本“策府”與唐初社會——國圖藏敦煌本“策府”研究》,《文獻》二〇一三年第一期。

金瀅坤:《論古代家訓與中國人品格的養成》,《厦門大學學報（哲學社會科學版）》二〇一八年第二期。

金瀅坤:《唐代家訓、家法、家風與童蒙教育考察》,《浙江師範大學學報（社會科學版）》二〇二〇年第一期。

金瀅坤:《唐代問答體蒙書編撰考察——以〈武王家教〉爲中心》,《厦門大學學報（哲學社會科學版）》二〇二〇年第四期。

金瀅坤:《唐五代敦煌寺學與童蒙教育》,金瀅坤主編:《童蒙文化研究》第一卷,人民出版社,二〇一六年。

瞿菊農:《中國古代蒙學教材》,《北京師範大學學報（社會科學版）》一九六一年第四期。

李并成:《從敦煌算經看我國唐宋時代的初級數學教育》,《數學教學研究》一九九一年第一期。

李廉方:《中國古代的小學教育》,收入郭戈編:《李廉方教育文存》,人民教育出版社,二〇〇六年。

李銘敬:《日本及敦煌文獻中所見〈文場秀句〉一書的考察》,《文學遺産》二〇〇三年第二期。

李儼:《敦煌石室“算書”》,《中大季刊》第一卷第二期,一九二六年。

李正宇:《敦煌學郎題記輯注》,《敦煌學輯刊》一九八七年第一期。

李正宇:《唐宋時代的敦煌學校》,《敦煌研究》一九八六年第一期。

李正宇:《一件唐代學童的習字作業》,《文物天地》一九八六年第六期。

林華秋:《敦煌吐魯番童蒙研究目録》,金瀅坤主編:《童蒙文化研究》第一卷,二〇一六年,人民出版社。

林西朗:《唐代道舉制度述略》,《宗教學研究》二〇〇四年第三期。

劉劍康:《論中國家訓的起源——兼論儒學與傳統家訓的關係》,《求索》二〇〇〇年第二期。

劉全波:《論唐代類書與蒙書的交叉融合》,《浙江師範大學學報（社會科學版）》二〇二〇年第四期。

羅振玉:《古類書三種跋》,《鳴沙石室古籍叢殘》，一九一七年，自印本。

聶斯克:《類林釋文》,《國立北平圖書館館刊》第四卷第三號，一九三二年,（臺灣）學生書局。

牛志平:《“家訓”與中國傳統家庭教育》,《海南師範大學學報（社會科學版）》二〇一二年第五期。

錢穆:《略論魏晉南北朝學術文化與當時門第之關係》,《新亞學報》第五卷第二期，一九六三年。

榮新江:《〈蘭亭序〉與〈尚想黄綺帖〉在西域的流傳》，故宫博物院編:《2011年蘭亭國際學術研討會論文集》，故宫出版社，二〇一四年。

汪泛舟:《敦煌的童蒙讀物》,《文史知識》一九八八年第八期。

王國維:《唐寫本〈太公家教〉跋》,《唐寫本〈兔園策府〉殘卷跋》，王國維著:《觀堂集林》，中華書局，一九五九年。

王金娥:《敦煌訓蒙文獻研究述論》,《敦煌學輯刊》二〇一二年第二期。

王美華:《中古家訓的社會價值分析》,《古籍整理研究學刊》二〇〇六年第一期。

王三慶:《〈敦煌變文集〉中的〈孝子傳〉新探》,《敦煌學》第十四輯，一九八九年。

王三慶:《〈文場秀句〉之發現、整理與研究》，王三慶、鄭阿財合編:《2013年敦煌、吐魯番國際學術研討會論文集》，成功大學中國文學系，二〇一四年。

王三慶:《〈重刊增廣分門類林雜説〉傳本考及其價值試論》,《中研院第二届國際漢學會議論文集》，中央研究院，一九八九年。

王三慶:《敦煌辭典類書研究：從〈語對〉到〈文場秀句〉》,《厦門大學學報（哲學社會科學版）》二〇二〇年第四期。

王三慶:《西夏本類林據譯原典之發現》,《書目季刊》第二〇卷第一期，中國書目季刊社，一九八六年。

王三慶撰、林艷枝助理:《敦煌古類書研究之一：〈事林一卷〉（伯四〇五二號）研究》,《敦煌學》一九八七年第十二期。

魏明孔:《唐代道舉初探》,《甘肅社會科學》一九九三年第六期。

翁衍楨:《古代兒童讀物概觀》,《圖書館學季刊》第十卷第一期,一九三六年。

嚴耕望:《唐人習業山林寺院之風尚》,嚴耕望:《嚴耕望史學論文集》,上海古籍出版社,二〇〇九年。

楊寶玉:《晚唐文士張球及其興學課徒活動》,金瀅坤主編:《童蒙文化研究》第二卷,人民出版社,二〇一七年。

余嘉錫:《内閣大庫本碎金跋》,收入余嘉錫著:《余嘉錫論學雜著》,中華書局,一九六三年。

趙小華:《論唐代家訓文化及其文學意義——以初盛唐士大夫爲中心的考察》,《貴州社會科學》二〇一〇年第七期。

鄭阿財:《敦煌蒙書析論》,收入《第二屆敦煌學國際研討會論文集》,漢學研究中心,一九九一年。

鄭阿財:《敦煌蒙書研究的回顧與前瞻》,季羨林、饒宗頤主編:《敦煌吐魯番研究》第七卷,中華書局,二〇〇四年。

鄭炳林、李强:《陰庭誡改編〈籯金〉及有關問題》,《敦煌學輯刊》二〇〇八年第四期。

鄭振鐸:《中國兒童讀物的分析》,《文學》第七卷第一號,一九三六年。

鄭志明:《敦煌寫本家教類的庶民教育》,《第二屆敦煌學國際研討會論文集》,漢學研究中心,一九九一年。

周丕顯:《敦煌"童蒙""家訓"寫本之考察》,《敦煌學輯刊》一九九三年第一期。

周揚波:《知識社會史視野下的宋代蒙書》,《厦門大學學報(哲學社會科學版)》二〇一八年第二期。

周祖謨:《敦煌唐本字書叙録》,中國敦煌吐魯番學會語言文學分會編纂:《敦煌語言文學研究》,北京大學出版社,一九八八年。

朱鳳玉:《蒙書的界定與〈三字經〉作者問題——兼論〈三字經〉在日本的發展》,金瀅坤主編:《童蒙文化研究》第五卷,人民出版社,二〇二〇年。

蹤凡:《兩漢故事賦探論:以〈神鳥賦〉爲中心》,項楚主編:《中國俗文化研究》第二輯，巴蜀書社，二〇〇四年。

外文論文

［日］川口久雄：《ソヴェートにある敦煌資料——日本文學との關係》，《文學》第三八卷第十二號，一九七〇年。

［日］川口久雄：《敦煌本類林と我が國の文學》，《日本中國學會報》第二十二集，一九七〇年。

［日］川口久雄：《敦煌本類林系類書と日本文學》，《金澤大學法文學部論集・文學篇》第十八號，一九七一年三月。

［日］川口久雄：《唐の類林の全容——西夏語に變身、傳わる》，《朝日新聞》一九七一年十月二十九日。

［日］福井康順：《百行章につこての諸問題》，《東方宗教》第一三、一四號，一九八五年。

［日］海野洋平：《童蒙教材としての王羲之〈□書論〉(〈尚想黃綺〉帖)—敦煌寫本・羽664ノ二Rに見るプレ〈千字文〉課本の順朱—》，武田科學振興財團杏雨書屋編：《杏雨》第二〇號，二〇一七年。

［日］那波利貞：《唐鈔本雜抄考——唐代庶民教育史研究》，《支那學》第十期，一九四二年。

［日］那波利貞：《唐鈔本雜鈔考——唐代敦煌庶民教育史研究資料》，《支那學》第十卷，一九四二年。

［日］那波利貞：《唐代の庶民教育に於ける算術科の内容とその布算の方法とに就きて》，《甲南大學文學會論集》(通號一)，一九五四年。

［日］西野貞治：《琱玉集と敦煌石室の類書——スタイン蒐集漢文文書中の琱玉集殘卷をめぐって—》，《人文研究》第八卷第七號，一九五七年。

［日］小川貫弌：《敦煌仏寺の學士郎》，《龍穀大學論集》第四〇〇-四〇一合并號，一九七三年。

［日］羽田亨：《漢蕃対音千字文の斷簡》，《東洋學報》第一三卷第三號，一九二三年。

後記

余觸及敦煌文獻，初始於大學三年級聲韻學課程，蓋涉及聲韻學史上《切韻》系諸韻書以訖《廣韻》之間的繁衍，時陳師伯元命我根據陳澧《切韻考》系聯條例考訂魏建功編纂之《十韻彙編》等韻書材料，并參酌《韻鏡》《七音略》《四聲等子》《切音指南》《切韻指南》等幾本韻書進行考訂。在報告完成後，受限於刊物少之時代條件，登載此類瑣碎的考證文章也極爲不便，終於没有下文。然而斯時不禁驚嘆清儒之考證功力，在敦煌文獻未出土前，居然得以一一指證《廣韻》中某韻某字爲增加，雖説未必百分之百正確，却高達八九成之概率，則其先見之明不得不令人欽服。

其後就讀臺灣師範大學國文研究所，撰寫報告或論文，又讀到兩本大作，一是姜亮夫的《瀛涯敦煌韻輯》，這是繼劉半農《敦煌掇瑣》之後聲韻學上的重要著作。另一本則是潘師石禪在新亞研究所出版的大作《瀛涯敦煌韻輯新編》及後來再續的《補編》，改正了姜書數千處訛誤外，也提出前人一些闕漏的寫卷。前輩們的研究成果無疑啓發我了解這類出土文獻的重要性，也是當日比較保守的學科中，從事人文研究還有可以稍加着墨之處。

服役期間，正考慮未來的走向時，很幸運地聽到石禪先生從香江退職，受聘爲華岡教授。特地利用機會，上山聽他講授了一兩次的《詩經》課程，并讓我决定再回學校深造。於是便委托朋友從東京大學東洋文化研究所購來敦煌文獻研究委員會所編印的《西域出土漢文文獻分類目録初稿》及金岡照光的《敦煌出土文學文獻分類目録附解説》、神田喜一郎的《敦煌學五十年》

等入門書籍，準備全力投入敦煌文獻的研究。奈何當日潘師興趣在於《乾隆抄本百二十回本〈紅樓夢〉稿》的整理，并希望續接香江“紅樓夢小組”的讀書會，因此後來便以《〈紅樓夢〉版本研究》取得博士學位。

潘先生開講“敦煌學”課程在我畢業的前一年，每年暑假伊始，他就整裝赴歐，歸來以後則面授心得發現，喜形於色，溢於言表。尤其當時他向學校創辦人争取經費，購置了倫敦圖書館典藏的敦煌卷子七五九九號顯微膠卷一套，我們也就開始閱讀撰寫提要，邁開了學習的初步旅程。加上學校涵江樓文庫存放了一批羅振玉早期刊印的西域圖書、流沙墜簡等，而《劉申叔遺書》、《王觀堂全集》及《敦煌總目遺書索引》、《敦煌古籍叙録》等也都一一印製出版，加上臺灣蒐集日文研究論著比較方便，以及另有一些額外的機緣，使我們能够讀到不少好書，也開始了我們的研究。

《敦煌本古類書〈語對〉研究》是我動筆撰寫的第一本論著，奉承池田温教授賜教之後，他又命我爲《講座敦煌第五卷：敦煌漢文文獻》撰寫《敦煌類書》這一章，後來就以此爲基礎，全面整理出版了《敦煌類書》二册，自然也把這本書納入其中。由於當時的著作偏重文獻的整理與語詞事類的還原和探索，并旁及類書整體的發展及《類林》系類書的關涉問題，故仍留下不少的空白。此後，隨着興趣的轉向，整理了書儀和法會中的齋願文獻，盡是在分類的應用文書上不停地往前邁進，再也没有機會回顧類書的著作。没想到奉接金瀅坤教授的懇請，希望我從蒙書的角度將《語對》給予重新整理，盛情難却之下，衹好恭敬不如從命了。

回憶當時敢於接下這個工作，不過倚恃在舊作的基礎上重新改寫修訂，按理而言，困難度不大。没想到動筆之後，因爲切入的觀點既已改變，再也不可能以簡單的變裝方式呈現。再者，隨着歲月的遞增，見聞也略有長進。於是在這兩方面的影響下，我必須爲《語對》一書賦予編纂的理論基礎，這便涉及到語言學或文學理論，以及文化傳統等相關的重大問題。就兒童學習語言的表意過程，從内到外，由單字語詞到復音詞，以至於不斷的改造重組、成句、或短或長的篇章等表述的過程，無疑是一條漫長的學習道路。人也因爲活到老學到老，終身保持虚心的學習態度，纔不會爲時代所湮没淘汰。也因如此，我特着墨於傳統文獻中有關中國文化的表述符號與語言的深層結構問題，而非僅是在《語對》文獻上打轉。

其次，從類書的編纂層面而言，敦煌洞窟中的這批類書文獻從何而來？它們絶非無根而生，而是其來有自。撇開早期的簡牘不説，我們可以看到六朝時中原的動亂，即有一批士人和官員統治了這個地方，或者到此避亂，自然携來不少的中原文物。隋唐以後，更隨着邊庭的開拓與僧人或商賈的往來，造就了絲綢路上的熙熙攘攘，産生了不少的本土文明。於是從印度經中亞到長安，或就中原往西方散傳的文物，自然絡繹不絶，可惜這些證據隨着歲月的消逝而不見，僅有地下出土的零星文物幸存下來，幫忙訴説一些真相及發點微弱的聲音。詎料在敦煌洞窟或吐魯番墳墓中，居然出土了如此龐大數量的文獻史料。不管這批來自中原的文物，留在當地，年深日久，也會逐漸生根萌芽，花開并蒂，有了自己的一番面貌。也因如此，分辨哪些不是敦煌、吐魯番土生土長的文物，哪些是從當地泥土的養分中蹦出新的樣品來，便是一道很重要的課題。例如于立政《類林》、杜嗣先《兔園策府》、孟獻忠《文場秀句》、李翰《蒙求》等類書寫卷，勿論就書迹、内容來看，或從作者的實體具名和生活背景，應該可以確認絶非當地人物的作品，畢竟他們都有確切的作者及活動時空。所以我們不得不從《語對》創作之前，可能最具密切關係的書籍入手。

就形式或成詞而論，最具密切關係者莫過於《文場秀句》一書，這部書名根據書志上的記録，有孟獻忠及王起不同的兩位作者，而且我在寫作《敦煌類書》時也從寫卷中找到兩個卷號，整理出十二個部類的對句及叙文，并從《珠玉鈔》（又名《隨身寶》）中看到該書作者是孟憲子，并成爲當時學郎問學策論中的一道課題；另從東傳日本的文物中引用了《文場秀句》的佚文，確認敦煌本《文場秀句》作者是孟獻忠，而非王起。可惜兩書都已佚失，能够對應比較的僅存十二部類。再就内容事類而論，《語對》無疑受到《類林》一書的影響。這部書在敦煌留存三個卷號，約有三卷餘的内容，是個節本，可能也有幾個卷號的改編本，很幸運的是在黑水城中還挖出了西夏文譯本，以及傳統文獻中也留下了金大定年間一個擴編的增廣本。後兩本是幾近十卷的完本，經過比對之後，勿論就部類或事文，應該可以説明《語對》一書縱非《類林》的直接轉録，也是閲讀之後憑着記憶的編寫，所以，在箋釋中我們特地予以詳列相同的事類文字，以供比對參考。

最後説明，從事《語對》的編纂不是我自己可以單打獨鬥，因爲它不過是瀅坤教授主編叢書中的一個小點，這部叢書自有其統一的校勘及箋釋體例和專門用語等要求，我必需考慮配合。也因如此，從頭到尾，一再根據新訂體例重新調整。衹是根據寫卷迻録時，今日使用的漢字已有繁簡及各地區偶而不同的字形，而歷代刊本也有繁簡正俗及各種異體的新規，此在各代官方修訂的字書，或者《宋元俗字譜》等相關著作的歸納羅列。至於寫本，從古訖今，就甲金文起，經簡牘、寫卷到個人的筆記，委實難以劃一，此就《敦煌俗字譜》或張涌泉教授的編纂及大作中，都曾經有過詳細的摘録。那麼，遇到多種復本寫卷從事校勘時的處理，從底本的選擇到用字的寫定，便一人一把號，各吹各的調了。依據清人的校勘慣例，底本的選擇必是善本，善本則是古本或全本，而以全本爲優先，甚至拼湊成百衲本。然後根據底本逐一迻録，早期因爲受到機器及文字編碼的限制，很難如實地表現底本文字，如今這些問題都已解决了，衹有書寫文字個别筆畫的小差異，不影響形位變動而涉及他字時，即此逕改可矣，應該不需要再出校記；至於底本異文的錯誤，根據校本改正異動後出注可矣；若是底本不誤，校本反而錯誤，則没有再出校記的必要；衹有底本、校本兩可的異文，纔有需要出校提醒，供使用者參考。至於鉤乙、删節號，校本上的則不必出校，連底本的鉤乙删節也可以省略説明。以前大家難得走訪國外或到圖書典藏處核對比勘，衹好鉅細靡遺，無所不説；如今隨着寫卷的全部出版，以及圖書館也都把該等重要善本文獻製作上網，以供核對，甚至透過網路IDP看得更加的清楚。如果再如過去的注釋方式，一再的疊床架屋，文章不但難以卒讀，也浪費了資源及大家的工作效率。這點小小的建議也在這裏順便提出，好讓文史學界共同反省和討論，是否應該簡化我們的校勘體例了呢?

在這交稿前夕，特將自己改寫本書的過程，以及改作的出發點，或修訂的體例稍作説明，也順便發點牢騷。至於書中難免出現的錯誤，尤其新冠疫情期間，不便跑往國内外各大圖書館尋找資料及進行覆核，衹好請大家見諒。當然也要感謝主編金瀅坤教授的海涵，以及他的同仁和助理，彌補了我的不足和一些屬於個人分内的工作，在此給予叩謝則是。

二〇二〇年七月六日　王三慶謹記於臺南家居